经／邦／济／世／

励／商／弘／文／

Shehui Zhuyi Shichang Jingjizhong De Ziyuan Peizhi

京师经管文库

北京师范大学

王善迈文集

社会主义市场经济中的资源配置

王善迈／著

经济科学出版社
Economic Science Press

总　序

北京师范大学是教育部直属重点大学，其前身是1902年创立的京师大学堂师范馆，1908年改称京师优级师范学堂，独立设校，1912年改名为北京高等师范学校。1923年学校更名为北京师范大学，成为中国历史上第一所师范大学。1931年、1952年北平女子师范大学、辅仁大学先后并入北京师范大学。师大始终同中华民族争取独立、自由、民主、富强的进步事业同呼吸、共命运，经过百余年的发展，秉承“爱国进步、诚信质朴、求真创新、为人师表”的优良传统和“学为人师，行为世范”的校训精神，形成了“治学修身，兼济天下”的育人理念，现正致力于建设成为具有“中国特色、京师风范”的世界一流大学。

经济与工商管理学院是北师大这棵百年大树长出的新枝嫩叶，其前身是北京师范大学政治经济学系，始建于1979年9月，由著名经济学家陶大镛教授担任第一届系主任。1985年更名为经济系，1996年6月组建为北京师范大学经济学院，2004年3月更名为经济与工商管理学院。作为改革开放的产物，北师大经管学院一直坚守“经邦济世、励商弘文”的使命，见证了中国近四十年来所取得的伟大成就，并为之做出了自己的贡献，在这过程中，自身不断壮大，成为了中国经济学和工商管理的重要人才培养和科学研究基地。

北师大经管学院现在涵盖了理论经济学、应用经济学和工商管理三个一级学科，在世界经济、政治经济学、西方经济学、劳动经济、收入分配、教育经济、金融、国际贸易、公司治理、人力资源管理、创新创业、会计、市场营销等领域形成了稳定的研究方向，产生了一批有影响的研究成果。比如世界经济，它是国家重点培育学科，其最早的带头人陶大镛先生是我国世界经济学科的创始人之一。学院在此基础上，还衍生出了国际贸易和国际金融两大研究领域，现在都有很强的实力。还比如教育经济，它是国家重点学科，作为新兴学科和交叉学科，它也是经管学院的特色学科，其带头人王善迈教授是我国教育经济学科的创始人之一，他在20世纪80年代初参与了“六五”国家社会科学重点项目“教育经费在国民收入中的合理比重”的研究，其研究成果为国家财政性教育经费占GDP 4%的目标提供了依据。再比如劳动经济和收入分配，已具有广泛的学术影响和社会影响，其带头人李实教授更被国际同行誉为“收入分配先生”（Mr. Distribution），他所主持的CHIPs数据库，被誉为迄今中国居民收入分配与劳动力市场研究领域中最具权威性的数据库之一。近些年来，学院通过队伍建设、国际化、体制机制改革等措施，因应国家重大理论和现实问题的能力进一步提升，学术成果的影响力进一步增强。比如在“十二五”期间，学院共承担国家社科基金重大项目、教育部人文社科重大攻关项目、国家社科基金重点项目、国家自科基金重点项目15项；在第七届高等学校科学研究优秀成果奖（人文社会科学）评选中，学院7项成果榜上有名，其中一等奖1项，二等奖2项，三等奖4项；此外，学院还有多项成果获北京市哲学社会科学优秀成果奖一等奖、孙冶方经济科学奖、安子介国际贸易研究奖、张培刚发展经济学奖、蒋一苇企业改革与发展学术基金优秀专著奖等，并有

3 项成果入选国家哲学社会科学成果文库。

北师大经管学院一直很重视将教师的学术成果集中呈现给社会。早在 1980 年 5 月，就主办了《经济学集刊》，在中国社会科学出版社出版，其宗旨是“促进我国经济科学的繁荣和发展，积极开展经济理论的研究，提高经济科学的水平，更好地为我国社会主义革命和建设服务。”《经济学集刊》收集有胡寄窗、朱绍文、田光等著名经济学家的大作，但更多的是本院教师的作品，如陶大镛教授的《论现代资本主义的基本特征》、詹君仲教授的《劳动价值学说的由来与发展》、杨国昌教授的《〈资本论〉创作发展阶段问题的探讨》、王同勋教授的《墨子经济思想初探》、程树礼教授的《简论人口规律和生产方式的关系》等，出版后产生了很好的影响。后来又陆续出版了多本。现在我国正处于全面建成小康社会的决胜阶段，未来一个时期，仍是经管学科发展的重要战略机遇期。北京师范大学经济与工商管理学院的愿景是成为具有人文底蕴和国际影响力的一流经管学院，要为“两个一百年”中国梦的实现做出更大的贡献。今天，学院与经济科学出版社合作推出《京师经管文库》，目的是要集中展示学院教师取得的成果，发出师大经管人关于中国社会经济改革和发展的声音，并推动各位学者再接再厉，再攀新高。

《京师经管文库》的汇集出版，得到了北京师范大学“985”工程建设项目和一级学科建设项目的慷慨资助，得到了北京师范大学学科建设与规划处、社会科学处、财经处等的具体指导，得到了经济科学出版社的大力支持。此外，学院学术委员会就文库编辑出版事宜多次开会讨论，许多教职员工为之付出了大量心血。在此一并表示感谢。

《京师经管文库》编委会

2016 年 2 月 14 日

目录 CONTENTS

第三篇　人力资源配置和高教体制改革 / 157

第四篇　市场经济中的教育资源配置 / 193

第五篇　教育发展中资源配置的均衡与公平 / 255

自序

收集在本书中的是20世纪80年代以来我所撰写的部分经济学和教育经济学论文，这些论文在学术研究上无所建树，大多是教学之余应工作需要的习作。集成是应约而做，可视为从事经济学研究的历史轨迹。

一、背景

写作的历史背景是1978年中国改革开放以来的经济体制和教育体制改革。经济体制改革的核心是从计划经济走向市场经济，资源配置从计划走向市场。从改革的决策来说，采取了“摸着石头过河”的渐进方式，而非“休克疗法”。1978年党的十一届三中全会决定把党和国家的工作重心由阶级斗争转向社会主义现代化建设，提出要进行经济体制改革。1984年党的十二届三中全会做出了经济体制改革的决定，提出“改革计划体制，首先要突破把计划经济同商品经济对立起来的传统观念，明确认识社会主义计划经济必须自觉依据和运用价值规律，是在公有制基础上的有计划的商品经济”。并部署了价格、企业、政府管理体制诸方面的改革任务。1992年党的十四大最终明确中国经济体制改革的目标是建立社会主义市场经济。1993年党的十四届三中全会做出“关于建立社会主义市场经济体制若干问题的决定”，提出“建立社会主义市场经济体制，就是要使市场在国家宏观调控下对资源配置起基础性作用”。2014 年党的十八大做出“关于全面深化体制改革若干问题的决定”，进一步明确提出“经济体制改革是全面深化改革的重点，核心问题是处理好政府与市场的关系，使市场在资源配置中起决定性作用和更好发挥政府作用”，开启了中国经济体制改革的新阶段。

与经济体制改革相适应，教育体制也随之进行相应改革。1985 年中共中央做出了“关于教育体制改革的决定”，1995 年和 2010 年中央和国务院相继发布了“教育改革与发展规划纲要”。教育体制改革的核心是正确处理政府与市场、政府、学校和社会的关系，转变政府教育职能，解决政府管理教育越位、缺位、错位的问题，激发学校办学活力，以加快教育发展，推进社会主义现代化建设。前期重点解决政府在教育中的缺位问题，加大政府对教育投入和提供公共教育服务的水平，后期重点推进政府在教育管理中的越权、越位和错位问题，扩大学校办学自主权，推进教育管办评分离。我所做的研究大多是伴随着经济体制和教育体制改革逐步推进展开。

二、内容

改革开放以来，我从事的学术研究涵盖经济学和教育经济学，前期重点关注社会主义市场经济研究，后期关注重点是教育经济、教育财政研究，中期两者兼顾和交叉。收集至本书中的论文，按内容大致可分为以下八篇。

第一篇为有关社会主义市场经济的论文。重点分析计划与市场两种资源配置方式的比较和中国改革选择的依据，探讨了如何认识和处理市场经济中政府与市场的关系，论述了社会主义市场经济的基本框架。

20 世纪 80 年代以来，我开始了社会主义市场经济研究，伴随着中国的经济体制改革的不断推进，对社会主义市场经济的认识逐步加深。

回顾中国经济体制改革的进程，可大致划分为三个阶段：第一阶段始于 1978 年的计划为主、市场为辅；第二阶段始于 1984 年的计划与市场的双轨制；第三阶段始于 1992 年的市场在资源配置中起基础和决定作用。在此过程中，我所做的研究包括以下几个方面：

第一，分析和论证了社会主义公有制条件下商品经济存在的原因和价值规律在社会主义经济中的重要作用。认为社会分工和不同生产者物质利益的存在是社会主义商品经济存在的原因，商品经济的规律——价值规律，必然在社会主义生产和流通中起着重要作用。

第二，在计划经济与商品经济双轨制背景下，分析了国民经济中计划调节和市场调节的区别、矛盾和统一，提出市场调节是基础，应加强计划调节的指导作用，充分发挥市场的调节作用。二者结合的模式是计划调节市场，市场引导企业。

第三，经济体制改革目标确定为社会主义市场经济后，我对计划与市场两种资源配置方式的目标、配置主体和动力、配置方式、实现条件做了比较系统的分析，在此基础上界定了政府与市场作用的边界，并对社会主义市场经济的基本框架和改革的方向做了论述。

第四，从理论上分析和论证了资源配置效率标准，资源配置的市场效率与市场的限度，以及市场经济中政府职能和限度。

第二篇为有关经济发展过程中三次产业依次推进过程和变动趋势的分析，对中国1996~2000年劳动力产业结构的变迁采用计量方法进行了预测。

伴随人类社会经济发展水平的逐步提高，三次产业产值结构和劳动力分布结构不断变化，总的趋势是第一产业比重逐步下降，第二、第三产业比重逐步上升。发达国家已实现了这一转变，发展中国家正处于这一变革过程中。

1986年联合国人口基金组织第二期援华项目，由原国家计委组织部分学者就中国人口和劳动力产业结构进行预测。该项目有三个子项目，一是人口预测，由原西安交大人口研究所蒋正华教授负责，二是劳动力产业结构预测，由我负责，三是社会保障问题，由北京大学光华管理学院陈良焜教授负责。其最终成果为《小康社会——2000年中国的人口与经济》，1990年由英国牛津出版社以英文出版。收录在本书中的三篇论文是我承担的研究项目成果的一部分。

其主要内容为：第一，论述了三次产业概念形成和三次产业的相互关系；

第二，通过国际比较，分析了劳动力产业结构变动的基本趋势、类型和成因；第三，采用经济计量模型，对我国1986～2000年劳动力产业结构进行了预测。预测和2000年实际发生的结果相吻合。

第三篇探讨了市场经济中人力资源配置方式，提出和论证了中国大学生就业体制改革的思路和目标，应从计划统一分配转向劳动力市场供求双方双向选择、学生自主择业的模式，以及相应的高等教育管理体制改革。

人力资源是资源中最重要的资源，作为资源配置中的人力资源配置，尤其是大学毕业生就业体制，在我国从计划经济向市场经济转轨过程中面临着变革。20世纪80年代中期，由原国家计委和教育部主管大学生分配的部门召开会议就此问题展开讨论。讨论中，由于对1984年中央关于经济体制改革决定解读不同而产生分歧，一种意见认为中国经济体制改革的走向是完善计划经济，大学生分配体制改革的目标是计划分配下的专业对口；与此相反的意见是中国经济体制改革的走向是商品经济，大学生分配体制改革的目标是逐步取消计划分配，而由学生自主就业，我持此种意见，但被视为“异端”。在此期间，我对此及相关问题做了探讨，其主要内容是：

第一，比较分析了计划经济和市场经济两种体制下，大学生就业两种方式的特征和优劣。在界定了我国经济体制改革目标为市场经济的前提下，在国内较早地提出了大学生就业体制应为在国家计划指导下，用人单位和大学生双向选择，就学生而言就是自主择业，通过劳动力市场供求和工资调节。

第二，提出了高等教育发展与改革的方向。高等教育作为大学生的培养方，在数量与规模、层次结构、区域结构、专业结构应以劳动力市场和社会发展需求为导向。但高等教育与市场对人才需求并非简单的对应关系。这是因为劳动力市场随经济、社会、科技发展变化快、周期短，而人才培养周期长，相对滞后。且为保证人才培养质量和提高资源效率应相对稳定，况且高等教育还有科学研究等其他功能。

第三，讨论了高等教育在此背景下应进行相应的改革，包括政府应简政放权，向学校和地方政府下放权力，采取多元化的办学和筹资体制，改革学校内部管理体制等。

第四篇提出和论述了社会主义市场经济条件下教育资源配置理论，在教育产业化、市场化浪潮中，分析了教育服务为什么不应市场化的基本主张，以及相应的教育体制、教育财政体制改革的取向和对策。

新中国成立后至20世纪70年代末，我国实行的是计划经济。在计划经济体制下，教育资源基本上是通过政府统一计划进行配置，教育服务由政府提供，教育成本由财政负担。改革开放后，经济体制改革总的趋向是从计划走向市场，从开始计划调节为主、市场调节为辅，到实行有计划的商品经济，直至1992年改革的目标明确定为建立社会主义市场经济。

与经济体制改革相适应，教育体制也逐步进行改革，改革的重要问题是在市场经济中，教育资源应如何配置，如何处理政府与市场关系。对此，学术界一直存在争论，基本观点有二，一是主张教育服务应商品化、市场化，学校应当企业化；二是主张教育服务中应当引入市场机制，但不应商品化、市场化，提供公共教育服务是政府的职能。本人始终反对教育市场化，在相关的学术研讨会和政策咨询会上，在发表的学术论文和学术专著中，反复提出和论证了这一主张。主要内容为：

第一，关于公共教育服务的属性。运用公共经济学中的公共产品理论，将公共三级学历教育定位为有正的外部性的准公共产品或服务，其中的义务教育定位为事实上的公共产品或服务。作为具有正外部性的准公共产品或服务，应由政府与市场共同提供，其成本应由财政和受教育者分担。义务教育由法律规定了政府和受教育者家庭的责任和义务，成为事实上的公共产品，义务教育应由政府提供，其成本应由财政负担。

第二，论证了教育服务市场化可能导致的后果。如果教育市场化，教育将成为商品，教育服务将成为商品交易，教育服务的供给者——学校将成为追逐利润的工具。它不仅严重影响了教育公平，导致各级教育入学率降低，辍学率上升，而且最终将导致教育异化，使教育服务目标和宗旨不再是育人而是利润最大化。

第五篇为教育发展中的均衡与公平，分析了我国教育发展不平衡的状况及成因、促进均衡的对策。提出了教育公平的分析框架、评价指标和测量方法，剖析了教育发展中的“重点校”政策和择校问题。

教育公平是社会公平的重要组成部分和重要基础。教育资源的均衡配置和教育均衡发展是实现教育公平的重要条件。改革开放以来，经历了教育快速发展后，教育均衡发展和教育公平问题日渐凸显。在此背景下，我对此做了初步探讨。

第一，采用实证分析与规范分析相结合的方法，分析了区域间、城乡间、校际间教育发展严重不均衡的状况及其成因。认为在中国的二元经济社会结构、梯度推进的非均衡发展战略背景下，区域间、城乡间经济、社会、财政发展不平衡是导致教育发展不平衡的根本原因。而长期以来政府推行的“重点校”政策是导致同一行政区、同级同类学校间教育发展和质量严重不均衡的主要原因。近期解决的对策，重点应放在校际均衡发展上，逐步取消“重点校”政策，实行校际间教育资源配置的均等化。

第二，提出了教育公平的分析框架、评价指标体系和计量方法。教育公平是人类社会的理想和目标，实现则是一个历史过程，同时，教育公平是一种价值判断。什么是教育公平，如何评价特定时期的教育公平众说纷纭。为此，我提出了教育公平的分析框架和教育公平的评价指标体系和测量方法。依此对中国教育公平的进展和面临的问题进行了分析，并与他人合作，撰写了中国地区教育发展报告，产生了重要的影响。

第三，剖析了教育发展中的“重点校”政策和“择校”问题。教育服务是政府提供公共服务的重要组成部分，推进教育均衡发展和教育公平的主要责任在政府。我国长期以来在各级各类教育中奉行“重点校”政策，在造就了一批优质教育名牌学校的同时，导致了学校间教育资源配置和教育质量的非均衡，引发了愈演愈烈的“择校”热。我在有关论文中概括了“择校”形式，分析了“以权择校”和“以钱择校”的实质，前者是公职人员用公共权力和公共资源为其获取优质教育服务的腐败，后者则是以货币购买优质教育服务的教育市场化。它们破坏了入学规则的公平，应从制度上坚决遏制。

第六篇探讨了教育投入的长效机制。20 世纪 80 年代中期探讨了同等经济发展水平条件下，政府教育支出占国内生产总值的合理比例。90 年代讨论了如何实现财政性教育经费占国内生产总值 4% 的政策目标。2010 年后首次提出和探讨了如何从教育财政制度上保障公共教育支出持续稳定增长。

教育对经济和社会发展、建立创新型国家具有不可替代的重要作用。如何以机制和制度保障政府对教育投入可持续增长是"后 4% 时代"、新常态下面临的挑战。对此，我曾做过两次重要研究。

20 世纪 80 年代中期，全程参与了公共教育支出占国内生产总值合理比例的研究。采用计量分析方法，通过国际比较给出了同等经济发展水平条件下，公共教育支出占国内生产总值合理比例，后被决策采纳，1993 年中央提出财政性教育经费占国内生产总值比例 2000 年达到 4% 的目标。这一目标经过 19 年的努力，2012 年终于实现。

4% 目标实现后，我不赞同继续以数量指标约束和保证政府对教育投入，中央也提出重点支出同生产总值和财政收支增幅一般不挂钩的政策。为此，我提出应以教育财政制度保证政府教育投入，概括地说就是"定标准"、"定责任"、"入预算"，尽快制定全国和分省的各级各类教育生均经费标准，明确各级财政的支出责任，纳入各级财政预算。

第七篇为公共教育财政制度。从理论和制度上探讨了层级政府间财政转移支付制度，分析了我国公共教育财政制度尤其义务教育财政制度面临的问题和改革思路，探讨了新常态下如何深化教育财政制度改革。

公共教育财政制度作为公共财政制度的重要组成部分，是保障公共教育服务公平、有效规范的制度保障。它包括教育预算制度、层级政府间教育财政转移支付制度、财政对各级各类学校的拨款制度、学费和学生资助制度、社会对教育的捐赠制度等。

在中国经济体制改革过程中，教育管理制度与财政制度相结合的公共教育财政制度在探索中逐步改革。对此，我做的探讨集中于我主持的 2005 ~

2010 年教育部重大攻关项目“公共财政框架下公共教育财政制度研究”（同名专著经济科学出版社 2012 年出版）。收录在本书中的部分学术论文，主要讨论以下几个方面：第一，从理论和制度规范上探讨了政府间财政转移支付制度；第二，分析了我国公共教育财政制度的进展、面临的问题和改革的思路；第三，探讨了我国义务教育财政制度及其改革；第四，新形势下如何深化教育财政制度改革。

第八篇为教育经济学学科建设。探讨了教育经济学研究的对象与方法，如何创建中国特色的教育经济学学科体系。

教育经济学作为一门新兴的交叉学科，其学科建设关系着学科的发展、人才培养和社会服务。我对此的探讨主要为：第一，学科的性质、学科的研究对象与方法、学科的基本框架；第二，如何创建中国特色的教育经济学学科体系；第三，中国教育经济学面临的问题。

本书的编排是按论文的内容分组，在同组中按论文发表时间排序。随着时间的推移，研究的推进，有些论文显得肤浅或过时，为尊重历史，对入选论文不做修改，只是个别地方在技术层次面略作改动。

三、体会

从事高校教学与研究近六十年，并无成就，只是尽心尽力，点滴体会，聊述如下。

第一，重于实践。理论源于实践，服务于实践，实践是检验真理的唯一标准。社会科学是研究人的行为的科学，使命在于发现问题、认识问题、解决问题，而这一切均离不开社会实践。

在特定的历史时期，我有幸参加了大量社会实践，包括 20 世纪 50 年代以来的历次政治运动，历经“镇反”、“三反五反”、“肃反”、“反右”、“反右倾”、“社会主义教育”、“文化大革命”等。从教后在经济领域，累计在农村工作生活三年多，与农民同吃同住同劳动，在工厂和学校劳动两年多，参观过多个行业数十个工厂的生产全过程，这使我对农村、农业、农民和工业、工人有了初步了解。在教育领域，1992 年以来作为世界银行对华两项额度 2. 5

亿美元教育贷款项目的中方专家，我负责项目的设计、立项、咨询、监管。该项目覆盖6个省120个县的义务教育学校和20多个省的数十所高校，去过40多个国家级贫困县、乡镇和村。10年间，每年赴项目单位工作达到40天以上。2011年以来担任国家教育咨询委员会教育投入机制制度保障组负责人，赴多个省相关政府部门和大中小学对国家教育体制试点项目进行调研、咨询。长期以来，我参加了国家不同部委相关法规政策的研制与咨询工作。这些使我对教育改革和发展决策与管理者及其利益相关各方有一定的了解。我从事的许多研究，问题的发现、问题的认识、问题的回答都源自于社会实践，减少或在不同程度上避免了学术研究中的“空中楼阁”、“空对空”、“为学术而学术”，只要有机会有条件我会继续持续下去。

第二，从中国实际出发。在研究工作中，我历来坚持从中国实际出发，这是因为，研究和回答中国的问题，是中国社会科学研究者的社会责任和历史使命。开展对外国问题研究或国际比较研究，探究事物发展具有普遍价值的一般规律，或寻求可借鉴的经验教训，其出发点和归宿仍是解决中国的问题。中国发展了，繁荣富强了，是中国对世界的贡献。同时，理论来自于实践。我们置身于中国的环境，对中国的问题最了解、最有发言权。我曾出访过十多个国家和地区，大多是学术交流，应聘在日本东京大学工作过数月，使我开阔了视野。但对外国或国际比较研究来说，基本是基于学术文献、法规政策和相关统计，毕竟未身临其境，研究成果也颇为皮毛。我并非专门从事国外或国际比较研究，研究方向和对象一直界定为中国经济和教育的发展与改革，自然必须从中国实际出发。中国是世界上最大的发展中国家，正在进行前无古人的发展与改革，面临一系列不断变化的问题，完全有条件从中国实际出发开展研究。

第三，独立思考。在学习与研究过程中，如何处理继承和发展，借鉴和创新，是必须面对的重要问题。科学研究的使命在于认识世界、改造世界，探索真理是一个世代相传的漫长的历史过程。在这一过程中，继承前人遗产，掌握和借鉴他人成果是探索真理、不断创新的重要基础，立足点是创新，创新必须独立思考。在社会科学领域，我曾亲历两个非正常的历史阶段，20世纪50年代向苏联“一边倒”，认为苏联的成果都是正确的，以苏联的相关理论和方法为工具研究中国的问题。改革开放后90年代以来，又倒向西方和美国，认为西方、美国的研究成果都是正确的，运用他们的理论与方法讨论中国的问题，甚至将苏联和美国的理论和方法普世化。对于舶来品，一概肯定和一概否定、简单移植照搬都是不利于学术发展的，是不可取的。应独立思考，判断其是否正确或部分正确，即便是正确的思想与方法，也要判断是否适合于中国，中国的基本国情和基本制度以及所处发展阶段与外国不同，何况社会科学领域存在意识形态和价值观问题。只有独立思考，学术研究才能发展。此外，在国际范围内建立中国的话语权只是时间问题。

第四，坚持马克思主义的世界观和方法论。我从事的教学与研究限于经济学，包括政治经济学、公共经济学、发展经济学、经济体制改革、教育经济学等。作为研究人的经济行为的经济学属于社会科学，不同于研究自然现象的自然科学，存在意识形态和价值观。无论是发现问题、认识问题、解决问题必须有正确的指导思想，也即正确的世界观和方法论。迄今为止，我认为马克思主义的辩证唯物论和历史唯物论是正确的世界观和方法论。因此，在我从事的教学研究中始终坚持以马克思主义为指导，以辩证唯物论和历史唯物论为根本的方法论。在改革开放国际化背景下，西方的各种思潮蜂拥而至，迷信乃至崇拜西方的理论与方法成为部分研究者的主流。对此我不认同，主张去伪存真，尽管遭到某些非议，我仍然坚持，持之以恒，成为我从事教学与研究的基础。

第一篇
关于社会主义市场经济

- 以经济建设为中心促进社会生产力不断发展
- 邓小平理论出发点：从国情出发进行社会主义经济建设
- 谈谈社会主义商品经济存在的原因
- 价值规律在社会主义经济中作用的特点
- 国营工业企业实行经济责任制的若干特点
- 关于社会主义经济调节的几个问题
- 计划与市场的有机结合
- 双重体制下计划与市场的结合
- 转变政府管理经济的职能
- 社会主义市场经济提出的依据、特征和基本框架
- 市场与政府：资源配置方式与效率标准
- 市场与政府：资源配置的市场效率与市场的限度
- 市场与政府：市场经济中政府的职能以及政府的限度

以经济建设为中心促进社会生产力不断发展*

在社会主义现代化建设过程中，必须坚持以经济建设为中心，促进社会生产力的不断发展，是对我国几十年社会主义实践经验的正确总结。中国建立社会主义制度40多年，取得了举世瞩目的伟大成就，初步地显示了社会主义制度的优越性。但由于社会主义制度的不成熟，不完善，由于缺乏经验，在经济建设过程中出现过某些严重失误，使经济发展未能取得更大更有效的成就，使社会主义优越性未能得以充分发挥。其中最重要的一点，就是在生产资料社会主义改造基本完成后，对社会的主要矛盾、主要任务、党和国家的工作重心等重大问题认识失误。在一个相当长的时期内，我们放弃了党的八大关于国内主要矛盾已经变化的正确结论，把阶级斗争认定为主要矛盾，实行“以阶级斗争为纲”，甚至在“文革”10年中，把阶级斗争置于压倒一切的地位，严重地干扰和破坏了社会生产力的发展和人民生活的提高，国民经济几乎濒临崩溃的边缘。党的十一届三中全会以后，我们党总结了沉痛的历史教训，明确地做出了把全党全国的工作的重心，从以阶级斗争为纲，转移到以经济建设为中心的社会主义现代化建设上来的伟大战略决策，并明确提出建设有中国特色的社会主义，发展社会生产力，是我们的首要任务。此后，通过改革开放，我国经济建设取得了前所未有的成就。历史经验证明，在社会主义制度建立后的整个社会主义时期，在不发生大规模外敌入侵的情

---

* 本文原载于《中学政治课教学》1981年第8期。

况下，我们的根本任务就是以经济建设为中心，大力发展社会生产力，实现社会主义现代化。我们绝不能离开这个工作重点，党的各项工作，都必须服从和服务于经济建设这个中心。

从社会发展规律上说，坚持以经济建设为中心，促进社会生产力的不断发展，是巩固和发展社会主义制度的重要基础，是实现共产主义的前提。

马克思主义认为，人类社会发展最终是由生产力的发展所决定的。一种新的社会制度的产生和确立，是因为旧的社会制度已成为社会生产力发展的桎梏。一种新的社会制度的巩固和发展，是以获得比旧的社会制度更高的社会生产力为基础，列宁在《伟大的创举》中曾深刻地指出："劳动生产率，归根到底是保证新社会制度胜利的最重要最主要的东西。资本主义造成了在农奴制度下所没有过的劳动生产率。资本主义可以被彻底战胜，而且一定会被彻底战胜，因为社会主义能造成新的高得多的劳动生产率。"由于历史的原因，社会主义首先是在资本主义最薄弱的环节，在经济文化比较落后的国家中取得胜利的。我国的社会主义是在半封建半殖民地社会的基础上建立起来的。在一个比较长的时间内，在劳动生产率方面，社会主义比资本主义不可避免地存在着较大的差距。因此，如何利用新生的社会主义制度的优势，加快生产力的发展，逐步缩小与资本主义国家的差距，创造出比资本主义更高的劳动生产率，就成为充分体现和发挥社会主义优越性，巩固和发展社会主义制度的决定性因素。经过 40 多年的建设，我国社会生产力获得了巨大发展，人民生活得到了很大提高，但仍处在社会主义初级阶段，与发达资本主义国家相比，我国社会生产力发展水平仍然很低，赶上和超过资本主义生产力还需要经过长期艰苦的努力。为此，我们必须坚持以经济建设为中心，不断发展社会生产力，使社会物质财富迅速增长，使人民的物质和文化生活水平不断提高，使人民切身感受到社会主义制度的优越性。如果我们偏离这个中心，不致力于发展社会生产力，人民就不能身受社会主义之惠，就不能成为社会主义的真诚拥护者，就会从根本上动摇社会主义制度的基础。

以经济建设为中心，发展社会生产力还有更深远的意义。社会生产力的高度发展是实现共产主义的基本条件，共产主义要消灭一切阶级和阶级差别，阶级的划分和存在是以生产力的不断发展为前提的，阶级的消灭则以生产力的高度发展为基础。因此，只有生产力高度发展了，才有条件消除阶级产生的根源并消灭阶级。也只有生产力的高度发展，才能最终消灭“三大差别”，以及由于生产力发展不充分而带来的社会差别和社会不平等，最终实现共产主义。

明确了以经济建设为中心，还必须着重解决如何贯彻执行这一战略方针的问题。根据我国的社会主义实践，尤其10多年来改革开放的经验，我们必须解决好以下问题。

第一，正确处理政治与经济、坚持四项基本原则与改革开放的关系。恩格斯指出：“政治权力不过是用来实现经济利益的手段。”列宁也曾指出：“任何民主、和一般的任何政治上层建筑一样（这种上层建筑在阶级消灭之前，在无阶级的社会建立之前，是必然存在的），归根到底是为生产服务的”。政治是经济的集中表现，政治为经济、为生产建设服务，同时又反作用于经济和社会生产，这是马克思主义的基本原理。坚持四项基本原则，是为了在党的领导下，在马列主义指导下，使现代化建设在稳定的社会政治环境中沿着社会主义方向健康发展。改革开放则是为了自觉调整生产关系和上层建筑中与生产力发展和经济基础不相适应的部分，以推动社会主义经济更快更有效地发展。两者是相辅相成，内在统一的。针对前些年资产阶级自由化思潮泛滥，思想政治工作被削弱的情况，我们强调加强思想政治工作，坚决纠正物质文明和精神文明建设一手硬、一手软的状况，这是完全正确的，今后仍然要坚持这样做。但这决不意味着以经济建设为中心，一心一意搞建设的方针有所改变。相反，我们反对资产阶级自由化思潮，加强思想政治工作，正是为了排除干扰，更好地集中精力搞建设，使改革开放沿着正确的方向健康发展。我们必须正确理解和贯彻党的“一个中心、两个基本点”的基本路线，正确理解和处理政治与经济的辩证关系，防止各种片面性。

第二，我们必须牢固树立持续、稳定、协调发展的指导思想，把经济工作的中心真正转移到总量平衡、结构合理、效益提高的轨道上来。我国几十年社会主义建设的重大失误之一，就是在经济发展过程中多次脱离国情，急于求成。虽然刺激了经济一时发展很快，但由于结构失衡、经济效益下降，国力不能支持，过高的速度难以持久，使国民经济迟迟不能进入良性循环的轨道，造成了巨大经济损失。究其原因，一是因为决策失误，主要是在经济发展决策指导思想上，片面追求过大的建设规模和过高的增长速度，一旦国民经济无法承受，必然导致大起之后的大落，情况一有好转，又头脑发热，出现新的一轮的大起大落。二是因为经济体制的缺陷。主要是传统和现行的经济体制中存在着促使需求总量膨胀的固有弊端。在传统体制中存在投资饥渴、数量冲动及其带来的膨胀效益。改革以来，过分强调对企业、地方放权让利和改革不配套、形成一方面微观经济的膨胀得到强化，另一方面，微观经济自我约束机制和新的宏观调控机制却未能相应建立。结果导致近几年的经济过热，宏观失控，经济秩序混乱。经过治理整顿，国民经济已全面恢复并向好的方向发展，治理整顿的重点已转向优化结构，提高经济效益。但也必须看到，导致经济过热的体制因素还未消除，潜伏的危机仍然存在。我们必须在治理整顿的同时，不断深化经济体制改革，以保证国民经济持续、稳定、协调发展。

邓小平理论出发点：从国情出发进行社会主义经济建设*

我国还处在社会主义初级阶段，这是党的十一届三中全会以来，我们党和邓小平同志对社会主义和中国基本国情进行再认识得出的重要结论，是从社会性质和社会发展阶段这一根本问题上对当代中国基本国情作出的科学论断，是邓小平经济理论的基础和重要组成部分。

一、社会主义经济建设必须从中国国情出发

正确认识我国国情是进行社会主义建设的首要问题，是我们制定和执行正确路线和政策的基本依据。

早在民主革命时期，毛泽东同志就指出："认清中国的国情，乃是认清一切革命问题的基本依据。"① 毛泽东同志把马克思主义基本原理和中国革命的具体实践相结合，作出了旧中国的社会性质是半殖民地半封建社会的科学判断。在此基础上，对我国新民主主义革命的性质、任务、对象、动力、步骤和前途等一系列革命基本问题作出了科学答案，开辟了一条前人没有走过的、农村包围城市的中国的革命道路，成功地进行了新民主主义革命，并把中国

---

* 《在邓小平理论旗帜下》，中国统计出版社 1998 年版，第 86 ~ 96 页。

① 《毛泽东选集》四卷合订本第 596 页，人民出版社 1975 年版。

引向社会主义道路。

进行社会主义经济建设也必须从中国的国情出发。邓小平同志指出："现在搞建设，也要适合中国情况，走出一条中国式的现代化道路。"① 中国是一个经济文化都比较落后的东方大国，在这样的国度里进行社会主义建设，是社会主义发展史上的新课题。我国面对的情况，既不是马克思、恩格斯设想的在资本主义高度发展的基础上建设社会主义，与其他社会主义国家也不尽相同。在这种特殊的社会经济条件下进行社会主义建设，照搬马克思列宁的本本不行，照搬外国的做法也不行，唯一正确的选择就在于，从我国的国情出发，把马克思主义基本原理同中国的实际相结合，开辟一条有中国特色的社会主义现代化建设道路。在这个问题上，新中国成立以后，在社会主义建设过程中，我们党曾经进行过有益的探索，取得过重要成就，也经历过多次曲折，付出了巨大的代价。

同时，从中国国情出发进行社会主义经济建设，也是我们党解放思想、实事求是的思想路线的根本要求。解放思想，实事求是，就要在社会主义建设中，坚持一切从中国的国情出发，敢于和善于走自己的路，建设有中国特色的社会主义。邓小平同志一贯坚持和倡导解放思想，实事求是，从中国国情出发，作出我国还处在社会主义初级阶段的科学论断，这正是坚持解放思想、实事求是这一马克思主义思想路线的结果。

二、我们党对社会主义初级阶段的认识过程

我们党对社会主义初级阶段的认识经历了两个阶段。第一个阶段从 1956 年到 1978 年，这一阶段，总地说来，是不清醒或发生失误的阶段。第二阶段从 1978 年党的十一届三中全会到 1987 年党的十三大。这一阶段是由不清醒转入比较清醒和自觉的阶段。

---

① 《邓小平文选》第 2 卷，人民出版社 1989 年版，第 163 页。

1956年社会主义改造基本完成之后，在对我国基本国情的认识和对我国社会发展阶段的判断上，产生了两方面的严重失误。一是在1958年开始的“大跃进”和人民公社化运动，在生产力的发展上急于求成，在生产关系的变革上，超越生产力发展的状况，急剧变革，甚至认为“共产主义在我国的实现，已经不是什么遥远将来的事情了”。这说明当时对社会主义发展阶段的认识，不仅超越了社会主义初级阶段，而且超越了整个社会主义阶段。二是1962年重新强调的“以阶级斗争为纲”，在一个相当长的时间里，认为我国的社会仍然处在两个阶级、两条道路激烈斗争的“过渡时期”。这意味着对社会主义发展阶段的认识，滞后于社会主义初级阶段，把社会主义初级阶段当作从资本主义向社会主义的过渡时期。这两种“左”的错误到“文化大革命”发展到极端，带来了一场时间更长、破坏更严重的大灾难。

十一届三中全会以后，在深刻认识我国国情的基础上，我们党和邓小平同志逐步提出了我国还处在社会主义初级阶段的科学论断。

1979年，叶剑英在国庆30周年庆祝会上的讲话中指出：“社会主义制度还处在幼年时间”，“在我国实现现代化、必然要有一个从初级到高级的过程。”①

1980年4月邓小平同志说：总结建国30年的经验，就是“不要离开现实和超越阶段采取一些‘左’的办法，这样是搞不成社会主义的。”②

1981年6月，十一届六中全会通过的《关于建国以来党的若干历史问题的决议》，首次明确提出中国处于社会主义初级阶段的概念。《决议》指出：“尽管我们的社会主义制度还是处于初级的阶段，但是毫无疑问，我们已经建立了社会主义制度，进入了社会主义社会。”并且指出：“我们的社会主义制度由比较不完善到比较完善，必然要经历一个长久的过程。”③ 决议彻底地否定了1957年以来我们对社会主义理解中“左”的错误观点，同时也驳斥了对

---

① 《三中全会以来重要文献选编》上册，人民出版社1987年版，第220、233页。

② 《邓小平文选》第2卷，人民出版社1989年版，第312页。

③ 《三中全会以来重要文献选编》下册，人民出版社1987年版，第838页。

我国已进入社会主义社会持否定态度的“右”的错误观点。

1982年9月党的十二大报告再次确认：“我国的社会主义社会现在还处在初级发展阶段”的论断，并以“物质文明还不发达”，作为这个阶段的根本特征。

党的十三大前夕，邓小平同志指出：“我们党的十三大要阐述中国社会主义是处在一个什么阶段，就是处在初级阶段，是初级阶段的社会主义。……就是不发达的阶段。一切都要从这个实际出发，根据这个实际来制定规划。”①党的十三大报告第一次系统地阐述了社会主义初级阶段理论，并以此为根据明确概括和全面阐发了党的基本路线，提出了经济建设发展的战略、经济和政治体制改革的原则、加强和改善党的领导等任务。

三、社会主义初级阶段的含义和根据

社会主义的初级阶段，有其特定的含义。它不是泛指任何国家进入社会主义都会经历的起始阶段，而是特指我国这样一个脱胎于半殖民地半封建社会的国家，在生产力落后、商品经济不发达条件下建设社会主义必然要经历的特定阶段。

社会主义初级阶段的论断包括两层含义：第一，从社会性质来说，我国的社会已经是社会主义社会。这是因为我国以公有制为基础的社会主义经济制度，人民民主专政的社会主义政治制度和马克思主义在意识形态领域中的指导地位已经确立，社会的性质已不同于社会主义制度建立以前的过渡时期。因此，我们的现代化建设必须坚持社会主义方向和道路，任何偏离社会主义轨道的倾向，都是同社会主义社会的性质不相容的。第二，从发育程度或发展阶段来说，我国的社会主义社会还不成熟、不完善，还处在初级阶段。这表现在，生产力发展水平还比较低，决定了我国社会主义制度在生产关系和

① 《邓小平文选》第3卷，人民出版社1993年版，第252页。

上层建筑上的不成熟和不完善。在生产关系上，不仅表现在社会主义公有制存在两种形式，还存在非公有制经济，而且还表现在社会主义公有制在实现形式上还处在探索之中，发展水平也有待提高。同时，商品市场经济还不发达，自然经济半自然经济还占相当比重。在上层建筑领域，建设高度的社会主义民主政治所必需的一系列经济文化条件还不充分，封建主义残余、资本主义腐朽思想和小生产习惯势力在社会上还有广泛影响，并且经常侵袭党的干部和公务员队伍。因此，我们制定的路线和一切方针政策，都必须以社会主义初级阶段这个基本国情为依据，不能脱离这个实际，不能超越这个阶段。

我国实现社会主义现代化必然要经历一个很长的初级阶段，是由我国进入社会主义社会特殊的社会历史条件决定的。最主要的是生产力不发达。

生产力发展水平低，首先表现在我国还没有实现工业化。经过几十年的经济建设，我国工业化有了很大发展，已经建立起独立的比较完整的工业体系和国民经济体系，但至今，我国仍处在工业化的过程中，还没有实现工业化。第一，在国民经济中，手工劳动仍占有相当比重，尤其在农业中手工生产比重还比较大，大部分人口从事农业生产，主要还是用手工工具搞饭吃。在工业中层次不同，一部分现代工业同大量落后于现代水平很远的工业同时并存。第二，在国民经济产业结构中，农业比重仍较高，不仅落后于发达国家，而且低于发展中国家的平均水平。

其次，表现在商品市场经济不发达。商品经济的充分发展是社会经济发展不可逾越的阶段，是实现经济现代化的必要条件。长期以来我们对此认识不足，观点混乱，总是摆脱不了把商品市场经济等同于资本主义，与社会主义相对立的观念，限制、排斥商品经济的发展。直到党的十二届三中全会通过的《关于经济体制改革的决定》才明确肯定社会主义经济是在公有制基础上有计划的商品经济，党的十四大进一步确认了发展社会主义市场经济的目标。

再次，我国生产力发展水平低还表现在区域间经济发展的严重不平衡。在经济发展过程中，区域间经济从不平衡到相对平衡要有一个历史过程。

实践证明，落后国家在特定的历史条件下可以不经过资本主义充分发展而走上社会主义道路。中国走上社会主义是中国无产阶级及其政党——中国共产党领导中国人民长期奋斗的结果，而不是任何个人与政党主观任意的选择，是由世界近代和中国特殊的历史条件所决定的。资本主义道路在中国走不通，中国走上社会主义道路是历史的必然。

虽然资本主义的充分发展阶段可以逾越，但生产力和商品经济的高度发展却是不可逾越的。社会主义只有建立在工业化高度发达的生产力基础上，只有建立在生产高度社会化和商品经济充分发展的基础上，才能充分显示出对资本主义的优越性，社会主义制度才能巩固。而我国在这些方面至今仍远远落后于发达的资本主义国家。这就决定了我们必须在社会主义条件下，用一个较长的历史阶段，去实现别的许多国家在资本主义条件下实现的工业化和生产的商品化、社会化、现代化的任务，去建立和发展社会主义应有的发达的生产力基础。

我国社会主义初级阶段，是逐步摆脱贫穷、摆脱落后的阶段，是由农业人口占多数的手工劳动为基础的农业国，逐步变为非农业人口占多数的现代化工业国的阶段；是由自然经济半自然经济占很大比重，变为市场经济发达的阶段；是通过改革的探索，建立和发展充满活力的社会主义经济、政治、文化体制的阶段；是全民奋起，勤俭建国，艰苦创业，实现中华民族伟大复兴的阶段。

四、社会主义初级阶段的主要矛盾和党的基本路线

社会主义初级阶段理论的核心问题，是对这个历史阶段的主要矛盾、中心任务的判断，和党在这一历史阶段基本路线的确定。

我国社会主义初级阶段的主要矛盾，是人民日益增长的物质文化需要同落后的社会生产之间的矛盾。解决这一主要矛盾的根本途径在于发展生产力，进行社会主义现代化建设，这也就是社会主义初级阶段的中心任务。

党的十一届三中全会果断地停止“以阶级斗争为纲”，把党的工作重心转移到社会主义现代化建设上来。随即邓小平同志在理论务虚会上的讲话中，回答了我国社会的主要矛盾问题。他说：“至于什么是目前时期的主要矛盾，也就是目前时期全党和全国人民所必须解决的主要问题或中心任务，由于三中全会决定把工作重点转移到社会主义现代化建设方面来，实际上已经解决了。我们的生产力发展水平很低，远远不能满足人民和国家的需要，这就是我们目前时期的主要矛盾，解决这个主要矛盾就是我们的中心任务。”① 在以后的党的重要文件和政治报告中都确认了这一判断，并做了科学表述。

如何衡量和对待社会主义初级阶段的阶级斗争，是正确认识和把握我国社会主义初级阶段主要矛盾的重要问题。十一届三中全会以来，我们党和邓小平同志，对社会主义初级阶段的阶级斗争作出了全面分析。

一方面，否定了“以阶段斗争为纲”的“左”的错误观点；另一方面，又肯定了阶级斗争将在一定范围内长期存在。邓小平同志在《坚持四项基本原则》中指出：“社会主义社会中的阶级斗争是一个客观存在，不应该缩小，也不应该夸大。实践证明，无论缩小或者夸大，两者都要犯严重错误。”②《关于建国以来党的若干历史问题决议》明确指出：“阶级斗争已经不是主要矛盾”。“由于国内的因素和国际的影响，阶级斗争还将在一定范围内长期存在，在某种条件下还有可能激化。”③ 这些科学的判断，不仅为党章所确认，而且被此后的实践所证实。我们一方面要对阶级斗争、“和平演变”的危险保持清醒的警惕，另一方面，又不受国内外事件的干扰，始终坚持经济建设这一中心。

十一届三中全会以来，我们党从总结过去成功和失误的经验教训中，对我国社会主义初级阶段的基本国情、主要矛盾和中心任务做了科学的分析和准确的把握，从而制定了党在我国社会主义初级阶段建设有中国特色社会主

①②《邓小平文选》第2卷，人民出版社1989年版，第182页。

③ 《三中全会以来重要文献选编》下册，人民出版社1987年版，第841页。

义的基本路线。这就是："领导和团结全国各族人民，以经济建设为中心，坚持四项基本原则，坚持改革开放，自力更生，艰苦创业，为把我国建设成富强、民主、文明的社会主义现代化国家而奋斗。"① "一个中心、两个基本点"，是这条基本路线的简明概括和主要内容。经济建设是各项工作的中心。坚持四项基本原则和坚持改革开放这两个基本点都必须服从和服务于经济建设这个中心，经济建设这个中心也离不开两个基本点。两个基本点相互贯通、相互依存，统一于建设有中国特色社会主义的实践。

五、社会主义初级阶段论断提出的意义

我国还处于社会主义初级阶段的科学论断，无论在理论上，或是在实践上都有重大的意义。

从理论上来说，这一科学论断丰富和发展了马克思主义关于科学社会主义的理论，对划分社会主义阶段作出了新的理论贡献。

马克思、列宁把共产主义社会形态从产生、发展到最终实现完全的共产主义划分为三个阶段：（1）从资本主义到社会主义的过渡时期。它从无产阶级夺取政权开始，大体上终止于生产资料私有制的社会主义改造基本完成，社会主义经济制度的确立。（2）共产主义社会的第一阶段或初级阶段，即社会主义阶段。马克思在《哥达纲领批判》中，将共产主义社会的发展分为两个阶段，即第一阶段和高级阶段。列宁在《国家与革命》中，更加明确地将共产主义的第一阶段称为共产主义社会的低级阶段。（3）共产主义社会的高级阶段。关于社会主义社会在其发展中要经历哪些阶段，尤其原来经济文化落后的国家怎样才能建成社会主义社会，由于历史条件的限制，马克思主义创始人不可能作出具体回答。

列宁的晚年处在从资本主义向社会主义的过渡时期。他依据新的实践，

① 《十二大以来重要文献选编》上册，人民出版社1990年版，第15页。

指出在向共产主义前进过程中会出现若干重要阶段，提出了“初级形式的社会主义”、“发达的社会主义”、“完善的社会主义”等概念。① 但是这些思想只是一般性的推断和构想，当时还缺乏足够的实践经验，还不能作出科学的概括。

斯大林于1936年实现农业集体化后，过早宣布苏联建成了社会主义社会。1939年他又进一步提出向共产主义过渡的问题。也未能正确解决社会主义发展的阶段问题。

如前所述，在50年代中期以后，我们党在社会主义发展阶段问题上，由于对我国国情缺乏深刻的认识，也出现过“左”的错误，给国民经济的发展带来了巨大的损失。

党的十一届三中全会以后，我们党和邓小平同志基于对中国国情的深刻认识，明确做出了我国还处在社会主义初级阶段的科学论断，从而从理论上丰富和发展了马克思主义关于科学社会主义的理论。

从实践来说，社会主义初级阶段论断的提出，为我们党制定和执行正确的路线和方针政策提供了科学的理论依据。

改革开放以来，邓小平同志和我们党深刻地总结了过去的经验教训，对我国社会主义改造完成以后的基本国情作出了科学的分析，提出了我国还处于社会主义初级阶段的论断，并在此基础上制定了党在社会主义初级阶段的基本路线。十多年来，我国在社会主义建设中取得了举世公认的伟大成就，正是在这条基本路线的指引下取得的。

社会主义初级阶段的论断，一方面从社会性质上肯定了我国已经是社会主义社会，另一方面从社会发展阶段上明确了我国的社会主义社会还处在初级阶段。只有全面地把握这两方面的含义，才能避免片面性，同右的和“左”的错误倾向划清界限。党的十一届三中全会以来的路线、方针、政策之所以正确，之所以对社会主义现代化建设产生气势磅礴的推动作用，归根结底，

① 《列宁全集》第30卷，第253、299页，第32卷，第258页，人民出版社1966年版。

就是因为它立足于我国社会主义初级阶段的客观现实。

邓小平同志不仅提出社会主义初级阶段的论断，而且指出我国社会主义初级阶段的时间估计至少需要一百年。我国从进入社会主义到基本实现社会主义现代化，按照邓小平同志分“三步走”的发展战略，到21世纪中叶大体是一百年左右。正因如此，1992年邓小平同志在南方谈话中提出：“基本路线要管一百年，动摇不得。”①

估计一百年，看到社会主义初期阶段的长期性和实现现代化的艰巨性，有利于我们保持清醒头脑，但这丝毫不意味着我们可以慢慢来，不去抓住时机，加快发展。我们过去已丧失过多次时机，再丧失时机，将会付出更加沉重的，甚至是不可弥补的历史代价。当前世界科技发展迅速，经济竞争激烈，我们既面临着难得的机遇，又面临着多方面的挑战。我们必须具有时代的紧迫感，抓住时机，加快发展，尽快缩小同发达国家的差距，努力赶上世界前进的步伐。中国人民决心用一百年左右的时间艰苦奋斗，走完发达国家几百年走过的历程，从根本上改变我国贫穷落后的面貌，把我国建设成富强、民主、文明的社会主义现代化国家。

① 《邓小平文选》第3卷，人民出版社1993年版，第370~371页。

谈谈社会主义商品经济存在的原因*

商品经济是一个历史范畴，它在社会生产发展的一定阶段产生，也将随着社会生产发展到一定高度而消亡。

在人类社会开始后的漫长岁月中，并没有商品交换和商品生产。原始公社的成员，在劳动中只有简单协作和以性别、年龄为基础的自然分工，他们共同占有生产资料，共同劳动，平均分配。在生产力十分低下的情况下，人们通过采集和狩猎获取的物品，除维持自己生存需要以外，没有剩余产品同别人交换。到了原始社会末期，在生产力发展的基础上，产生了劳动的社会分工和交换。第一次社会大分工是畜牧业和农业的分离。社会分工使劳动生产率有了提高，开始有了超过自身消费的肉、乳等畜产品和以皮毛为原料的编织品以及农产品，从而第一次使经常的交换成为可能。最初的商品交换发生在原始共同体之间，以集体为单位并通过氏族首领进行，交换的物品是公共的财产。但随着交换的日益频繁，在交换过程中，氏族首领利用自己的权力，逐渐把交换的产品作为自己的私有财产支配。后来，交换渗入氏族内部，氏族成员也把自己生产的产品当作私有财产来交换。这就是马克思所说的："商品交换是在共同体的尽头，在它们与别的共同体或其成员接触的地方开始的。但是物一旦对外成为商品，由于反作用，它们在共同体内部也成为商品。"① 在生产力发展的基

* 本文原载于《中学政治课教学》1981 年第 1 期。

① 《马克思恩格斯全集》第 23 卷，人民出版社 1972 年版，第 106 页。

础上，随着金属工具的发现和在生产中的使用，产生了第二次社会大分工，手工业从农业中分离出来。第二次社会分工促进了生产规模的扩大和劳动生产率的进一步提高，使剩余产品增多，这时才逐渐产生了直接以交换为目的的商品生产。商品经济产生的条件是社会分工和生产资料、劳动产品属于不同的所有者。一方面，由于有社会分工，每个生产者只能生产社会产品的一部分，他所生产的产品是为了满足别人的需要，他自己所需要的产品，又必须靠别人供给，在不同的产品生产者之间就需要交换自己的劳动产品；另一方面，由于生产资料和劳动产品又属于不同的所有者，双方又不能无偿取得对方的劳动产品，而必须通过商品交换的方式取得对方的劳动产品。

社会分工是商品经济产生的一般条件和基础。如果没有社会分工，就没有交换劳动的必要，也就不会有商品经济，例如在自然经济条件下，每一个生产者或经济单位几乎生产自己所需要的一切产品就是这样。所以马克思说，社会分工是“构成一切商品生产的一般基础”。① 但是，只有社会分工还不会产生商品经济，因为在有社会分工的条件下，虽然不同的生产者之间需要交换劳动，但不一定采取商品交换的形式，只有在生产资料和劳动产品属于不同的所有者的条件下，交换劳动才采取了商品交换的形式。正如马克思所说：“在古代印度公社中就有社会分工，但产品并不成为商品。或者拿一个较近的例子来说，每个工厂内部都有系统的分工，但是这种分工不是通过工人交换他们个人的产品来实现的。只有独立的互不依赖的私人劳动的产品，才作为商品互相对立。”② 最初，畜牧部落和农业部落把互相交换来的产品当作商品对待，是以畜产品和农产品属于两个不同的原始公社所有为前提的，公社内部的交换也是以产品为氏族成员私有为前提。可见生产资料和劳动产品属于不同的所有者这一社会经济条件才是产生商品经济的根本原因。

商品经济出现以后，迄今已经历了奴隶社会、封建社会、资本主义社会

---

① 《马克思恩格斯全集》第23卷，人民出版社1972年版，第389页。

② 同上，第55页。

和社会主义社会。在奴隶社会和封建社会中，自给自足的自然经济占统治地位，商品经济只有从属的意义。存在于这两个社会的商品经济，基本上是简单商品经济，或者说是小商品经济，它的特点是：以生产资料个体私有制和个体劳动为基础，生产和交换的目的是为了满足生产者自己的需要。在封建社会后期，商品经济迅速发展并导致了资本主义生产关系的产生。资本主义是商品经济发展的最高阶段，不仅一切劳动产品都成了商品，而且连人的劳动能力也成了商品，商品成了资本主义的经济细胞。资本主义商品经济的特点是：以生产资料的资本家私有制和雇佣劳动为基础，生产和交换的目的，是为了剥削劳动者，榨取剩余价值。资本主义商品经济的矛盾的发展和尖锐化，必然导致资本主义的灭亡。

马克思恩格斯曾认为社会主义是不存在商品经济的，恩格斯在《反杜林论》中指出："一旦社会占有了生产资料，商品生产就将被消除，而产品对生产者的统治也将随之消除。"① 马克思恩格斯之所以这样设想，是由于他们认为社会主义将在资本主义高度发展的国家首先建立起来，而实践表明，社会主义首先是在经济上比较落后的国家取得胜利的，在社会主义条件下，商品经济的存在是不可避免的。尽管如此，马克思关于商品经济产生和存在条件的理论，也仍然是我们分析社会主义商品经济存在原因的基础。

在社会主义社会，就社会分工来说，社会主义生产是社会化的大生产，国民经济各个部门、各个地区、各个企业之间，都存在着密切的分工和协作关系，它们都需要交换各自的劳动产品，这是不言而喻的。

就生产资料和劳动产品的所有制来说，在消灭了资本主义经济和完成了对个体经济的社会主义改造以后的一个相当长的历史时期内，还存在着生产资料公有制的两种形式，即全民所有制和集体所有制，全民所有制还采取着无产阶级专政的国家所有制的形式，生产资料和劳动产品分别属于全体劳动人民和一部分劳动人民所有，全民所有制和集体所有制企业之间，以及不同

---

① 《马克思恩格斯选集》第 3 卷，人民出版社 1972 年版，第 323 页。

的集体所有制企业之间，要相互取得对方的劳动产品，实现他们经济上的联系，就只能采取商品交换的形式，因此，生产资料公有制两种形式的并存，是社会主义商品经济存在的重要原因。

就全民所有制企业来说，一方面生产资料都属于国家所有，国家对企业的生产资料有最终的支配权，企业之间在根本利益上是一致的；另一方面，生产资料又长期归企业占有和使用，企业在运用生产资料进行经济活动时具有相对的独立性。不同企业之间，在相同的生产条件下，由于企业使用生产资料的情况不同，也就是由于企业经营管理水平不同和劳动者的劳动贡献不同，必然会带来不同的生产经营成果。在社会主义社会生产力水平还不高，旧的社会分工仍然不能消除，劳动还仅仅是谋生手段的条件下，企业间不同的生产成果必然反映为企业间物质利益上的差别。为了维护企业各自的物质利益，全民所有制企业之间在相互交换劳动产品，实现他们在经济上的联系时，就不能是无偿的，而必须采取商品等价交换的形式，他们所生产的产品，不论是消费品，还是生产资料都是商品。因此，全民所有制企业间物质利益差别的存在是全民所有制内部商品关系存在的原因，也是在社会主义条件下，当实现了单一的全民所有制以后社会主义商品关系存在的客观根据。

马克思主义认为生产资料所有制的核心正是物质利益。恩格斯指出："每一个社会的经济关系首先是作为利益表现出来的。"① 一切经济关系，首先是生产资料所有制关系，都是物质利益的体现。在有社会分工的条件下，不同的生产资料私有者或是不同的生产资料所有者之间，必须通过商品交换实现他们经济上的联系，就是因为他们各自具有不同的物质利益。

在社会主义生产资料公有制两种形式之间，不同的集体经济组织之间，由于生产资料和劳动产品属于不同的所有者，具有不同的物质利益，是不同的物质利益的所有者，因而他们之间的关系是商品关系。就全民所有制企业来说，虽然生产资料属于同一所有者，他们的根本利益是一致的，但他们毕

---

① 《马克思恩格斯选集》第3卷，人民出版社1972年版，第11页。

竟存在着物质利益的差别，要使各自不同的物质利益得到实现，就必须肯定他们之间的商品关系。因此，可以说社会分工和不同生产者物质利益关系的存在，是社会主义商品经济存在的原因。就我国现阶段来说，由于还存在着生产资料公有制占统治地位的多种经济成分，商品经济的存在是不言而喻的。

社会主义商品经济根本不同于资本主义商品经济，它是建立在生产资料公有制基础上的，它已把劳动力商品排除在外，不同生产者之间尽管存在着物质利益的差别，但他们的根本利益都是一致的，他们的发展并不是盲目的，而是在国家统一的计划指导下发展的，都是以满足人民的物质和文化生活需要为目的。

只有在生产力高度发展的基础上实现了共产主义，商品货币关系才能最终消亡。

价值规律在社会主义经济中作用的特点*

由于在社会主义经济中还存在着商品生产和商品交换，价值规律必然要发生作用，但是，价值规律在社会主义经济中发生作用的经济条件与资本主义相比已发生了根本的变化，因而它的作用范围、形式、程度和后果，同资本主义经济也有着本质的区别。正确认识价值规律在社会主义经济中作用的特点，对我们在经济工作中正确地运用这一规律，进行国民经济管理体制的改革，促进社会主义经济的发展，有着重要的意义。

一

在社会主义经济中，价值规律发生作用的客观经济条件已发生了根本的改变。

价值规律是商品经济的基本规律，而商品经济并不是一种独立的社会经济形式，它自原始社会末期产生以来，经历了奴隶社会、封建社会、资本主义社会和社会主义社会。在不同社会制度下，由于占统治地位的生产资料所有制性质不同，商品经济具有不同的性质，体现着性质不同的生产关系。

在奴隶社会和封建社会，自给自足的自然经济占统治地位，商品经济只具有从属的意义。在这两个社会中的商品生产和商品交换，是以生产资料私

---

* 本文原载于《教学与研究》1984 年第 4 期。

有制和个人劳动为基础的，基本上是一种小商品经济或简单商品经济。生产和交换以使用价值满足自己的需要为目的，它所体现的经济关系基本上是农民、手工业者之间相互交换劳动的关系。

在资本主义社会，由于工人的劳动力变成商品，成为自由的雇佣工人，从而使商品生产普遍化并占有了统治地位，商品经济发展到最高阶段，商品因而成为资本主义经济的细胞形式。资本主义商品经济以生产资料资本家私有制和雇佣劳动为基础，以榨取剩余价值为目的，在盲目竞争和无政府状态中发展，体现着资本家剥削雇佣工人和资本家之间尔虞我诈、你死我活的竞争关系。

在社会主义社会，由于资本主义私有制的消灭和社会主义公有制的建立，占统治地位的是以生产资料社会主义公有制为基础的社会主义商品生产和商品交换。作为商品生产者的是社会主义全民所有制和劳动群众集体所有制的经济单位，生产和交换以满足劳动者的物质和文化需要为根本目的，在国家统一计划的领导下，有计划按比例地发展，体现着社会主义经济单位和劳动者在根本利益一致基础上的相互交换劳动的平等互助合作关系。在社会主义社会一个相当长的历史时期内还存在着的小商品生产和外资经营的商品生产，处于从属地位，是社会主义商品生产和商品交换的必要补充。

任何经济规律都不是孤立地发生作用，都是在同其他经济规律相互联系、相互影响中共同发生作用的。作为商品经济的价值规律，既不是在人类社会发展不同历史阶段上共同起作用的规律，也不是在人类社会某一个特定历史阶段上起作用的特有的经济规律，而是在人类社会发展的某几个历史阶段上起作用的规律。同样，它也是在同一社会中同其他经济规律的相互联系、相互影响中发生作用的。由于社会经济制度的更替，主要是由于生产资料所有制性质的改变，在同一社会经济形态中发生作用的诸经济规律，其相互联系、相互影响的状况也不相同。由于生产资料的社会主义公有制代替了资本主义私有制，剩余价值生产规律退出了历史舞台，为社会主义基本经济规律所取代，整个社会的竞争和生产无政府状态被国民经济有计划按比例发展所代替，这使价值规律在社会主义经济中的地位和作用不能不发生根本的改变。

社会主义商品生产代替了资本主义商品生产，价值规律同其他经济规律在社会主义经济中相互关系的改变，是价值规律在社会主义经济中作用范围、作用形式、作用程度和后果不同于资本主义经济的内在原因。

二

在社会主义经济中，价值规律作用的范围发生了变化。

价值规律作用的范围，同商品生产和商品交换的范围是相一致的，商品生产和商品交换的范围有多大，价值规律作用的范围就有多大，商品生产商品交换的范围改变了，价值规律作用的范围也要改变。

在资本主义制度下，价值规律作用的范围，同资本主义商品生产和商品交换的范围一样，达到了最广泛的程度。在这里，不仅一切劳动产品都成了商品，而且连劳动力也成了商品，成为买卖的对象。工厂、土地、矿藏、原始森林等生产资料和自然资源也都成为商品。作为商品经济规律的价值规律，其作用范围也以相同的程度支配着所有的生产和交换。

在社会主义制度下，建立在生产资料公有制基础上的商品生产和商品交换的范围，比资本主义已经缩小。第一，具有本质意义的是，劳动者已成为生产资料的主人，劳动力已不再是商品；第二，土地、矿藏、原始森林等重要自然资源也不再是商品；第三，国营的企事业单位也不再是买卖的对象。与此相适应，价值规律对它们都不再发生作用。在商品生产和商品交换以外的其他经济领域，诸如国民经济和社会发展目标的选择，重大比例关系的确定，国民收入的分配，等等，人们的政治生活和文化生活，其他各种社会关系，也不再受价值规律的调节和支配。价值规律的作用与商品生产和商品交换一起被限制在一定的范围之内了。

价值规律在社会主义经济中作用的范围与商品生产和商品交换的范围是一致的。商品生产和商品交换的范围有多大，价值规律作用的范围就有多大。

如果撇开社会主义条件下的小商品生产，无论是全民所有制企业的生产或是集体所有制企业的生产，基本上都还是商品生产，无论是生产资料或是消费资料都还是商品，价值规律对他们的生产和流通都必然要发生作用。过去，我们否认全民所有制企业从事的生产资料生产是商品生产，否认全民所有制企业相对独立的商品生产者的地位，这并不是限制了价值规律作用的范围，价值规律对全民所有制企业的生产资料生产客观上还是在发生作用，只不过是在经济工作受到“惩罚”的形式下发生作用的。在我国实行的国民经济计划管理的指令性计划、指导性计划和市场调节的三种形式中，也只是存在价值规律作用大小、作用形式的区别，而不是价值规律有无作用的区别。

迄今，社会主义国家都是在经济落后的资本主义或半殖民地半封建经济的基础上建立起来的，商品经济不很发达或很不发达，社会主义经济制度建立后，都面临着大力发展商品生产和商品交换的任务。目前，我国农村经济正处在从自给半自给的经济向商品经济的转变中，我国农村以至整个社会的商品生产和商品交换将大大发展。从这个意义上说，价值规律在我国社会主义经济中的作用范围，不仅是十分广泛的，而且必将进一步扩大，我们的经济体制必须适应这一转变。

三

价值规律在社会主义经济中发生作用的形式已不同于资本主义经济。

价值规律作为客观规律，与任何其他经济规律一样，都是不依人的主观意志为转移的。作为规律本身，不存在自发和自觉的区别。但作为经济规律发生作用的状态和形式来说，在不同的社会经济条件下是有区别的。一种是人们没有认识到它，或者认识到它而由于社会经济条件和人们的阶级局限没有可能去利用它。另一种是人们已经认识到它，并且自觉地去利用它。

价值规律在资本主义制度下作用的状况和形式基本上属于第一种。当然不是说资产阶级完全不可能认识和利用这一规律，事实上，在微观经济范围内，资本家正是利用了价值规律达到获取利润的目的。而在宏观经济范围内，由于生产资料的资本主义私有制，资本家之间的利害冲突，使他们不可能自觉地利用价值规律，通过有计划地制定统一的价格，调节全社会的生产和流通。在社会生产无政府状态下，价值规律是作为一种强制起作用的“异己”的力量，支配和统治着商品生产者。恩格斯在谈到商品经济的价值规律时指出：“它们作为异己的、起初甚至是莫名其妙的、其本性尚待努力研究和认识的力量，同各个生产者和交换的参加者相对立。……直到今天，产品仍然支配着生产者；直到今天，社会的全部生产仍然不是由共同制定的计划，而是由盲目的规律来调节，这些盲目的规律，以自发的力量，终归是在周期性商业危机的风暴中，起着自己的作用。”①

价值规律在社会主义经济中作用的状况和形式基本上属于第二种。这是由于在生产资料公有制基础上，作为商品生产者的国营和集体企业之间没有根本的利害冲突，国民经济是有计划地发展，而且有科学的马克思列宁主义的经济理论作指导，使国家有条件在全社会范围内自觉地利用价值规律。国家可以按照价值规律的要求，通过对各类重要商品制定统一的价格，利用价格和价值、个别价值和社会价值的矛盾运动，调节社会的生产和流通，促进社会劳动按比例地分配和节约。在这里，价值规律主要是通过计划价格的形式发生作用的，价值规律不再成为统治人们的“异己”力量，而被人们自觉地加以利用。恩格斯指出：一旦社会占有了生产资料，“人们自己的社会行动的规律，这些直到现在都如同异己的、统治着人们的自然规律一样而与人们相对立的规律，那时就将被人们熟练地运用起来，因而将服从他们的统治。”②

但是，在社会主义条件下，也还存在着价值规律自发地起作用的情况。第一种情况是当人们没有认识它，或者是在经济工作中、经济管理体制中没有正确反映以致违背价值规律的要求，从而受到价值规律的“惩罚”。在我国

① 《马克思恩格斯全集》第21卷，人民出版社1972年版，第199页。
② 《马克思恩格斯全集》第20卷，人民出版社1972年版，第308页。

社会主义建设中，就发生过否定商品生产、否定价值规律的作用，给国民经济的发展带来了严重的后果。这说明，在社会主义条件下，人们虽然有可能认识和自觉运用价值规律，但是，这绝不等于说，只要建立了社会主义制度，客观经济规律就可以自然而然地被人们认识和自觉运用。第二种情况是在实行计划经济为主、市场调节为辅的条件下，属于国家直接和间接计划不管的那一部分生产和流通，基本上就是依靠价值规律自发地起调节作用。第一种情况属于人们认识上的问题，第二种情况是人们根据客观的经济条件自觉加以安排的，而且是属于从属的、次要的地位。作为占主导地位的情况，是人们可以认识并在实践中自觉运用价值规律，这同价值规律在资本主义经济中作用的状况有着本质的区别。

四

价值规律在社会主义经济中的地位和作用程度已不同于资本主义经济。

在资本主义制度下，价值规律是整个社会生产和流通的全面调节者。生产资料的资本主义私有制使社会化大生产客观上要求的按比例地分配社会劳动，不可能由一个社会中心通过事先的统一计划加以确定，各个资本家事先不可能知道社会的需要和社会总劳动量，他们也不会服从什么社会统一的计划，“资产阶级社会的症结正是在于，对生产自始就不存在有意识的社会调节。”① 在这种条件下，社会再生产的比例，就只能由价值规律自发地调节。市场价格波动盲目地调节着资本在不同部门间的转移和分配，并通过危机强制性地实现经常被破坏的平衡。同时，从价值规律同资本主义基本经济规律——剩余价值规律的关系来说，剩余价值规律等资本主义经济规律是建立在价值规律基础上的，二者的作用方向是不一致的，剩余价值规律要通过价值规律的作用来表现和实现，价值规律在剩余价值规律的支配下，全面地调

---

① 《马克思恩格斯选集》第4卷，人民出版社1972年版，第369页。

节着社会劳动在各个部门间的分配。

在社会主义制度下，价值规律在一定范围内和一定程度上对社会生产和流通起调节作用，它不是社会生产和流通的主要调节者，更不是唯一的调节者。社会化生产和生产资料公有制，社会主义生产目的，决定了社会劳动的分配，有必要也有可能由社会主义国家作为社会中心的代表，通过事先的统一的国民经济计划加以调节。社会主义经济，从本质上说是计划经济，整个社会的生产和流通，主要是由社会主义基本经济规律和国民经济有计划发展规律来调节的，社会主义基本经济规律决定着社会需要，国民经济有计划发展规律按照社会需要，把社会劳动按比例地分配到社会生产各个部门。由于社会主义计划经济还不是共产主义那种纯粹的计划经济，是存在着商品生产和商品交换的不成熟的计划经济，国营和集体企业之间，在根本利益一致基础上还存在着利益上的矛盾，社会劳动还不可能完全由单一的计划来调节，还需要利用价值规律，通过调节企业的经济利益来调节社会劳动的分配。但是，社会主义经济毕竟不是在商品经济基础上产生的，社会主义基本经济规律也不是在价值规律的基础上产生的，尽管社会主义基本经济规律的实现要运用价值规律，但价值规律的作用方向同社会主义基本经济规律、有计划发展规律并不都是一致的，是存在着矛盾的，这种矛盾实质上是企业的局部的、目前的利益同社会整体的、长远的利益之间的矛盾。在这种条件下，价值规律对生产和流通的调节，不能不受到社会主义基本经济规律、有计划发展规律的制约，价值规律正是在社会主义基本经济规律和有计划发展规律的制约下和主导作用下，对社会主义生产和流通起一定的调节作用。

价值规律在社会主义经济中作用的这一特点，要求我们在理论和实践上反对和防止两种错误倾向：一是否定和低估价值规律在社会主义经济中的一定的调节作用，在经济体制上，用高度集中统一的计划管理国民经济，排斥市场调节，无视企业和劳动者的经济利益，在计划调节中不尊重甚至背离价值规律的要求，事实表明，这必然会束缚企业和劳动者的积极性，使社会经济效益降低，也不能实现经济的协调发展；二是在经济体制改革过程中，过分夸大价值规律的调节作用，把价值规律视为社会主义经济的主要调节者，甚至是唯一的调节者，否定计划经济和计划调节，这就抹杀了社会主义经济同资本主义经济的本质区别。

五

价值规律在社会主义经济中同在资本主义经济中作用的后果是不同的。

在资本主义制度下，价值规律作用的结果，必然引起社会生产剧烈的波动和社会劳动巨大的浪费，导致资本的集中和小生产者的破产，加深资本主义基本矛盾。因为在资本主义条件下，价值规律是社会生产和流通的全面调节者，价值规律是在人们不能控制它的条件下，通过价格波动自发地发生作用。但是，市场价值波动并不能准确提供社会生产和社会需求的信息，资本家从追求最大限度利润出发，依据市场价格波动决定资本的投向，不可避免地导致社会再生产比例经常遭到破坏，当资本主义固有的生产和消费的对抗性矛盾尖锐化时，就导致经济危机的爆发，用破坏生产力的办法达到社会生产和社会需要的平衡，造成社会劳动的巨大浪费。在追逐最大限度利润的竞争中，只有资本雄厚的大资本家才有条件把个别价值降低到社会价值以下，才有可能避免或承受由于商品价值不能实现而带来的损失和灾难，这就必然导致大批中小生产者破产和资本集中，使资本主义基本矛盾不断加深，当然，这并不是价值规律孤立作用的结果，而是价值规律同剩余价值规律、竞争和社会生产无政府状态规律、资本积累规律等规律共同作用的结果。

在社会主义制度下，由于价值规律发生作用的经济条件改变了，价值规律是在社会主义基本经济规律、国民经济有计划发展规律的主导作用和制约下同它一起共同发生作用的，它不再是整个社会生产和流通的唯一调节者或主要调节者，它只是在一定范围内和一定程度上对社会经济起调节作用，而且人们可以正确认识和运用价值规律以达到预期的目的，从而使其作用的后果不同于资本主义。人们可以在以计划调节为主的前提下，利用价格与价值的矛盾运动，调节生产和流通，从而促进国民经济协调发展，可以利用个别价值与社会价值的矛盾，促使企业改进技术、改善经营管理，提高劳动生产率和节约社会劳动，以达到促进国民经济发展，经济效益提高，人民生活不断改善的结果。

同一个价值规律在两种社会制度下产生不同的结果，是由于价值规律发生作用的客观经济条件不同，是由于价值规律在社会经济中的地位和作用方式的不同。在社会主义条件下，要使价值规律达到上述结果，还需要人们正确认识价值规律在社会主义经济中的地位和作用，建立和完善反映价值规律要求的经济体制和发挥价值规律作用的机制。

国营工业企业实行经济责任制的若干特点*

三年来，国营工业企业先后实行了利润留成、利润包干、以税代利等各种内容和形式的经济责任制，方向正确，效果明显。它对于打破吃“大锅饭”，克服平均主义，调动职工和企业的积极性，促进企业整顿，实现增产增收，提高经济效益，推动经济管理体制的改革，都起了积极作用。在实行经济责任制过程中，由于思想准备不足，缺乏必要的章程和有效的管理措施，也出现了一些问题。为了逐步完善经济责任制，有必要从农业生产责任制和工业中经济责任制比较的角度，探讨一下国营工业企业实行经济责任制有些什么特点。

一、企业必须全面完成国家计划为社会需要而生产

经济责任制是在国家计划指导下，以提高经济效益为目的，把经济责任、权利、利益紧密结合的生产经营管理制度。而明确规定经济责任是实行经济责任制的前提。国营工业企业对国家应当承担什么样的经济责任？它和集体所有制的农业企业对国家承担的经济责任有什么不同呢？

目前，我国农业基本上还是手工生产，生产社会化程度较低，农产品的商品率比较低，农业生产单位的生产和流通受外部条件影响，以及它对其他生产单位的影响都比较小。从事农业的基本单位，基本上是独立核算、自负

---

* 本文原载于《北京师范大学学报》（社会科学版）1982 年第 4 期。

盈亏的集体所有制经济，在服从国家计划的前提下，生产上有较大的自主权，国家并不直接给集体经济单位下达生产计划和各项经济技术指标，而只规定主要农产品的征购任务。就是说，农业集体经济单位对国家和社会承担的经济责任和义务，主要是完成主要农产品的征购任务。与此相应，农业生产责任制主要是联系产量。

我国的工业生产是社会化大生产，是一种商品生产，工业同其他经济部门之间，工业内部各部门、行业和企业之间，在再生产过程中存在着相互影响、相互制约、密不可分的联系，一个企业的生产和流通受外部条件的影响，以及它对其他企业的影响要比农业大得多。国营工业企业的生产资料属于国家所有，其生产主要是靠国家计划调节。在这种生产力和生产关系条件下，国家下达给企业的指标，不仅有利润、成本等价值指标，还有产量、品种、质量、消耗等使用价值指标，国家与企业之间、企业互相之间还有供货合同等经济合同。就是说，国营工业企业对国家和社会承担的经济责任和义务是多方面的，概括起来说，就是要按照国家计划的要求，以最少的劳动消耗，提供最多的优质适销产品和更多的纯收入。国营工业企业必须全面完成国家计划和履行经济合同，这是保证国民经济有计划按比例发展和社会再生产顺利进行满足社会需要所必需的。

1981 年国营工业企业比较普遍实行的利润包干或亏损包干，是一种盈亏责任制，它只是经济责任制的一个内容和一种形式。它只规定了企业完成利润的任务，突出了国家计划中的利润指标，把企业完成利润或减亏的多少同企业的经济利益直接结合起来，而国家计划中的其他经济技术指标同企业的经济利益没有直接挂钩。这在国家经济和财政困难、许多企业生产任务小而财政上缴任务大的条件下，对于扭转企业亏损严重的状况和完成财政收入任务是有积极作用的。但在我国目前条件下，由于价格水平、产品结构、自然资源、技术装备、税负轻重等因素的影响，利润指标并不能正确地反映企业的生产经营管理水平和经济效果。如果对企业只考核利润指标，其他经济指标不同企业经济利益挂钩，就不利于企业全面完成国家计划，也不利于企业生产经营管理水平和经济效果的全面提高，而且容易造成企业单纯为利润而生产，大利大干，小利小干，无利不干，以致用损害国家和消费者利益的不正当手段来获取利润。

一段时间内，企业单纯追求利润的倾向有所发展。例如，社会需要而价格低、成本高、利润小的短线产品，企业少生产，而社会不需要或不需要那么多的长线产品，因价格高、成本低、利润大，企业却多生产，造成社会生产和社会需要的脱节，加重了已经存在着的某些产品积压或某些产品供不应求的状况。产品质量也有所下降，对一些销路广的短线产品，企业为多得利润，就降低质量，以致偷工减料，粗制滥造，改头换面，以次充好，蒙骗国家，坑害消费者。还有消耗增多，以及安全、设备维护等方面的问题也有发展。单纯追求利润的倾向，与其说是来自企业，还不如说是来自经济责任制的不完善。诸如此类问题的解决，如果没有经济手段，不完善经济责任制，单纯依靠行政手段和教育是不能奏效的。

解决这一问题，必须根据国营工业企业的特点，进一步完善经济责任制。利润盈亏包干是当前推行经济责任的一个重要内容，但经济责任制并不等于利润或亏损包干。既然全面完成国家计划和履行经济合同，是企业对国家承担的经济责任，就应当和利润指标同企业经济利益挂钩一样，把完成其他经济指标及履行经济合同的好坏同企业的经济利益结合起来，从物质利益上促使企业和职工全面完成国家计划及履行经济合同，按照社会需要安排生产。对于没有完成其他指标的企业，应按一定比例扣减企业的利润留成。对于生产市场短缺的低利产品和小商品的企业，应采取鼓励和扶植的政策。在核定这些企业的利润留成比例、包干基数和超收分成比例时，应给予适当的照顾，以兼顾企业的物质利益。

二、保证上缴国家利润的增长，正确处理国家、企业、职工三者利益

无论实行什么形式的经济责任制，都有一个国营工业企业的利润在国家、

企业和职工之间如何分配的问题。在分配问题上，农业中的集体经济组织和国营工业企业，都必须兼顾国家、集体和劳动者个人三者利益，但在如何处理三者关系上，二者有着不同的特点。

农业中的集体经济组织，生产资料和劳动产品属于集体所有，国家不能直接参与其产品和国民收入的分配，而只能通过税收占有他们的一部分产品和国民收入。由于农业生产力水平很低，为了促进农业生产的发展，我国历来对农业税采取了轻税和稳定税负的政策，农业税的实际负担率是很低的，农业税占国家财政收入的比重也是很小的。对农业集体经济组织来说，国家利益主要体现在农业税的上缴以及主要农副产品的征购任务上。1978 年以来，国家大幅度地提高了农副产品的收购价格，生产队和农民个人收入有了显著的增加，国家财政用于农副产品购销“倒挂”的补贴大量增加。今后一个时期，生产队和农民收入的增加，主要应靠发展农业生产，而不能再靠农副产品的提价和扩大议价范围。农业中实行生产责任制以后，也必须按国家计划进行生产和完成农产品的征购任务，这是国家利益、全局利益所在，不能为了增加生产队和农民的收入而盲目生产，随意降低农副产品收购基数，把它转化为加价和议价，从而损害了国家的利益。

国营工业企业的生产资料和劳动产品属于国家所有，就是企业利用留成资金或贷款新增的固定资产也属于国家所有。国营工业企业创造的利润除了按规定足额及时地缴纳税款外，还必须按一定比例上缴国家，这是国家依靠生产资料的所有权直接参与其国民收入分配的一种形式。国营工业企业上缴的税利占了国家财政收入的绝大部分。这是保证国家进行经济和文化建设、行政管理、巩固国防和不断改善人民生活所必需的。国营工业企业是生产和独立核算的基本单位，是相对独立的商品生产，具有相对独立的物质利益。同时企业要进行技术改造，解决集体福利和职工生活中的一些问题。因此，企业应当有一定的留成利润，作为解决这些问题的资金保证。职工是物质财富和国民收入的创造者，为了贯彻按劳分配的原则，在生产发展的基础上逐步改善他们的生活，调动他们的积极性，在职工为国家提供了超额劳动的条件下，也应当在企业的利润中占有一部分。总之，国营工业企业的利润分配原则，应当是国家多得，企业和职工个人也有所得。这是国营工业企业在分配上不同于农业集体经济的重要特点。

正确处理三者关系的关键是合理地确定盈亏包干基数和企业利润超收或减亏的分成比例，以及恰当地控制奖金（包括计件超额工资）的发放界限。“基数”过低，实现增收的利润就可以高一点，企业和职工就可以多得一点，但是国家财政收入计划的完成就无法保证，企业也就没有挖潜增收的压力。“基数”过高，也不利于调动企业和职工的积极性。“基数”应当是企业经过主观努力可以达到的。就一个地区和部门来说，必须完成国家计划下达的财政收入任务，各个企业包干基数与计划数的差额，可以通过企业间“基数”的差别和各个企业增产增收加以解决。随着社会主义建设的发展，国家财政支出在不断增长，因此，在生产正常发展的条件下，“基数”应当是逐年递增，以保证国家财政收入逐年不断增长，而不能简单地规定包干“基数”一定几年不变。

对企业利润的超收或减亏部分的分成比例应保证在国家多得的前提下，企业和职工也有所得，一般情况下，国家所得部分应在60%以上，企业和职工所得应在40%以下。对企业可以采取累进分成，以鼓励企业增产增收。分成的方式应视不同部门和企业的具体情况，分别采取基数利润留成加增长利润留成、全额利润留成、超计划利润留成、利润或亏损包干以及“以税代利”等不同的形式。但是一个企业只能采取一种形式，不能同时采取两种形式重复提取留成资金。无论采取什么利润分配方式，对企业必须有奖有罚，而不能只奖不罚，对完成和超额完成包干任务的，企业按规定比例提成，完不成任务的，企业应以“自有”资金补偿。

在国营工业企业利润的分配上，过去由于采取“统收统支”的体制，国家集中得过多，从而影响了企业和职工的积极性。近几年来在经济管理体制改革过程中，“统收”的局面已经打破，企业和职工的收入增长较快，这是扩大企业自主权所必需的，对调动企业和职工积极性也是有利的。但是，企业增长利润的部分，国家得到的较少，企业和职工得到的较多，例如，1979 年国营企业（不包括军工）利润增长部分，国家所得占 15%，企业所得占 41%，职工所得占 44%。1980 年企业和职工所得比重进一步上升，而国家不但一文未得，还减少了收入。1981 年以来，在推行以利润盈亏为主要内容的经济责任制中，有些地区压低包干基数，提高超收分成比例和重复提取留成基金等，国家所得继续下降。就是国营企业的税后利润，或是税利合一计算的全部利润中，近几年国家所得也是逐年下降的，企业和职工所得都是逐年上升的。而“统支”的局面不但继续存在，而且国家支出在增多，从而影响了国家的财政收支平衡，这在国民经济调整时期就加重了国家的困难。这一问题的根本解决办法，是应根据国家财政的需要和企业在生产发展、集体福利和职工生活等方面承担的任务，确定一个国营工业企业利润在国家、企业、职工之间的合理的分配界限。

三、对企业的生产发展基金的使用和职工奖励基金的发放必须加强指导和控制

国营工业企业实行利润留成，盈亏包干的超收分成所获得的利润一般要分为生产发展基金、集体福利基金和职工个人奖励基金，对生产发展基金的使用必须加强控制和指导，对奖金发放必须控制，这是国营工业企业实行经济责任制不同于农业实行生产责任制的又一个重要特点。

农业中的集体经济组织是一个独立核算、自负盈亏的经济单位，其积累的规模，直接取决于各自的收入水平以及积累与消费的分配比例，其积累基金的使用方向，在服从国家计划指导的前提下，由各集体经济单位自己决定，国家可以通过经济手段加以调节，使其符合社会发展的需要。劳动者个人的分配水平，在基本核算单位总的收入水平和积累与消费比例已定的条件下，取决于劳动者个人劳动的多少，按劳分配是在一个集体的范围内体现的，不同的集体单位之间存在较大的差别。同时，由于我国农业生产力水平和生产

社会化程度很低，农业中集体经济组织的积累与消费的水平都还很低，其绝对量还不大。在这种条件下，国家没有必要控制其积累和消费。

国营工业企业生产发展基金的使用则必须加强控制和指导。这是因为：第一，企业生产发展基金从管理上虽属预算外资金，企业有支配的权力，但它又属于国家积累基金的一个重要组成部分，其使用方向和规模，直接关系着国家基本建设投资的方向和规模；第二，由于工业生产是社会化大生产，企业生产发展基金的使用，关系着社会再生产中产供销的平衡、资金与物资的平衡，关系着国民经济有计划按比例的发展。为了控制国家基本建设规模，使之与国力相适应，为了保证社会再生产正常进行，国民经济有计划按比例的发展，必须对企业生产发展基金的使用加强控制和指导，纳入统一的国家计划之中，这也是国营工业企业的国家所有制性质所决定的。

实践也证明了对国营工业企业生产发展基金使用控制和指导的必要。1979 年以来，由于对企业实行利润留成、盈亏包干、以税代利再加上中央和地方财政上的“分灶吃饭”，使企业、部门和地方掌握的建设资金数量越来越多，这对于调动企业、地方及各部门的积极性，对搞活经济无疑是有利的。但由于对这些建设资金的使用缺乏控制和指导，以至于一个时期国家基建规模难以控制，中央投资项目减少，地方和企业投资项目增加，预算内基建投资减少，预算外基建投资增加，财政拨款投资减少，银行贷款投资增加，使基本建设规模超过了国力的可能。同时，由于缺乏统一计划和平衡，地方和企业往往从自身利益出发，造成重复生产，重复建设，影响了社会产需的平衡和经济效果。

今后，我国工业扩大再生产主要是靠技术改造，充分发挥现有企业的作用。因此，企业生产发展基金的使用方向应当是企业的技术改造，更不能在技术改造的名义下搞变相的基本建设。企业改变产品结构和转产，应在有关部门协调下，在产供销平衡的条件下进行。对企业生产发展基金的使用方向和规模，要采取必要的行政手段和经济手段加以控制和指导。

实行经济责任制以后，对企业职工的奖金（包括计件超额工资）也必须进行控制。这是因为：第一，职工的奖金和工资一起涉及到积累与消费的比例关系，国家建设与人民生活的关系，这既是职工个人与国家利益的关系，也是劳动者眼前利益与长远利益的关系；第二，它关系着社会居民购买力与社会消费品供应的平衡，关系着物价的稳定。

粉碎"四人帮"以来，我国在改善人民生活方面已经迈出了很大的步子。今后随着生产的发展，还应继续改善人民的生活。但是也必须看到，1978 年以来，社会购买力的增长已经超过了生产的增长和社会消费品的供应。1980 年以来，国营工业企业奖金的增长速度，大大超过了劳动生产率、实现利润和工业生产总值的增长速度。甚至出现了劳动生产率下降，工资和奖金上升的情况。奖金的发放已经失去控制，盈利多的企业突破控制水平多发奖金，盈利少和亏损企业也千方百计地多发奖金，形成了奖金比过去只能多不能少，以致巧立名目，乱发奖金和实物，在这种情况下，控制奖金尤为必要。

奖金既然是超额劳动的报酬，因此，奖金的增长不能超过生产和利润增长的速度，所有地区、部门和企业，利润下降的，奖金发放水平也必须相应降低，必须改变奖金只能上不能下的状况。奖金发放应严格按国家规定执行，企业的福利基金，除按规定发给个人以外，主要用于职工集体福利事业，不能巧立名目，滥发福利产品和各种津贴、补助。计件工资应当有条件地实行，实行计件工资和超额计件工资的，也不应重复提取和发放奖金。总之，国营工业企业实行经济责任制以后，对其积累和消费必须加以控制。

以上仅仅是从企业在生产上对国家承担的责任、企业利润的分配、积累与消费几个方面探讨了国营工业企业实行经济责任制的若干特点。实行经济责任制，国家对企业应承担什么责任，国家与企业在生产资料支配关系上，企业之间的关系上，企业内部与职工关系上，还有许多不同于农业生产责任制的许多特点，尚需进一步研究。

关于社会主义经济调节的几个问题*

一

关于国民经济的调节问题是改革国民经济管理体制中必须解决的一个重大问题。国民经济的调节，是指社会总劳动（包括表现为生产资料的物化劳动和表现为劳动力的活劳动）在国民经济各部门间的分配，简单地说就是按比例地分配社会劳动。

按比例地分配社会劳动是任何社会生产、特别是社会化大生产的共同要求，在不同的社会经济条件下，所不同的仅仅是按比例分配社会劳动所采取的形式。正如马克思所指出的："要想得到和各种不同的需要量相适应的产品量，就要付出各种不同的和一定数量的社会总劳动量。这种按一定比例分配社会劳动的必要性，绝不可能被社会生产的一定形式所取消，而可能改变的只是它的表现形式"。①

社会主义经济中，按比例分配社会劳动究竟应当采取什么形式，长期以来对于这一问题的研究处于僵化和半僵化状态，认为社会主义经济是计划经济，因而只能由计划调节，计划之外的调节是不需讨论的。在实践中逐步形成生产统一计划，流通统一分配（生产资料）、统购包销（生活资料），资金

---

* 本文原载于《北京师范大学学报》（社科版）1981 年第 1 期。

① 《马克思恩格斯选集》第 4 卷，人民出版社 1972 年版，第 368 页。

统收统支，一切经济活动都要听命于上级行政机关的安排和批准，甚至认为指令性计划的范围越广越好，指令性指标越多越好，似乎只有这样才能表明计划性强，才能显示出社会主义的优越性。

事实证明，这种高度集中统一的单一的计划调节，虽然在一定条件下可以集中全国的人力、物力、财力于重要的经济目标，但它并不能保证国民经济比例的相对平衡和社会劳动的节约，相反，它是造成产需严重脱节、经济效率低、经济效果差、社会劳动浪费惊人的重要原因。社会需要是多种多样和不断变化的，社会产品种类繁多，千差万别，要把它们统统纳入一个包罗万象的计划中，而且调节得很好，这是不可能的。

党的三中全会以来，计划调节和市场调节相结合的提出，是社会主义经济调节理论上的重大突破。这一方针正确地总结了我国和其他国家社会主义建设的经验教训，它是建立在社会主义经济不仅是计划经济而且也是商品经济这一理论基础上的。

社会主义生产是以生产资料公有制为基础的社会化大生产，生产的目的是为了满足人民的物质和文化生活需要，有必要也有可能通过统一的社会计划来调节社会的生产和流通，以保证社会再生产的正常进行和国民经济比例的相对平衡。因此社会主义经济是计划经济，这是大家所公认的，也是必须加以肯定的。但是，用统一的国民经济发展计划来调节全部生产和流通，在范围和程度上要有一个发展过程，只有当生产高度社会化了，科学技术有了高度发展，生产资料归全社会占有，商品货币消亡了，也就是只有到了共产主义才能最终实现。

马克思恩格斯设想社会主义是不存在商品货币的，列宁也曾经这样认为。斯大林的伟大贡献之一，是他肯定了在农业集体化完成以后，生产资料公有制两种形式并存的条件下，还存在着商品生产和商品交换，因而必须利用价值规律。斯大林在这一问题上的局限是：只承认公有制两种形式之间的商品关系，而否认全民所有制内部的商品关系；只承认消费品是商品，而否认生产资料也是商品；只承认价值规律对消费品的流通具有一定的调节作用，而否认价值规律对全部生产和流通的调节作用。苏联过去的经济管理体制正是以斯大林的上述理论为基础的，而我国又基本上照搬了苏联50年代的体制。斯大林的理论和体制实际上把社会主义经济当作了自然经济，而不是当作商品经济，否认了市场的调节作用。

粉碎“四人帮”以来，打破了这种传统的观念，肯定了社会主义经济不仅是计划经济，同时也是商品经济。社会主义商品经济存在的客观根据是不同生产者物质利益关系的存在。过去我们一般是用生产资料所有制来解释商品经济存在的原因，而生产资料所有制的核心正是物质利益。恩格斯指出：“每一个社会的经济关系首先是作为利益表现出来的。”① 一切生产关系包括生产资料所有制关系在内，都是经济利益的体现。在有社会分工的条件下，不同的生产资料所有者之间必须通过商品等价交换来实现它们经济上的联系，就是因为它们各自具有不同的物质利益。

在社会主义生产资料公有制两种形式之间，不同的集体经济组织之间，因为生产资料和劳动产品属于不同的所有者，他们具有不同的物质利益，是不同的物质利益的所有者，因而它们之间的商品关系就是必然的。

就全民所有制（目前采取了无产阶级专政的国家所有制形式）的不同企业之间来说，生产资料属于同一所有者（斯大林正是根据这一点，否认它们之间商品关系的存在），但生产资料长期归企业使用和管理，在国家统一计划指导下，企业实行独立经营和独立核算。在相同的生产条件下，企业之间由于使用生产资料的情况不同，必然会产生不同的生产经营成果，在社会主义生产力水平还不高，劳动还是谋生手段的条件下，不同的生产成果就必然表现为不同的物质利益。这种由于生产资料所有权与使用权的分离，生产资料的使用者可以独立运用这些生产资料并带来不同的物质利益，并不是社会主义所特有的，在资本主义条件下，借贷资本、股份公司和资本主义农业中就已经存在过。既然企业间还存在着物质利益的差别，当它们通过交换产品实

① 《马克思恩格斯选集》第3卷，人民出版社1972年版，第11页。

现其经济联系时，就必须是有偿的，而且是等价的，企业之间就必须以对方是相对独立的商品生产者相互对待，它们的产品，不论是消费品还是生产资料就都是商品，也就是说它们之间商品关系的存在就是必然的。

肯定了全民所有制同集体所有制企业之间、不同的集体所有制企业之间，以及全民所有制企业之间商品关系的存在，也就肯定了社会主义经济还是商品经济。我国现阶段，在生产资料公有制占统治地位的条件下，还存在着的劳动者个体经济和中外合资经营的国家资本主义经济也是商品经济，那是不言而喻的。

由于社会主义经济还是商品经济，就不能对国民经济采取单一的计划调节。集体所有制企业在经济上是自负盈亏的单位，是独立的商品生产者，它们对生产资料和劳动产品具有所有权。虽然它们也要接受国家计划指导，但国家无权对它们下达指令性计划，它们有权在国家计划指导下，根据它们的生产条件和自身利益，决定生产什么和生产多少。况且我国农业中有 5 万多个人民公社，近 70 万个生产大队，500 多万个生产队，自然条件差别很大，这要求农业生产必须因地制宜。长期以来，我们混淆了全民所有制同集体所有制的区别，不尊重集体经济单位的生产资料所有权和经营管理权，甚至无视农业生产中自然条件的差别，用管理全民所有制经济那套不恰当的办法来管理集体所有制经济，给它们下达种类繁多的指令性指标，强迫命令、瞎指挥、“一刀切”，使农业生产遭受了重大损失。

全民所有制企业，生产资料属于国家所有，国家可以给它们下达指令性计划。但它们又是相对独立的商品生产者，它们对人财物、产供销都有一定的自主权。何况全民所有制工业企业有 8. 3 万个、商业服务业 146 万个，生产经营条件差别很大，要把它们的生产和流通都纳入一个统一的指令性计划中也是不可能的。过去我们只承认全民所有制企业在生产资料所有权上的同一性和利益上的一致性，而不承认它们生产资料所有权同使用权的分离和利益上的差别，用统一的指令性的国家计划调节它们的生产和流通，在它们之间吃“大锅饭”，结果使企业丧失了生产经营上的内在动力和外在动力，使企业变成为一切听命于上级、拨一拨动一动的算盘珠，这正是造成我们经济效率低、经济效果差、浪费惊人的根本原因。

承认社会主义经济还是商品经济，就必须承认市场的调节作用。市场关系并不是资本主义经济所特有的，而是商品经济的产物，列宁说：“哪里有社会分工和商品生产，哪里就有‘市场’。”① 社会主义还存在着商品经济，也就存在着社会主义市场。无论是生活资料还是生产资料，作为商品只有进入市场才能知道它是否符合社会的需要，生产它所花费的劳动能否得到补偿。价值规律作为商品经济的基本规律就必然对它们的生产和流通具有调节作用，市场的调节作用正是价值规律调节作用的体现。

与社会主义计划经济相对立的是资本主义的生产无政府状态，而并不是商品经济和市场关系；与商品经济和市场关系相对立的是自给自足的自然经济，而并不是计划经济。社会主义的计划经济和市场关系都要以社会分工和生产的社会化为物质前提，都是以生产资料公有制为基础，因此二者不是互相对立的，而是统一的。

社会主义既是计划经济，又是商品经济。因此，对社会主义经济必须同时采取计划和市场两种调节方式，并把二者结合起来，只采取其中一种方式，排斥和取消另一种方式，都是违反客观经济规律的，都不能保持社会再生产和流通的正常比例关系和社会劳动的节约。

二

计划与市场作为社会主义经济的两种调节方式，二者是统一的，这种统一表现在它们都要求按比例地分配社会劳动。不仅国民经济有计划发展的规律要求按比例地分配社会劳动，而且价值规律也要求按比例地分配社会劳动。因为价值规律不仅要求在每个商品的生产上，只使用必要的劳动时间，而且

① 《列宁全集》第1卷，人民出版社1975年版，第83页。

要求在社会总劳动时间中只把必要的比例量使用在各种商品上，用来生产各种商品的社会必要劳动时间的比例，应当同社会需要的比例相适应。也就是说，生产每一商品所花费的社会必要劳动时间，要以社会总劳动时间在各部门中按比例分配为前提。马克思指出，“社会劳动时间可分别用在各个特殊生产领域的份额的这个数量的界限，不过是整个价值规律进一步发展的表现”。①

计划与市场在调节社会劳动的分配时是互相制约的。市场调节是基础，因为同共产主义的计划经济不同，社会主义计划经济是存在商品货币关系条件的计划经济，是建立在商品经济基础上的。

首先，计划的制定必须以市场需要和价值规律为基础。在商品货币关系条件下，产需之间的联系要通过市场商品交换来实现，市场行情是产需关系及其变化的“晴雨表”。国民经济计划实物指标的确定，必须建立在对市场的调查研究和分析预测的基础上，力求按需生产、以销定产。为生产社会需要的各种产品，在决定所投入的社会劳动时，必须以价值为基础，只有以生产某种商品的社会必要劳动量为基础，才能恰当地决定为生产此种商品所需要投入的社会劳动，才能正确地在国民经济各部门间按比例地分配社会劳动，保持社会产需的平衡。同时，社会劳动投入方向的确定，还必须以最少的劳动消耗取得最大的经济效果。

其次，计划的实现要以市场为条件。计划的实现，在存在商品货币关系条件下，不能单靠行政手段，必须通过制定正确的价格政策，利用价格、利润、信贷、税收等经济杠杆，调节国家、企业、劳动者个人三者的利益和企业之间的利益，引导企业按照国家计划指导的方向组织生产和流通，否则，计划就不能顺利地实现。过去我国工农业产品间的比价不合理，工业产品中原材料、燃料和加工工业产品比价不合理，违反了价值规律的要求，正是农业落后于工业，原材料、燃料工业发展缓慢的重要原因。

再次，计划正确与否要通过市场检验。商品只有进入市场后，才能最终

① 《马克思恩格斯全集》第25卷，人民出版社1966年版，第717页。

检验出使用价值是否为社会需要，为此而投入的劳动能否得到补偿。一定时期内投入市场的商品总量及其构成与社会购买力及其投向是否相适应，反映着国民经济各种比例是否协调。我们可以通过市场供求和价格的变动来检验和校正国家计划。

在社会主义经济中，市场调节也要受计划调节的制约，它是在国家计划指导下的市场调节。因为同以生产资料私有制为基础的资本主义商品经济不同，社会主义商品经济是以生产资料公有制为基础的，是计划指导下的商品经济，它的发展并不是盲目的、漫无边际的，并不是完全由市场供求关系和价格变动决定的，而要受到社会主义基本经济规律和国民经济有计划发展规律的制约和影响。同时，市场调节的微观经济活动，不能不受到计划调节的宏观经济决策的制约，国民经济发展的方向、目标和重大比例关系是国家计划事先确定了的，企业的产、供、销只能在国家计划的范围内，在国家经济政策和法令允许的条件下进行。总之，我们整个的经济活动是在国家统一的计划指导下进行的，同时，整个经济活动又是建立在商品货币关系基础上的。

计划与市场是相互制约、相互渗透的，它们有机地结合在一起，共同地调节着社会劳动在国民经济各部门间的分配，促进社会主义经济的发展。

计划调节与市场调节又是相互区别的，在调节社会劳动分配时也存在着矛盾。因为二者毕竟是调节国民经济的两种不同的手段，它们产生的客观基础是不同的。计划调节是计划经济和国民经济有计划发展规律的要求，而社会主义计划经济产生的客观条件是以生产资料公有制为基础的人们之间根本利益的一致；市场调节是商品经济和价值规律的要求，而社会主义商品经济产生的客观条件是人们之间利益的差别。

二者的区别表现在：第一，计划调节是一种事先的、自觉的调节，市场调节是一种事后的、自动的调节。计划调节是人们根据社会主义客观经济规律的要求，由国家这一社会经济指挥中心，通过统一的社会计划，把社会劳动分配到国民经济各个部门，因而是一种事先的自觉的调节。市场调节是企业和劳动者在价值规律的支配下，通过市场供求关系和价格变动调节社会劳动的分配，因而是一种事后的和自动的调节。不可否认，这种调节从整个社会劳动的分配来说具有一定的盲目性。第二，计划调节是通过统一的国民经济发展计划，直接把社会劳动按比例地分配到各个部门，而市场调节是通过市场行情变动，指挥生产者把人力、物力、财力从无利或获利较少的产品转向有利或获利较多的产品，从而间接地、迂回曲折地把社会劳动分配于国民经济各部门。第三，计划调节是从宏观经济的角度，从整个社会生产和需要的平衡出发来调节社会劳动在不同部门间的分配，一般地说，它反映着社会全局的和长远的利益。市场调节是从微观经济的角度，从商品价值补偿和盈利出发来调节社会劳动在不同产品上的分配，因而它直接反映着企业和劳动者个人的局部的和眼前的利益。

二者的矛盾表现在，作为生产和经营基层单位的各个企业，在价值规律支配下所进行的生产经营活动，以及由此而引起的人财物的分配，往往是只看到局部的和近期的供求关系，而难以统观全局，往往是着眼于企业和劳动者的自身利益，而不管这种活动对社会的整体利益和长远利益产生怎样的影响，因而这种活动从整个社会来看，在经济上不一定都是合理的，也不一定都符合社会的整体和长远利益。例如，在市场调节过程中，由于争上“热门货”而产生的盲目建设和重复生产、争原材料，“以小挤大”等现象，不仅在当前调整时期，而且在国民经济比例协调的情况下也难以避免。两种调节的矛盾是社会主义经济中企业、劳动者个人的局部和眼前利益，与社会整体和长远利益客观存在着的矛盾的表现。当二者发生矛盾的时候，作为社会主义经济发展的重要原则，无疑应当是局部的眼前利益服从整体的长远的利益，应当是市场调节服从计划调节。社会主义经济必须坚持全国一盘棋，每一个企业，以至每一个地方、部门和单位，都要把自己视为全局的一部分，使局部服从全局的需要和利益。因此，在两个调节的结合中，必须以计划调节为主。

还必须看到，计划经济是社会主义经济区别于资本主义经济的基本特征，只有坚持计划经济才能保证国民经济发展的社会主义方向，正如列宁所指出的："……没有一个使千百万人在产品的生产和分配中最严格遵守统一标准的有计划的国家组织，社会主义就无从设想。"① 在现代化的社会生产中，部门之间、地区之间、企业之间存在着千丝万缕的联系，虽然它们之间可以通过多种渠道和形式相互协作和配合，但是如果没有国家的统一集中领导，没有统一的社会计划调节，它们的发展就难以避免盲目性，和造成社会劳动的浪费，以致迷失方向。社会主义经济虽然还是商品经济，价值规律无疑是社会主义经济必须遵守的客观经济规律，过去由于我们忽视以至违背这一规律，曾使我们遭受惩罚，付出了沉重的代价。但是，价值规律并不是社会主义经济必须遵守的唯一的客观经济规律，它也不是社会主义经济发展的唯一调节者，我们也不能把价值规律的作用强调到不适当的地步，只靠价值规律和市场调节并不能保证经济发展的社会主义方向。

人类社会的发展过程是从自然经济到商品经济，最后进入计划经济，资本主义是商品经济发展的最高阶段，社会主义是从商品经济向计划经济的过渡阶段，它兼有计划经济和商品经济两种特征。因此在整个社会主义历史时期，都是由计划和市场两种方式共同调节社会劳动的分配，从调节的范围和程度来说，将是计划调节由少到多、由弱到强，而市场调节则是由多到少、由强到弱，随着商品货币的消亡，计划取代市场，成为调节经济的唯一方式。

三

我国国民经济正处在调整和改革的时期，为了完成国民经济调整和经济管理体制改革的任务，使我国国民经济走上健康的稳定的发展轨道，必须进一步加强计划调节的指导作用，充分发挥市场的调节作用。

为加强计划的指导作用，必须改进我们的计划工作。逐步减少下达给企业的指令性指标，而由指导性计划代替。过去我国计划管理中，自上而下的

① 《列宁选集》第3卷，人民出版社1972年版，第545页。

指令性计划范围太广，指标太多，统得太死，这既不利于发挥市场的调节作用，也不利于加强计划调节的指导作用。随着国民经济调整任务基本完成和经济管理体制改革的逐步实现，国家直接下达给企业的指令性计划应当逐步减少，使之成为指导性计划。国民经济计划的重点应当放在中长期计划上，解决国民经济发展的战略目标和战略布局，主要是决定国民经济发展的方向、增长速度，国民收入中积累和消费的比例等重大比例关系，基本建设规模和投资方向，地区布局和重大投资项目，重要工农业产品的发展水平和人民生活水平提高的程度等，年度计划应以中期计划的分年控制指标为基础加以制定，重点放在计划实现的政策措施上。企业在国家计划指导下，根据市场情况和生产条件，制订自己的生产经营计划。

这样做并不是削弱国家计划的指导作用，而是加强计划的指导作用。一方面，可以使国家计划机关从烦琐的日常行政事务中摆脱出来，把时间和精力放在中长期计划上去，研究和解决发展国民经济的全面性战略性的问题；另一方面，又可以发挥地方和企业的主动性、积极性，搞好市场调节，做到“管而不死，活而不乱”。

实践证明，社会主义计划经济的标志并不在于有没有自上而下的指令性计划，更不在于指令性计划的范围大小和指标多少，而在于计划是否反映了客观经济规律的要求，能否保证国民经济比例的相对平衡和社会劳动的节约。当然不是说指令性计划可以完全取消，例如，社会生产和社会需要的不平衡是经常出现的，对于关系国家建设和人民生活的既重要而又短缺的生产资料和消费品，用计划控制它们的生产和流通还是必要的，在调整时期尤其是这样。

与此同时，为了保证国家经济计划的实现，必须充分发挥与价值相联系的价格、利润、信贷、税收等经济政策和经济手段的作用，对企业进行广泛的普遍的经济调节，指导企业的经济活动，鼓励那些符合社会需要的生产经营活动，限制那些不符合社会需要的生产经营活动，使企业的经济活动有利于国家计划的完成。

调节国民经济，加强计划的指导作用，除主要依靠采取各种有效的经济手段外，还必须采取必要的行政手段，通过国家指令计划和颁布政令、法令，保证国民经济按比例发展。在社会化大生产条件下，实行集中统一的行政领导，也是计划经济的要求。

我国是一个商品经济很不发达的国家，农业基本上是自给自足的自然经济，工业中专业化协作也很不发达，长期以来我们又不承认社会主义经济还是商品经济，忽视以至否认市场的调节作用。今后，我国必须大力发展商品经济，充分发挥市场的调节作用。

发挥市场的调节作用要有一定的条件。首先，要承认企业作为相对独立的商品生产者的地位，给企业以应有的经营管理权。这是就全民所有制企业而言的，因为集体所有制企业作为独立的商品生产者，具有生产资料所有权和经营管理权是不言而喻的。全民所有制和集体所有制企业是社会主义市场的主体，如果还像过去那样，企业的一切经济活动听命于上级行政机关，市场调节就只能是一句空话。企业作为一个相对独立的商品生产者，在人、财、物、产、供、销这几个方面必须拥有必要的权力，以便在国家计划的指导下，独立自主地开展生产经营活动。

其次，要改革我国的价格体制。价格问题是市场调节的核心问题，市场调节主要就是通过市场供求关系和价格变动来调节生产和流通的。过去我国许多产品的价格长期的大幅度的背离价值，违反了价值规律的要求，而且只有国家机关具有定价权，并采取单一的计划价格。这种价格体制不利于促进国民经济有计划按比例发展，也不能正确评价经济效果和企业的经营管理水平。我们的价格当然不能像资本主义那样，随市场供求关系自发涨落，而要使价格及其变动反映价值规律要求和市场供求关系变化，并兼顾国家、企业、个人三者的利益。要把单一的计划价格逐步改为国家统一规定的固定价格、浮动价格、议购议销价格三种价格，给地方特别是给企业一定的定价权，这是开展市场调节所必需的。

最后，要在企业之间开展有限的竞争。竞争是商品经济的产物，要实行市场调节，就必须在企业之间广泛地开展竞争，竞争作为一种外在压力，可以促使企业改进技术提高劳动生产率，改善经营管理，提高产品质量，改进花色品种，推动联合，从而促进社会生产力的发展。当然这种竞争是在国家计划指导下的，是在国家政策法令允许范围内的竞争，是一种有限的竞争，同资本主义竞争，在目的、手段、后果及所体现的生产关系上有着本质的区别。目前刚刚开展的竞争已经给企业和整个经济带来了新的活力，我们应当推动竞争的进一步展开，为此，必须反对封锁和垄断。

这些只是开展市场调节中必须解决的几个重要问题，要全面地实行国家计划指导下的市场调节，需要一系列的条件，它有赖于国民经济调整任务的完成和整个国民经济管理体制改革的实现。当前我国国民经济正处在调整时期，国民经济严重比例失调的问题还没有从根本上解决，在这种条件下，计划指导下的市场调节就不可能充分展开。因此，开展计划指导下的市场调节，必须服从于调整和有利于调整，必须有计划有步骤地逐步进行，而计划指导下的市场调节的逐步实行，也必将促进和推动调整与改革的进行。

计划与市场的有机结合*

正确地认识和处理计划与市场的关系，把计划与市场有机地结合起来，是实现国家对国民经济宏观调节与控制，促使国民经济持续、稳定、协调发展的重要问题。本文就此谈一点粗浅的看法。

一、计划与市场对立的两种观点

在我国经济体制改革过程中，计划与市场的关系，始终是人们十分关注而又争论不休的问题。其中，把计划与市场对立起来，有两种观点是不可取的。

一种是否定商品经济和价值规律，以计划取代市场，排斥市场调节。这是改革前传统观点的继续和延伸。这种观点把改革中出现的种种问题，尤其是通货膨胀和流通中的混乱无序等，归结为是引进市场机制的结果，结论是以计划取代市场。

我国原有经济体制的最大弊端，可以说就是把计划经济与商品经济对立起来，排斥价值规律和市场对经济的调节作用。经济体制改革的最大突破，就是明确了社会主义经济是在公有制基础上的有计划的商品经济，破除了建立在产品经济基础上的经济体制，建立和发展了有计划商品经济基础上的新

---

* 本文原载于《思想政治课教学》1990 年第 5 期，第 34 ~ 35 页。

体制。价值规律是商品经济的基本规律，市场是商品经济运行的基础。因此，必须充分发挥价值规律和市场的调节作用，排斥价值规律和市场作用的观点，同发展有计划商品经济的客观要求、同经济体制改革的目标是相违背的。在经济体制改革过程中，我们开始重视发挥价值规律和市场的调节作用，并取得了明显的效果。但是，应看到我国商品经济的发展和体制改革还是初步的，市场体系还未完全形成，企业的约束机制还未建立，在搞活微观经济的同时，宏观经济的调控体系和机制也有待形成。在这种条件下，改革中出现的种种问题就难以避免。这显然不是由于改革中引进了市场机制的缘故，在一定意义上说，它恰恰是市场尚未完全形成和有效发挥作用的结果。

另一种观点是否定计划经济，排斥计划调节，甚至是以市场取代计划。计划经济是社会主义经济的基本属性，反映着社会主义经济关系的质的规定。国民经济有计划按比例发展是社会主义经济运行的本质要求，对国民经济实行计划管理是建立在公有制基础上利益一致的必然实现形式。资本主义国家的实践证明，完全依靠市场调节，不仅不能保证国民经济协调稳定地发展，而且必然导致经济生活的混乱。我国经济体制改革的目标，并不是取消计划经济，而是把计划与市场有机结合起来，完善计划经济与计划调节。我国经济体制改革过程中出现的种种问题，重要原因之一，是在把微观经济搞活的同时，未能在宏观方面形成有效的调控体系和实施有效的宏观调控。经济体制改革的重要任务（尤其治理整顿期间），是在深化企业改革的同时，积极改进和加强宏观调控体系与制度的建设。

上述两种观点，都是把计划与市场对立起来。不能否认，计划与市场作为经济调节的两种机制，既有区别，也存在着矛盾。但在公有制有计划商品经济条件下，有可能实现两者的有机结合和统一。

二、实现计划与市场有机结合的形式

实现计划与市场的结合，一般有三种形式，即指令性计划、指导性计划和市场调节。三种结合方式的具体运用，不是一成不变的，其变化取决以下几个条件：第一，经济活动的范围、经济运行的层次，即是宏观经济，还是微观经济。第二，各种经济活动主体的性质，即是全民所有制经济、集体所有制经济，还是个体经济，私营经济、三资经济。第三，各种经济活动在国民经济全局中的重要程度，即是关系全局的经济活动，还是一般的或只影响局部的经济活动。第四，社会总需求与总供给在总量与结构上的平衡状况，即是基本平衡，还是不平衡和严重失衡。第五，计划与市场调节机制的发育程度，即宏观调控体系与机制、市场体系与机制、企业激励与约束机制形成与发展的状况。

计划与市场结合的三种形式，根据上述条件，就我国国民经济总体来说，大体可分为以下几种情况。

（1）宏观经济活动主要实行指令性计划。包括社会总需求与总供给的总量平衡与结构平衡以及与之相适应的财政、金融、物资、外汇的各自平衡和相互平衡，经济增长目标和目标增长率，国民经济重大比例关系、生产力布局、固定资产投资规模与结构、消费基金规模、货币发行量等，都必须由国家统一计划严格规定，以保证国民经济持续、稳定、协调发展。

（2）关系国民经济全局的全民所有制大中型骨干企业的经济活动，关系国计民生而又短缺的产品生产与流通、大型建设与科研项目等，应基本上纳入指令性计划管理的范围。

（3）对一般的微观经济活动，包括不关系国计民生的产品和建设项目，一般的全民所有制企业和集体所有制企业的经济活动，应纳入指导性计划的范围。

（4）对次要的经济活动，对部分全民所有制与集体所有制企业、个体与私营企业、三资企业的经济活动，应以市场调节为主。

（5）当国民经济出现大的剧烈波动、社会总需求与总供给在总量与结构严重失衡的情况下，指令性计划管理的范围可适当扩大；在国民经济正常发展和经济总量与结构平衡的条件下，指令性计划范围可适当缩小，指导性计划与市场调节的范围可适当扩大。

(6) 在社会生产力产力发展水平较低，宏观调控体系和市场体系、企业自我约束机制尚未形成的条件下，指令性计划范围和比重可适当地扩大和提高；反之，则应适当缩小，以指导性计划与市场调节为主。

上述三种结合方式的划分，主要是从操纵上说的。尽管如此，在三种结合方式上，也必须实现计划与市场的有机结合。第一，指令性计划虽有强制性，但其制定与实施必须考虑市场供求关系和自觉适用价值规律，尤其计划价格的确定，必须依据价值规律的要求。第二，指导性计划是一种有约束力的计划，它为经济活动指明方向和目标，主要依靠经济政策和经济杠杆，通过市场中介和利益导向来实现。应当说，它是计划与市场结合的有效方式。但它的实现，必须有一定的条件。一是要有完善的市场体系和市场机制，二是要有实施指导性计划的制度、组织和措施，要有灵活运用财政、信贷、税政、价格等经济杠杆的能力。否则，指导性计划就会落空。第三，市场调节是靠市场供求和价格波动来实现的，但必须在国家计划指导下和法规约束下进行，不等于完全的市场自发调节。

这就是说，计划与市场的结合在操作上可以进行三种方式的适当划分，但从本质上说，是一种纵向的、互相渗透的有机结合。作为有计划的商品经济，市场是计划调节的基础，计划是市场调节的主导。二者结合得好与不好的客观标准，是能否促进社会经济效益的提高，能否促进国民经济长期持续、稳定、协调的发展。

经过十年来我国经济发展和经济体制的改革，在认识和处理计划与市场关系上，已经有了初步的经验和初步的认识。但计划与市场的关系在认识上还有一系列问题必须深入探讨，还有许多未被认识的必然王国。这在实践上是一个十分复杂的问题，还有待于我们从体制上、制度上不断总结和完善，需要我们在大力发展有计划商品经济的过程中，在深化经济体制改革的过程中，不断加以解决。

双重体制下计划与市场的结合*

我国经济体制改革的目标，是要建立与社会主义有计划商品经济相适应的、计划经济与市场调节相结合的新体制和运行机制，既要发挥计划经济的优越性，又要发挥市场调节的积极作用，使计划与市场的长处结合起来。为此需要讨论：第一，计划调节与市场调节各自的长处和短处是什么？第二，计划调节与市场调节结合的目标模式及其体制条件是什么？第三，在我国目前双重体制下，计划调节与市场调节应怎样结合？本文拟就上述问题做一粗浅回答。

一

本文所讨论的计划调节与市场调节，是指经济运行机制和调节经济的手段。作为调节手段，它们是建立在社会化大生产基础上的商品经济发展的客观要求，而不是区别社会主义经济和资本主义经济的标志，资本主义经济可以运用计划调节，社会主义也可以运用市场调节，调节手段的运用既不标明也不会改变社会经济制度的性质。但在不同社会经济制度下，两种调节手段的运用，又不能不具有不同的特点。这里讨论的是在我国社会主义公有制条件下两者的结合。

---

* 本文原载于《北京师范大学学报》（社科版）1992 年第 1 期，第 1 ~ 5 页。

计划调节是通过制订和实施宏观经济的统一计划，运用经济、行政和法律手段，实现社会资源的合理有效配置，保持国民经济持续、稳定、协调的发展。它的基本特征是从社会长远和全局利益出发，由政府实行集中决策。

计划调节的长处在于：第一，它可以实现宏观经济的总量平衡和结构平衡，当宏观经济失衡时，它可以较快地、代价较小地通过调整达到集中社会必要的人力、物力和财力，用于重要而又急需的重点建设，发展投资多、周期长、社会效益高的基础工业、基础设施，进行环境保护，保持生态平衡，为经济发展奠定较好的基础。第二，它能较好地兼顾社会各方面的经济利益，调动各方面的积极性，促进社会的共同富裕，保持社会的稳定。第三，通过建立市场规则和秩序，防止垄断和市场调节中的各种混乱现象，保持公平竞争，维护市场秩序。

计划调节的局限在于：第一，计划调节具有主观性。社会主义经济制度的建立，只是为有计划按比例分配社会劳动，实现社会资源合理配置提供了可能性。把可能性变为现实性需要一系列条件，其中最重要的在于计划的科学决策，在于计划决策是否符合客观实际和经济规律。由于主观认识的局限，客观市场信息的不完全不准确，以及体制不完善，计划仍有可能失误，严重的失误将导致经济的严重失衡和社会资源的浪费。在我国改革以前和改革以后，都曾出现过严重的失误和失衡就是证明。第二，计划调节不能及时、灵活地反映复杂多变的市场供求，容易造成产需脱节，造成资源闲置和资源短缺并存，产品积压和不足并存。计划调节是集中决策，它所依据的市场信息则是分散的，集中决策目标的最终实现要靠企业投入和产出在数量上和结构上的调整。市场信息和决策信息的传递和反馈需要时间，决策及其实现同样需要时间而且是滞后的，信息传递失真也难以避免，因此，计划调节不灵活。第三，在处理社会各方面经济利益关系上，计划调节的出发点是社会全局的长远利益，难以兼顾各部门，各地方，各企业和不同劳动者的局部利益和眼前利益，往往注意社会公平和稳定，而忽视效率。由此会影响社会各方面，尤其是企业和劳动者积极性、主动性和创造性的充分发挥，造成微观经济效率和效益较低。

市场调节是通过市场供求和价格波动，实现微观经济资源合理和有效配置，其基本特征是从局部利益出发，由企业实行分散决策。它的长处在于：第一，它能够灵活地根据市场供求变动，推动生产要素自由流动和重新组合，在微观经济领域内对投入和产出结构及时调整，做到产需结合。第二，通过竞争和优胜劣汰机制，刺激企业不断改进技术和经营管理，提高生产率，从而推动社会技术进步和生产力的发展。第三，在处理经济利益关系上，更能反映企业和个人的利益，在公平与效率上，更注重效率，可以较充分地调动企业和个人的积极性、主动性、激发人们的进取心和创造精神，使社会经济生活富有活力。

市场调节的局限在于：第一，单纯依靠市场调节难以实现社会资源的合理配置，实现宏观经济的总量平衡和结构平衡。要实现这一点，需经一个漫长的过程，伴随周期性的振荡和危机，付出社会资源巨大浪费的代价。第二，市场调节对那些社会效益大的基础产业和基础设施和非营利的事业难以发挥作用，第三，通过等价交换和一定程度的公平竞争，虽可以提高效率，但不能实现社会公正，并不可避免会带来社会两极分化和贫富悬殊，导致垄断和不公平竞争，引起社会的动荡和不稳定。

在一定意义上可以说，计划调节的长处正是市场调节的局限，计划调节的局限正是市场调节的长处，二者功能与长短不同，因此不具有替代性而具有互补性。在社会化大生产和有计划商品经济条件下，只有实现计划与市场的结合，才能使社会资源合理和有效配置，保持经济的总量平衡与结构平衡，实现国民经济持续、稳定、协调的发展。单一的计划调节或单一的市场调节，都不能实现上述目标，这已为历史证明，正因为如此，在现实经济生活中，单一的纯粹的计划调节或市场调节都已不存在。21 世纪 20 年代末和 30 年代以来，尤其“二战”以后，发达资本主义国家奉行国家干预经济，在不同范围和不同程度上运用了计划调节。社会主义国家在经济体制改革过程中，也都引进了市场机制，运用市场调节手段。

二

作为计划调节与市场调节结合的目标模式，是在计划调节市场，市场引导企业的经济运行中实现二者的结合。即政府运用财政，金融等经济手段和经济政策，调节市场供求关系，市场供求关系的变动决定价格，利率、汇率等各种市场信号，企业根据市场信号反映的市场供求做出生产经营方向和规模的决策，使微观经济活动纳入宏观控制的轨道，使之符合计划目标。在这里，计划调节的直接作用对象是市场而不是企业，计划通过市场中介引导企业的经济活动，可以称为政府参数调节市场。

当然，这种结合方式，是就国民经济的主体部分或大多数经济活动而言，而不可能是经济活动的全部。在二者结合的目标模式条件下，仍有一部分经济活动，是由政府运用价值规律，自觉运用经济杠杆，直接规定市场信号，以此引导企业的经济活动，甚至是政府计划直接作用于企业。还有一部分经济活动则完全由市场调节。

实现二者结合的这一目标模式，需要宏观经济的相对均衡和较完善的经济体制。就经济体制来说，基本的条件是企业、市场、宏观调控三位一体的完善。

企业必须是自主经营、自负盈亏的商品生产者和经营者，在利润最大化的驱使下，具有发展和扩张的机制，在严格的预算约束下，具有自我约束的机制，这是计划与市场结合的基础。只有满足了这一条件，企业才有可能对来自政府的计划调节，及由此引起的市场价格和供求变动，做出及时灵活的反应。当然，不能排除企业决策偏离甚至逆向通过市场体现的计划调节目标，这是因为企业从自身利益出发，要对计划和市场调节的利益进行比较，然后做出选择。

要有完整的市场体系和完善的市场机制。完整的市场体系是指市场结构，包括商品市场，还包括劳务市场、技术信息市场、资金市场、房地产和企业资产市场在内的各种生产要素市场，这是投入和产出的合理有效配置所必需的。完善的市场机制，则是指市场规则和秩序，充分公平的竞争，以及价格、利率、汇率等各种市场信号的形成机制。只有形成了完整的市场体系和完善的市场机制，政府的计划调节才有可能通过市场关系的变动引导企业的决策，企业才有可能获得准确的市场信息和必需的投入要素，从而对资源配置做出正确的选择。市场体系有赖于商品经济的发展和政府的计划调节而逐步形成，市场机制的完善则取决相关的体制改革，尤其是作为市场机制主体的企业运行机制的完善。

以间接调控为主的宏观调控体系则是实现计划与市场结合的必要前提。它包括以国家计划为主的，综合运用各种经济手段和经济政策的宏观经济调控体系，完善的经济法规体系和高效、有权威的行政控制系统。计划调节是通过以间接调控为主的宏观调控体系实施的，没有完善的宏观调控体系，等于没有计划调节。市场调节是在计划指导下的，没有宏观调控体系和宏观调控，市场调节就难以避免其盲目性。我国经济体制改革过程中一再出现的重复生产、重复建设、重复引进，以及市场的无序和混乱现象，重要原因就在于微观经济放开搞活的同时，缺乏有力和有效的宏观调控。

对计划调节与市场调节结合的这种目标模式，至关重要的是宏观经济决策的科学。为保证决策的科学，需要建立科学的决策系统和规范的制度化的决策程序，以及为之服务的宏观计划目标体系、宏观经济监控指标体系和预警系统，健全各级各类预测、监测网络，及时进行信息的收集、分析、储存和传递，为宏观决策提供依据。

这些条件的满足，需要建立在社会化大生产基础上的商品经济的充分发展，也需要经济体制的全面改革。只有具备这些基本条件，计划调节与市场调节才能实现最佳结合。不容忽视和否认的是，当具备了上述条件，计划与市场的矛盾仍会发生，由政府做出的集中决策和由一个个企业做出分散决策，所依据的市场信息不同，决策目标也不同，矛盾的实质是二者体现的经济利益不同。社会主义公有制条件下，全局利益与局部利益、长远利益与眼前利益是统一的，又是矛盾的。我们的目标是实现计划与市场的最佳结合，通过决策和利益的调整，使二者的矛盾及由此引起的经济摩擦减少到最小程度，计划与市场结合的理想化，同迷信计划、迷信市场同样是不现实的。

三

如果说，新的经济体制的建立，为实现计划与市场的最佳结合创造了现实的可能，那么在新旧经济体制更替过程中的双重体制下，实现计划与市场的结合，必然会遇到较大的困难。为此，需要从双重体制的现实出发，探讨计划调节与市场调节怎样结合。

始于20世纪70年代末的经济体制改革已取得了举世瞩目的成就，但改革到目前和新的经济体制基本形成以前，仍处在新旧体制交替的双轨制时期，旧的体制正在退出历史舞台，但仍在发挥作用，新的体制正在形成，但还未完全形成。通过放权让利和承包制的推行，企业作为国家机关附属品的地位已有很大改变，在扩张方面有了一定的活力，但是自主经营、自负盈亏的体制和自我发展、自我约束的机制还未形成，尤其作为国民经济支柱的国有大中型企业远未搞活，国家机关附属品的地位并未根本改变。各种市场已开始建立，市场形成价格的机制已在较大的范围内发生作用，但完备的市场体系和完善的市场机制还未形成，生产资料市场和各种要素市场只是开始发育，地区、部门封锁在预算包干、市场疲软情况下有所加剧，市场价格仍然严重扭曲，比价仍不合理、市场规则仍不健全。在生产、流通、建设领域中指令性计划已大大减少，市场调节的范围不断增大，在经济严重失衡时，开始运用财政、金融手段和产业政策进行调整，但政府对大中型企业直接干预仍然过多，与各种经济手段相应的体制尚未到位，各种经济手段仍不配套协调，体现间接控制的指导性计划可以说徒有其名。宏观经济决策科学化的水平在提高，而仍未实现决策的民主化、科学化、程序化和制度化，宏观决策的严重失误仍有发生。这种状况是经济体制改革过程中难以避免的，这也表明双轨制是一种过渡性体制。

在双重体制下，市场信号不能准确反映供求而往往失真，企业“大锅饭”条件下也不能对计划调节和市场信号做出及时灵活反应。企业乃至一些主管部门和地方为维护自身利益往往采取“上有政策、下有对策”，市场对企业不具有约束力。宏观计划决策没有权威，由于缺乏配套的经济手段和法规，也难以高效，宏观决策难以达到预期目标。虽然治理整顿在总量控制上取得明显效果，但结构调整和效益提高举步艰难。

这给计划与市场的结合增加了难度，改革后，企业、地方、部门有了一定的自主权和自身利益，计划调节的集中决策同市场调节的分散决策，全局和长远利益同局部和眼前利益的矛盾，在双重体制下同旧体制下相比不能不有所加剧，如果说改革前各方面利益的矛盾相对隐蔽，改革以后，利益的矛盾则表面化。

显然，在双重体制下，计划调节与市场调节结合的目标模式是难以实现的，从双重体制的条件出发，从实际工作可操作角度考虑，二者的结合宜采取“板块渗透”，并逐步向计划—市场—企业的目标结合模式过渡。

根据企业、产品、经济活动的重要程度和产品、资源的短缺强度，对计划调节和市场调节、计划调节中指令性计划和指导性计划的范围作出粗线条的划分，并随经济发展和体制改革不断调整，同时在计划调节中渗进市场机制，在市场调节中渗进计划机制。

具体说，属于计划调节的大致范围是：

（1）对关系国计民生的少数重要产品中需政府调拨分配部分的生产和流通，实行指令性计划，对某些较重要的产品生产和流通，实行指导性计划。

（2）对全民所有制单位固定资产投资规模，由财政拨款、银行贷款和统借统还外资部分的投资总量、方向，以及重点建设项目及其分布，主要实行指令性计划，对集体所有制单位固定资产投资总量、方向和重要建设项目，主要实行指导性计划。

（3）对国家财政收支、货币发行、信贷总量、国家直接掌握的外汇收支实行指令性计划。

（4）对少数重要产品和劳务由国家定价。对某些较重要的产品和劳务实行国家指导价或称浮动价。国家规定其浮动的上下界限，在此界限内，由企业根据市场供求决定。

（5）对全民所有制和集体所有制单位工资总量增长幅度、收入分配原则由国家确定，企业内部职工收入的分配，在国家计划和政策指导下，由企业自主决定。

除此以外的经济活动则根据市场供求和价格变动，由企业自主决定，实行市场调节。

在计划调节中，指令性计划具有强制性，它的制定和实施必须依据市场供求变化，遵循和运用价值规律，兼顾计划执行单位的经济利益。指导性计划是有一定约束力的间接计划，由中央和地方政府提出期望达到的参考性指标，主要运用经济政策和经济手段引导和促其实现。同时，政府的计划调节应依法进行并要适度，要尽可能促使市场发育和市场机制的完善，要尽可能促使企业体制和企业运行机制的完善，而不是相反。

在市场调节中，一方面，国家要制定统一的健全的市场法规，使市场调节受国家法规约束，在法规约束下有序进行；另一方面，国家通过总体计划和经济政策指导市场，使市场调节在国家计划和政策指导下进行。

在上述计划调节与市场调节结合的形式中，指令性计划与市场调节是较低层次和较低程度的结合。指令性计划虽然要依据市场供求和运用价值规律，但它主要体现了计划调节的要求，而且它直接作用于企业，是一种直接控制，是对资源的直接分配。市场调节虽然要受法律约束，受国家计划指导，但它主要体现了市场调节的要求。

指导性计划是计划调节与市场调节相结合的较好形式，它既体现了计划调节的要求，又体现了市场调节的要求。指导性计划的实现有两种途径，一是政府参数调节，政府不直接规定市场信号，市场信号由市场供求形成，政府根据计划的要求，运用政府掌握的财政、金融杠杆等经济参数去调节市场信号，企业根据市场信号调整自己的资源配置。这样由计划调节市场信号，输入了计划调节的意图和目标，由市场信号调节企业的经济活动，充分地体现了市场机制的作用。二是政府直接规定市场信号，通过政府规定的市场信号调节企业的资源配置。在这种途径中，由于是政府规定市场信号，因而体现了计划调节的要求、由于企业仍是根据市场信号调整生产经营决策，体现了市场调节的要求，但由于市场信号不是市场形成的，因而不能充分发挥市场机制的作用。

在双重体制条件下，显然不能采取单一的政府参数调节，可取的是两种途径并用，随着商品经济的发展和经济体制的不断改革和完善，逐步过渡到政府参数调节作为主要途径。

上述是在经济正常运行下的计划与市场结合方式。由于主客观原因和内外部原因，经济运行中可能出现非常状态，如经济的严重失衡和大的动荡，此时，由国家采取非常手段也是必要的，诸如工资、物价、外汇的冻结以及对某些经济活动采取非常管理措施，等等。尤其经济振荡危及政治安定、社会稳定，采取非常措施是必要的。但要看到，非常措施的采取对经济正常运行、对经济体制改革、对计划与市场的结合，都会产生消极作用，应取十分慎重的态度。

转变政府管理经济的职能*

党的十四大已经决定，中国经济体制改革的目标是社会主义市场经济体制，这意味着我国资源配置的基本方式将发生根本改变，即由计划配置资源转变为市场配置资源。这是对计划经济和市场经济两种经济体制，计划与市场两种资源配置方式进行比较之后做出的正确选择。

资源配置方式的根本改变，要求政府管理经济的职能相应的改变，资源配置方式不同，政府管理经济的职能和方式也不相同。

在计划经济体制下，资源的合理与有效配置通过政府制订的集中统一的计划，这种资源配置方式决定了经济决策权的高度集中，因为资源的配置者是政府，全社会统一的计划只能由政府做出，而不是由千千万万个经济主体分头做出。我国原有计划经济体制下，政府管理经济的职能正是这样的，在经济管理上，政府不仅管宏观，而且管微观。在管理方式上主要不是经济手段，而是靠行政命令。实际上，把全国视同为一个大工厂，众多的企业不过是这个大工厂的车间。企业基本投入要素——人、财、物，企业的生产过程——供、产、销，以及产品的价格，都由政府决定，国有企业实行国有国营，政企职能不分。由于不承认企业具有独立的经济利益，集中统一的计划，按照行政区划、行政层次，采用行政命令加以实施。结果，企业成为政府机关的附属品，丧失了活力。

---

* 本文原载于《北京师范大学学报》（社科版）1993 年第 1 期，第 53 ~ 55 页。

通过计划配置资源，实现资源配置的优化和有效，需要两个前提条件：第一，完全准确的经济信息，没有这个前提，计划决策必然不符合客观实际而失误。第二，不同经济主体，包括各级政府、企业、家庭和个人，在价值观或利益的完全一致，以保证计划决策的完全实现。这两个前提条件是不可能具备的，在现代经济条件下，经济信息瞬息万变，错综复杂，靠计划经济体制下，按照行政等级流动的纵向信息体系，不可能使经济信息的传递与反馈迅速而准确。不同经济主体在利益上是多元的，具有不同的价值观或经济利益。因而集中统一的计划目标不可能完全实现，用集中统一的计划配置资源，也就不可能合理、有效。

在市场经济体制下，资源的配置通过市场供求与价格的波动，资源配置者不是政府，而是市场上一个个经济主体。这种资源配置方式下，经济决策必然是分散的，资源配置决策由成千上万个企业和家庭个人分头做出。由于市场配置资源固有的缺陷和失灵，政府的职能在于弥补市场的缺陷和失灵，从宏观上对经济调控。由于经济主体利益的多元化，政府主要运用财政、金融等经济手段通过影响经济主体的利益，加以实施，以实现资源合理与有效配置。因此，从计划经济体制转向市场经济体制，必须转变政府管理经济的职能与方式。

要确定市场经济体制下政府管理经济的职能，首先要研究市场经济固有的缺陷。政府管理经济的职能在于弥补市场配置资源的缺陷和不足，凡是市场调节能够解决的问题，就不需要政府干预，凡是市场不能解决的问题，正是需要政府发挥作用的地方。

市场经济已实行过数百年。历史实践证明，市场配置资源并不是十全十美的，市场调节有其固有的缺陷，也有失灵的时候。

第一，基于市场调节是由各个经济主体根据市场信号进行的事后调节，因此，它不能确定经济与社会发展的目标，也不能避免经济增长过程中的波动，达到经济的均衡需要较长的时间并伴随资源的浪费，而社会主义经济的发展，要求按照预定的目标，稳定协调地增长。

第二，市场调节不能解决某些宏观经济变量的确定和控制，如国家预算的收支总量、信贷收支总量、外汇收支总量等等，而这些宏观经济变量的调控，对经济稳定增长具有决定意义。

第三，市场调节不能解决收入分配的公平。在公平与效率的选择中，市场调节注重效率而忽视公平。收入分配的公平和社会成员的共同富裕，是社会主义经济发展的重要目标。

第四，市场竞争有产生垄断的趋势，而垄断使价格在反映资源的相对稀缺上失真，从而妨碍市场调节作用的发挥。

第五，市场调节不能有效提供社会必需的公共产品和劳务，也不能解决诸如环境污染、生态平衡等问题。

上述种种问题均是市场配置资源所不能解决的问题，也正是需要政府加以干预和宏观调控的地方。在市场经济体制下，政府管理经济的职能主要是统筹规划、掌握政策、信息引导，组织协调，提供服务和检查监督等。

统筹规划、掌握政策，就是制定经济和社会发展的战略、计划、方针政策，制定资源开发、技术进步和智力开发等方案，部署公共和基础设施以及短缺产业的发展。

信息引导和组织协调，就是为各地区、各部门、各行业企业提供经济信息，引导资源配置，通过组织协调，协调地区、部门、行业与企业间的经济关系，搞好宏观经济的综合平衡，运用经济、法律和必要的行政手段，保持经济稳定协调的发展。

提供服务，就是积极培育和发展市场体系，建立和完善社会保障制度、汇集和传播经济信息，为企业发展提供多方面服务，创造良好的社会环境。

检查监督，就是监督检查企业执行国家法律、法规，照章纳税、交费，保证固有资产的完整和增值，维护企业依法行使企业经营的自主权，反对垄断，保护公平竞争。

转变政府的职能，不是要削弱政府管理经济的职能。在我国经济体制改革过程中，既有不该管而管，不该严而严，微观管得过多过死的一面，也有该管而没有管，不该宽而宽，宏观没有管好的一面。从这个意义上说，政府对经济的管理，既有应当削弱的一面，也有应当加强的一面，以实现宏观管住管好，微观放开搞活的要求。

我国经济体制处在新旧体制交替时期，处在由传统的计划经济体制向市场经济体制转轨时期，在这种体制背景下，要转变政府管理经济的职能，应从以下几个方面入手。

第一，要切实做到政企分开。

在市场经济体制下，作为资源配置者的企业，应是自主经营、自负盈亏的经济主体，企业的基本投入要素和企业的再生产过程和生产经营决策应由企业自主决定。改革以来，企业自主权已有所扩大，但企业还远远没有成为独立的经济主体，其中重要原因就是政府对企业干预过多，国家法规已确定的企业权利往往为各级政府和主管部门截留。要转变政府的职能，必须切实做到政企分开，凡是国家法令规定属于企业的职权，各级政府均不应干预，切实落实国务院关于转换《全民所有制工业企业经营机制条例》给予企业的各项权利。

第二，加快建立和完善包括商品和生产要素在内的市场体系和市场机制。

只有建立完整的市场体系和形成完善的市场机制。各种市场信号才有可能成为反映资源相对稀缺程度的指示器，政府才有可能通过市场，运用经济手段对经济进行宏观调控，才有可能充分发挥市场配置资源的作用。我国是一个发展中国家，又是一个长期实行计划经济体制的国家，市场体系远远没有得到充分的发育，完善的市场机制也远远没有形成。要改变资源的配置方式，要转变政府管理经济的职能，就必须运用政府的力量，加快市场体系和市场机制的发育，建立各种市场法规，限制垄断，保护公平竞争，使市场有序的运转。

第三，研究和建立市场经济条件下，政府对经济进行间接宏观调控的方式、方法和制度。

现代市场经济本身包括政府对经济的干预和宏观调控，实现政府职能的转变，应从中国的实际出发，借鉴市场经济体制国家的经验、建立既能做到微观放开搞活，宏观管住管好，以间接调控为主的宏观调控制度，以促使国民经济既充满活力，又能协调稳步发展。为此，需要深化计划、投资、财政、金融、流通、劳动工资、社会保障制度的改革，合理划分中央与地方政府经济管理的权限，充分发挥中央与地方两个积极性。

转变政府管理经济的职能，是上层建筑适应经济基础，促进生产力发展的重大问题，其实质是经济决策权和经济利益的再分配，它不可避免地会触及某些政府机构和某些人的权力和利益，这是过去改革过程中简政放权进展较慢的原因之一，也是今后转变政府管理经济职能的困难所在。社会主义市场经济体制改革的目标已经确定，我们必须按照这一体制目标的要求，坚定不移地进行改革，以保证社会主义市场经济体制的建立。

社会主义市场经济提出的依据、特征和基本框架*

1992 年党的十四大明确提出："我国经济体制改革的目标是建立社会主义市场经济体制"，这标志着我国的改革和经济建设进入了新的发展阶段。本文着重对社会主义市场经济提出的依据、社会主义市场的特征和基本框架作一概述。

一、社会主义市场经济提出的依据

（一）市场经济能较好地实现资源优化配置

究竟什么是社会主义市场经济体制，党的十四大和十四届三中全会作了明确界定。这个界定就是："社会主义市场经济体制是同社会主义基本制度结合在一起的。建立社会主义市场经济体制，就是要使市场在国家宏观调控下对资源配置起基础性作用。"在这里，首先谈谈对资源配置的认识。

经济资源包括劳动资源和物质资源两部分。劳动资源即人的知识、技能和能力，物质资源即土地、资本等财产的物质内容。人类的需求是多样的和无限的，而经济资源却是有限的。人类需求的无限同经济资源的有限的矛盾，

---

* 本文为王善迈主编《社会主义市场经济条件下的基础教育》的一部分，武汉大学出版社 1992 年版。

决定了人们必须就如何以有限的资源更好地满足人类的需求做出选择。资源配置就是将有限资源在不同需求之间进行合理有效的分配，以达到资源利用效率最优和人们需求与利益的最大满足。目前，世界上有两种基本的资源配置方式：计划经济和市场经济。

1. 计划经济

计划经济是通过政府的计划直接调节资源的资源配置方式。在这一方式下，“有关生产力布局、生产、投资以及分配的某些或全部决定均由中央政府机构作出。”① 实行计划经济，政府是资源配置者，掌握社会上全部或部分资源。人力、物力、财力资源在国民经济各部门，各地区，各企、事业单位间的分配由政府计划做出。从经济决策来看，是集中决策。计划经济条件下的资源的分配是通过政府的集中统一计划，对社会的生产资料和消费资料通过配给和调拨进行分配，并通过行政层次、行政区划，采用行政指令方式，加以实施。计划经济配置资源具有集中力量办大事等优势，有可能从社会整体利益来协调经济的发展。实践证明，在经济规模相对较小，发展品种比较单一的基础产业等方面，以及某些特殊历史时期（如战争期间和战后恢复时期），利用计划方式配置经济资源是一种有效的手段。也可以根据马克思主义关于共产主义社会的论述来设想，在比较长远的未来，当社会化大生产得到高度发展，社会产品极大丰富，到了可以充分满足全体社会成员物质文化需求的程度，在那时，由于不再存在不同经济主体的利益差别，也不再需要商品和市场这种客观的经济范畴充当社会经济联系和交换的手段，因而单一的计划调节方式是合理的和现实的。但在社会主义条件下，尤其是在我国还处于社会主义初级阶段的现在，由于生产发展程度的制约，这显然是不可能的。在这种情况下，在社会化大生产开始发展之时，单一的计划调节不可能兼顾每个经济主体的利益。随着经济的发展，生产规模不断扩大，产品的数量、品种、规格不断增加，只靠计划手段难以合理有效地进行资源配置。

① 格林沃德：《现代经济词典》，商务印书馆 1992 年版，第 54 页。

2. 市场经济

市场经济是一种主要通过市场机制配置社会经济资源的资源配置方式。“在这种方式下，生产什么样的商品，采用什么方法生产以及生产出来以后谁将得到它们等问题，都依靠供求力量来解决”①。市场经济过去存在于发达资本主义国家和发展中的资本主义国家。实行市场经济，作为市场的主体包括政府、企业和居民，其中主要是企业，企业是资源的主要配置者。所以，资源的分配是由千家万户分头做出的。从经济决策来看，决策是分散的，作为决策主体的生产者和消费者在经济关系和法律上的地位是平等的，不存在上下级关系。市场在资源配置中的作用主要体现在：第一，市场通过价格信号，调节生产和需求，使资源在社会生产和消费的各个环节之间进行分配；第二，市场通过竞争，使成本低的生产代替成本高的生产，把资源配置到效益较好的生产企业中去。市场竞争的作用是优胜劣汰，使资源向效益好的企业流动，并促使企业采用效率较好的生产方法，既使社会经济资源得到最有效的利用，又极大地促进了社会的技术进步。这种资源分配，是企业在利润最大化的目标下，根据各种市场信号反映的商品和要素供求情况，通过资源在部门、地区、单位间的自由流动实现的。实行市场经济，企业和居民分配资源，是从企业和居民自身利益出发的。市场配置一般要按照价值规律的要求，适应供求关系的变化，发挥竞争机制的功能来实现。它的长处在于能够通过灵敏的价格信号和竞争压力，来促进优胜劣汰，协调供求关系，把有限的资源配置到最优环节上去。市场主要是反映眼前的局部的利益，有一定的自发性和盲目性，不可能兼顾社会的整体利益和长远利益。

3. 两种资源配置方式的比较

作为资源配置，无论采取何种方式，其基本要求或目标有两个。第一，合理。合理的含义是将资源按一定比例分配到国民经济各产业、部门和地区，即按比例分配社会劳动，这是社会化大生产的客观要求。第二，有效。有效

① 格林沃德：《现代经济词典》，商务印书馆 1992 年版，第 54 页。

的含义是资源配置的产出率较高，能够以较少的投入获得较多的产出。要达到这两个目标，两种资源配置方式都需要有一定的条件。

实行计划经济，以集中统一的计划配置资源，需要两个前提条件：第一，政府有能力掌握完全的经济信息，或称“完全信息假定”。资源和产品的供给与需求信息是经济决策的基本依据，在由政府决策配置资源的条件下，要保证决策的正确，政府必须掌握充分完全的经济信息。第二，各个经济主体，包括政府（中央和地方政府）、企业、居民个人及他们之间在经济利益上的高度一致，不存在任何独立的、分散的个人利益，从而政府可以统一地运用资源，以实现全社会的经济利益，或称“利益完全一致假定”。只有具备这个条件，政府集中统一的资源配置决策才有可能完全实现。

计划配置资源的这两个前提假定，在现实的经济生活中不可能具备。在生产高度社会化的现代经济条件下，生产结构和需求结构极其复杂，经济信息量十分巨大，而且瞬息万变。政府要及时掌握这些经济信息，迅速完成包含亿万个变量的模型计算，得出资源配置的正确结果，并做出统一计划，层层下达执行，是不可能的。在计划经济体制下，经济信息体系是一种纵向的信息体系。经济信息的传递和反馈，在等级组织上下级之间进行。由于下级对上级的依附关系，下级对上级在信息传递上必然出现“报喜不报忧”的行为偏好。我国幅员辽阔，生产力发展水平低，交通运输邮电通信相对落后，往往使信息传递与反馈缓慢和失真。在政府不充分掌握经济信息的情况下，做出的资源配置决策就难免失误。同时，在社会主义社会，尤其在社会主义初级阶段，由于社会生产力发展的总体水平尚不够高，产品尚未极大丰富，因而政府、企业、居民个人及他们之间，计划的制定者和执行者之间，在经济利益上不可能完全一致，矛盾必然存在。这样，即使政府的集中统一决策是正确的，由于不同经济主体在利益上的矛盾，集中的决策也就不可能完全实现，偏离决策目标则是不可避免的。

由于计划配置资源的两个假定前提在现实中不存在，用集中统一计划配置资源来达到资源配置的合理与有效的目标则是不可能的。当然，这并不等于在现实的经济生活中不能实行一定的政府计划调节。这不仅非常需要，而且有客观根据。第一，我们的经济虽然社会化程度还不高，但已经有了社会化大生产，而且正在蓬勃地向前发展。社会化大生产要求宏观经济各个组成部分按比例发展，因而政府在宏观层次上有必要按照这种客观规律进行计划调节。第二，在社会主义社会，虽然还存在不同经济实体的利益差别，由于公有制经济占主体地位，国有经济起主导作用，全社会的根本利益是一致的，因此有可能在国家、集体、个人三者利益协调兼顾的基础上更好地处理三者之间利益的矛盾，实现合理的计划调节。但这种计划调节与过去计划经济体制下的计划手段是有区别的，它建立在市场调节的基础上，从总体上说偏于宏观和间接。

实行市场经济，通过市场供求与价格波动去配置资源，也需要两个前提条件：第一，市场的充分竞争，或称“完全竞争假定”。要有数量足够的企业，并能自由地进出市场，在市场上展开公平的竞争，不存在垄断。只有具备这个条件，企业才能对资源配置自由决策，资源才有可能通过自由转移达到优化。第二，价格能灵敏地反映供求和资源的相对稀缺程度，或称“价格灵敏假定”。因为，市场配置资源主要是通过各种商品和要素的价格来进行的，价格就必须能够灵敏地反映资源供求情况。如果价格失真，企业依据失真的价格信号做出的资源配置决策，就不可能合理与有效。

市场配置资源的两个前提或假定，在现实的市场经济中也不可能完全具备。当垄断形成以后，少数垄断组织可以控制一个或几个部门的生产和销售，操纵甚至规定价格，从而阻碍了市场自由公平的竞争，使价格灵敏度降低。但是通过政府对经济的干预，如限制垄断，保护公平竞争等，完全竞争的市场和价格的灵敏虽不能完全实现，但垄断竞争等不完全竞争的市场仍有可能建立，价格能够大体上反映各种资源的相对稀缺程度。也就是说，市场配置的两个前提条件虽不能完全具备，但基本具备是有现实可能的。因而，用市场配置资源相对来说能够做到比较合理和有效。

由此可见，市场经济相对于计划经济，能够实现资源最优配置，推动劳动生产率提高与经济发展。这是我国选择市场经济的理论依据。

（二）选择市场经济是历史经验的正确总结

1. 选择社会主义市场经济作为改革的目标是基于国际经验的正确总结

实行计划经济的前苏联、东欧和改革开放前的我国，虽然在经济增长和经济发展上取得了不可否认的巨大成就，但三次产业间的关系，农、轻、重部门间的关系长期不协调，经济增长常常被重大比例关系失调所打断。资源配置和使用效率低下，资源浪费严重。

实行市场经济的发达国家，经济增长虽不断地被周期性的衰退和危机所打断，但是，由于通过政府的干预和宏观调控，危机引起的波动与振荡、危机的破坏程度大大减少，资源配置与使用效率相对较高。这是计划经济所不及的。

2. 选择社会主义市场经济也是我国改革开放的必然结果

改革开放前我国经济建设虽取得巨大成就，但两大弊端妨碍社会生产力更快地发展和社会主义优越性更好地发挥。其一是计划经济的经济体制和运行机制不能适应社会生产力发展的需要。其二是封闭建设不利于吸收国际上的先进技术和资本。

党的十一届三中全会以来，党和国家实现了工作重点的转移，采取了改革开放的方针，在经济建设和各项事业发展上取得了举世公认的成就。其根本原因在于对原有经济体制进行了改革，从农村到城市，从局部到整体，在计划、财税、金融、物资与商业、外贸、价格、劳动工资等各方面进行了改革。从资源配置来说，这是一种市场取向的改革，是不断缩小计划对资源配置的作用，扩大市场对资源配置的作用，从以计划为主、市场调节为辅，到有计划的商品经济，最后确定为社会主义市场经济。

在改革过程中，不同地区、不同部门、不同所有制企业，市场配置程度是不相同的。相对于内地、基础工业和国有大中型企业来说，经济特区和沿海开放地区、加工工业部门、集体经济和非公有经济，市场化较早，市场化程度较高，政府计划控制较少。这正是这些地区、部门、企业经济发展速度较高、经济效益较好的根本原因。

（三）选择市场经济是社会主义的根本任务所决定的

社会主义的本质是解放和发展生产力，消灭剥削和消除两极分化，最终实现共同富裕。社会主义的首要任务是发展生产力，逐步提高人民的物质和文化生活水平。社会主义只有创造出比资本主义更高的劳动生产率才能最终战胜资本主义。

近现代世界经济发展史和半个多世纪以来的社会主义实践表明，在社会生产力还没有达到实现消除商品货币关系以前，就总体经济效率比较而言，市场经济相对计划经济，能够较好地实现社会资源的优化配置，促进社会生产力更快地发展。

选择市场经济也是打破传统理论和传统观念束缚的结果。在邓小平建设有中国特色社会主义理论指导下，我们克服了长期以来东西方经济理论和传统观念中把计划经济等同于社会主义、把市场经济等同于资本主义的思想束缚，重新确立了计划经济和市场经济不是社会经济制度的范畴，而是资源配置方式和经济调节手段的范畴，不存在姓“社”和姓“资”的问题。如果不彻底摆脱这种理论上和传统观念上的束缚，我们也就不可能做出实行社会主义市场经济的决策。

二、市场经济的内涵与特征

无论是社会主义市场经济，还是资本主义市场经济，作为资源配置方式的市场经济，有着共同的一般属性和特征。

1. 资源配置以市场为基础

这是市场经济的首要的基本的特征。在市场经济中，包括资本、土地、劳动、技术、信息等一切生产要素都要进入市场，一切经济活动都直接间接地处于市场关系之中。市场机制是推动生产要素自由流动和优化配置的基本运行机制。价格由供求形成，价格灵敏地反映产品和生产要素的相对稀缺程度并调节供求，通过价格杠杆和竞争机制，实现资源配置效率和配置效率最优。

2. 经济主体的独立化

在市场经济中，经济主体包括政府、企业和居民个人，企业是基本的经济主体。作为经济主体的企业是能够自主经营、自负盈亏、自我发展、自我约束的独立的商品生产者和经营者。企业拥有独立的法人财产和支配法人财产的权力，在利润最大化的目标下，自动地面向市场，依据市场信号，开展生产经营活动，推动资源优化配置。

3. 市场竞争的公平化

所有参与市场经济活动的经济主体，在地位上是平等的，按照公平、统一、规范的市场竞争规则平等地参与市场竞争。政府以法律和法规保证市场竞争的公开、公平和公正。

4. 宏观调控的间接化

为弥补市场经济的缺陷，促使经济持续、协调、稳定增长，政府主要运用经济手段和必要的法律、行政手段，对市场并通过市场进行宏观调节，约束和引导经济主体的资源配置和生产经营活动。

5. 市场管理的法制化

市场经济是一种法制经济，为规范市场经济主体的行为和维护市场秩序，要建立和健全完整的经济法规体系，使一切经济活动和经济行为置于法律的约束下，政府依法对市场经济进行监督和管理。

三、社会主义市场经济的内涵和特征

社会主义市场经济体制是同社会主义基本制度结合在一起的，建立社会主义市场经济体制，就是要使市场在国家宏观调控下对资源配置起基础性作用。

社会主义市场经济建立在社会主义经济制度基础上，这决定了与资本主义市场经济不同的特殊的内涵和特征。

（一）以生产资料的社会主义公有制为基础

同一种资源配置方式可以建立在不同的生产资料所有制基础上。市场经济是在资本主义私有制基础上充分发展起来的，这并不等于市场经济只有在私有制基础上才能发展。市场经济并不以所有制选择为前提，而是以经济主体独立性为前提，市场经济既可以与私有制结合，也可以与公有制兼容。

社会主义市场经济与资本主义市场经济最本质的区别，在于它以生产资料公有制为基础，社会主义公有制是发展社会主义经济、消灭阶级剥削和压迫的根本保障。只有坚持社会主义公有制，才能保证市场经济的社会主义性质。

我国社会主义初级阶段的所有制结构，是以生产资料的社会主义公有制为主体，其他非公有制为补充和与之并存的所有制结构。

（二）以按劳分配为主体、多种分配方式为补充，效率优先兼顾公平的收入分配制度

社会主义初级阶段以公有制为主体，多种所有制并存的所有制结构，决定了收入分配制度必然是以按劳分配为主体，多种分配方式并存。这种收入分配制度与资本主义市场经济中的分配制度不同，它是保证绝大多数社会成员的根本利益，调动他们的积极性，实现共同富裕的根本保证。

在这种收入分配制度下，由于劳动的差别和要素占有的差别，以及其他因素的影响，必然存在人们之间在收入分配上的差别。合理的收入差别有利于促进效率的提高，推动技术进步和社会生产力发展。收入差别过分悬殊则不利于社会稳定，从而影响社会生产力发展。社会主义的目标是共同富裕，达到这一目标的途径则是保持收入分配的合理差别，一部分地区和一部分人先富，带动其他地区和其他人，逐步实现共同富裕。普遍贫穷和两极分化都不是社会主义。

（三）在宏观调控上，能更好地发挥计划与市场两种手段的优势，保持经济持续、稳定、协调发展

在社会主义市场经济条件下，由于以公有制为基础，使全社会的根本利益一致，国家能够将人民的眼前利益与长远利益、局部利益与整体利益有机结合起来，将计划与市场两种资源配置方式的优势结合起来，避免经济发展过程中可能出现的剧烈的周期波动，保持国民经济持续、稳定、协调地发展。

在社会主义市场经济的特征中，以生产资料公有制为主体是最基本的特征。只有坚持公有制为主体，才能保证以按劳分配为主体和实现共同富裕，也才能保证社会主义国家的宏观调控比资本主义国家更加有效。

四、社会主义市场经济的基本框架

（一）建立现代企业制度，形成以公有制为主体，多种经济成分共同发展的微观基础

1. 现代企业制度是产权明晰、责权明确、政企分开、管理科学的企业制度

现代企业制度的基本特征为：第一，产权关系明晰。企业中的国有资产所有权属于国家，企业拥有出资者投资形成的全部法人财产权，成为独立享受民事权力、承担民事责任的法人实体。第二，企业以其全部法人财产，依法自主经营，自负盈亏，照章纳税，对出资者承担资产保值增值的责任。第三，出资者按投入企业的资本额享有所有者的权益，即资产受益、重大决策和选择管理者等权利。企业破产时，出资者只以投入企业的出资额对企业债务负有限责任。第四，企业按照市场需求组织生产经营，以提高劳动生产率和经济效益为目的，政府不直接干预企业的生产经营活动。企业在市场竞争中优胜劣汰，长期亏损、资不抵债的应依法破产。第五，建立科学的企业领导体制和组织管理制度，调节所有者、经营者和职工之间的关系，形成激励和约束相结合的经营机制。

2. 现代企业制度的重要内涵

第一，完善的企业法人制度和法人财产制度。出资者进入市场，参与竞争，获取利润，即出资构造了一种经营组织，并使其人格化，具有独立的法律地位，既能独立地享受民事权利，又能承担民事责任，这就是企业法人。企业法人经营组织市场行为能力的基础是它拥有法人财产权。因此，建立企业法人制度，关键是确立法人财产权，使企业成为法人实体，在市场活动中不仅有人负责，而且有能力负责。第二，有限责任制度。企业以其全部法人财产，对其债务承担有限责任；企业破产清盘时，出资者以其出资额为限，对企业承担有限责任。实行有限责任制，减少了投资者的风险，增大了出资者获利的机会，它可以解决目前国有企业只负盈不负亏，国家负无限责任的状况。第三，科学的组织制度是企业进行市场独立经营的组织保障。现代企业制度的主要组织形式是公司制。现代企业制度按财产构成有多种组织形式，其中有限责任公司和股份有限责任公司是主要组织形式，这些组织形式能较好地体现现代企业制度的内涵。

3. 现代企业制度是社会主义市场经济的微观基础

社会主义市场经济就是要使市场在国家宏观调控下对资源配置起基础性作用。而企业是市场主体，是资源配置的载体，市场对资源的配置，政府对资源配置的宏观调控，最终都通过企业发生作用和实现。市场对资源的配置通过竞争与价格机制进行，在企业竞争中形成的价格信号，调节着企业生产经营决策和资源配置。政府通过包括市场在内的各种手段对经济活动进行宏观调控，很重要的是通过市场中介，即各种市场信号引导着企业的生产经营和资源配置方向和结构，从而在宏观上使社会资源配置合理与有效。这就要求企业必须成为具有法人财产权的现代企业，才能可能对市场信号做出灵敏的强烈的反应。

4. 坚持以公有制为主体，多种经济成分共同发展

公有制经济包括国有经济和集体经济，坚持以公有制为主体是社会主义性质决定的。生产资料公有制是社会主义生产关系的基础，是社会主义经济

制度区别于其他社会经济制度的最基本特征。坚持公有制为主体，是现阶段我国生产力发展的需要，也符合我国绝大多数人的利益。只有坚持公有制为主体，才能确保其他经济成分为社会主义经济发展服务，引导其沿着正确方向发展。坚持公有制主体地位的关键在于在国有经济中建立现代企业制度。

在坚持公有制为主体的同时，还必须坚持多种经济成分的共同发展。在我国，非公有制经济包括私营经济、个体经济、外资经济等。多种经济成分的共同发展是生产力发展的要求，我国生产力发展水平低而且极不平衡，这是多种经济成分存在的客观经济条件。同时，多种经济成分的共同发展，既可以调动一切可以调动的力量加快经济发展，又有助于竞争机制的形成和社会主义市场经济体制的建立。

（二）建立全国统一的市场体系，促进资源优化配置

1. 完善的市场体系

市场作为商品经济的范畴，既是商品流通的载体，又是商品生产者交换关系的总和。市场的基本内容是市场的主体与客体。市场主体是参与市场交换的生产者，它们既是市场的需求者，又是市场的供给者，包括政府、企业、居民户。市场客体是市场交换的对象，包括生产资料、消费品在内的各种商品和包括资本、劳动力、房地产、技术、信息在内的各种投入要素。市场体系按时间划分，有现货交易市场和期货交易市场；按空间划分，有区域市场、国内市场和国际市场。社会主义市场体系是统一、开放、竞争、有序的市场体系。

2. 市场机制

经济机制是一定社会经济条件的产物，受社会基本经济制度和经济体制制约，就实现经济联系的形式而言，现阶段有直接计划形式和间接形式，后者指经济联系通过市场进行。这分别称为计划经济和市场经济。市场机制正是在市场经济条件下，通过市场供求和价格波动、市场主体间的竞争而调节经济运行的机制。在现实中，市场机制表现为供求与价格机制、竞争与风险机制等。

市场机制中最主要的是市场价格机制，市场配置资源的作用主要是通过市场价格的引导和调节来实现的。市场价格机制包括价格形成、价格运行、价格调控等。价格机制要求大部分商品和生产要素的价格由市场供求形成。统一开放的市场体系和公平竞争的市场秩序是价格正常运行的条件，完备有效的政府价格调控制度和价格法规是价格充分发挥积极效应的保证。市场供求形成价格，市场供求变化引起价格涨落，而价格变动反过来又调节供求的增减。市场通过如此连续的运动过程，发挥着价格的调节作用。

竞争与风险机制是供求与价格机制紧密相联的市场机制，竞争包括买者间、卖者间、买者与卖者间的竞争，表现为部门内企业间的竞争和部门间的竞争。部门内竞争形成同种商品的市场价格，刺激技术进步；部门间的竞争推动资源在部门间流动，实现部门间相对均衡。竞争伴随着风险，即市场主体面临盈利和亏损、发展和破产的可能性，竞争的结果便是优胜劣汰。竞争与风险机制促使企业改进技术，改善经营管理，促使资源优化配置和产业结构的合理化。

3. 市场秩序和市场组织

保证市场正常运行必须遵守市场秩序，市场秩序是市场运行中必须遵守的各种规则与法律规范。集中体现为市场主体进行市场交易共同遵守的市场规则，主要包括市场进出规则、市场竞争规则、市场交易规则和市场仲裁规则。进出规则是市场主体和客体进入或退出市场的法律规则和行为准则，旨在规范市场主体和净化市场客体。竞争规则是维护市场主体间平等交换和公平竞争的规则，消除特权与垄断。交易规则规定着市场主体进行交易活动的准则，以规范交易方式与行为。仲裁规则是为了协调和解决市场主体间在交易和竞争中发生的矛盾与纠纷。

为保证市场有序运行，还必须建立和完善市场组织，包括市场流通组织、市场中介组织、市场管理和协调组织。市场流通组织是指具体的经营各种商品流通的组织，如商品流通组织、金融流通组织等。市场中介组织是介于政府与企事业之间“自主、自立、自养”，既为政府服务又为企事业服务的组织，如行业协会、会计师事务所、律师事务所、各种咨询、信息、评估机构等。市场管理组织包括政府设立的专门从事市场管理的机构、市场流通的技术管理机构，以及民间的社会性评估机构、群众性管理机构。政府对市场的管理正是依据市场法律规范，通过市场组织进行管理。

4. 建立完善的市场体系和市场机制是现代企业制度和宏观调控的要求

市场经济要求市场作为各种稀缺资源配置的基本手段，就必须有一个完善的市场体系和市场机制。商品市场的价格机制调节着商品供求，资本市场的利率和汇率机制调节着资本的流向，劳动力市场的工资机制调节着劳动力的合理流动。市场体系与市场机制是现代企业制度建立的外部条件，完善的市场体系是企业获得投入要素、销售产出的场所，市场机制则是推动企业技术进步、改善管理、提高生产率的外部压力。政府的宏观调控是通过市场中介，通过各种价格信号，间接作用于企业而发生作用的，因此，完善的市场体系和市场机制也是政府宏观间接调控的传导体和必要前提。

（三）转变政府职能，建立健全宏观经济调控体系

1. 宏观调控的必要性和目标

宏观调控是生产社会化和市场经济的客观要求和直接产物。实行宏观调控的必要性在于主要解决以下矛盾：生产社会化、一体化同经济主体多元化的矛盾；按比例分配社会劳动和优化资源配置同经济主体自主决策和经济活动盲目性的矛盾；实现社会共同利益和社会公平同经济利益狭隘性的矛盾。就一定意义来说，由于市场调节的盲目性和自发性，实行宏观调控也是为了弥补市场机制固有的缺陷和不足。

宏观调控的主要任务是：保持经济总量的基本平衡，促进经济结构优化，引导国民经济持续、快速、健康发展，推动社会全面进步。宏观调控的任务可以具体化为四项基本目标：物价稳定：经济增长；充分就业；国际收支平衡。在上述目标中，经济增长和充分就业同物价稳定和国际收支平衡往往是有矛盾的，在实践中，应该统筹兼顾，寻求最佳组合。

2. 宏观调控的基本手段

社会主义市场经济的宏观调控要以市场调节为基础，主要实行间接调控，以经济手段、法律手段为主，辅以必要的行政手段和计划手段。

经济手段是指国家根据宏观经济的要求，通过计划机制，按照经济利益原则作用于经济活动，并对经济运行进行调节和控制的手段。经济立法是国家在市场经济条件下对经济运行进行管理的基本职能。法律手段的调节作用主要体现在：通过经济立法，使经济活动有法可依，保证经济活动的规范化；通过经济司法，保护合法行为，维护良好的社会经济秩序，促进社会主义市场经济的健康发展。行政手段是国家运用行政权力对市场、企业和有关经济活动所进行的超经济行政强制。市场经济条件下，行政手段的运用应保持在合理的限度内。国家计划作为宏观调控的一种手段，主要是采取指导性计划或政策性计划，即主要通过经济政策指导产业发展方向，指导市场调节和指导企业行为，其目的主要在于实现国家中长期目标。

3. 宏观调控的经济政策

宏观经济政策是宏观调控的重要组成部分，它是政府管理和调控宏观经济的政策主张及其原则，既是宏观调控的指导方针，也是实行宏观调控的主要手段。

财政政策是政府通过财政收入和财政支出总量和结构的变化调控宏观经济，使经济目标得以更好实现的经济政策。当社会总需求与总供给严重不平衡时，通过调节税率、税金和财政支出，使总需求与总供给达到平衡。当社会供给和需求存在结构性不平衡时，国家通过分别调整长线部门和短线部门的税收和投资，从而达到结构平衡。

货币政策是国家通过金融系统，为实现宏观经济目标所采取的控制、调节和稳定货币措施的总和。货币政策由职能独立的中央银行根据国家的经济发展战略和经济运行态势依法制定和实施。中央银行主要运用法定存款准备率、再贴现率和公开市场业务三大手段调节货币供给量。

产业政策是指导产业发展和结构调整的主要手段，主要包括产业结构政策和产业组织政策两方面。实施产业政策的宗旨在于促进产业结构和企业结构的合理化，使之最有效地利用一切资源和挖掘一切资源。

（四）建立以按劳分配为主体，多种分配方式并存的个人收入分配制度

1. 个人收入分配制度

个人收入分配制度是分配制度的组成部分，社会再生产的重要环节，关系国家、企业、个人三者利益，关系经济发展与社会稳定。因此，也是社会主义市场经济体制的组成部分。

分配方式由经济制度决定。社会主义初级阶段以公有制为主体、多种经济成分共同发展的经济制度决定了个人收入分配制度以按劳分配为主、多种分配方式并存。在公有制经济中，按劳分配是基本的分配方式，而在市场经济条件下，按劳分配要通过市场实现，企业经济效益和劳动投入都要通过市场检验和实现。非公有制经济中，分配方式是多样的，除个体经济中还有部分劳动收入外，私营经济与外资经济主要是资本收入。

2. 个人收入分配原则

“效率优先，兼顾公平”是社会主义市场经济下的个人收入分配原则。它一方面在微观上促进效率提高；另一方面在宏观上对社会收入不公平进行调节，把收入差距控制在合理的范围内。贯彻效率优先，要求企业收入与市场效益挂钩、劳动报酬与劳动效率挂钩。兼顾公平，要求政府通过法律和累进的个人所得税等调节个人收入差别，防止贫富悬殊两极分化，从而促进社会稳定。

共同富裕是社会主义市场经济的目的和要求。社会主义的本质是解放生产力，发展生产力，消灭剥削，消除两极分化，最终达到共同富裕。而坚持劳动致富和依法致富则是实现共同富裕的重要的途径和原则。

（五）建立与社会主义市场经济相适应的社会保障制度

社会保障制度包括失业、退休、工伤、医疗等社会保险制度和社会救济、社会福利、社会补助、救灾、扶贫等制度，其中社会保险制度是核心。社会保障制度首先是社会的“安全网”与“减震器”，而且它为各类企业竞争创造平等的条件，并调节国家、企业、个人三者在社会保障方面的负担和利益，以调动各方积极性。社会保障制度的改革，将以社会保险制度为重点，使之建立在资金来源多元化，保障方式多层次，权利与义务相对应的基础上，以实现管理与服务社会化为目标。

社会主义市场经济基本框架的各个部分组成是一个不可分割的整体，其中现代企业制度是基础，市场体系是中介，政府宏观调控是前提，公有制和按劳分配则是社会主义制度的体现，社会保障制度则是市场经济正常运行的条件。

市场与政府：资源配置方式与效率标准*

一、两种资源配置方式的比较

资源配置是指经济中的各种资源（包括人力、物力、知识）在各种不同使用方向之间、在各种不同的经济主体之间的分配。概括而言，社会经济包括两个方面的资源配置。一是资源在生产领域中的配置，即作为生产资料的资源在各生产者之间的分配；二是在消费领域（在消费者之间）的资源配置，即作为消费资料的资源在各种消费者之间的分配。生产领域的资源配置还可划分为两个层次：较高层次的资源配置是指资源在不同部门、不同地区和不同生产者之间的配置；较低层次的资源配置是指在配给资源既定的前提下，一个生产者、一个部门或一个地区在其内部的资源配置。

（一）资源配置及其方式

任何社会都面临着资源的稀缺性问题，在特定的时间和特定的技术条件下，一个社会拥有的可以现实利用的资源总是有限的。因此，任何社会就都存在着把有限的或稀缺的资源合理配置，以使各种资源得到最有效的利用，使各种资源配置形成的社会供给比例能适应社会需求的比例，从而避免由于

---

* 本文和以下两篇文章为 1997 ~ 1999 年笔者承担的国家“八五”社科基金项目《社会主义市场经济理论研究》最终成果和由笔者主编的《市场经济中的政府与市场》中的一部分。该书 2002 年由北京出版社出版。

它们之间的不相适应而导致浪费和损失的问题。简言之，任何资源稀缺的社会都存在着资源合理配置的问题。这也是经济学要研究的根本问题。一些经济学家把资源配置问题归结为生产什么、如何生产和为谁生产三个问题。生产什么和如何生产涉及资源在生产领域的配置，而为谁生产则是关于资源如何在消费者（社会各阶层）之间分配的问题。

有不同的社会背景（包括历史背景、文化背景、社会制度背景）下，实现资源配置的方式各不相同。对于一个现代社会而言，可供选择的资源配置方式主要有两种：一是运用市场机制实现资源配置。在市场经济中，决定生产什么、如何生产和为谁生产的是一种价格制度（市场制度、盈利和亏损制度、奖励和激励制度），通过市场的力量由"看不见的手"来自发地完成资源在各生产者、各消费者之间的分配。二是运用计划机制实现资源配置。在计划经济中，政府作为资源配置的主体，按照现有生产力水平，先确定国民经济发展计划，通过计划体系层层下达生产指标，用强制性的宏观政策调控经济运行。在生产过程中，由政府作为计划的制定者，用一只"看得见的手"决定资源配置的方向，同时也决定了生产什么、如何生产和为谁生产。

市场机制与计划机制的不同点在于，资源配置的最终效率以及资源配置的决策系统（包括信息系统和动力系统）两个方面。市场机制和计划机制并不是在任何情况下都是最优的资源配置方式，也不能保证在任何情况下形成富有效率的资源配置。这是因为二者形成有效率的资源配置需要一定的条件。当经济现实不满足有效率配置资源的条件时就会发生市场失灵或政府失灵。在一些领域市场机制交织计划机制更富有资源配置效率；另外一些情况下则与此相反。这正是为什么现代经济并非完全的市场经济或计划经济，而往往是计划与市场并存。关键之处在于需要我们把握政府和市场在资源配置方面各自的优势所在，也就是要分清楚在什么情况下由政府配置资源富有效率，在什么情况下由市场配置资源富有效率。有关市场机制和计划机制配置资源方式的比较研究以及关于资源配置效率标准的讨论，无疑给我们在选择市场抑或是政府配置资源提供了一个清晰的思路。

（二）两种资源配置方式的区别

通常，市场与政府进行资源配置①的方式在三个方面存在区别。

第一个区别在于二者之间资源配置的决策系统不同，更具体地说是在于决定资源配置的决策者不同。计划经济中，中央计划者（通常是中央政府）是资源配置的决策者，这不仅决定整个社会生产什么、如何生产、为谁生产，而且还具体地决定每个社会个体生产什么、如何生产（关于生产技术、场地、生产方式的选择）和为谁生产（产品如何在社会公众间分配）。计划经济中，社会个体并非是独立的利益主体：社会个体生产的产品交由计划者进行分配，所需生产资料由中央计划者统一调拨，其唯一的功能在于根据计划组织生产、完成计划、对计划负责。而在市场经济中，每个市场参与者都是独立的利益主体，都拥有对自己经济行为的完全决策权，有权决定与自己相关的资源配置。换句话说，在市场经济中，具有独立经济利益的市场主体自主地决定自己生产什么、如何生产、为谁生产，并对自己的经济行为负责。市场经济中并不存在一个中央计划者替各市场主体决定生产什么、如何生产、为谁生产，并对他们的经济行为后果负责。当然，这并不完全排除市场经济国家中央政府制订整体计划的可能性，但这种计划通常是指导性的，并不具备要求市场主体完全遵从的法律效力和强制性。因此，市场机制中资源配置的决策权力是分散的，由各市场主体单独做出与自己相关的决策，并承担决策的风险；而计划经济中资源配置的决策权力则集中归于中央计划者，整个经济通过计划联成一体，并不存在具有独立经济利益的市场主体。由于决策权力集中，计划经济又被称之为集权经济；由于决策权力分散，市场经济被称之为分权经济。

市场与政府进行资源配置方式的第二个区别在于，资源配置的决策者所赖以决策的信息系统的不同。首先，二者信息系统结构与信息流动方向不同。

---

① 在本文中计划机制与政府配置资源是通用的。

在计划经济中，信息系统呈金字塔结构。从中央计划者到最终执行者之间存在着明显的中间机构。每一中间机构既是上级计划的执行者，又是下级机构行动计划的制订者，每一级机构都只对上级机构负责。每个主体都与相对固定的对象交换信息。信息自上至下、自下至上纵向流动，传递的线路是相对固定的，通常不存在横向信息交流。中央计划者做出计划，并将计划下达下级机构；下级机构根据中央计划做出新的更具体的计划，再向更下一级传达；如此把中央计划层层分解，直至下达到具体的最终计划执行者。执行者执行计划后，将有关计划执行情况及其他上级机构所需信息反馈给上级机构，直至反馈到中央计划者，中央计划者根据反馈信息再做出新的计划。与此不同，在市场经济中，每个主体同时既是计划者（决策者）又是决策执行者和风险承担者。每个经济主体根据自己所掌握的信息进行市场供求判断，做出相应的市场计划，并将计划付诸行动。其后，根据行为所涉及的其他市场主体反馈信息修正原有计划，做出新的行动计划。市场经济中信息传递线路并不固定，市场主体的信息交换伙伴也不固定，市场主体间的信息交换是平行交叉的，纵横交错的信息交换构成了一个错综复杂的网状信息系统。其次，两种经济体制中信息系统的主要解读密码不同。市场经济中，价格是市场信息的主要解读密码，完全竞争市场中的价格充分反映了市场供求情况。市场主体可以根据市场价格进行决策，来选择自己的行动。计划经济中并不存在类似于市场经济中价格的信息解读密码，计划者有效的计划制定需要大量的相关信息（如商品的需求结构，具体的某种商品的需求总量、生产能力等）。由于中央计划者制订计划需要大量的信息，而收集信息的巨大成本，使得计划常常因为信息不完全而失灵，造成资源配置无效率。

市场与政府进行资源配置方式的第三个区别在于二者的动力系统不同，更准确地讲是二者的激励机制不同。经济运行中激励机制包括两个方面：一方面是决策者在做出决策时所要遵循的原则；另一方面是执行者完成计划的动力机制。为简明起见，在这里仅比较两种经济中决策者决策原则的不同。计划经济中，计划者被要求按社会福利最大化原则进行决策，社会福利最大化是计划者制订计划时所要追求的重要目标[1]。因此，在制订计划时，计划者不仅要考虑资源的生产效率，还要考虑资源配置的社会福利效率以及资源配置的动态效率[2]。市场经济中，市场主体追求个人利益最大化，如消费者追求效用最大化、生产者追求利润最大化，因此在进行决策时，市场主体仅需考虑如何在预算约束条件下使个人效用（利润）最大化，而无须考虑社会福利即资源配置的动态效率。但是，政府作为市场经济的“守夜人”，也会考虑到某种经济活动的长期影响，使资源配置的生产效率与动态效率一致起来[3]。

二、资源配置的效率标准

一个社会资源配置方式的选择是否合理，其现有的资源配置状态是否最优，可以根据其资源配置的效率来评判。合理的资源配置方式选择与优化的资源配置一定对应着有效率的资源配置。所谓资源配置效率，是指社会现有资源配置所提供的社会需要满足程度，即指社会利用现有的资源所能达到的社会效用水平，一般也称之为资源利用效率。资源配置效率反映的是需要的满足程度同所耗费的资源的对比关系，它不是一个简单的物量概念，而是一个效用概念或社会福利概念。资源配置效率包括资源配置的生产效率、资源配置的社会福利效率和资源配置的动态效率等相互联系的三个方面的内容。

（一）资源配置的生产效率

资源配置的生产效率反映的是，有限的资源在不同的部门、不同的地区、

---

① 这里考虑的是理想状态，现实中的计划者通常是追求个人或集团利益最大化的经济人。

② 资源配置的动态效率概念在下一节中做出解释。典型的动态效率的例子是考虑资源配置对经济可持续发展的长期影响。

③ 在后面的章节中，我们将证明完全竞争的市场经济可得到富有生产效率、社会福利效率、动态效率的资源配置，但这并不意味着单个市场主体在做出有关资源配置的决策时考虑过与社会福利最大化相一致的动态效率。与完全竞争的市场经济相比，在不完全竞争条件下，从个人利益最大化假定出发，在资源配置上并不能获得与利润最大化和社会福利最大化相一致的动态效率的结果。这时，只有引进政府，以长期的社会福利最大化为目标对经济进行干预，才有可能在一定程度上实现资源配置的动态效率。

不同的生产者之间进行配置，以及不同的部门、不同的地区和不同的生产者将有限的资源在其内部进行配置，所形成的产出水平的高低。现实资源配置的生产效率水平可以通过现实资源配置所形成的现实的产出水平，同理论上有效率的资源配置所形成的产出水平的差距，以及二者的投入产出比例差距来得到反映。富有生产效率的资源配置状态具有以下两方面的特征。

首先，当资源配置富有生产效率时，在社会技术水平既定的条件下，我们不可能再通过改变和调整资源配置来获得更高的产出水平，在此状态下，无法通过改变和调整资源配置来增加一种物品的产出水平而不减少另一种物品的产量。任何一种富有生产效率的资源配置所形成的产出水平，必然处于其生产可能性曲线①上。当生产处于生产可能性曲线时，我们就不可能做到增加一种产品的产出水平而不降低另外一种产品的产出水平。有关资源配置问题的核心之一在于如何调整资源配置，使现实的产出水平接近生产可能性曲线。

现实的资源配置所形成的产出水平越接近生产可能性曲线，资源配置的生产效率越高。据此，我们可以评价任意经济系统的资源配置的生产效率的高低。如图 1 所示。

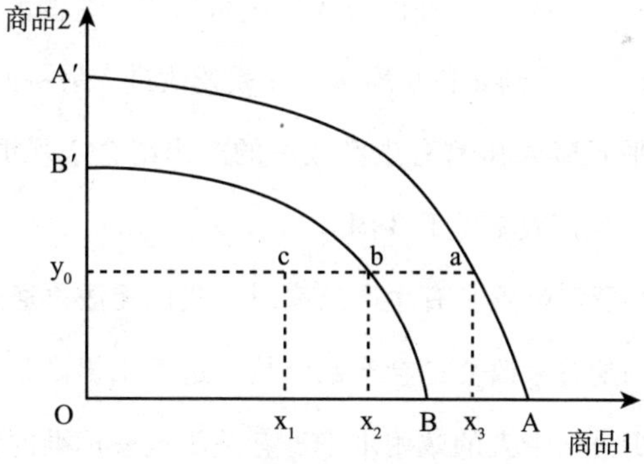

图 1　资源配置的效率分析

在图 1 中，商品 1、商品 2 均为复合商品。曲线 AA′为 A 国的生产可能性

① 生产可能性曲线是指限定一个厂商或整个经济的机会集合，并描述在既定投入数量条件下所有可能生产的产出组合的一条曲线。对某一经济系统而言，各种商品可能的最大产出组合处在其生产可能性曲线上。

曲线，曲线 BB′为 B 国生产可能性曲线。生产可能性曲线 AA′、BB′上任意一点均表示 A 国、B 国的一种有效率的资源配置状态所对应的产出水平组合。在此资源配置状态下，要增加商品 2 的产量，必须减少商品 1 的生产，不可能在增加商品 1 产量的同时扩大商品 2 的生产。生产可能性曲线右侧的点所代表的商品产出组合水平都是不可能达到的；而生产可能性曲线左边的任一点所代表的资源配置状态的生产效率，低于可能性边缘曲线上的任意点所代表的资源配置状态的生产效率，均可以通过调整资源配置来增加商品 1 的产量而不致降低商品 2 的产量，从而提高资源配置的生产效率。对于同处于生产可能性曲线左侧的点所代表的不同资源配置状态，我们可根据各自所形成的产出水平，同生产可能性曲线上的点所代表的产出水平的差距来评判它们生产效率相对水平的高低。不同国家资源配置的生产效率也可以利用其各自的生产可能性曲线来比较。图 1 中，假如 A 国和 B 国的现实生产点均为 c，则 A 国、B 国的资源配置都处于缺乏生产效率状态，并且 A 国资源配置生产效率高于 B 国。因为 c 既处于 A 国生产可能性曲线左侧，又处于 B 国生产可能性曲线的左侧，在商品 2 的产量不变的情况下，B 国可以通过资源的重新配置把商品 1 的产量由 x_1 提高到 x_3，而同时 A 国则可以通过资源的重新配置把商品 1 的产量提高到 x_2。从 c 到 a 和 b 均属于帕累托改进。另一方面，较之 B 国，现实产出组合水平 c 离 A 国富有生产效率的产出组合水平更远，差距更大，故 A 国资源配置的生产效率低于 B 国。

其次，当社会资源配置富有生产效率时，我们无法再通过调整资源在不同产品生产之间的配置来改变社会产品结构，进而来提高某个人的效用水平而不至于降低至少另一个人的效用水平。有关于这一标准的详细论述将在后面的有关部分中展开。

（二）资源配置的社会福利效率

资源配置的社会福利效率反映在消费领域（分配领域）有限的资源在不同的消费者（社会公众）之间进行配置所形成的社会福利水平的高低。资源在社会公众之间的配置越合理，其社会福利效率也就越高。与资源配置的生产效率相似，现实的资源配置的社会福利效率亦可以通过比较现实配置所形成的福利水平，同理论上有效率的配置所形成的福利水平来加以衡量。二者差距越大，则证明现实资源配置的社会福利效率越低。这里的问题在于如何确定富有社会福利效率的分配领域的资源配置状态。

通常来讲，经济学者用帕累托最优来描述有效率的资源配置状态。当不能进一步作任何调整以使一部分人的处境变好，而不会同时引起另一部分人的处境变坏时，我们就称这种资源配置的状态为帕累托最优或帕累托效率。而在不降低他人福利状况的情况下，通过改变与调整资源配置，可以提高一部分人的福利水平，我们称之为帕累托改进。处于帕累托最优状态的资源配置无法作进一步的帕累托改进。我们可以利用效用可能性曲线来进一步阐明资源配置的帕累托最优的含义①。如图 2 所示。

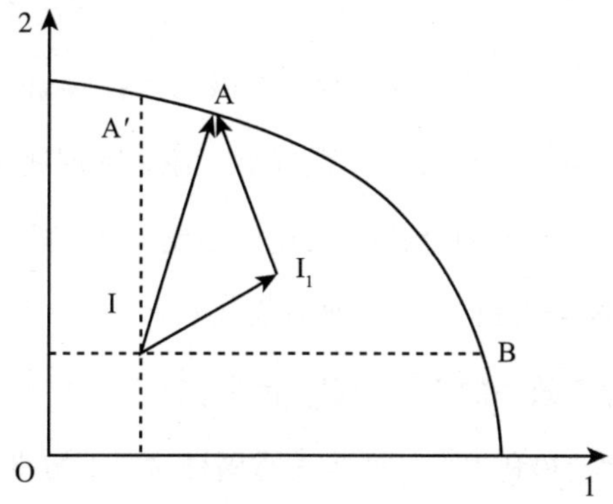

图 2　社会效用可能性曲线与帕累托最优

在给定的第一个人效用水平上，效用可能性曲线指出了第二个人所能达到的最大效用，效用可能性曲线实质上是每个居民可能达到的最大的效用组合点的轨迹。效用可能性曲线上的任何一点都相当于资源配置的帕累托最优或帕累托效率，如图中的 A 点、B 点，因为没有人能在不使别人状态变坏的情况下使自己处境变好，A 到 B 是沿着效用可能性曲线移动，两点所对应的

① 效用可能性曲线是指在给定他人所获得的不同效用水平，表明一个人可以得到的最大效用水平的曲线。

资源配置都是帕累托最优。如果资源配置不是有效率的配置，经济将会在效用可能性曲线以内运行，如图中的 I 点、I_1 点。任何使经济从 I 点移动到 I_1 点这样的变化都是帕累托改进，因为社会上所有人的状况都变好了。但 I_1 到 A 的移动是从低效率点到高效率点的移动，这并非是一种帕累托改进，因为虽然第二个人的效用增加了，却导致了第一个人的状况变差了。

帕累托效率原则认为，一个人处境改善的同时，而不致使另一个人的处境变糟的情况是帕累托改进。但根据上述标准，我们并不能评判使一个人的处境改善的同时，却又导致另外的人因此蒙受效用损失的情况是否是帕累托改进，而且也不能为效用可能性曲线上的其他点，如 A′点和 B 点，提供前后排列的标准。对于这一问题，我们可以利用社会福利函数和社会无差异曲线这两个工具来分析。社会无差异曲线是社会福利水平相等的个人或由个人组成的集团的不同效用的一系列组合，社会无差异曲线给出了一个人处境变好，而另一个人处境变糟，而又不致使社会总的福利水平降低的各种替代关系。

引入社会福利函数和社会无差异曲线后，原来的问题则可简化为在效用可能性曲线约束下的社会福利水平最大化的问题。而富有社会福利效率的资源配置是在效用可能性曲线约束下，使社会福利水平最大的配置状况。如图 3 所示，B 点对应着最有效率的资源配置，因为在效用可能性曲线约束下，此时经济达到了最大的社会福利水平。虽然 A 点同样对应着帕累托最优资源配置状态，但其社会福利效率低于 B 点，由 A 点到 B 点的移动是一种资源效率提高。

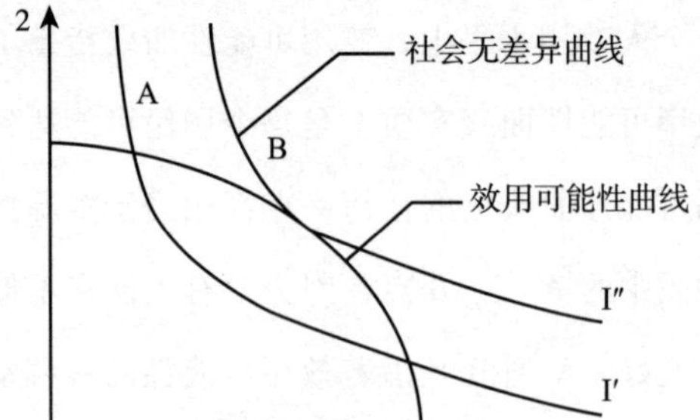

图 3　资源配置中的社会福利效率

（三）资源配置的动态效率

对资源配置效率的分析通常是一种静态分析。但资源配置却是一个连续的过程。如果考虑到长期，在短期中有效率的资源配置在长期中并非有效。一个经济体如果要获得持续的经济发展，就必须要考虑资源配置在长期中表现出来的动态效率。

资源配置的动态效率，指的是资源和社会生产活动如何在满足当前需要和未来需要之间的分配问题，既包括如何处理当前消费和积累的关系问题，也包括如何在长期内合理利用社会生产能力，实现经济的均衡增长的问题。前者着重于解决经济增长的长期趋势问题，后者着重于解决经济增长过程中的经济周期和经济波动问题。

动态效率是衡量资源配置效率的一个重要概念，但这种效率的实现条件不如帕累托效率那样准确，因此，其在应用中受到了很大的局限性。出于适用性方面的考虑，近年来经济学研究发展出了动态效率的另外两个概念：其一是在微观层次上的适应性效率，是指经济主体逐渐了解资源配置过程中产生问题的环境和问题本身的性质，并以适当的方式加以解决；其二是创新性效率，表现为经济主体的创新能力。资源配置的动态效率与经济中的生产结构的一些重要特征有关。生产结构的这些特征存在于微观和宏观两个方面，微观方面如部门结构和生产的地区分布，技术、经济和金融的集中度，使用的生产技术和产品的创新性，进入和退出的障碍，企业组织之间的合作等，宏观方面如经济规模的大小、经济的开放程度等。

在经济中，通常为提高资源配置效率而实施的有关生产结构调整的产业政策，就是以追求资源配置的动态效率为目标。实际上，资源配置的动态效率广义上既包括长期资源配置的生产效率，也包括长期资源配置的社会福利效率。资源配置富有动态效率，意味着长期资源配置富有生产效率和社会福利效率。我们在这里不再深入讨论资源配置中的动态效率。

总体而言，资源配置的效率涉及生产效率、社会福利效率、动态效率三个方面，最富效率的资源配置应同时满足这三种效率的要求。

市场与政府：资源配置的市场效率与市场的限度

一、资源配置的市场效率

市场经济中资源配置主要是通过“看不见的手”来实现的。在“看不见的手”的指引下，各经济行为主体在市场上根据所获得的商品价格和数量的相关信息，按照自愿的原则来交换各自的产品和劳务。在这一部分，我们考察完全竞争市场条件下的资源配置效率问题。

（一）完全竞争市场的特征

一个完全竞争的市场具有以下几个方面的特征。一是市场参与者都是具有独立经济利益的经济行为主体（包括生产者和消费者），经济活动的各个方面由独立的经济行为主体独立决策和行动所形成，一切经济行为主体均以自身利益最大化为追求目标，消费者追求预算约束条件下的效用最大化，生产者追求预算和技术约束下的利润最大化；二是市场配置资源遵循消费者主权原则——资源根据价格信号的变化在各个市场之间流动，价格是由商品供求状况和市场参与者的理性选择所形成的，反映了消费者偏好同产品生产者成本之间的相互关系；三是市场配置资源在法律允许的范围内自由地进行，法律在市场资源配置中的首要作用是保护财产所有权，并保护契约的法律权威，界定经济行为主体的行为边界。

一个完全竞争的市场，意味着每个市场参与者都充分掌握着个人进行决策和采取行动所需要的一切市场信息，每个市场参与者都面临着相同的价格，并且没有任何参与者能独自影响商品价格和决定商品供给与需求数量。微观经济学家证明了通过完全竞争的市场，社会稀缺的资源可以达到这样一种配置状态：没有一个人能在别人处境不变坏的情况下使自己的处境变好，即达到帕累托最优的境界。在消费者主权原则既定的情况下，市场通常能比任何类型的政府更有效地在消费者中间分配现有消费品，因为市场可以让消费者自己选择如何在各种商品上分配他的收入。在收入分配既定的情况下，市场能把资源转移到最能满足消费者需要的商品生产上，从而能够解决所要生产的商品的最优组合问题和生产资源在不同用途之间分配的问题，保证资源以最佳投入组合生产每一种商品。市场可以按照各种生产要素的边际生产率支付报酬的原则，在这些投入的生产要素间分配收入。市场让每个家庭自己做出选择，多少收入用于储蓄，动用多少储蓄追加消费，从而提供消费的最佳时间模式。由于按照边际生产率分配收入，通过储蓄、人力资本投资和物质资本投资而能够取得生产要素报酬，通过技术、管理、制度以及其他方面的创新而能够取得超额利润，所以，在以效率为原则的收入分配制度下，市场机制会激励人们工作、储蓄、投资和革新，从而不断推动国民经济的增长。此外，市场还允许每个市场参与者在经济领域享有高度的选择自由，由此，市场体制能防止经济权力以及政治权力过度集中在政府或私人集团手中，大大减少了资源配置中的各种机会主义行为。

微观经济学家还证明，在一个完全竞争的市场上，通过改变市场参与者的个人禀赋，使每一个市场参与者的利益最大化，无须政府直接干预经济运行，可以实现社会福利最大化的目标。概括而言，完全竞争的市场可以实现有效率的资源配置，即自动地使资源配置富有生产效率、社会福利效率和动态效率。

（二）资源配置的帕累托最优分析

微观经济学的上述结论，可以通过考察一个完全竞争的经济模型来进行分析。经过理论上的抽象，假如一个经济由两个生产者（生产者 A、生产者

B）和两个消费者（消费者Ⅰ和消费者Ⅱ）所构成[1]，拥有两种初始生产要素（1，2），生产两种产品（1，2），每个消费者都消费两种产品，每个生产者都利用两种初始要素来生产两种产品。根据这些条件，我们不难建立一系列的函数关系[2]。

由于完全竞争市场的前提，生产要素可以自由流动、市场信息披露充分、信息非对称性不甚明显、“搭便车”的行为被有效制止等情况的存在，使经济主体在“看不见的手”的指挥下，自动实现资源的有效配置。由此，我们可以得出有关完全竞争市场的以下几个初始条件。第一，消费者都追求效用最大化，并且消费者的效用函数为严格拟凹函数。第二，生产者追求利润最大化，并且生产者的生产函数可以用隐函数的形式表示出来，为严格拟凹函数。这里的隐含假设是：（1）生产者所投入的所有的初始要素均由消费者提供，因此，消费者提供的初始要素的总量等于生产者初始要素投入的总量；（2）生产者所生产的全部产品都是最终产品，并且全部都被消费者所消费，即所有产品的消费总量等于其生产总量。第三，由于效用函数和生产函数均为严格拟凹函数，所以拉格朗日函数的最大化条件得到满足，函数的二阶条件成立。

在上述初始条件界定后，我们来分析资源配置的帕累托最优境界。帕累托最优境界是指这样一种状态，即在不减少其他人的效用的情况下，不可能通过资源的重新配置来增加某个人或某些人的效用；否则，如果在不损害任何其他人的效用的前提下，调整资源配置还可以增加某一个人或多个人的效用水平，那么资源配置就处于帕累托非最优境界。因此，资源配置要实现帕累托最优境界，要求在给定别的消费者的效用水平的基础上，使某一消费者的效用水平最大化。这里，我们可以把消费者Ⅱ的效用水平固定在某一水平上，来考察消费者Ⅰ的效用最大化条件，这个条件就是资源配置的帕累托最

① 这里的消费者本身就可以是生产者。如在经济学教科书经常考察的孤岛经济中，鲁滨逊和“星期五”都既是生产者又是消费者。

② 这里，不再对这些方程进行详细的论证，只是给出相关的结论。有兴趣的读者可以参阅有关高级微观经济学教材。

优化境界条件。

同时，我们还可以看到，达到资源配置的帕累托最优境界要求对于产品（1，2）来说，消费者Ⅰ、Ⅱ的边际替代率 MRS 与生产者 A、B 的边际转换率 MRT 是相等的。如果上述条件得不到满足，那么资源的重新配置可以得到帕累托改进。假设消费者Ⅰ的边际替代率 MRS = 1/2，而 A 的产品（1，2）的边际转换率 MRT = 1/1。这意味着Ⅰ放弃 2 单位商品（2），而不至于使其效用水平降低，只需予以补偿 1 单位商品（1）（此时Ⅱ的效用水平并不受影响）。而 A 只需要减少 1 个单位的商品（1）生产就能生产出 1 单位的商品（2），这样消费者Ⅰ的效用水平就可以得到满足，并还可以提高，因为除保持Ⅰ的原有效用水平外还剩下 1 单位的商品（2）可用以提高Ⅰ的效用水平。

对于一阶条件中的某些方程进行联结表明，资源配置的帕累托最优境界还要求对于初始要素（1，2）来说，消费者Ⅰ、Ⅱ的边际替代率 MRS 与生产者（1，2）的边际技术替代率 MRTS 也要相等。与上面的分析相类似，如果某一消费者的边际替代率与某一生产者的边际技术替代率不相等，生产者就可以通过改变初始要素投入的结构来提高消费者的效用水平。假设，对于初始要素（1，2），消费者Ⅰ的 MRS 为 1/3，A 的 MRT 为 1/2，那么，在不影响消费者Ⅱ的效用水平的前提下，要维持Ⅰ的效用水平不变，增加 1 单位初始要素（1）的消费，可减少 3 单位初始要素（2）的消费。而维持 A 的产量不变，增加 2 单位初始要素（2）的投入，便可替代出 1 单位的初始要素（1），节约 1 单位的初始要素（2）就可以用来提高Ⅰ的效用水平。

简要地说，在资源配置的帕累托最优境界，要素和商品之间的消费者的边际替代率必须等于对应的生产者把要素转换为商品的转换率，即等于各要素相应的边际产量，否则，放弃某些要素消费而得到更多的商品，或放弃某些商品消费而保留更多的要素，均会使消费者效用水平提高，存在帕累托改进的可能。所以，资源配置的帕累托最优境界条件为：（1）对于各种产品，消费者边际替代率与生产者的边际转换率必须相等；（2）对于各种初始要素，消费者的边际替代率与生产者的边际技术替代率必须相等；（3）初始要素与产品之间的消费者的边际替代率必须等于对应的生产者把初始要素转换为产品的边际转换率，即各要素相应的边际产量。

对于完全竞争的市场而言，所有的厂商和消费者面临着相同的初始要素和产品价格组合，没有任何消费者或生产者能单独通过自己的经济行为改变价格。依旧考察前面所提及的经济系统，由于假定该经济是一个完全竞争的市场经济，所以不得不考虑价格组合问题。在这种情况下，初始条件并未发生变化，即消费者追求效用最大化而生产者追求利润最大化。所以，通过构建相应的拉格朗日函数，同样可以得出最优化模型，而满足帕累托最优境界的三个条件。

（三）资源配置中帕累托最优的补充条件

上面我们证明了完全竞争的市场可以带来资源配置的帕累托最优境界，用同样的方法，我们进一步考察上述经济系统，建立该系统的社会福利函数，可以证明，完全竞争的市场可以使社会福利最大化的资源配置处于帕累托最优境界①。但这一结论的逆结论并不一定成立，也就是说，处于帕累托最优境界的资源配置并不一定能使社会福利最大化，因为帕累托最优境界的资源配置状态并不唯一。

给定生产函数和效用函数的具体形式，我们可以求解出帕累托最优配置状态，并可以得到如下结论：在生产函数、效用函数既定的情况下，市场达到什么样的帕累托最优境界的资源配置状态，取决于各经济主体的禀赋，即取决于经济主体拥有的初始财富的状况。这意味着我们可经通过调整社会经济主体的禀赋，来达到任何一种处于帕累托最优境界的资源配置状态，而无须任何非市场作用。而使社会福利最大化的资源配置本身属于一种帕累托最优境界的资源配置状态，我们也可以通过调整社会经济主体的禀赋来使社会福利最大化，而无须借助任何非市场的力量。

---

① 具体的推导过程与完全竞争条件下资源配置富有生产效率的推导过程基本相同。这里不再赘述。

二、市场的限度

前面我们论证了通过完全竞争的市场经济可以达到资源配置的帕累托最优境界，此时，政府只需调整社会成员的初始禀赋，就可通过市场机制的作用达到社会福利最大化目标，而无须任何其他的干预。然而，帕累托最优境界是一种理论上的理想状态，是经济学家为了研究的方便而构造的一种经济状态，这种情况与现实世界相去甚远。对于帕累托最优境界的条件，正如萨谬尔森所讲的，“纯粹的完全竞争的条件和物理学上完全无阻力的钟摆条件一样是难于实现的”。但是，完全竞争的市场却为我们认识现实经济状况提供了一个判断问题的基准。

现实中，在很多情况下市场竞争并不能导致有效率的结果，这种情况被称为市场失灵。市场失灵主要反映的是市场配置资源功能的缺陷问题。由于现实中几乎所有的市场上都存在市场失灵问题，现实的市场经济总是存在种种市场缺陷。市场缺陷使得市场经济背离完全竞争的条件，从而导致资源配置上的效率损失，一方面，使资源配置不可能总是达到帕累托最优状态，另一方面，不可能通过市场总能达到社会福利最优化目标。市场失灵主要存在于以下几个方面：外部效应、公共品、不完全竞争和市场协调失灵。前两类缺陷是由于市场机制作用的对象、范围所固有的局限性所决定的，属于“市场做不到”的缺陷；而后两类缺陷则是市场机制发挥作用赖以存在的条件的非现实性、市场不充分等有限性，以及市场调节不可避免的负面效应所决定的，属于“市场做不好”的缺陷。

这里重点考察外部效应、不完全竞争、市场协调失灵三种市场失灵问题，以揭示市场在资源配置方面的局限性。

（一）外部效应问题

完全竞争形成资源配置的帕累托最优境界的结论，是以经济生活中（生产与消费）不存在外部效应为前提条件的，即在不存在外部效应的条件下，一个消费者将为其任何效用水平的改变支付相应成本或得到相应补偿，一个生产者将为其行为的任何后果支付相应成本或得到相应补偿。如果生产或消费中存在外部效应，即使在完全竞争的条件下，资源配置的帕累托最优境界也可能无法达到。现实中，外部效应是普遍存在的。

所谓外部效应，简单地讲，就是指经济主体之间在利益关系上存在这样的情况：一方对另一方或其他诸方的利益造成的损害或提供的便利，不能通过市场加以确立，也难以通过市场进行支付或补偿。也就是说，某一经济主体的行为影响了其他一个或多个经济主体的效用函数（对于消费者而言）或者生产函数与成本函数（对于生产者而言），而其他经济主体却无法控制这种影响，同时这种影响给其他消费者所带来的效用水平的提高或损害，或者给其他生产者带来的损失或盈利，均不能计入市场交易的成本和价格之中。当某一经济主体的某一经济行为给其他经济主体带来了好处，而其他经济主体无须为此向带来好处的经济主体支付任何费用，而能无偿地享受好处时，这一经济行为就具有外部正效应；反之，当经济主体的某一经济行为给其他经济主体造成了损害，而他却不必为此承担责任，不必为此向其他受害的经济主体进行赔偿时，经济行为就具有外部负效应①。

一般情况下，由于存在外部效应，经济行为的私人边际成本将与社会边际成本偏离，私人边际收益将与社会边际收益偏离。而正因为经济行为的私人边际成本与社会边际成本、私人边际收益与社会边际收益的不一致，使得生产的外部效应可能导致某些产品的供给过度，而另外一些产品的供给不足，使得消费的外部效应将导致某些产品的消费过度及另一些产品的消费不足。在具有外部负效应的情形中，造成外部性的厂商进行一项活动所付出的私人

---

① 外部负效应在经济中是无所不在的，比如噪声、抽烟、排放废气等方面的环境污染。尤其是随着经济增长，人类的生产活动不断增加，外部负效应已经逐渐地由原来微小的麻烦发展成为对人类生存的巨大威胁。对此，依靠市场上“看不见的手”是无法解决的，必须要有政府进行干预。对于外部负效应，存在大量的研究文献。当代新制度经济学更是把外部负效应问题作为研究的核心问题。

边际成本小于该活动所引起的社会边际成本，因此，追求利润最大化的厂商通常把这种外部性最大化，引起私人活动的水平通常高于社会所要求的最优水平。与此相反，在外部正效应的情形中，由于厂商进行一项活动的私人边际成本高于由该活动所引起的社会边际成本，私人活动的水平通常低于社会所要求的水平。在经济中，任何产品的供给不足、供给过度、消费过度、消费不足都意味着稀缺资源的浪费。在资源稀缺的条件下，资源浪费意味着社会福利的损失，意味着资源配置的低效率。

污染是典型的外部负效应的例子，苹果园与养蜂的例子是典型的外部正效应。汽车排放的尾气，导致大气污染给我们带来相当大的负外部效应，因为作为单一的某个行人，我们无法向车主对所受损害索赔。养蜂者养蜂对于邻近的苹果产生正的外部效应。由于传播花粉的缘故，蜜蜂的数量越多，苹果园结果越多。同时苹果园对于养蜂也存在正的外部效应，果树越多，蜜源越充足，蜂蜜产量也越高。下面，我们就以苹果园与养蜂的例子来分析外部效应引起的资源配置低效率问题。

引用苹果园与养蜂的例子，我们可以看到生产中的外部正效应如何导致供给不足。假设苹果园的成本函数为 $c_1(q_1, q_2)$，q_1 为苹果产量，很显然有 $\frac{\partial c_1}{\partial q_1}>0$；$q_2$ 为养蜂人的蜂蜜产量，蜂蜜产量越高，意味着蜜蜂的数量越高，从而苹果产量越高，因此$\frac{\partial c_1}{\partial q_2}<0$。养蜂的成本函数为 $c_2(q_1, q_2)$，苹果产量越高，意味着蜜蜂资源越丰富，从而蜂蜜产量越高，故有$\frac{\partial c_2}{\partial q_1}<0$，而$\frac{\partial c_2}{\partial q_2}>0$ 是很自然的事。进一步假定养蜂人和苹果园主所面临的均是完全竞争的市场，其中蜂蜜价格为 p_1，苹果价格为 p_2，养蜂人和苹果园主都追求个人利润最大化。

对此，我们建立最大化模型。

对苹果园主来说，利润（π_1）最大化为：$\max\pi_1 = p_1q_1 - c_1(q_1, q_2)$

其一阶条件是：$\frac{\partial \pi_1}{\partial q_1}=p_1-\frac{\partial c_1}{\partial q_1}=0$，即 $p_1=\frac{\partial c_1}{\partial q_1}$，苹果的价格等于生产苹果

的边际成本。

对于养蜂人来说，利润（π_2）最大化为：$\max\pi_2 = p_2q_2 - c_2(q_1, q_2)$

其一阶条件是：$\frac{\partial\pi_2}{\partial q_2} = p_2 - \frac{\partial c_2}{\partial q_2} = 0$，即 $p_2 = \frac{\partial c_2}{\partial q_2}$，蜂蜜的价格等于蜂蜜生产的边际成本。

由上面的方程可见，养蜂人和苹果园主的利润均依赖于对方的产量，但又都不能影响对方的产出。

而帕累托最优境界，要求蜂蜜的产量与苹果的产量要使养蜂人和苹果园主的联合利润最大化，并且在实现联合利润最大化时，二者中没有一方还能从增加蜂蜜或苹果的产量中获益。

由此，联合利润（π）最大化为：$\max\pi = \pi_1 + \pi_2 = p_1q_1 + p_2q_2 - c_1(q_1, q_2) - c_2(q_1, q_2)$

其一阶条件是：

$$p_1 = \frac{\partial c_1}{\partial q_1^*} + \frac{\partial c_2}{\partial q_1^*},\ p_1 - \frac{\partial c_1}{\partial q_1^*} = \frac{\partial c_2}{\partial q_1^*};$$

$$p_2 = \frac{\partial c_1}{\partial q_2^*} + \frac{\partial c_2}{\partial q_2^*},\ p_2 - \frac{\partial c_1}{\partial q_2^*} = \frac{\partial c_2}{\partial q_2^*}$$

这意味着帕累托最优境界要求蜂蜜（苹果）的边际生产成本等于蜂蜜（苹果）带来的社会边际收益（等于苹果的价格加上由蜜蜂造成的边际成本下降），或者要求苹果的边际生产成本等于蜂蜜带来的社会边际收益（等于蜂蜜的价格加上由苹果园造成的边际成本的下降）。

由于$\frac{\partial c_2}{\partial q_1^*} < 0$，$\frac{\partial c_1}{\partial q_2^*} < 0$，$\frac{\partial c_1}{\partial q_1^*} > p_1$，$\frac{\partial c_2}{\partial q_2^*} > p_2$，而 $p_1 = \frac{\partial c_1}{\partial q_1}$，$p_2 = \frac{\partial c_2}{\partial q_2}$，所以有 $\frac{\partial c_1}{\partial q_1^*} > \frac{\partial c_1}{\partial q_1} > 0$，$\frac{\partial c_2}{\partial q_2^*} > \frac{\partial c_2}{\partial q_2} > 0$，从而 $q_1^* > q_1$，$q_2^* > q_2$。这意味着，由于养蜂和苹果种植都存在正的外部效应，追求个人利润最大化的养蜂人和苹果园主对蜂蜜和苹果的供给量都小于帕累托最优境界所要求的蜂蜜和苹果的供给量。

同样，我们可以证明生产存在外部负效应会造成产品的供给过度，而外部负效应会造成消费过度，而存在消费外部正效应会造成产品消费不足。

（二）不完全竞争

个别厂商具有控制某一行业的某种产品价格的一定程度的能力时，该行业就处于不完全竞争之中。不完全竞争包括垄断、寡头垄断、产品差别等不同形式。其中，垄断本身还包括买方垄断、卖方垄断和双边垄断等多种形式，寡头垄断也有着类似的不同形式。但无论是哪种形式的不完全竞争，都将导致非帕累托最优资源配置，导致资源配置效率损失。下面，以垄断为例来说明不完全竞争对市场效率的偏离。

我们通常所提及的垄断是指厂商在商品市场上的卖方垄断，这也是经济生活中最可能出现的垄断形式。如果某一行业存在生产规模经济递增或者边际成本递减，那么该行业极可能出现行业垄断的格局，因为该行业只能容许一个企业的存在，其他的企业都会因行业规模小，难以确立成本竞争优势而不得不退出。也有一些行业垄断是由政府管制引起的。当政府对经济生活推行管制措施，限制企业进入某一行业时，该行业所在的企业（通常是一家）就有可能形成垄断。如专制权、营业执照、特许权等，只要这种进入限制了市场竞争，就会导致政府管制性垄断问题。市场上特定类型的垄断有利于经济效益的提高，也有利于保护消费者利益。比如，专利权制度可以保证创新收益内部化，从而鼓励创新，推动技术进步；营业执照可以保证生产质量，防止损害消费者利益行为的发生；特许权有利于规模效益的提高。

但是，处于垄断地位的企业，往往会利用垄断的力量追求垄断利润，从而造成资源配置效率的损失。在垄断的情形中，唯一的厂商独自决定垄断商品的价格水平。垄断厂商仍以利润最大化进行生产决策，但其决策的原则是边际成本等于边际收益。按此原则，垄断通常导致厂商减少该种商品的产出，使该商品的价格高于边际成本，所以，在垄断商品的市场上，消费者购买比在没有垄断下更少的这些商品。当一家厂商在一个行业的某种产品的生产上处于垄断地位时，该商品的产出就会低于最有效率的水平，出现了低效率的资源配置状态。在垄断的情况下，由于达成协议的各种困难，潜在的帕累托改进难以实现，于是整个经济便偏离了帕累托最优状态，这时均衡处于低效率之中，市场上“看不见的手”就会失灵。

我们通过建立模型考察某一垄断行业来继续研究这一问题。假定在一个经济中，某垄断厂商利用唯一的生产要素 x 生产唯一的产品 q，产品市场价格为 p，要素的市场价格为 r，并假定其生产成本函数 $c\,(q)$。垄断厂商所面临的需求曲线即为行业的需求曲线。作为一个理性经济人，该垄断厂商也同样追求利润最大化。

由此，可以得出其利润最大化的模型：$\max\pi = pq - c(q)$

其一阶条件为：$\frac{\partial \pi}{\partial q^*} = \frac{\partial p}{\partial q^*} \cdot q^* + p - \frac{\partial c}{\partial q^*} = 0$

即$\frac{\partial c}{\partial q^*} = \frac{\partial p}{\partial q^*} \cdot q^* + p = mp$，这意味着垄断利润最大化要求垄断厂商的边际收益与其边际成本相等。

根据前面的讨论，我们知道，帕累托最优境界条件要求生产者的边际产品和消费者的边际替代率等于要素价格与产品价格之比：

$MP = R/P = MRS$

如果消费者满足了效用最大化的要求（这可能意味要素市场完全竞争），那么，帕累托最优境界条件要求生产者的边际成本等于价格：$MC = R/MP = P$，即 $p = \frac{\partial c}{\partial q}$。

而在垄断利润最大化时$\frac{\partial c}{\partial q^*} = \frac{\partial p}{\partial q^*} \cdot q^* + p$，垄断者的边际成本等于边际收益而小于价格，并不满足帕累托最优境界条件，所以垄断导致帕累托非最优资源配置。

又因为$\frac{\partial p}{\partial q^*} < 0$，所以$\frac{\partial c}{\partial q^*} < p = \frac{\partial c}{\partial q}$，而$\frac{\partial c}{\partial q} > 0$，这意味垄断产量小于帕累托最优境界所要求的产量。

对于某一要素市场的买方垄断，也存在着类似资源配置无效率的情形。依旧引用上面的例子，不过此时需要另作假定。假定该垄断厂商的生产函数为$q(x)$，$\frac{\partial q}{\partial x}>0$，产品市场完全竞争，要素市场供给曲线为$r(x)$，$\frac{\partial r}{\partial x}>0$。此时的垄断厂商依旧追求垄断利润最大化目标。

其利润最大化模型为：$\max\pi = pq(x) - rx$

垄断利润最大化一阶条件为：

$$\frac{\partial \pi}{\partial x} = p \cdot \frac{\partial q^*}{\partial x} - \frac{\partial r}{\partial x} \cdot x - r = 0，即\ p \cdot \frac{\partial q^*}{\partial x} = \frac{\partial r}{\partial x} \cdot x + r。$$

也就是说垄断利润最大化要求投入要素的边际产品的价格$p \cdot \frac{\partial q}{\partial x}$等于投入要素的边际成本$\frac{\partial r}{\partial x} \cdot x + r$，大于要素价格。帕累托最优境界条件则要求生产者的投入要素的边际产品价格等于要素的价格：$p \cdot \frac{\partial q}{\partial x} = r$。

可见，要素市场的买方垄断不满足帕累托最优条件，买方垄断者只愿意用低于帕累托最优价格的价格购买较少的生产要素，必将导致资源配置的效率损失。

（三）市场协调失灵

经济活动是指利用现存社会资源创造财富的人类活动。完成一项任务，生产一种产品，提供某种服务，必须要花费成本才能实现，但同时能创造某种经济价值。所有这些经济活动就构成了人类社会赖以存在的基础，其总和也形成了人类社会密切关联的经济系统。因此，经济系统是高度互补的经济活动的一个结合。通常，组成经济系统的经济活动是由一系列不同的经济主体来完成的，每个经济主体并不能完全拥有关于这些经济活动的独有的知识和技术专长。因此，一个经济系统要健康有效率地运行，需要有效地协调这种多样化的经济活动。

在最基本的层次上，协调意味着经济主体使用或共享同样的信息，便于减少关于经济活动的不确定性，使得经济主体可能选择最优的经济行为，从而使因信息不对称造成的不利影响能够得到克服。福利经济学第一定理证明，作为一种协调机制，市场机制是有效率的，是利用分散信息进行协调经济活动的最佳方式。但是，实际上经济主体的个人理性与整个经济系统的集体理性往往并不一致，这使得基于个人理性的市场协调效率下降，即造成所谓的市场协调失灵问题。而经济活动的无限多样性以及个人有关经济活动的信息的有限性更进一步降低了市场协调的效率，恶化了市场失灵问题。

借用大家都很熟悉的囚犯博弈模型，我们可以较清楚地说明，经济主体的个人理性与经济系统的集体理性的不一致是如何造成市场协调失灵，从而导致效率损失的，如图1所示。

		A的决策：坦白	A的决策：抵赖
B的决策	坦白	-8，-8	0，-10
B的决策	抵赖	-10，0	-1，-1

图1　囚犯博弈模型

囚犯A、B面临两种可供选择的策略（坦白，抵赖），如果一方选择坦白，而另一方选择抵赖，则坦白方可保赦免，抵赖方要坐10年牢；如果双方坦白，则二者都坐8年牢；如果双方都抵赖，双方均只坐1年牢。这个博弈符合个人理性的纳什均衡为（坦白，坦白），均衡结果为A、B各坐8年牢。然而，符合集体理性的帕累托最优均衡却是A、B双方都选择抵赖，这样双方各方只判刑1年，显然比纳什均衡结果好。但是，这个帕累托改进不可能通过市场协调来达到，因为它不满足个人理性要求，（抵赖，抵赖）并不是符合个人理性的纳什均衡，而市场对经济活动的协调是基于个人理性的。囚犯悖论表明当个人理性与集体理性不一致时，仅依靠基于个人理性的市场协调机制来协调各经济主体的经济行为，达不到资源配置的帕累托最优境界的，必然会存在效率损失。

囚犯博弈模型仅提及两个人，每个人只有两种战略选择。现实的经济世界是纷繁复杂的，每个参与者又有着多样化的选择。这就更增加了市场协调的难度，通过市场协调，使个人行为符合帕累托最优境界的要求也就更加困难，市场协调的效率也就更加低下。此外，在多个经济主体参与市场，并且具有多种战略选择时，经济系统很可能会出现合成谬误，加剧市场协调经济的困难。

由于合成谬误的存在，在微观层次上符合个人理性的经济行为可能是在宏观经济层次上非集体理性的经济行为，从而导致个人经济行为如消费、生产在宏观层次上的盲目性，造成诸如宏观经济周期性波动、高失业、高通货膨胀等，严重破坏宏观经济运行效率的宏观经济问题频繁出现。而个人理性与集体理性不一致，问题本身又不可能通过建立在个人理性基础上的市场协调来解决。

经济中存在的收入分配问题就是由个人理性与集体理性不一致引起的市场协调失灵的问题。如果按照市场效率进行分配，经济中的个人具有充分的激励使自己的收入最大化，也就是经济中的个人完全按理性原则行事。但是，每个人的理性行为却不能导致每个人在收入分配上的均等化。即使经济赋予每个人相同的初始禀赋，在机会均等条件下，在一个按理性原则行事的竞争经济中，也不能获得事后在收入分配上均等。这种状况恰恰是由个人理性产生的合成谬误造成的。因为在市场上，理性的个人在相互竞争或相互博弈的过程中总会有不幸的人出现，这些不幸的人在新的竞争中会越来越处于不利地位，从而在经济上总会出现收入差异。况且，在市场经济中，收入取决于一个人所具有的才智、个人努力程度、后天教育、要素价格、运气等许多因素。由于社会无法消除人与人之间这些差别，因此，个人在收入分配上的差距在任何条件下都会存在。这样，与个人理性的目标恰恰相反，是市场经济追求效率的结果却引致了禀赋不同的个人在收入分配上的更大不平等。

事实上，诸如失业、通货膨胀、经济周期性波动等宏观经济问题产生的根源，也在于由于经济主体的个人理性与经济系统的集体理性之间的不一致而造成的市场协调失灵。在经济波动过程中，经济主体从个人理性出发，根据市场风险的大小，做出消费和生产的各种决策。在个人理性的支配下，每个人都是风险规避者，因而，由私人掌握的资本总是投向最有利可图的地方。

然而，正是由个人理性支配的资本，出于规避风险的需要，在经济高涨时形成投资热潮，导致经济的过度繁荣，在经济衰退时迅速撤离，导致经济的极度萧条。

1997 年发生的东南亚金融危机，为个人理性与集体理性不一致而造成的市场协调失灵做了极为精彩的现实的注脚。毫无疑问，触发东南亚货币危机的因素是多方面的，但东南亚各国居民担心利益受损而大量抛售本国货币，肯定也是其中的虽不是最重要但绝对重要的原因。当诸如索罗斯等国际金融领域的专家大量抛售本国货币购买美元，本国货币因承受不了贬值的压力而将可能受到贬值的更大风险时，个人为了避免损失抛出本国货币买进美元是符合个人理性的，这种符合个人理性的行为在结果上却导致了集体理性的丧失。货币大幅度贬值造成本国经济急剧动荡，出现大幅度的经济衰退，最终使每个人都受到了巨大的经济损失，而这一切又还是由于那些为了避免经济损失的理性的个人行为所造成的。面对这种情况，我们不能不说这是个人理性的悲哀。由此，在合成谬误存在的前提下，个人理性的有限性，很容易导致市场协调的低效率，进而使社会福利的帕累托最优最终难以实现。

市场与政府：市场经济中政府的职能以及政府的限度

一、政府对公共物品的供给效率

资源通过市场配置的有效性是具有一定限度的，超过市场发挥作用的范围，其有效性将会丧失。针对这一情况，在某些领域或在超出某种限度的情况下，市场退出将是有效率的，也是十分积极的做法。下面将通过效率比较，着重阐述公共品由市场供给的无效性，以及这类物品由政府供给的必要性和有效性。

（一）公共品的特性

公共品是相对于私人品而言的，一般是指具有以下两种特性的商品。

第一，公共品是一种“非独占”产品。非独占性是公共品的产权特性，“它一旦生产出来，生产者就无法决定谁将得到它”。一种公共品允许两个或两个以上的独立主体同时拥有该产品的产权，且任一主体都不能防止其他主体对该产品的使用。因此，排斥其他人消费公共品的成本可以看作是无穷大的。斯蒂格利茨把公共品这一特性归纳为公共品的不可配给性，即不可能通过市场价格机制来配置公共品。从事基础研究的知识创造是一种公共品，如果一个数学家证明了一个新定理，该定理就成为人类知识宝库中的一部分，任何人都可以免费使用这一定理，并且张三使用了这一定理并不妨碍李四的继续使用，同时，定理的证明者也无法阻止别人免费使用它。再譬如国防，如果我们的国防能阻止任何外来的侵略，那么，也就是说无法排除任何一个中国人从中获得安全利益。私人品与此恰成对比，任何一种私人品都有明确的产权归属，我拥有某种私人品如钢笔，那么，你就不可能拥有这支钢笔的产权，我有处置、支配、变卖它的权利，并在使用中实现和体现我的利益，同时我完全可以不让其他任何人使用我的钢笔。公共品和私人品的区别十分明显，这就决定了二者在生产经营方式上存在显著的区别。

第二，公共品具有非排他性和非竞争性。“每个人对该产品的消费不会造成他人消费量的减少”，也就是说，公共品的任何个人消费都不会影响其他人从中获得的消费利益，公共品的边际供给成本为零，允许两个以上的行为主体同时使用而不必增加成本。斯蒂格利茨把公共品的这一特性归纳为公共品的不宜配给性。“抗洪救灾”行动作为一种公共品，同样也有非排他性或者说不宜配给性。一旦抗洪成功，长江大堤保住了，居住在长江两岸的所有居民都会从中受益，建堤和抗洪保堤的费用绝不会因为簰洲湾又出生了一个小孩，武汉又来了一位游客而增加，而新出生的小孩和来武汉的游客都会从保堤、抗洪这一公共物品中获益。公共桥梁作为一种公共品，也具有消费的非排他性，一旦某条河上的桥梁建成，它为路人提供过河方便的边际成本为零，换句话来讲，多一个人或多数个人走路过桥并不增加更多的费用。与公共品的消费非排他性、非竞争性相反，私人品的消费是排他的、竞争的，私人品的边际供给成本大于零。譬如一个苹果，如果被我吃掉了，你就吃不上它，如果你想要吃苹果，只能拿钱去买其他的苹果。图 1 表示了私人品和公共品不同的供给曲线。

公共品的供给曲线为横轴 x，即在价格为零的条件下，供给数量是无限的，横轴同时是公共品的边际成本曲线，很明显公共品的边际成本为零。曲线 y 是一般私人品的供给曲线，边际成本一般大于零，在价格为零时供给量亦为零。

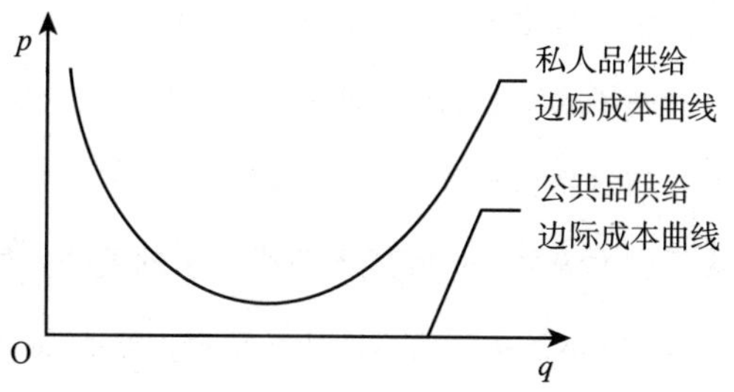

图1　私人品和公共品的供给曲线

因为公共品具有不可配给性和不宜配给性两种特性，使得公共品的私人供给缺乏动力和效率，其供给只能由公众机构提供，由公众机构的代表政府提供，因为这样做更富有供给效率。我们将从两个方面来讨论私人供给公共品的无效性和政府提供公共品的有效性①。

（二）私人供给公共品的无效性

由私人提供公共品，将出现公共品闲置问题，导致公共品供给无效率状况出现。

我们知道，在竞争性经济中，某一产品实现富有效率的供给时，其价格等于供给的边际成本。此时，产品的供给曲线就是产品的边际成本曲线。而公共品的边际成本为零，边际成本曲线与 x 轴重合，因此，有效率的公共品的供给价格应等于零，其供给曲线应与横轴重合。换句话讲，作为一种边际供给成本为零的产品，公共品应该免费供应，而不管是否可以对它收费。而如果由私人提供公共品，私人企业必然会对使用该产品进行收费，公共品的供给价格势必会大于零，必将偏离该成本的边际成本，使供给曲线与边际成本曲线不一致，从而阻碍消费者对该公共品购买与使用，结果会使公共品的购买或使用不足而发生闲置或浪费，造成社会福利的损失。因此，对于公共品而言，有效率的供给必然是由政府组织的免费供给，也就是说由政府一次

① 这里的无效性、有效性是指由私人和政府在提供公共品方面分别表现出来的缺乏效率和富有效率两种情况。

性投资兴建后，由公众免费使用。当然，政府是作为公众机构提供公共品的。我们仍旧可以用桥的例子来对此加以直观的说明。

从图2中看出，当过桥人数少于桥的承载能力 m^* 时，行人过桥不会拥挤，而且过桥的边际成本为零，边际成本曲线与 x 轴重合。如果由政府建桥，则供给曲线 s 与 x 轴及过桥的边际成本曲线相重合，此时供给曲线 s 与需求曲线 dd 的交点在 m_1，过桥人数为 $m_1 < m^*$。过桥的边际成本等于边际收益，供给处于有效率状态。如果由私人建桥，私人企业必将征收远远高于边际成本的过桥税 p_0，此时供给曲线变为 $s's'$，相应的过桥人数为 m_0，较之免费供给时过桥人数减少了（$m_1 - m_0$）。在 m_0 处，社会供给的边际成本小于社会边际收益，造成福利损失，图中的阴影部分即为福利损失，这种损失称为效率损失。

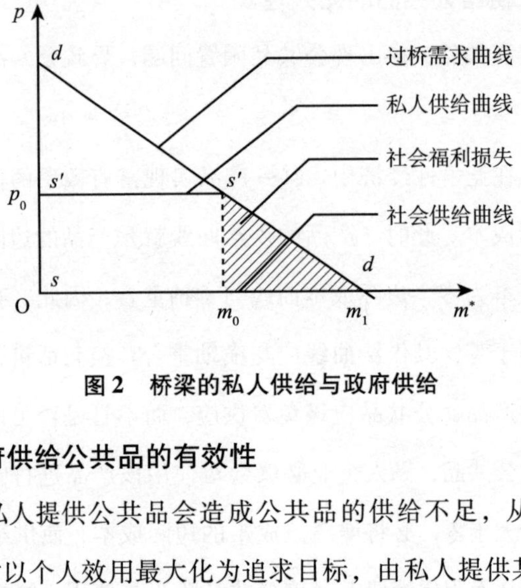

图2 桥梁的私人供给与政府供给

（三）政府供给公共品的有效性

显然，由私人提供公共品会造成公共品的供给不足，从而导致效率损失①。个人通常以个人效用最大化为追求目标，由私人提供某一产品，必然遵循边际供给成本等于边际收益的原则。而公共品是一种具有完全外部正效应的物品，其社会边际收益远大于单个私人的边际收益。因此，由私人按照边际供给成本与私人边际收益相等的原则来供给公共品，必然造成公

① 这里所指的供给不足是与有效率的供给相比较而言的。

共品的社会边际收益大于边际供给成本的情况出现，导致公共品的供给不足。

我们通过一个博弈模型对此加以详细讨论。假定有一个由几个人组成的国家面临着异族入侵的危险，需要购买武器来加强国防，武器数量越大，国防越强，每个社会成员都可从强大的国防中获益。我们对比考察由政府提供武器和由公民自己提供武器两种情况下的武器供给量①。

首先，我们考虑一国中由公民自己提供武器的情形。假设公民有相同的偏好，公民 i 的效用函数为：$u(x_i,s)=x_i^{\alpha}\cdot s^{\beta}$，$\alpha>0$，$\beta>0$，$\alpha+\beta\leqslant 1$。其中 x_i 为公民 i 私人品消费量，s 为武器总量。根据私人供给的一般情况，我们可以做进一步的假定：第一，$\frac{\partial u_i}{\partial x_i}>0$，$\frac{\partial u_i}{\partial s}>0$，即个人效用是私人品消费量及国家武器总量的增函数，国家武器总量越大，国防能力越强大，抵抗外辱的能力越强，个人获得的安全感越大，效用水平越高；第二，$\frac{\partial^2 u_i}{\partial s^2}<0$，$\frac{\partial^2 u_i}{\partial x_i}<0$，即私人品与武器之间的边际替代率递减，这意味着个人效用函数是拟凹函数；第三，私人品的标准价格为 p_x，武器价格为 p_s；第四，公民拥有的货币量为 m_i。此时，每个人所面临的问题是，在保证其他公民的选择的情况下，在自己预算约束下选择自己的最优化战略（x_i，s_i），以使自己的效用 u（x_i，s）最大化。

对此，我们建立一个预期约束下的最大化模型。

$$\max u_i=u_i\ (x_i,\ s)\ =x_i^{\alpha}\cdot s^{\beta}$$

$$\text{s. t.}\qquad p_i\cdot x_i+p_s\cdot s_i\leqslant m_i$$

$$s=\sum_i s_i$$

$$x_i\geqslant 0,\ s_i\geqslant 0$$

构建拉格朗日函数：

$$L=u_i(x_i,s)-\lambda(p_s\cdot s_i+p_x\cdot x_i-m_i)$$

① 这里的政府是一个国家中公共利益的代表，以社会福利函数作为自己的效用函数，并力求社会福利函数最大化。

其最大化的一阶条件为：

$$\begin{cases}\dfrac{\partial u_i}{\partial x_i}-\lambda\cdot p_x=0\\ \dfrac{\partial u_i}{\partial s_i}-\lambda\cdot p_s=0\\ p_s\cdot s_i+p_x\cdot x_i=m_i\end{cases}$$

整理得：$p_s\cdot s_i+\dfrac{\alpha}{\beta}\cdot p_s\cdot s=m_i$

对于每个公民而言都有如上的最优化选择条件。当每个公民的效用最大化条件保证满足时，私人武器供给量为私人自愿供给量。联系 N 个公民的效用最大化的一阶条件，可以得到一个包含 N 个方程的方程组。把这些方程加总得到：

$$\sum_i p_s\cdot s_i+\frac{N\alpha}{\beta}\cdot p_s\cdot s=\sum_i m_i$$

解得 $s=(\dfrac{\beta}{N\alpha+\beta})\cdot(\sum_i m_i/p_s))$，即为私人自愿供给的武器总量，记为 $s^*=\dfrac{\beta}{N\alpha+\beta}\cdot(\sum_i m_i/p_s)$

接着，我们考虑由政府提供武器的情形。政府作为公共利益的代表，以社会福利函数为其效用函数。很显然，以此原则确定的武器供给能够达到帕累托最优状态。假设政府的社会福利函数采用萨缪尔森形式的福利函数：$\omega=\sum_i r_i\cdot u_i$。

其中 u_i 为公民 i 的效用函数，其有关的定义与私人自己供给武器情形下的定义与假设相同。而政府面临的预算约束是整个社会拥有的货币量 $\sum_i m_i$，其中 m_i 为公民 i 的货币拥有量。这样，政府预算约束条件下就存在着一个在武器与私人品之间进行选择，以使社会福利最大化的问题。这个问题可以归结为如下最大化问题。

$$\max\omega=\sum_i r_i\cdot u_i=\sum_i r_i\cdot x_i\cdot s_i$$

$$\text{s.t.}\ \sum_i P_x\cdot x_i+p_s\cdot s\leqslant\sum_i m_i$$

$$x_i \geqslant 0,\ s \geqslant 0$$

其最大化一阶条件为：

$$\begin{cases} \sum_i r_i \cdot \dfrac{\partial u_i}{\partial s} - \lambda \cdot p_s = 0 \\ r_i \cdot \dfrac{\partial u_i}{\partial x_i} - \lambda \cdot p_x = 0 \\ \sum_i p_x \cdot x_i + p_s \cdot s = \sum_i m_i \end{cases}$$

解得 $s = (\beta/\alpha+\beta)\cdot(\sum_i m_i/p_s)$，即社会福利最大化时的武器供给量，记为 $s^{**} = (\beta/\alpha+\beta)\cdot(\sum_i m_i/p_s)$。在这种情况下，私人自愿的武器供给量与帕累托最优时的武器供给量即政府公共供给的武器量的比率为：$\dfrac{s^*}{s^{**}} = \dfrac{\alpha+\beta}{N\alpha+\beta} < 1$。可见，较之于帕累托最优的武器供给量，武器的私人自愿供给明显不足①。随着社会公民人数的增加，这种不足越来越明显。

由于由私人提供公共品存在着效率损失，一个国家中公共品一般地都由政府组织供给。政府作为公共利益的代表，以社会福利函数为其效用函数。所以，由政府来提供公共品，可以避免由追求个人效用最大化的私人来提供公共品带来的效率损失。

二、市场经济中的政府作用

前面的有关讨论表明，由于存在市场失灵问题，要是市场经济自行运转，将不可避免地出现资源配置中的低效率现象。因此，要提高资源配置效率，政府必须对经济运行进行干预，以弥补因市场失灵造成的效率损失。政府干预经济的基本理由，在于市场失灵的普遍性，政府干预的主要任务，也在于弥补市场的缺陷。市场失灵的四个主要方面是外部效应问题、公共品供给问

① 供给不足的程度与公民个人的效用函数有关，即使采用道格拉斯效用函数进行分析，结论也是同样的。

题、垄断问题和社会经济的协调问题。因此，政府在市场经济中发挥作用的重点是解决这四个方面的问题。上一节中，我们探讨了由政府提供公共品的有效性，本节我们进一步讨论政府是如何解决外部效应问题、垄断问题以及宏观经济问题的。

（一）政府克服外部效应的途径

对于外部效应问题，政府的解决方式大致分为三类：一是采取经济措施干预；二是采取行政措施干预；三是通过立法干预。

政府可以通过税收、津贴、罚款等经济措施，使厂商的私人边际成本与其社会边际成本相等，以修正经济活动的外部性。主张采取经济措施克服外部性的最早的经济学家是庇古，他在20世纪初就提出了著名的关于外部性的修正性税收，即“税收－津贴”原则。这一原则包括两方面含义：一方面，向生产具有外部负效应的厂商单向征税，并且征税的数量与由生产造成的外部负效应成比例，使私人边际成本与社会边际成本相一致，以提高对厂商的成本约束，迫使其缩小产出水平，降低外部负效应的水平；另一方面，对生产具有外部正效应的厂商予以补贴，提高其生产的边际收益，或降低其生产的边际成本，使之与社会边际成本或社会边际收益相一致，借此鼓励存在正外部效应的厂商扩大生产，以改变此种经济活动供给不足的状况。

政府通过采取行政措施来矫正外部负效应也是实践中常用的方法。通常，政府可以采用以下行政措施来缓和或限制外部负效应。其一，政府可以强制经济主体缩减具有外部负效应的生产规模，比如规定废气排放量；其二，政府可以采用行政办法规定不同经济主体在生产中所能引起的有关外部负效应的标准，比如规定厂商可以向外界环境排放废水的标准；其三，政府可以用行政办法规定生产具有外部负效应的经济主体的经济活动范围。比如，规定此类厂商从事生产活动的范围和区域；其四，政府可以通过行政契约方式来使经济主体在获得某种经济活动权利的同时，附带其他约束条件，以减少外部负效应的程度。

除经济和行政措施外，政府还可以通过法律明晰产权，使外部效应内在化。由政府安排的产权具有强制实施的法律和法院体系。所以，当政府通过立法对产权进行界定时，一些因产权模糊而无人负责的外部效应得以克服。另外，如果市场交易充分自由，并且进行这些交易的成本足够低，在产权明晰的前提下，一些外部效应还可以通过厂商之间的自愿协议以实施纵向一体化而被消除①。

（二）对垄断问题的政府控制分析

对于垄断问题，各国政府通常实施控制措施进行限制。政府实施控制措施的意图是指导人们从事或减少某些经济活动，以保证一定程度的市场竞争，促进厂商不断提高配置资源效率。

管制是政府针对垄断问题实施的一种直接的控制措施。管制的典型例子是美国制定的反托拉斯法。通常，管制是由法律赋予管制权力的特定政府机构实施。政府进行管制的简单过程是，首先设立一个针对这种垄断的机构，监督垄断厂商的价格和服务；其次，确定厂商进入和退出该产业的有关事项，最重要的是确定垄断厂商的价格。按传统办法，政府对管制厂商实施平均成本定价的办法。如果政府对行业垄断的管制是成功的，那么，处在垄断行业的厂商将得不到除正常报酬之外的垄断利润。在市场经济中，政府实施某项管制措施的目的是纠正由垄断问题引起的资源配置低效率。但是，政府由于受信息问题的约束，在实施某项管制措施并不必然带来有效率的结果；在这种情况下，经济学家一般主张，政府应放弃对市场进行直接控制的管制措施，转而采取其他的途径克服垄断问题。

管制并非是解决垄断的唯一方法，除了通过立法对垄断进行管制外，政府还可以通过其他措施来解决垄断造成的效率损失问题。政府可以通过对垄断产品按单位产出征收一定的总量税（垄断税），或对某些企业给予一定的补贴，以征税和补给的形式来影响经济主体的边际收益和边际成本，从而使不

① 外部效应的内在化解决方法就是指企业纵向一体化。有关实施纵向一体化克服外部效应的综述参阅第三章第一节相关部分。对这个问题，有兴趣的读者可以参阅科斯的《企业的性质》和《社会成本问题》两篇经典性论文，以及威廉姆森的详细讨论。

同的经济主体收缩或扩大各自的经济活动规模，从而逼近或达到帕累托最优化境界所要求的水平①。

我们通过建立模型来分析政府以补贴方式克服垄断问题的途径。

假设在某一行业中，卖方垄断者生产物品 q 是偏离帕累托最优境界的唯一原因。这个卖方垄断者的成本函数为 $c(q)$，所面临的需求函数为 $p=p(q)$。其利润最大化产量 q^0 和价格 p^0 由使其边际收益和边际成本相等的 q^0p^0 所决定，即由 $MR=MC$ 决定。其均衡如图 3 中 E 点所示。

帕累托最优数量和价格 q^* 和 p^*，由使价格和边际成本相同时的交点决定，即由 q^* 和 p^* 决定。

帕累托最优均衡位于图 3 中的 A 点，相对于帕累托最优境界而言，卖方垄断者的价格太高而产量水平太低。

单位补贴可以增加卖方垄断者的边际收益水平，从而可引导卖方垄断者产出水平扩大到帕累托最优水平。相关的均衡条件是：$p^*+q\cdot p'(q^*)+s=c'(q^*)$。

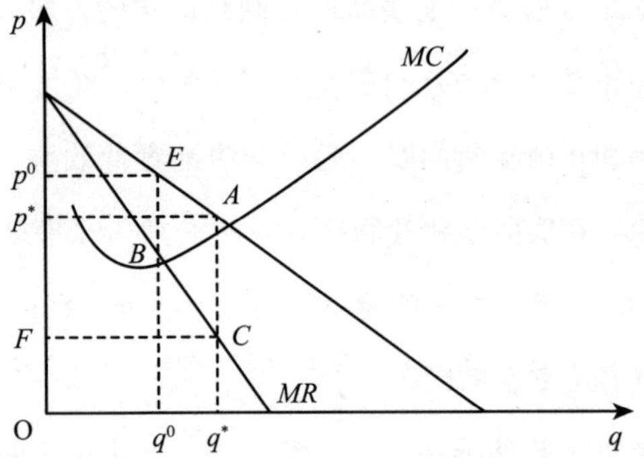

图 3　卖方垄断者的生产分析

根据帕累托最优均衡条件 $p^*=c'(q^*)$，则有 $s=-q^*\cdot p'(q^*)$，而垄断者在 q^* 处生产的边际收益为 $MR^*=p^*+q\cdot p'(q^*)$，因此，$s=p^*-MR^*$。即使

① 需要指出的是，对经济活动征收总量税或给予一次性补贴，其目标是使经济活动处于初始效用的利润水平之上，否则也不能实现促进资源配置效率的目的，甚至还容易引起经济中“搭便车”或“鞭打快牛”的问题。

卖方垄断者把产出扩大到帕累托最优水平的单位补贴为由均衡价格与均衡产量决定的边际收益之差，即图 3 中的线段 *CA*，这时卖方垄断者的实际边际收益向上移动，直至与需求相交于 *A* 点。政府对这个垄断者的单位补贴为等于帕累托最优卖方垄断者的总补贴额，为图中长方形 $FCAp^*$ 的面积所决定。此时，垄断者的均衡利润为 $\pi^0 = p^0 \cdot q^0 - \int_0^{q^0} c'(q)dq$，而垄断者在达到帕累托均衡产量水平前的利润为 $\pi^* = p^* \cdot p^* - \int_0^{q^*} c'(q)dq$，总利润水平为 $\pi = \pi^* + s \cdot q^*$。在此利润水平上，垄断者愿意提供更多的产量。

（三）政府解决宏观经济问题的政策选择

对由于市场协调失灵所造成的宏观经济问题，政府的解决方法是以凯恩斯主义为主要理论基础的，主要是通过实施合理搭配的财政政策和货币政策进行宏观调控来完成的。

政府解决宏观经济问题的经济政策主要有两种：一是靠税收制度形成的自动财政政策，也就是通常所说的“内在稳定器”；二是相机抉择的机动型的货币政策和财政政策，可以简单地概括为“逆经济风向行事”。

依靠财政税收制度形成的经济的内在稳定器，主要是指在市场机制基础上建立起来的累进税制和社会福利制度。在市场经济条件下，适当的税收制度和社会福利制度可以起到重要的自动稳定宏观经济的内在功能，也就是自动改变税收和失业补助以及其他福利转移支付，可以减轻宏观经济的周期性波动的幅度。如果与适当的财政支出政策相配套，内在稳定器还表现为周期性的政府财政赤字和财政盈余。也就是说，在经济衰退时期，它自动趋于减少政府财政盈余，或者增加政府财政赤字。因为在经济衰退时期，由于市场萎缩，厂商会压缩生产，企业和个人的收入就会减少，税收就会随着税基的减少而减少，这就在一定程度上减缓了经济的进一步衰退。与此同时，在萧条时期，由于大部分企业经营困难，失业增加，失业救济金会随失业增加而自动增加，这就有利于提高有效需求，恢复市场活力。在通货膨胀时期，内在稳定器会自动趋向于减少政府财政赤字或者增加政府盈余。也就是说，在经济繁荣时期，生产迅速发展，产量增加很快，公司和个人收入就会大幅度提高，纳税税基自然而然就增大了，政府就可以通过累进税制征收到较多的税，从而减少了有效需求，在一定程度上减缓了经济扩张的势头，有利于减轻宏观经济的波动。与此同时，在经济扩张期，失业减少，在政府财政中失业救济金的支出也随之相对减少，这也有助于减轻由于消费过热导致的通货膨胀压力。

政府还可以根据经济运行的情况，相应地选择财政政策和货币政策来解决宏观经济问题。也就是说，当政府认为经济形势中总需求过大、造成经济过热和通货膨胀的时候，就需要选择紧缩性的财政政策或货币政策，人为地降低总需求；如果政府认为总需求太少、社会购买力太弱的时候，就会采取扩张的财政政策或扩张的货币政策，阻止或延缓经济衰退的过程。在现实的宏观经济政策实践中，政府可能采取相应的货币、财政政策组合来实现政府目标。

除了经济现状影响总供给和总需求以外，政府的货币政策和财政政策也是传递给市场主体的一个协调经济的信号。当政府采取扩张的财政政策时，就等于发给各经济主体一个信号：现在经济处于衰退时期，需要扩大有效需求，从而扩大生产，增加购买力。于是，各经济主体就根据这一信号做出自己的经济决策。事实上政府的产业政策同样也具有协调信号的功能。例如，1957 年苏联成功发射人造地球卫星后，美国政府公开允诺要赢得将人送上月球这个竞赛，这实际上就是对军事—产业—科技联合体发出的一个协调信号。

三、市场经济中政府作用的限度

市场失灵的普遍存在，使得政府对经济的干预成为必要。但现实中，政府对经济的干预并没有如人们的期望那样可以完全弥补市场缺陷，使资源配置达到帕累托最优境界。政府干预经济时同样存在政府干预失效的问题。政府干预失效的原因在于有效的政府干预需要一个理想化的政府，即要求政府是一个社会人，拥有解决经济问题的完全信息，而现实生活中的政府本身却是一个理性的经济人，也不具备解决经济问题的完全信息，而且政府本身缺乏竞争，成本约束弱化，再加上对政府行为进行有效监督存在极大的困难而导致政府工作效率低下，而由于政府的干预形成的种种寻租机会，又导致了腐败的滋生。这一切大大降低了政府干预经济的有效性，使得政府干预的结果远远偏离了干预的本来目标。

（一）不完全信息条件下的政府失灵

有效地解决因市场失灵带来的资源配置效率损失的问题，需要政府具备完全的信息，即政府应知道解决经济问题需要什么信息，知道如何获得所需的信息，并且还应知道如何处理这些信息。然而在这个充满不确定性的经济世界中，即使是一个由最有才干、最有经验、最富意识的人组成的政府也仍然不可避免地要受到各种主、客观条件的限制，不可能拥有正确解决经济问题所需的完全信息。这使得现实中的政府既不可能完全正确地决策，因为建立在不完全信息上的决策是不可能完全正确的，而且在制定政策时政府也不可能完全知道政策实施后可能发生的后果。这使得政府干预往往带来与其本意大相径庭的后果，不是提高了资源配置的效率，相反可能降低了效率。

西方国家政府干预经济实践中有诸多这方面失败的例子。纽约市政府曾为了解决因通货膨胀引起的房租飞涨问题，对民用住房的建筑提供补助，并限制民用建筑的租价。政府采取该政策的用意，是使低收入家庭也能住上相当质量的住房。行政价格和市场价格之差引起对低房租住房需求的上涨，而投资者因利润下降减少了民用建筑的供应。同时政府的补给是有限的，它无法完全满足对低房租住房的需求。于是，在高质低租住房市场出现短缺现象。由于行政价格的限制，不可能通过用提高房租来降低需求的办法来消除短缺。于是就出现了排队现象，政府施行此政策的目标是给予津贴，使低收入家庭能住上高质量的房子，但最终的结果却是高质量住房的供应量骤减，房东服务质量下降。政府提供的住房条件补贴被那些表现最狡猾的、拥有某种行政特权的，或者能运用黑市的人所占有。对此，纽约市政府毫无办法，最终只能放弃该政策，取消对房租控制的法令。

（二）理性经济人约束下的政府失灵

有效地解决因市场失灵造成的效率损失问题，政府还应是一个社会人，无私地追求公共利益，以公共利益最大化为政府行为的目标。然而现实中的政府都是理性的经济人，有着可能不同于公共利益的私人利益（个人利益与组织利益），政府行为的目标是追求私人或团体利益的最大化。

首先，代表政府行使职权的政府工作人员是理性的经济人。作为理性的经济人，政府工作人员与所有的人一样追求个人利益最大化，这种趋利性并不会因为是政府官员，从事行政工作而有所改变。当然，不可否认以公共利益最大化为目标的政府官员的存在，但是这种官员的存在是偶然的，也可能是为了维护一个好的声誉，以取得长期最大的利益，因而在短期内表现出以公共利益最大化为个人的追求目标。但是，公共利益最大化绝不可能是所有政府工作人员的经常化、普遍化的行为规则。

其次，作为一种组织，政府也是一个理性的经济人，自身存在着可能与公共利益并不尽相同的组织利益，并以组织利益最大化为行为准则。当然作为一种社会组织，政府是有普遍性、强制性的特点，这使其能够在一定程度上追求各种局部的社会利益，而为公共利益着想。但政府与所有其他社会组织一样面临着生存与发展问题，因此，政府决策与行为不可能完全只考虑公共利益，必然会考虑到决策与行为对自身生存与发展的影响。譬如，政府之所以存在于社会，是因为他有着强大的社会基础。为了自身的生存与发展，政府决策时就不得不考虑某些社会力量（即压力集团）的利益，以换取他们对现存政府的支持。

当政府官员的个人利益、政府的组织利益与公共利益相一致时，追求自身利益最大化的政府决策与行为自然也会导致公共利益最大化，二者之间并不存在冲突。但是这种激励相容的条件并不总能得到满足，一旦私人利益与公共利益不相一致、相互冲突时，政府的政策行为必然会优先考虑其自身利益，必将损害公众利益，从而降低政府干预的有效性。

（三）权力垄断条件下的政府失灵

政府部门普遍缺乏有效的竞争，造成政府工作效率低下，也是政府干预失效的一个原因。

政府部门缺乏竞争原因在于以下几个方面。第一，在政府工作人员中由选民直接选举的政府官员只占极少的比例。相当多的政府官员并不直接对公众负责，并不存在选票约束，没有动力去提高行政效率。在非民主国家，这种现象更为严重，甚至所有的官员都不是由公众选举的，都不受选民选票约束，无须对公众负责。第二，如果公务员又受到终身雇佣条例的保护，通常不再有失业的压力，也不会有动力去提高工作效率。第三，政府对所提供公共服务的领域极具垄断力。如果各政府部门的职责界定极为明晰，那么，既不存在其他行业与政府部门的竞争，也不存在政府部门之间的竞争，这使得政府部门本身也缺乏提高效率的动力。第四，唯一可能调动政府工作人员去提高工作效率的是相应的升降职的压力，然而政府机构又是一个严格的等级森严的金字塔结构，个人升职的机会极为有限。当职位升迁制度缺乏公平竞争机会时，这种升迁诱惑的压力会减少。所有这一切都导致政府效率降低，这必然也会影响政府干预经济的有效性。

在一个主权国家中，由于政府部门缺乏竞争，政府本身就是一个具有超垄断权力的经济组织。当政府职员借助政府职能对经济进行干预时，很可能会引起稀缺性资源的价格偏离市场价格，为一些市场投机者提供租金，出现由寻租现象引起的政府干预无效率。通常，有两种形式政府干预能创造人为的稀缺，为享有特权的官员创造了寻租机会①。

（1）政府定价，对产品价格实行行政管制。对产品价格实行行政管制，

① 资源的稀缺性既可能是天然的，如土地的稀缺，也可能是人为的，如政府对产品价格的管制就可能造成产品的人为稀缺。所谓租金是指使用稀缺资源者所支付的代价。在现实生活中，凡是存在短缺，并且缺乏供给弹性、不能任意扩大再生产的资源都存在着使用转让费即租金问题。在市场经济条件下，政府采取行政措施直接干预经济往往会妨碍市场机制的有效运行，切断市场上稀缺资源自然趋向于最优配置的过程，产生人为的稀缺，这就可能为政府官员创造出寻租的机会。

必然会造成被管制资源的人为短缺。在短缺的情况下，个人为了获得资源就得排队等候。如果有人不愿排队而想获得资源，就得出高价从黑市上购买这种资源。黑市是因政府禁止高价倒卖被管制资源而引起的。由于在价格管制和黑市两种市场上存在较大的价格差。为了让黑市存在下去，一些人可以用这种价格差形成的租金的一部分向有关政府官员行贿，使之允许黑市的存在。这样，通过黑市就把资源由政府定价转化为由市场定价，而政府限价与黑市的差价就成了一些人与受贿官员的租金。

（2）政府对于某类商品发放特别的生产许可证和特别的销售许可证。政府的特许权主要目标是限制行业进入，如果某个行业是高利润的，那么政府的限制进入就造成盈利机会的稀缺。比如，若国内存在大量出口需求时，任何从事出口生意的企业都有丰厚的利润，但政府为了管理的方便，可能限制从事进口业务的企业数目，这样特许从事出口业务的企业就享有赚取利润的机会。如果从事出口业务的利润水平高于其他的投资利润，这种差距成为从事出口业务机会的租金，享有审批特许权的政府官员就可能从企业对这种机会的竞争中获取租金。类似地，政府对关税和出口的限制也会造成人为的稀缺，从而为特权者制造寻租机会。

（四）政府的扩展冲动和对政府的监督

在市场经济中，经济组织进行经济活动目的是盈利，因此，其经济决策都必然遵循以最少投入获取最大利益的原则。自然，经济组织是天然的资源节约者。

然而，政府活动却并不以营利为目的，而是以实现政策、提供高质量的公共品为主要目的。因此，政府关心的不是投入的多少，而是产出的质量与数量。如当国家受到外敌入侵时，一个政府可能倾其所有来抵抗侵略，为公众提供安全保障。因为，对于政府活动的成本约束往往是软约束，必然会导致政府缺乏降低成本的激励，使得政府在提供一定的公共品的时候，不顾成本的大小，具有盲目扩展公共开支的需要。在过去的几十年里，西方主要国家的政府支出和政府收入都有了巨大的增长，如美国 1960 年收入和支出分别占 GDP 的比例为27.0%和26.3%，而在1980年这个比例为36.7%和31.3%。

在现实的社会中，人们往往把维护公共利益的一些公共职能看作政府的天职。因此，人们总是赋予政府正义的化身，把政府当作社会公正的守护神。但政府作为一个理性的经济人，在维护公共利益的同时，存在着强大的自我扩展冲动。在这种权力欲望的支配下，政府借助于公共目标，尽量通过政府机构的扩展来扩大自己的公共权力。经济学家缪勒分析了政府机构扩张的五种类型。第一，政府以提供公共物品和消除外部效应为唯一职能时的扩张；第二，政府作为收入与财富的再分配者时的扩张；第三，利益集团存在时的政府扩张；第四，官僚机构与政府扩张；第五，财政幻觉的政府扩张，政府通过选民意识不到的某些方面来增加他们的税收负担，从而扩张财政支出。此外，政府实施赤字财政政策、通货膨胀政策等来调控宏观经济运行也导致了政府扩张。

因此，无论从政府纠正市场缺陷时存在的效率问题出发，还是从政府作为一个经济组织本身存在的效率问题出发，市场社会不应把政府作为资源配置权利的最终归属者，而是要把资源配置的这种最终归属权赋予市场中独立于政府的各种经济主体。从而，形成对政府行为的监督和约束，使之不至于为追求其自身的利益而损害公共利益。如设置民主政体，使政治家不能为所欲为，而必须服从民意代表的政治监督，使政府行为与决策符合公共利益；建立司法机制来制约政府行为，使其完全依法行政，而不是违法行政；设置审计部门，对政府实施财务审计。

但是，在现实中，对政府的监督很可能由于监督信息不完备而失去监督的效力。在市场经济中，利润水平完全可以反映出市场经济组织运营的效率，因此，委托人只要考察利润指标，便可以获得有关代理人行为与政策的全部信息。然而，政府并不是一个完全的经济组织，一方面，我们不可能根据盈利情况来判别其工作好坏，同时也找不出一个能集中反映政府工作的信息指标；另一方面，由于政府部门对其经营的政务具有垄断性，可以利用本身所处的垄断地位封锁一部分公共物品及公共服务所涉及的有关资源与成本的信息，而监督者仅凭被监督者的信息去实施监督，很可能被监督者所操作和蒙蔽，从而使监督部门无法有效地监督被监督者，难以使其行为与决策完全符合公共利益最大化要求。

由于政府干预经济可能存在的缺陷，同时由于对政府行为实施监督的有限性，在一个民主社会中，必须对政府干预经济设置行使职权的范围。首先，政府干预的范围必须是市场存在缺陷的范围，即政府干预的目的在于弥补市场缺陷，对于市场本身能很好发挥资源配置作用的，政府不能加以干预。其次，政府对于经济的干预，应尽可能地采取经济措施，借助于市场机制来完成，而尽量不要采取行政管制，因为行政管制可能妨碍市场机制有效地发挥作用，并可能产生人为的稀缺，给特权者创造寻租机会。最后，在政府干预经济前，必须对政府干预做出成本效益分析，比较政府干预的成本与可能得到的效益（通常是效率的提高），比较政府干预可能带来的负面影响与市场自行运行导致的效率损失，只有当政府干预可能得到的收益大于干预成本，可能带来的效率损失低于市场本身运行的效率损失时，政府干预才是合乎理性的。

四、小结

上述分析为我们认识经济中市场与政府各自所具有的比较优势提供了一个一般性的框架。理论认识和实践证明，纯粹的市场机制或纯粹的政府计划都不是解决经济问题的最好方式。现实中，人们为解决经济问题，通常是在不完善的市场与不完善的政府之间的各种结合中进行选择的。

判断一个经济的资源配置方式的选择是否合理的主要依据，就是要看资源配置效率的高低。资源配置的效率，主要是通过需要的满足程度同所耗费的资源的对比关系表现出来，它不仅仅反映一种数量关系，而且最终反映一个社会的福利水平。在一定的条件下，市场机制和计划机制都有可能达到最富有效率的资源配置。但市场机制有效运转需要的条件更接近于经济现实，因而在现实经济中是最有效率的资源配置方式。微观经济学证明，完全竞争市场总能达到帕累托最优境界，实现资源配置最优。但是，由于市场上普遍存在外部效应、公共品、不完全竞争和市场协调等市场失灵问题，现实中的市场存在某种程度的缺陷，总是存在着“市场做不好”或“市场做不到”的地方。所以，在许多领域，通过市场机制配置资源无法达到帕累托最优境界，出现资源配置中的无效率。这时需要政府出面干预经济，通过实施适应性管制措施和宏观经济政策，解决市场失灵问题，提高资源配置效率，增进社会福利。但是，政府也存在自身的缺陷，在干预经济时也会出现政府失败的情况。因此，政府在干预经济时要谨慎行事。

市场经济制度在本质上是一种混合经济制度。市场经济的有效运转离不开政府作用。市场与政府存在各自的比较优势和相对缺陷，要判断哪一个在资源配置中效率更高显然是不明智的。二者通常是相互补充而发挥作用的，需要同时借助市场和政府两种力量才能有效改进经济状况。如何在市场与政府之间进行选择，是一个程度上的选择问题，需要在既定的制度环境中，权衡二者各自起作用的范围和限度，根据条件的变化寻找二者的最佳结合点。

第二篇

劳动力产业结构和预测

- 三次产业概念的形成和第三产业的发展
- 劳动力产业结构变动的一般趋势
- 劳动力产业结构变动的趋势和我国劳动力产业结构的预测

三次产业概念的形成和第三产业的发展*

一、三次产业概念的形成

三次产业的划分，反映了社会分工和经济活动发展的不同阶段，体现了人类经济活动的历史顺序。人类要生存，首先必须生产食物，农业就是生产食物的部门。因此，各民族的经济活动总是从为人类提供最基本的生活资料的农业开始的。随着农业劳动生产率的提高，当农产品除满足农业人口的需要以外有了剩余的时候，才从农业中分化出一部分劳动力从事制造生产工具的手工业（工业的前身）和其他生产或活动。当农业和工业充分发展了，劳动生产率大大提高了，人类又要求满足物质生活需要以外的各种更高级的需要，尤其精神上的需要，以及为物质资料生产服务的其他需要等。这时，直接从事物质资料生产的劳动力比重将会减少，而从事非物质生产的劳动力和劳动时间将会增加，这是社会经济发展的总趋势。

近代经济学家在探讨社会经济发展过程中经济结构变化的规律和发展趋势的过程中，逐步形成了按照三次产业划分国民经济的概念和方法。20 世纪 20 年代，在澳大利亚和新西兰，就流传着第一产业和第二产业的概念（即农业和工业）。1935 年英国经济学家费希尔在此基础上提出了第三产业的概念。他把人类社会的生产发展分为三个阶段：第一阶段为初级阶段，生产活动以

---

* 本文原载于《思想政治课教学》1990 年第 5 期。

农业和畜牧业为主；第二阶段以纺织、钢铁和其他工业生产的大规模迅速发展为特征；第三阶段以各种服务业的生产为主的产业迅速发展为特征。1940年英国经济学家克拉克更加广泛地使用了第三产业的概念，即服务性产业，包括第一、第二产业以外的一切经济活动。1957 年他又明确地将产业结构分为三大部门。目前，三次产业的概念在世界上已被广泛采用，许多国家和联合国等国际组织，都按三次产业的划分法来划分国民经济的部门。但是各国政府和经济学家由于对三次产业划分的标准不同，因而对三次产业划分的范围也不尽相同。80 年代初，我国开始采用三次产业的分类来核算国民生产总值，以便从不同角度反映和研究社会经济各部门的发展规模、结构和水平。1985 年，国家统计局提出了我国三次产业划分的意见。

二、三次产业的相互关系

从三次产业发展的关系来看，第一、第二产业的发展是第三产业发展的物质基础。第一、第二产业是物质资料生产部门，第三次产业大多是非物质生产部门。第一、第二产业为第三产业和整个社会提供包括生产资料和消费资料在内的各种物质资料，成为第三产业赖以产生、存在和发展的物质条件。第一产业的农业，为第三产业的劳动力提供食品等消费资料。第二产业的工业为第三产业提供着技术装备，关系着第三产业的技术装备水平和劳动效率。第三产业中的流通部门和为生产服务的部门，其发展也要受到第一、第二产业发展的制约，因为流通和服务的对象，主要是第一、第二产业的产品和生产活动。

第三产业的发展又为第一、第二产业的发展创造有利的条件。属于非物质生产部门的第三产业都是直接或间接适应物质生产部门发展的需要而形成和发展起来的。它们虽不直接创造物质财富，但却是整个国民经济不可缺少的部门，没有这些部门，社会生产和社会生活都将发生困难，甚至无法进行。具体来说，第一，第三产业中包括交通运输、邮电通信、商业饮食、物资供销和仓储业等流通部门，缩短了生产过程和流通过程，加强了地区、部门间的经济联系，促进了工农业生产和整个社会经济效益的提高。第二，第三产业中为生产服务的部门，促进了社会分工的发展，提高了生产的社会化程度，促进了第一、第二产业劳动生产率的提高。第三，第三产业中为生活服务部门的发展，提高了消费质量，扩大了服务消费的规模，推动了消费结构的变化，促进了人们生活消费的发展。第四，第三产业中为提高科学文化水平和居民素质服务的部门，它的发展关系着一、二产业科技水平和劳动者文化技术素质的提高，关系着社会精神文明的建设，对满足人民的精神生活需要，对社会生产的发展等，都具有重要作用。

总之，第一、第二产业和第三产业，在发展中是相互促进、相互制约的。如果没有第一、第二产业的发展，第三产业会因没有相应的物质条件和客观需求而无法发展。同样，如果没有第三产业的发展，第一、第二产业也会因没有必要的服务条件而受到限制。

三、第三产业的发展

三次产业发展的一般趋势是，随着一国经济发展水平的提高，社会生产中的生产资料和劳动力，逐步从第一、第二产业向第三产业转移，从而引起国民生产总值和劳动力结构中第一、第二产业比重的降低和第三产业比重的提高。这一客观趋势不会因为社会制度不同而改变。

第二次世界大战以来，随着现代科学技术的飞跃进步，第三产业得到了迅速发展。70 年代以来，绝大多数国家第三产业的发展速度超过了第一、第二产业。发达资本主义国家，第三产业的产值和劳动力在国民生产总值和劳动力结构中已占有较大比重，有的国家已超过第一、第二产业的比重，达 60%。在发展中国家，尤其在经济落后的国家和地区，由于经济发展水平低，第一、第二产业不发达，限制了第三产业的发展，在产值和劳动力结构中，第一、第二产业占有较大比重，第三产业比重较低。

随着社会经济的发展，第三产业内部的结构也在变化。从多数国家第三产业结构来看，商业一直占据第一位。有的国家，如美国，服务业就业人数已超过商业，居第三产业之首。在服务业中，按其技术的新旧可分为传统服务业和新兴服务业。前者如旅游业、饮食业、修理业，后者如咨询信息业、计算机业等。近年来，在发达国家，新兴服务业不断涌现和迅速发展，发展速度大大超过传统服务业。新兴的各种服务业又和传统的第三产业融合，彻底改造了传统的第三产业，使其现代化，从而使整个第三产业的生产率和经济效益大大提高。与此同时，为提高科学文化水平和居民素质服务的教育、科学研究、卫生等部门的发展速度也相当快。

三次产业的相互关系和发展趋势表明：一方面，必须在第一、第二产业发展的基础上，随着经济发展水平的不断提高，应积极地发展第三产业，任何忽视第三产业发展，片面发展第一、第二产业的观点都是错误的和有害的，最终将导致第三产业的落后而影响第一、第二产业的发展。在我国的经济工作中，曾在较长时期内存在这一倾向，从而限制了第三产业的发展，对社会生产和人民生活带来了不利的影响。另一方面，第三产业的发展，又必须以第一、第二产业的发展为条件，它的发展受到物质资料生产承担能力和居民收入水平的限制。离开第一、第二产业所能提供的物质条件和需求，盲目地发展第三产业，甚至同经济发展水平较高的国家相比，片面追求第三产业的发展速度、水平和结构，同样是错误的。80 年代中期以来，在我国出现的“公司热”、“经商热”，甚至是全民经商，对我国的经济发展产生了不利的影响。

总之，三次产业必须相互适应、协调发展，第三产业的内部结构必须适应科学技术和社会经济发展的需要。我们应根据产业结构发展的一般趋势，从我国的国情出发，合理安排三次产业的比例和第三产业的内部结构，以促进国民经济迅速协调发展和社会经济效益的提高。

劳动力产业结构变动的一般趋势*

劳动力是最基本的生产要素，一定经济发展水平条件下合理的劳动力产业结构，是经济发展和经济效益提高的重要条件。本文所述劳动力产业结构，是指一国一定时期内，三次产业中的劳动力在劳动力总量中所占的比例。作为劳动力资源丰富的我国，在实现社会主义现代化过程中，劳动力在各次产业中的分布将发生较大的转移和调整，预测和规划我国未来劳动力产业结构的变动，无疑是经济与社会发展中至关重要的问题。本文的任务，在于通过国际比较探讨劳动力产业结构变动的一般趋势，为预测我国劳动力产业结构的变动提供参考依据。

一、劳动力产业结构变动的基本趋势

在现代社会中，劳动力产业结构变动的基本趋势是：随着物质生产领域劳动生产率的不断提高，社会经济的不断发展，劳动力依产业次序顺序转移，劳动力在第一次产业中的比重从逐步下降到趋于稳定，劳动力在第二次产业中的比重呈现从上升到稳定再到下降，劳动力在第三次产业中的比重不断提高。

以美国为例，据《美国统计提要》资料，20 世纪以来，美国劳动力发生了两次大转移。第一，农业劳动力随着农业劳动的生产率的提高，转移到工

---

* 本文原载于《经济与管理研究》1987 年第 4 期。

业和服务业，使农业劳动力比重不断下降，20 世纪初为 38%，50 年代为 11%，60 年代为 7%，80 年代初为 2%。第二，第二次世界大战后，随着工业劳动生产率的提高，美国劳动力从工业转向服务业。

再以日本为例，根据 1973 年日本《劳动统计调查月报》资料，从明治维新初期到 20 世纪 70 年代中期，农业劳动力不断向工矿业和服务业转移。1872～1975 年的 103 年间，农业劳动力由 87.3% 降为 14%，工业劳动力由 4.3% 上升为 34.2%，服务业劳动力由 8.4% 上升为 51.8%。

根据日本政府 1950 年以来每五年公布的《国情调查》，第二次世界大战后的 1950～1975 年的 25 年中，日本就业人员产业结构的变化是：第一产业就业人员比重由 48% 降至 14%，实际人数减少 40%；第二产业就业人员比重由 22% 上升到 34%，实际人数增加了 1.3 倍；第三产业就业人员比重从 30% 增至 52%，实际人数增加了 1.6 倍。第一产业就业人员在 1/4 世纪中减少近 1000 万人，从农村到城市，从第一产业向第二、第三产业进行了大规模转移。如果进一步分析第二和第三产业就业人员的变动可以看到，到 1965 年为止，二者就业人员都有迅速增长。而 1965～1975 年，前者处于停滞状态，后者增加则比较显著。1955～1960 年第二产业就业人员增长比重和实际人数均超过第三产业，但此后第三产业的增长超过了第二产业。1970～1975 年第二产业就业人员比重停留在 34%，第三产业比重则由 47% 上升到 52%。从第一产业中被排挤出的劳动力先是被第二产业吸收，然后又转向第三产业。

二、劳动力产业结构的类型

根据世界银行公布的 20 世纪 80 年代初的统计资料，按照三次产业劳动力人口比重的大小，可以把世界各国不同的劳动力产业结构分为几种类型。

（1）处于“后工业化社会”的发达国家，劳动力产业结构呈现“三、二、一”的类型。这种类型的劳动力产业结构以美国、西欧、日本等发达资本主义国家为代表，第三产业的劳动力比重最大，一般超过 50%，第一产业的劳动力比重最小（见表1）。

表1　　1981年发达资本主义国家劳动力产业结构　　单位：%

	农业	工业	服务业
美国	2	32	66
英国	2	42	56
法国	8	39	53
联邦德国	4	46	50
意大利	10	35	55
日本	12	39	49

资料来源：世界银行《1985年世界发展报告》（下同）。

（2）完成或基本完成了工业化的较发达国家，劳动力产业结构呈现“二、三、一”（或“一、三、二”）的类型。即第二产业劳动力比重最大，其次是第三产业，第一产业劳动力比重最小。苏联、东欧等国家和地区大体上反映了这种劳动力产业结构（见表2）。

表2　　1981年苏联、东欧等国的劳动力产业结构　　单位：%

	农业	工业	服务业
苏联	14	45	41
匈牙利	21	43	36
波兰	31	39	30
捷克斯洛伐克	11	48	41
民主德国	10	50	40
保加利亚	37	39	24
罗马尼亚	20	36	35
南斯拉夫	20	35	36

需说明的是，上述国家第三产业劳动力比重相对较小，一方面是由于社会制度原因，涉及黄、赌、毒的行业相对较少；另一方面是由于非经济因素，使商业、金融等与商品经济相联系的部门相对较少。

（3）处在工业化初期的发展中国家，劳动产业结构呈现“一、三、二”的类型，即第一产业劳动力比重最大，第三产业次之，第二产业劳动力比重最小（见表3）。

表3　　1981年发展中国家劳动力产业结构　　单位：%

	农业	工业	服务业
印度	71	13	16
印度尼西亚	58	12	30
巴基斯坦	57	20	23
坦桑尼亚	83	6	11
埃及	50	30	20
土耳其	54	13	33
中国	74	13	13
越南	71	10	19

这三种类型的劳动力产业结构，大体上反映了经济发展过程中劳动力转移的基本趋势：即由劳动力在第一次产业中比重最大的类型，经过劳动力在第二次产业中比重最大的第二种类型，转向劳动力在第三次产业中比重最大的第一种类型。第一种类型的劳动力产业结构基本上代表了劳动力产业结构变化发展的方向。

三、劳动力产业结构同经济发展水平

劳动力产业结构同一国一定时期内的经济发展水平有着密切关系。劳动力产业结构的变动是经济发展水平不断提高的必然结果，也是经济发展的必要条件。经济发展水平可以用一国一定时期的人均国民生产总值表示。人均国民生产总值是剔除人口因素后，反映一国劳动生产率和经济发展水平的基本指标。

人均国民生产总值与劳动力产业结构的关系表现为：人均国民生产总值愈少的国家，劳动力在第一次产业中所占比例愈高，在第二尤其第三次产业中的比例愈低，人均国民生产总值愈多的国家，劳动力在第一次产业中所占比例愈低，在第二尤其第三次产业中的比例愈高。这一关系不仅在一国经济发展过程中表现出来，即随人均国民生产总值的增长，劳动力在三次产业中比重依次提高，而且也表现在一定时期不同类型的国家上（见表4）。

表4　　人均国民生产总值与劳动力产业结构的比较

	人均国民生产总值（1983年美元）	劳动力产业结构（1981年百分比）		
		农业	工业	服务业
低收入国家	260	73	13	15
中等收入国家	1310	44	22	35
上中等收入国家	2059	30	28	42
市场经济工业国	11060	6	38	56
中国	300	74	13	13

不仅如此，只有当人均国民生产总值达到一定水平（或达到一定的数量）的条件下，劳动力在产业间才会发生较大规模的转移，即从第一产业转向第二产业，或从第二产业转向第三产业，最终引起劳动力产业结构发生较大的改变。

劳动力产业结构的变动同经济发展水平的关系还表现在，三次产业的劳动力结构与三次产业的产值结构存在着差别，经济发展水平越高，这种差别越小；反之，经济发展水平越低，这种差别就越大。这里仅以美国与印度的劳动力结构和产值结构为代表进行比较（见表5）。

表5　　美国与印度的产值结构和劳动力结构比较（1981年）　　单位：%

	农业		工业		服务业	
	占国内生产总值百分比	占劳动力百分比	占国内生产总值百分比	占劳动力百分比	占国内生产总值百分比	占劳动力百分比
美国	2	7	32	32	66	66
印度	36	71	26	13	38	16

经济高度发展的美国，三次产业的技术水平都很高，劳动生产率的差别已消失，所以三次产业的国内生产总值比重和劳动力比重已经一致，差别已经消失。

经济发展水平较低的印度，第一、第二产业的技术水平和劳动生产率差别很大，第一产业的产值只占国内生产总值的36%，却占用了劳动力的71%；第二产业劳动生产率很高，仅占用了13%的劳动力，却生产了26%的产值，第三产业的国内生产总值比重和劳动力比重差别则很大。

四、劳动力产业结构变动的原因

劳动力顺序由第一向第二、第三次产业转移，劳动力比重按三次产业顺序依次提高，是任何社会经济发展过程中的普遍规律。

劳动力在产业间的转移和劳动力产业结构变动这种规律产生的客观基础，是社会劳动生产率的不断提高。马克思曾把社会经济活动分为物质生产领域和非物质生产领域。这里所述的第一、第二次产业属于物质生产领域，第三次产业大体上相当于非物质生产领域。第一、第二产业生产各种物质资料，第三产业进行物质产品的交换和消费，提供各种劳务。无论是物质生产或是非物质生产活动，都需要投入一定量的物化劳动和活劳动，但是，只有当物质生产领域的劳动生产率达到一定水平时，人类才有可能将一部分物化劳动和活劳动转移到非物质生产领域，只有物质生产领域的劳动生产率不断提高，非物质生产部分才能得到进一步发展。因此，物质生产领域劳动生产率的提高，是非物质生产领域劳动力比重增加的根本原因。马克思在谈到劳动生产率对劳动力在物质生产和非物质生产领域之间分配的作用时指出："假定劳动生产率大大提高，以前是2/3人口直接参加物质生产，现在只要1/3人口参加就行了。以前是2/3人口为3/3人口提供生活资料，现在是1/3人口为3/3人口提供生活资料。以前'纯收入'（和劳动者的收入不同）是1/3，现在是2/3。现在国民——撇开'阶级'对立不谈——应该用在直接生产上的时间，不再是以前的2/3，而是1/3。如果平均分配，所有的人都会有更多的（即2/3的）非生产劳动时间和余暇"。[①] 可以这样说，在其他条件相同的条件下，物质生产领域社会劳动生产率的高低，决定着物质生产领域和非物质生产领域劳动力分配的比例。劳动生产率愈高，物质生产领域劳动力的比重愈低，非

① 《马克思恩格斯全集》，第26卷第1册，人民出版社1972年版，第218~219页。

物质生产领域劳动力比重愈高；反之，则相反。

在物质生产领域中，第一次产业即农业的劳动生产率的高低，对劳动力产业间的转移和分配起着决定作用。农业劳动生产率的提高，不仅是工业、服务业等国民经济其他一切部门独立化和发展的基础，也是劳动力从农业转向其他产业部门及劳动力产业结构变化的基础。美国农业劳动力比重在20世纪50年代为11%，80年代初下降到2%，而每个农业劳动者生产的农产品所供养的人口，则由1950年的15.5人，上升到1980年的80多人。1985年我国农业劳动者高达2亿多人，每个农业劳动者只能供养5人。而工业的技术水平和劳动生产率，不仅决定了农业和服务业的技术水平和劳动生产率，从而决定了农业劳动力向非农业的转移及其比重的下降，而且也决定了工业劳动力向服务业的转移及其比重的下降。美国钢铁工业1947年就业人数为80万人，到1980年下降为40万人，下降33.3%，但1980年的钢产量则是1974年的2倍，达到10080万吨。我国1980年钢铁产量为3712万吨，比美国少6268万吨，但我国全民所有制冶金工业就业职工则是302万人，比美国多260万人。

在劳动生产率不断提高，社会生产力不断发展的基础上，社会生产和社会生活的需求，也是劳动力在产业间的转移和劳动力产业结构变化的重要原因。这一原因突出地表现在劳动力从第一、第二产业向第三产业的转移和第三产业劳动力比重的提高上。由于生产社会化，专业化协作程度的不断提高，由于国际间商品、技术、资金、劳务等经济联系和政治、文化来往的日益加强，由于居民收入水平的不断提高，导致居民消费水平和消费结构的变化，要求为社会生产和生活服务的交通运输、邮电通信、商业、金融、保险、科学技术、文化教育、旅游等部门的发展，从而也要求劳动力从第一、第二产业向第三产业转移。而且一般地说，第三产业的许多部门资本（资金）有机构成较低，相同投资条件下可以容纳较多的劳动力，这也使第三产业劳动力比重比较高，劳动力的这种转移和产业结构的变化，又推动了第一、第二产业技术水平和劳动生产率的提高。社会生产和生活的需求由社会生产发展决定，社会需求的发展又反过来促进了社会经济的不断发展和经济发展水平的不断提高。

劳动力产业结构变动的趋势和我国劳动力产业结构的预测*

劳动力是经济活动的主体，劳动力在产业间的转移是一个历史过程。进入20世纪80年代后，随着经济发展和改革的深入，我国劳动力在产业间转移速度加快。1980～1985年，农业劳动力比重由72.1%降为65.9%，工业由16.3%上升到17.7%，服务业由11.6%上升到16.4%，其速度之快为中国历史上所罕见。探索劳动力产业结构变化的一般趋势，对于正确认识我国劳动力产业结构变化，指导和预测未来劳动力产业转移，具有理论和实际意义。本文试图运用统计分析和理论分析，探讨劳动力产业结构变化的一般趋势和原因，并对我国劳动力产业结构变化作一概述，对2000年的劳动力结构进行预测。

一、劳动力产业结构变化的一般趋势

劳动力产业结构的变化实质上是生产要素的部门转移，它与经济增长一样，是现代经济的显著特征。从统计资料看，无论是发展中国家还是发达国家，人均GNP（国民生产总值，下同）都在提高，劳动力产业结构也都在变化。如1980年人口在1000万以上的国家中，7个最不发达国家人均GNP由

* 本文原载于《计划经济研究》1987年第4期。

1960 年的平均 152 美元上升到 1980 年的 227 美元；它们的农业劳动力比重相应由 78% 下降到 73%。而最发达的 8 个国家，同期的人均 GNP 由平均 5570 美元上升到 10728 美元；劳动力中农业比重由 14.45% 降为 5.6%。由此可以看出，人均 GNP 的提高与劳动力产业结构的变化有内在联系。为了具体说明这二者的关系，我们利用统计资料进行了分析。

我们选取了有代表性的人口在 1000 万以上的 42 个国家人均 GNP 与劳动力结构的统计数据。限于时间序列统计资料不全，我们采用 1960 年、1970 年、1980 年三个横断面资料建立经济计量模型，得出了人均国民生产总值与劳动力结构、产值结构的关系。

我们建立的经济计量模型是：

$$\begin{cases} y_{\text{I}} = A_1 x^{-x} + B_1 \ (x-b)^{\beta} e^{-(x-b)} + C_1 \\ y_{\text{II}} = A_2 x^{-\alpha} + B_2 \ (x-b)^{\beta} e^{-(x-b)} + C_2 \\ y_{\text{III}} = A_3 x^{-\alpha} + B_3 \ (x-b)^{\beta} e^{-(-b)} + C_3 \end{cases}$$

式中，y_{I}、y_{II}、y_{III}分别表示劳动力在第一、第二、第三产业中的比重，x 为人均 GNP。α、β、b 是可变参数，根据 x 值的不同范围即经济发展不同阶段，取不同值。当 α、β、b 在 x 的某一范围取定后，A、B、C 就是回归系数。

表 1 是通过模型得出的 1960～1980 年间人均 GNP 与劳动力产业结构及国内生产总值结构。结构与原始数据相比，平均相对误差是 5.4%。

表 1　　1960～1980 年人均 GNP 与劳动力产业结构及国内生产总值结构

单位：%

人均 GNP（1980 年美元）	劳动力产业结构			国内生产总值结构		
	农业	工业	服务业	农业	工业	服务业
100	92.5	5.5	2.0			
200	76.2	11.8	12.0	43.2	20.2	36.6
300	69.1	14.5	16.4	36	28.2	38.8
400	64.8	16.2	19.0	32.3	27.8	39.9
500	61.8	17.4	20.8	29.5	29.8	40.7
600	59.6	18.2	22.2	26.7	31.7	41.6

续表

人均 GNP（1980 年美元）	劳动力产业结构			国内生产总值结构		
	农业	工业	服务业	农业	工业	服务业
700	57.7	18.9	23.4	22.9	33.8	42.3
800	56.1	19.5	24.5	18.3	36.0	44.0
900	54.6	20.0	25.4	13.7	38.2	45.3
1000	53.1	20.6	26.3	18.2	37.3	42.9
2000	32.1	27.3	40.6	13.5	42.6	43.9
2900	27.1	41.0	32.9	12.9	49.2	37.9
4100	21.5	46.6	32.6	15.2	61.9	22.9
5000	17.3	39.5	43.0	14.4	60.6	25.0
7000	9.8	37.2	47.7	7.4	54.2	38.3
10000	6.6	37.9	51.5	6.6	37.0	56.5
14000	4.9	39.0	55.6			

从表 1 中我们可以看出人均国民生产总值与劳动力产业结构变化的几个基本特征。

（一）随着人均 GNP 的提高，农业劳动力的比重不断下降，但在不同的人均 GNP 段，下降的幅度是不一样的

在 100 ~ 1000 美元段下降最快，降了近 40 个百分点，即在人均 GNP 由 100 美元上升到 1000 美元的过程中，几乎有一半农业劳动力转移到工业、服务业中去了。1000 ~ 2000 美元段中，农业劳动力比重由 53.1% 降为 32.1%，又下降了近 21 个百分点。人均 GNP 到了 2000 美元后，农业劳力比重下降速度减缓，人均 GNP 每增 1000 美元，下降不超过 10 个百分点。到了 10000 美元左右，农业劳动力比重下降幅度已很小。

需要说明的是，这里所说的农业劳动力转移速度是相对于人均 CNP 的提高速度而言的。而人均 GNP 提高的速度在发展的初期是相当缓慢的。从人均 100 美元提高到 1000 美元，许多国家要用几十年甚至上百年，进入了 1000 美元以后，人均 GNP 提高的速度就很快了。日本从 133 美元上升到 1000 美元用了16年，而由1000美元上升到2000美元只用了5年时间。① 因此，从时间角度考察，农业劳动力转移速度最快时期是在经济进入了加速增长阶段以后，而不是在经济发展初期。

（二）工业劳动力比重随人均GNP的提高而经历上升到下降的过程

从经济发展初期直到人均GNP达到4000美元左右，工业劳动力比重一直上升，此后开始缓慢下降。工业劳动力比重上升的速度，在人均GNP100～1000美元段为最快，上升了15个百分点；1000～2000美元段上升了6.7个百分点；2000～2900美元段上升了13.7个百分点。如以时间为标准，则在2000～2900美元段工业劳动力比重上升最快。

应当说明的是，在人均GNP 10000美元时，工业劳动力比重又有微小的回升。原因在于我们的模型反映的是世界平均水平，结果受各国数据的综合影响。联邦德国、荷兰等几个人均GNP最高的国家工业劳动力比重大于英、美等国，从而造成了上述回升现象。

另一个问题是，工业劳动力比重在4000美元时达到最大，这与各国统计有些差别。那些已经出现了工业劳动力比重下降的国家，都是在人均GNP为6000美元左右方出现下降的。这一差别是因为苏联、东欧国家工业劳动力比重偏大，而人均CNP又比欧美国家低引起的。

（三）服务业劳动力比重随人均GNP的提高而不断增大，但其中有一段波动

原因如前所述，是由于拉美国家人均GNP低而服务业比重大，东欧苏联人均GNP高于拉美而服务业比重又相对较小造成的。

从表1中可以看出，在人均GNP100～1000美元段服务业比重上升最快，为24.3个百分点；1000～2000美元段次之，为14.3个百分点。从时间角度考察，服务业劳动力比重上升最快的阶段是在人均GNP由1000美元上升到2000美元这段时间内。

---

① 辽宁省社会科学院外国社会情报所：《世界经济统计资料提要》（1950～1979年）。

（四）农业中转移出来的劳动力都被工业、服务业吸收了，但在不同的人均 GNP 阶段，从农业中转移出来的劳动力在工业、服务业中的分布是不一样的

在 100～2000 美元段服务业吸收的劳动力比工业多。这一段农业劳动力比重下降了 60.4 个百分点，服务业得到了 38.6 个百分点，工业得到 21.8 个百分点。因此这一段劳动力结构是“非农化”，但并不是“工业化”而是“服务业化”。

在 2000～4000 美元段出现了与单个国家观察不一致的现象：不但农业转移出来的劳动力全被工业吸收了，而且服务业劳动力也流向了工业。原因如前文所述。从人均 GNP 上升到 4000 美元以后，不但农业，而且工业中流出的劳动力全都被服务业吸收了。

出现劳动力结构“服务业化”的原因，在经济发展初期，主要是现代工业资本有机构成高，吸收劳动力少，所以劳动力流向了需要资金少、劳动力吸收能力大的服务业。在经济高度发达阶段，服务业劳动生产率低，劳动力容量大，从而劳动力从农业、工业流向了服务业。

（五）如果我们将劳动力产业结构与国内生产总值构成进行对比，会发现产值结构“非农化”的出现远远早于劳动力结构的“非农化”

在人均 GNP 为 400 美元时，农业产值比重为 32.3%；而当人均 GNP 为 2000 美元时，农业劳动力比重才降到 32.1%。如果用同一人均 GNP 下的各产业的产值比重除劳动力比重，随人均 GNP 的提高，结果会趋向于 1。这一比值既是劳动生产率的反映，也是劳动力转移程度的指示器。

二、劳动力产业结构变化的原因

劳动力产业结构为什么会随人均 GNP 提高而变化，除了经济发展水平外，还有哪些因素影响着劳动力产业结构的变化，这是需要进一步分析的问题。

经济发展水平的提高，是技术进步和劳动生产率提高的结果。劳动生产率提高、技术进步过程就是劳动力产业结构变化的过程。经济发展水平的提高会引起一国社会生产和生活需求结构变化、国际贸易条件的变化，从而引起生产结构、劳动力结构的变化。另外，还有其他因素也会影响劳动力产业分布。

我们可以用图1来说明劳动力产业结构变化的原因。

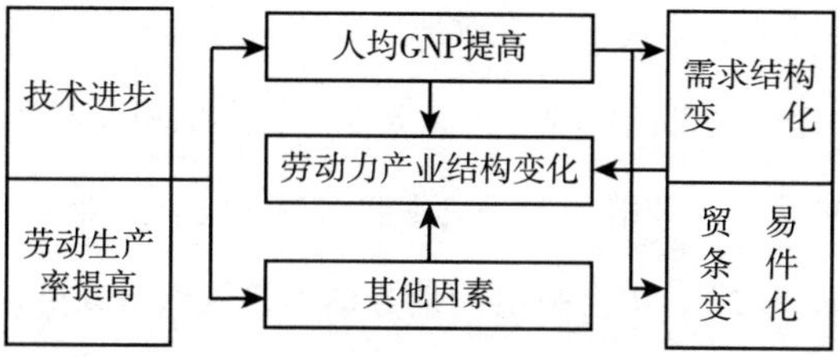

图1　劳动力产业结构变化原因

（一）劳动生产率提高是经济发展水平即人均GNP提高的根本原因，也是劳动力产业结构变化的决定力量

劳动生产率提高对劳动力转移的决定作用在农业中表现尤为突出。劳动力产业间的转移最初而且占主导地位的是农业劳动力向工业、服务业的转移。农业劳动力转向其他产业的先决条件是农业劳动者提供的食物和其他生活资料能满足全社会的需要。这一点在经济发展水平很低的国家尤其重要。在一个几乎人人搞饭吃、粮食仍不足的国家里，谈不上劳动力的大规模转移。

劳动生产率提高引起劳动力产业结构变化是有条件的，那就是各产业劳动生产率存在着差别以及劳动生产率提高程度存在着差别。劳动生产率提高快的产业，会节省出更多劳动力，这部分劳动力就会转移到其他产业。美国1929年到1969年的40年里，农业劳动生产率提高3.8倍。非农业部门只提高1.5倍。这期间，农业劳动者减少了2/3，农业劳动力比重由26%下降到6.5%左右。60年代后，发达国家出现了工业劳动力向服务业转移的现象，根本原因在于服务业劳动生产率的提高慢于农业和工业。

（二）科学技术应用于生产，导致新兴产业的出现和发展、传统产业的萎缩和衰落，从而引起劳动力从传统产业流向新兴产业

在传统生产部门中，如果某一部门应用了先进技术，其劳动生产率就会大大提高，大批量低成本生产成为可能。在一定的市场容量下，会使该部门扩展到极限，然后是萎缩，结果使所需劳动力减少，导致该部门劳动力向其他部门流动。如西方发达国家的钢铁工业等。

科学技术的突破会导致新兴工业部门的出现，这在近现代经济史上是屡见不鲜的。当一个新的部门出现时，又会带动一大批相关部门形成新产业群。如20世纪出现的汽车工业群、电子工业群、航空航天工业群等。新的产业出现必然会提高人均GNP，也会吸引大批劳动力，从而带来劳动力产业结构的变化。如新中国成立初期，我国电子工业几乎是空白，现在电子工业产值几百亿元，产业工人达100多万人。

（三）经济发展水平的提高，引起社会生产和生活方式的变化，带来社会生产和生活需求结构的变化，需求结构影响到生产结构，从而推动劳动力产业结构的变化

从生产方面看，生产社会化、专业化、国际化已成为现代经济发展的必然趋势。从社会生活方面看，随着生活水平的提高，人们的消费结构在不断变化，享受资料、发展资料在消费中比重不断上升。为适应社会化生产和人们消费中享受成分、发展成分增大的要求，各国都大力发展交通运输、邮电通信、商业、金融、保险、科技文化教育、旅游等服务业。这样劳动力就由农业甚至是工业部门流向了服务业。

（四）经济发展水平的提高会引起一国进出口商品结构的变化，从而导致国内产生结构、劳动力结构的变化

在经济发展的低级阶段，出口产品基本上是农矿产品，进口工业品，劳动力构成是以农业为主。当经济发展到一定高度后，工业品就逐渐由进口替代转向出口创汇，工业在国内产业结构中比重上升，工业劳动力增多。经济发达国家除输出商品外，还输出科技、资本、信息等，因此相关服务业就业比重较大。

除经济发展水平外，一国的历史地理条件、社会经济制度以及经济政策也都会影响劳动力产业结构。

历史、地理条件对劳动力产业结构的影响在英、日两国表现很明显。英国是最早的资本主义国家，在工业化初期，农业就以资本主义大农场经营为主。进口农产品出口工业品的贸易格局又导致农业的衰落，因此英国农业劳动力比重一直偏低。1980 年人均 GNP 为 7920 美元，农业劳动力比重只占 1.9%，比国际平均水平低 6.5 个百分点。日本与英国相反，1980 年它的人均 GNP 为 9890 美元，农业劳动力比重为 12%，比国际平均水平高出 5.4 个百分点。

社会经济制度对劳动力产业结构的影响，苏联、东欧国家表现得很明显。在相同经济发展水平下，其服务业劳动力比重比国际平均水平低。民主德国 1980 年人均 GNP 为 7180 美元，服务业劳动力比重为 40.3%，比国际平均水平低 7.4 个百分点。这一方面是社会主义制度下不存在资本主义特有的赌场等所谓的第三产业；另一方面在旧经济体制影响下，商品经济没有充分发展，第三产业相对较小。

而在经济上属于半殖民地的许多拉美国家，农业中普遍存在资本主义大农场经营，大批农民破产，涌入城市。现代工业落后，无法吸收如此巨大的劳动力，致使大量劳动力涌入了资金要求较低的服务业，使服务业劳动力比重普遍偏高。拉美国家服务业比重不仅高于经济发展水平较高的苏联东欧国家，其中有的国家还高于欧美发达资本主义国家。智利 1980 年人均 GNP 为 2150 美元，服务业比重达到 61.4%，在全世界居第三位。

三、我国劳动力产业结构的变化

以上所述的是劳动力产业结构变化的一般趋势及原因，下面分析我国劳动力产业结构的变化。

为了便于与国际平均水平比较，我们计算了 1953 ~ 1985 年我国人均 GNP，单位是 1980 年美元。① 表 2 给出了 1953 ~ 1985 年部分年份的人均 GNP，劳动力和 GNP 在农业、工业和服务业中的比重。表 2 中工业劳动力未包括村办以及村办以下工业中的就业人员。GNP 的构成是参照国民收入构成后调整的。

表 2　　我国人均国民生产总值与劳动力结构、产值结构

年份	人均 GNP（1980 年美元）	劳动力产业结构（%）			GNP 结构（%）		
		Ⅰ（农业）	Ⅱ（工业）	Ⅲ（服务业）	Ⅰ（农业）	Ⅱ（工业）	Ⅲ（服务业）
1953	90	83.1	8.1	8.8	46.7	26.5	26.8
1957	106	81.2	9.0	9.8	41.4	33.0	25.6
1963	146	82.5	7.6	9.9	42.4	37.1	20.5
1969	184	81.6	9.1	9.3	38.8	39.1	22.1
1975	234	78.2	12.6	9.2	33.1	47.0	19.9
1978	274	73.8	15.3	10.9	29.7	48.7	21.6
1979	288	72.5	16.0	11.5	33.1	47.7	19.2
1980	304	72.1	16.3	11.6	32.9	48.9	18.5
1981	319	72.0	16.3	11.7	35.0	46.5	18.5
1982	335	71.6	16.3	12.1	36.8	45.6	17.6
1983	354	70.7	16.3	13.0	37.7	45.3	17.0
1984	373	68.4	17.2	14.4	37.2	44.3	18.5
1985	393	65.9	17.7	16.4	36.0	45.2	18.8

利用表 2 中资料并参照第一部分的统计资料，可以看出我国劳动力产业结构变化有以下几个特点。

第一，1953 年我国人均 GNP 为 90 美元，农业、工业和服务业劳动力比重分别为 83.1%、8.1%、8.8%，与国际平均水平比较，农业低 9.4 个百分

① 按刘国光著《中国经济发展战略问题研究》中给出的 1980 年国民收入（美元）经调整推算出国民生产总值，然后除以当年人口，得出 1980 年人均 GNP，按 6.5% 的增长速度推算出历年人均 GNP。

点，工业高2.6个百分点，服务业高6.8个百分点。这说明当时我国工业已有一定基础，服务业也有一定水平。与非洲、亚洲落后国家相比我国现代化起点要高。

第二，从1953年到1985年，我国劳动力结构已发生较大变化。农业劳动力比重已降到了65.9%，工业和服务业分别上升到17.7%和16.4%。劳动力结构变化的速度分为两个阶段。1953~1979年为第一阶段。在这26年里，人均GNP上升了200美元，农业劳动力比重下降了10.6个百分点，工业上升了7.9个百分点，服务业上升了2.7个百分点。1980~1985年为第二阶段。在这6年里，人均GNP上升了100美元，农业劳动力比重下降了6.6个百分点，工业和服务业分别上升了1.7个和4.9个百分点。第二阶段劳动力结构变化速度大大快于第一阶段。

第三，从农业中转移出来的劳动力的分布，前一阶段与后一阶段明显不同。前一阶段农业中转移出的劳动力大部分被工业吸收了，这是我国当时大力推进工业化的结果。后一阶段农业中转移出的劳动力大部分被服务业吸收了，这是近几年大力发展第三产业的结果。

第四，我国劳动力产业结构变化的速度和方向与产值结构不太一致。1953年农业、工业和服务业产值比重分别为59.62%、17.04%和23.34%。到1985年，三者比重分别为37.21%、44.29%、18.50%。农业产值比重下降了22.41个百分点，工业产值比重上升了27.25个百分点，服务业下降了4.84个百分点。农业劳动力比重下降的速度慢于产值比重下降速度；工业劳动力比重上升的速度大大慢于产值比重上升的速度；服务业劳动力比重与产值比重变化方向相反，劳动力比重上升了，产值比重反而下降了。从产值比重看，我国在20世纪70年代初就以工业为主了；但从劳动力比重看，我国目前仍是以农业为主的国家。

第五，与国际平均水平比较，我国劳动力产业结构变化仍然较慢。我国人均GNP上升300美元，三次产业劳动力比重变动分别为17.2、9.6、7.6个百分点。在相同区间内国际平均水平的变动分别为27.7、10.7、17个百分点。

我国农业劳动力比重下降和服务业劳动力比重上升的速度都大大慢于国际平均水平。从现状看，1985 年我国人均 GNP 约为 400 美元，三次产业劳动力比重分别为 65.9%、17.7%、16.4%。在相同的人均 GNP 下，三次产业劳动力比重的国际平均水平分别是 64.8%、16.2%、19.1%，我国与国际平均水平差别不大，这是我国现代化起点较高造成的。

综上所述，我国劳动力产业结构的变化与国际相应水平趋势是一致的，随着人均 GNP 的提高，农业劳动力比重下降，工业和服务业劳动力比重上升。

第六，我国劳动力产业结构变化过程中，特别是十一届三中全会以前，存在着以下几个问题。

（1）经济发展与劳动力产业分布不很协调。长期以来，国家投资集中于工业部门，使工业产值比重迅速上升，但工业劳动力比重没有相应上升，结果是产值结构迅速工业化而劳动力结构长期农业化。

（2）工农业产品交换的剪刀差，使农民收入水平很低，资金积累很少，加上国家对农业投资很少，农民既无提高农业劳动生产率的条件，更无转移到工业、服务业的资金。从 20 世纪 50 年代开始，城乡分离的户口管理和粮食分配制度更限制了农业劳动力的流动，加大了劳动力转移的困难，使农业劳动力比重长期难以下降。

（3）所有制结构单一和忽视商品经济发展，忽视人民生活的经济模式，造成了服务业的萎缩，使服务业劳动力比重长期偏低。

四、2000 年我国劳动力产业结构预测

我们根据前述资料，利用经济计量模型，对 2000 年中国的劳动力产业结构进行预测。

假定 1986 ~ 2000 年我国劳动力产业结构变化与国际平均水平一致。利用前面的模型及 2000 年我国人均 GNP 的发展目标，可得出 2000 年我国劳动力产业结构。预测的结果如表 3 所示。

表 3　　1986～2000 年我国劳动力产业结构预测

年份	人均 GNP（1980 年美元）	劳动力产业结构（%）		
		农业	工业	服务业
1985	390	65.9	17.7	16.4
1990	550	60.7	17.8	21.5
1995	750	56.9	19.1	24
2000	1000	53.1	20.6	26.3

我们认为这一预测是比较可信的。从速度上考察，未来 15 年中农业劳动力比重需降低 12.8 个百分点，平均每年降 0.85 个百分点。从历史数据分析看，1970～1979 年，我国农业劳动力比重下降了 8.3 个百分点，平均每年 0.83 个百分点。1980～1985 年，农业劳动力比重下降了 6.2 个百分点，平均每年下降 1 个百分点多。未来的经济发展速度会比 70 年代快，经济环境、经济政策更为宽松，因此劳动力转移速度要比 70 年代快。由于 80 年代前半期劳动力的转移具有"泄洪"特点，即把过去多年人为限制的劳动力放开，使劳动力转移速度加快。以后没有"泄洪"因素，劳动力转移也难以长期保持这几年的速度，而我们预测的农业劳动力转移速度，恰好介于这两者之间，应该说是较为可信的。

从转移出的农业劳动力的分布看，预测中转移出的 12.8 个百分点中，工业得到 2.9 个，服务业得到 9.9 个，比例大致为 1∶3，而 1979～1985 年中，农业劳动力比重下降 6.6 个百分点，工业和服务业分别得到 1.7 个和 4.9 个百分点，比例大致也是 1∶3。因此，预测的农业劳动力转移的速度和结构都较为符合近几年的实际情况。

从农业劳动力转移的可能性看，根据预测 2000 年我国农业劳动力为 3.54 亿。① 只要农业劳动生产率保持每年增长 2%，生产出的粮食就能保证 12.5 亿人口人均占有 900 斤的水平，其他农副产品的供给也较为充裕。因此预测的农业劳动力的转移是有可能实现的。

① 按《2000 年中国的人口和就业》中算出的劳动力总量乘上 0.53 得到。

劳动力的产业间转移，是经济发展的内在要求，不以人的意志为转移。但通过国际比较和对我国历史的分析，可以看到，一定的发展道路和政策确实会影响劳动力产业结构变化的速度和方向，在未来的发展过程中，我们应该注意以下几点。

（1）继续创造条件，促进劳动力流动，减少劳动力转移中的摩擦。由于我国农业劳动力比重大，且居住在广大分散的农村，而就业机会则大部分在城市或城镇，劳动力供求在空间上分布不平衡。在劳动力转移过程中，农村劳动力的大量流动迁居是不可避免的，城市和城镇会面临着冲击，必然会产生摩擦乃至冲突。因此必须采取相应政策减轻摩擦，促进转移。

（2）采取有效措施促进农业特别是粮食生产的发展。农业劳动生产率的提高制约着农业劳动力转移的可能数量。如果农业劳动生产率在 2000 年仍保持 1985 年水平，人均产粮 2500 斤，则为保证 12.5 亿人口的粮食供应，需要劳动力 4.5 亿，那么农业劳动力比重就占 67.5%，农业劳动力比重不是下降，反而上升了。同时，应稳步提高农民收入，使他们有一定的资金积累，具备转移的物质基础。

（3）大力发展乡镇企业、第三产业，加快小城镇建设。鉴于我国城市数量少，人口集中，我国劳动力产业转移不可能通过城市化实现。因此小城市、小城镇是吸收农村劳动力的主要场所，乡镇企业是安置农业劳动力的主要单位。国家应该加强小城镇建设，扶植乡镇企业发展，不仅看它们的经济效益，更要看社会效益。

第三产业以其需求资金少、劳动力容量大的特点，成为吸收劳动力的主要产业。随着商品经济发展和人民生活水平的提高，第三产业发展潜力越来越大，在劳动力转移中作用也会越来越明显，应当放宽政策大力发展。

第三篇
人力资源配置和高教体制改革

- 大学毕业生就业方式选择的经济学思考
- 市场经济—人才需求—高教体制
- 劳动力市场与高等教育体制改革
- 改革高等教育管理体制　提高高等教育投资效益

大学毕业生就业方式选择的经济学思考*

大学毕业生是社会人力资源中受教育程度较高的专门人才，在经济增长愈来愈依赖于科学技术的当代，大学生的拥有量、结构已成为增长的重要条件。大学毕业生就业方式的选择，关系着人力资源在国民经济各部门、地区间的合理配置，关系着就业者和就业单位积极性、主动性、创造性的发挥，从而关系着人力资源的利用率和社会经济效益。

大学毕业生就业方式回答由谁做出就业选择及就业选择决策如何实现。它属于就业制度和体制问题，其方式选择取决于经济体制和经济运行模式。

当今世界，大学毕业生就业方式基本上可分为两种类型，本文先就这两种方式进行比较和评价，然后讨论我国大学毕业生就业方式的目标模式。

一、计划统一分配模式

这是实行传统计划经济和计划体制国家的模式，存在于大多数社会主义国家，我国则是这种模式的典型。以我国为例，先由政府主管部门——计委或教委，根据各部门、各地区对大学生的上报需求（不一定等于实际需求）和当年大学毕业生的总量和结构，编制年度统一的大学生分配计划。由于高

* 本文原载于《教育与经济》1993 年第 1 期，与周为合作，根据 1984 年国家计委、教委召开的大学生分配体制改革研讨会上发言整理而成。

等学校长期以来形成的由国家教委、国务院有关部委和各地方分别主管的行政隶属关系，故而这种计划是一种三类学校切块交叉的分配计划。分配计划一经确定即下达各部门、地方，直至高等学校。最后，由高等学校将毕业生指定分配到各部门、地方或用人单位。

这种计划统一分配模式的基本特征是：大学毕业就业的决策集中于政府，主要是中央政府，学校在统一分配政策和分配计划约束下，只有毕业生和用人单位之间的搭配权，而毕业生和用人单位即就业主体却没有任何选择权。又由于没有人才市场和实行全国统一的劳动人事工资制度，市场机制和经济手段对就业不发生作用。分配计划在执行过程中只能单纯依靠行政命令的方式。并且，完全计划的体制严格限制了劳动力自由流动，从而“宣布”了各部门、地方和单位对劳动力的所有权，劳动力“有进无出”的局面表现在大学毕业生就业上就是“一次分配定终身”。

这种计划分配方式的优越性在于：第一，在大学毕业生极为短缺的条件下，可以保证将十分有限的人力资源投入到国民经济的重点部门、地区和单位，加快经济建设的步伐。第二，在国民经济决策包括高等学校的招生与分配计划符合实际的条件下，有利于实现人才供求平衡和人才资源在宏观上的合理配置。第三，统一分配政策是大学生充分就业的保障。因而，这种分配模式在经济发展初期，在原有高度集中统一的体制下，对经济发展起过积极作用。

但计划分配方式也有缺陷和弊端，主要表现在：第一，大学毕业生就业选择的决策权集中于政府，而大学生本人和用人单位作为劳动力供求双方的主体却无权决策，势必造成全社会范围和各用人单位中人力资源难以合理配置，资源利用率低下的局面。从供给方说，大学毕业生无权选择与自己能力、爱好、预测收益最相匹配的单位，听令学校的“媒妁之言”，因而即便到岗后，其主动性、创造性也不能充分发挥，“用非所学”、“学非所用”和“大材小用”的现象比比皆是。从需求一方看。计划经济体制下用人单位不是独立核算的经济实体，不负盈亏责任，无须考虑用人成本效益，所以每年用人单位都不顾实际需要申报用人计划，致使人员、机构臃肿，效率低下，人力资源浪费严重。

第二，计划方法在技术革命和产业、技术、职业结构不断变化的条件下，人才供求包括数量和结构复杂多变，且原有体制和交通通信设施落后，已无法保证人才供求信息的迅速、真实传递，单靠计划决策也不能保证人才供求的总量与结构均衡，不能实现人力资源的有效合理配置。长期以来，专门人才的总量与结构在部门、地区、单位之间的分布不合理、过剩和短缺并存，就是有力的例证。

这种计划分配体制的产生和存在并非偶然，它根植于一定的社会经济环境土壤之中。我国传统的计划经济理论和原有经济体制是它赖以生存的基础。

传统的计划经济理论认为，社会化大生产和生产资料的社会主义公有制决定了社会再生产的基本投入要素——生产资料和劳动力，有必要也有可能用统一的计划，按比例地分配于国民经济各部门、各地区，以保证国民经济的计划按比例协调发展。它否认和排斥商品经济的存在及市场机制对资源配置的作用，因而在这种理论指导下的经济体制是一种高度集中统一、排斥市场机制的体制，经济运行中每个经济单位都是政府机关的附属品，企业生产过程中一切投入产出计划均由主管政府部门制订，其中作为企业投入要素之一的人力资源，包括大学生的就业当然只能由政府计划决定。

传统社会主义理论认为，在社会主义公有制条件下，劳动力不是商品，不属于劳动者个人，劳动力只属于全民所有制或集体所有制单位所有。社会主义经济不允许劳动者个人作为劳动力拥有者和供给者与劳动力需求方达成协议，实现就业自由选择。社会主义经济的就业制度目标是消灭失业，实现社会范围内劳动力的充分就业，在公平与效率的决策中，只求公平而不注重效率，故而，与此相应的劳动人事工资制度是国家统包统配，终身制和“铁饭碗”、“大锅饭”。在这种体制下，高等教育实行统一招生，统一培养，培养费由国家负担，毕业生由国家统一分配。

我国地域广阔，民族众多，各地区的地理环境，历史文化条件以及民族风情等差异很大，再加上经济发展水平不高，地区、部门、城乡之间也存在着严重不平衡，生活和工作条件相差悬殊。为帮助落后地区脱贫致富，新中国成立后曾先后几次选派大批干部和科技人员支援老、少、边、穷地区的建设，但只靠这种援助性的迁移仍不能满足落后地区对人才的大量需求，所以，大学毕业生就业分配时，采取自愿申请和指令分配相结合的政策，可以缓解供需间尖锐矛盾。相反，对发达和条件较优裕的地区，采取指令分配可以减缓人才聚集、人力资源利润率低的矛盾。这样最终将促进各地区、部门平衡发展。可见，地区、部门和城乡间不平衡发展的现实，是大学生就业方式上的统一分配、不能自由流动的外部条件。

二、自由择业模式

这是实行市场经济体制国家的模式，存在于大多数发达和发展中资本主义国家。这种模式以完善的劳动力市场为条件，在劳动市场上，由雇主（用人单位）和大学毕业生自由选择，或通过职业介绍机构为中介双方自由选择，政府不包分配，不包就业，也不进行直接干预。双方达成就业协议，签订劳动合同，以保证双方的权益，约束双方的行为。

这种模式的基本特征是：雇主和准备就业的大学毕业生具有就业决策权，政府和高等院校无权决策。雇主和大学毕业生作为劳动力供需双方分别是就业选择的主体，因而这种择业方式是与集中分配相对的分散决策模式。在此模式中，劳动力供需双方都是独立的利益主体，都以收益最大作为自己的目标，为此，雇主展开竞争，求职者也展开竞争，在雇主和求职者间也还存在着相互筛选，以实现各自的既定目标。具体而言，劳动力需求的一方即雇主或称厂商，在完全竞争条件下，为实现最大利润，就必须使其所雇用的劳动力的边际成本（工资率）等于劳动力的边际收益（劳动的边际生产率），由于工资率变动和受雇劳动力数量成反比，厂商可依此为基础核定所需劳动力的数量和专业结构。劳动力供给的一方是大学毕业生或称求职者，希望获取最大的收益（工资收入）和其他福利，因而选择众多厂商中的一家谋职，取决于该厂商所出工资的高低，以及该地区、部门、单位的工作条件和发展前景，所以说，在劳动力市场上，劳动力的价格——工资是劳动力供求的调节器。

自由择业就意味着劳动力在部门、地区、单位之间可以自由流动。发达的市场经济，基本消除了地区、部门以及城乡之间的差别，从而无论从制度上还是外部环境上都取消了对劳动力流动的限制，提供了劳动力自由流动的可能。

这种模式的优越性在于：第一，在微观经济层次上能实现人力资源的有效合理配置，使人力资源利用效率和经济效益提高。用人单位的厂商利润最大化驱使和硬预算约束下，进行人力成本核算和人力成本效益分析，自主决定劳动力，尽可能节约使用人力，提高人力资源利用效率。同时，包括大学毕业生在内的劳动者，自由决定就业和劳动力之间的竞争，可促使他们积极性、主动性的发挥。第二，在劳动力可以自由流动和竞争条件下，有利于实现劳动力在部门、地区即宏观上的合理配置和均衡，有利于在人力和人才投入上优化产业结构和缩小地区间发展的差别。

这种模式弊端是：第一，依靠完全的市场调节，在宏观经济层次上实现人力资源的合理配置要经过漫长的过程，而在这一过程中，人力和人才在地区和部门间分布难以合理，短缺和过剩将同时并存。第二，这种就业模式下的就业制度目标，把效率放在第一位，忽视就业公平，从而不可能消灭失业。在资本主义经济条件下，失业不仅是其制度的产物，而且是其存在的条件，失业大军作为就业的蓄水池，随着资本主义经济周期性波动，在高涨和衰退时，随时吞吐劳动力，维持经济的继续运行。

以上分析显示，资本主义市场经济制度和雇佣劳动制度是自由择业模式的体制基础。在这种制度下，资源和人力资源和配置由市场供求和价格调节，政府的干预和调节是使市场调节臻于完善，而不是限制和破坏市场机制的作用。大学的招生、培养和毕业生就业，即专门人才的供求也基本上由市场调节，招生数量和专业首先取决于市场需求，毕业生就业由供求双方自主决定，由市场劳动力价格调节。发达资本主义国家经济发展水平较高，城乡、地区、部门间差别较小以至基本消除，高等教育较高的入学率使专门人才供求趋于平衡，以及一整套社会保障制度的建立，为这种就业模式提供了良好的社会经济环境。

三、改革的思路

大学毕业生就业方式属于就业体制和劳动体制，是经济体制的重要组成部分。我国经济体制改革的目标是建立社会主义市场经济体制和计划与市场有机结合的经济运行机制。大学毕业生就业方式必须与新的经济体制相适应，与新的就业体制和劳动体制相一致。

（一）在国家计划指导下的自由择业

将国家统包统分的就业政策转变为在国家计划指导下自由择业，这是企业体制改革和确立劳动者主人翁地位的必然要求。我国全民所有制企业改革的目标是将企业变为自主经营、自负盈亏的独立的商品生产者和经营者。作为独立的商品生产者，必须对包括人力在内的生产基本投入要素有决策权。经国务院批准的《全民所有制工业企业转换经营机制条例》已明确规定，企业招工时间、条件、方式和数量由企业自主决定，企业有权依照法律和企业规章解除合同，辞退、开除职工，对管理人员和技术人员实行聘任、考核制，打破干部终身制。简言之，企业作为独立的经济实体，具备了用人权。同时，随着机关事业单位公务员制、考核录用制和聘任制的普遍实行，机关事业单位也逐步拥有了用人的权力，在全社会范围内就业吸收的权力分散在每一个具体单位，政府不再具有可强制分配毕业生于某一企事业单位的权力，相应的大学毕业生和其他职工也应有自由的择业权。

社会主义公有制条件下，大学毕业生同其他劳动者一样，是生产资料的主人。在劳动还是人们谋生手段的条件下劳动力属于劳动者个人所有。劳动者应具有选择劳动力与生产资料结合的方式、时间、地点和单位的权力，只有这样才能保障劳动者的主人翁地位，才能充分发挥劳动者的积极性、主动性和创造性，才能使大学毕业生“人尽其才”。

大学毕业生自由择业，或者说用人单位和毕业生的双向自由选择，还不能保证人才供应的平衡，也不能保证人才的合理配置。尤其是在短期内，完全放弃计划指导作用，由市场机制的经济手段自行调节人才供求，将导致大量人才资源集中于发达地区和部门，艰苦、落后的地区和部门很少有人问津，造成人力资源短缺和过剩并存不平衡分布和各地区、部门发展更加不平衡的局面。因此，必须坚持国家计划指导，国家可以根据人才供求状况和国民经济发展计划提出大学毕业生的就业计划，包括总量和结构及其部门，地区间的分布，主要用经济手段加以实施。国家重点和急需部门、地区和单位的人才需求给予优先安排，并用指令性分配使大学毕业生前往就业；属于定向有偿委托培养的学生，不在自由择业之列。这样，计划调节下市场机制合理配置人力资源的功能得到最充分的体现。计划和市场的有机结合成为就业制度中的最佳择业方式。

（二）建立人才市场，以市场调节人才供求

建立劳动力和人才市场（这里暂用此概念，它不涉及劳动力是否是商品的问题），是发展社会主义市场经济和建立新经济体制的要求。市场是商品交换的场所，是商品生产者关系的总和，没有发达统一的市场体系，商品经济不可能得到发展。这一市场体系不仅包括消费品和生产资料在内的商品市场，还包括资金、劳动力、技术、房地产等要素投入市场，人才市场则是劳动力市场的重要组成部分。

大学毕业生和用人单位双向自由选择需通过一定的中间环节进行，人才市场正是联结人才供求的场所和桥梁。它通过建立人才供求双方的信息库，为双方提供最必需的信息，建立职业介绍机构，为双方搭桥提供服务，从而解决“学校推荐”方式不能解决的问题。

人才市场不仅是大学毕业生实现初次就业的场所，也是大学生和其他专

门人才再就业和职业转换的场所。人才市场有区域性的，但最终将形成全国统一的地区联网的市场。

在人才市场上，工资是人才供求的调节器，人才供求影响工资变动，工资变动亦影响人才供求。随着企业改革的深化，在企业职工总收入与经济效益挂钩和拥有内部工资及收入分配权的条件下，企业间和个人间的收入将拉开，企业间的竞争，包括人才竞争将日趋激烈，为工资作为人才供求调节杠杆提供了条件。

（三）劳动力和人才自由流动

劳动力和人才部门、地区、单位间的流动，是社会化大生产和商品经济发展的客观要求。在技术革命的推动下，产业结构、部门结构、地区结构、技术和职业结构不断改变，资金、技术、劳动力和人才从一个部门转向另一部门，从一个地区转向另一个地区。从一个国家转向另一国家，形成劳动力的社会流动和国际流动。同时，劳动者个人经济利益的驱动，也使劳动力转移不可避免。

目前我国由于地区、部门、城乡经济发展水平的严重不平衡，由于现有就业的劳动体制以及户籍管理制度还不具备劳动力自由流动的条件，刚刚放开的劳动力和人才流动主向是由西向东，由农村向城市，不尽合理。我们的最终目标，就是允许劳动力和人才自由流动，彻底打破“一次分配定终身”的状况，目前应允许有限的自由流动，对不合理流动可提高流动成本加以约束，对艰苦的地区和行业可采取优惠政策和服务周期引导大学毕业生前往就业。

四、改革的配套

经济体制和教育体制改革是一个系统工程，大学毕业生就业体制的改革只是其中一环，但它会联动其他诸多方面，要求其相应的改革配套。

（一）改革教育体制中高等学校的招生与培养体制

计划指导的自由择业模式下，学生将以其就业预期为导向选择专业和课程，因而应当允许学生在这方面拥有一定约束下的自由度。高等学校的招生规模和专业设置与变更应在兼顾国家宏观调控计划的前提下，以市场对专门人才的要求为依据，以学校的人财物为条件。在专业设置上，既要考虑应用专业的需求，又要考虑基础研究专业的需求。在招生规模上要考虑到培养周期和经济周期对人才需求量的影响。要使高等学校适应社会复杂多变的人才需求，就必须扩大地方政府，尤其是高等学校在招生规模和专业设置与变更上的权力，在招生规模上可分为计划内和计划外，并扩大计划外招生的比例，在专业设置上应赋予学校相近专业的设立权，尤其是面向地方的学校在招生、专业上应有更大的权力。

（二）改革高等学校的经费筹措体制

大学毕业生的国家计划分配体制与高等教育的免费制度密切相关，学生培养费用由国家负担，并还负担住宿、医疗等费用，学生就业应由国家统一分配。如果大学毕业生自由择业，相应高等教育应收学费，并逐步提高学费标准和生均教育成本中学生本人负担的比重。

高等学校要主动灵活适应社会经济发展对人才的需求，也需相应增加高等教育的投入，因此，学校应通过兴办校办产业，增加社会服务获取经费，并通过与企事业单位联合办学、联合培养、争取社会赞助等途径扩大教育经费的来源。在教育经费构成比例中，财政投资份额减少，学校就会逐步摆脱与行政部门的隶属关系，成为面向市场的教学实体，这样，毕业生分配打破部门界限，实现充分流动才能最终实现。

（三）建立和健全社会保障制度

大学毕业生的自由择业和人才流动，不可避免地会出现暂时失业。在技术进步、经济和技术结构变动条件下，将会出现人才结构性失业。为此，需要建立健全失业保障制度，以解决劳动力和人才初就业和再就业过程中的失业生活保障和社会问题。

（四）改革劳动、人事、工资制度

大学毕业生是劳动力和人才的一部分，他们的就业体制改革和自由流动，以及供求的市场调节，必然要求整个劳动人事工资体制的改革，或要以整个劳动、人事、工资体制改革为条件。

（五）加快经济发展速度

加快经济发展速度，缩小城乡、地区、部门之间的差别，为劳动者自由择业和自由流动创造一个良好的社会经济环境。

市场经济—人才需求—高教体制*

一

本文假定：第一，中国经济体制改革的目标为社会主义市场经济体制，市场是资源配置的基本方式。第二，普通高等教育的基本功能是为经济与社会发展培养专门人才。第三，经济体制是决定高等教育体制的基本外部环境条件。本文的任务在于探讨市场经济体制下专门人才需求的特点，及由此引起的高等教育体制改革面临的问题。如何综合经济体制、政治体制、科技体制等外部条件，以及教育和高等教育的特点和规律，设计我国未来的高等教育体制不是本文的任务。或者说，就高教体制改革而言，本文主要是提出问题，而不是给出问题的答案。

社会主义市场经济体制的基本内涵为，在坚持社会主义基本经济制度的前提下和政府宏观调控下，以市场为资源配置的基本方式，现代市场经济的基本框架为：产权关系明晰、自主经营、自负盈亏的企业制度；包括商品市场和投入要素市场的完善的市场体系及市场机制；以间接调控为主的政府的宏观调控体系。我国的经济体制将发生根本变革，从传统的计划经济体制，到市场取向改革过程中的双重体制，最终形成社会主义市场经济体制。

---

* 本文原载于《北京师范大学学报》1993 年第 2 期。

二

受过高等教育的专门人才是较高层次的劳动力，作为基本投入要素是经济与社会发展的重要条件，其要求的数量、层次与专业结构、地区与产业间的分布、质量与规格由多种因素决定，最终是由经济与社会发展的规模、水平、结构等决定的。作为包括人力资源在内的资源配置方式的经济体制，不能不对专门人才需求产生重要影响，这里主要是在这个限度内，讨论专门人才需求的若干特点。

（一）总量增长与波动

相对于计划经济而言，市场经济在资源配置上更为合理和有效，从而可以推动经济以更快的速度发展，对人才需求在总量上不断增长。诚然，在技术进步条件下，生产的技术构成和资本有机构成不断提高，对劳动力需求相对减少。但是，技术进步一方面使新的产业、部门、行业层出不穷，又会增加对劳动力的需求；另一方面，对一般劳动力需求相对减少，对专门人才的需求却不断增大。现代技术革命条件下，劳动力结构变动的趋势之一是：在社会就业者中，熟练劳动力相对于非熟练劳动力的比重上升；复杂劳动相对于简单劳动的比重上升，脑力劳动者相对于体力劳动者的比重上升；在劳动者劳动力支出中，相对于体力支出而言，脑力支出的比重增大。因此，从总体和长期来说，市场经济对劳动力，尤其对专门人才的需求呈不断增长的趋势。

经济总量的相对均衡和稳定增长，在任何经济体制下，都是政府的宏观经济政策目标。但是实现这一宏观目标的机制与途径，市场经济不同于计划经济，它通过市场供求与价格的波动，通过市场竞争过程中，在利益驱动下资源的自由流动实现。这是一个漫长的、曲折的过程，其中经济增长的波动起伏是一种常态。固定资本的更新则是经济增长具有周期的物质原因。经济的扩张与收缩，经济的高速增长与停滞乃至衰退交替出现，即使有政府的干预和宏观调控，也难以避免。经济的扩张和高涨带动了对劳动力和专门人才需求的增长，经济收缩与衰退带来对劳动力和专门人才需求的下降。因此，尽管从长期来看，市场经济对劳动力和专门人才的需求呈增长型，而从过程看，市场经济对劳动力和专门人才的需求呈波动型。

（二）专业结构的多变与应用型

专门人才结构包括水平或层次结构、科类或专业结构，它由政治、经济、科学技术、社会等多种因素决定，不同国家不同时期不尽相同。相对于计划经济，市场经济对专门人才需求在专业结构上，至少有以下特点。

第一，对与市场经济体制有关的专业人才需求比重增大。

这大体上有四类：一是现代企业制度所需要的大批受过专门高等教育的企业家和工商企业管理人才；二是与现代市场体系有关的高级市场管理人才；三是与政府以间接调控为主有关的宏观管理人才，如财经、政法类人才；四是与对外开放有关的各个领域的专门人才。

第二，对应用型人才需求的比重增大。

如果把高等教育的科类或专业，粗分为应用类和基础类，把高等教育培养的专门人才粗分为应用型和基础理论型，市场经济对前者的需求比重更大。企业是国民经济的基本单位，是吸纳专门人才的主体，在利润最大化的驱使下，在激烈的市场竞争压力下，企业要生存和发展，就必须不断开发新产品、新工艺、新技术，必须不断改进经营管理，这就需要大批各类工程技术人员和管理人员。企业对人才的需求从自身利益出发，从企业的成本效益出发，对企业内部效益低、社会效益高、投入大、回收期长的基础理论研究和相关的专门人才没有需求或需求量甚小。只有少数大企业或企业集团才有这种需求，而基础理论研究和相关人才，对国家和社会的长远利益来说，则是必需的和至关重要的。

第三，多样和多变。

市场经济体制下，企业间、部门间、地区间、国家间的激烈竞争，推动科学技术不断革命，导致新产业、新部门、新行业的不断出现和更迭，某些专业的人才将不再需要而被淘汰或过剩，一批批新的专业人才将出现或短缺。

从专门人才个体来说，将不断在单位、部门、地区之间流动，将不断变换岗位，这需要不断更新知识与技能，不断更换专业、劳动力和专门人才的流动正是人力资源优化配置的必要条件。

（三）分布的不平衡

一方面，由于地区间、城乡间、部门行业间经济、技术发展水平、结构和规模的不同，对专门人才的需求数量与结构相异；另一方面，在市场经济体制下，专门人才择业观念将发生变化，预期经济收益、工作条件与生活环境等越来越成为更多的人的择业重要取向。这必将导致专门人才在地区、城乡、部门行业间的不平衡。这种人才资源配置的不平衡，既是经济、技术发展不平衡的结果，作为重要的投入要素的发展的条件，又加剧了经济发展的不平衡。这对发展中国家来说，是从二元经济向一元经济转变过程中不可避免的现象。

同时，在市场配置资源的体制下，专门人才这种人力资源的配置，将同其他资源配置一样，打破计划经济体制下按照行政区域配置的限制和格局，在资源流动和市场经济发展过程中，将按自然形成的经济中心和经济区域来配置，将会形成以大中城市为依托，向周围地区辐射的经济区域，它不仅是经济发展中心，同时也是人才资源的聚集地。这必将对我国现有的高等教育按部门、按行政区划配置的格局提出挑战。

（四）专门人才的自由择业

专门人才的就业方式，虽不是人才需求本身的问题，但它同专门人才的需求直接相关，在计划经济体制下，专门人才的培养费用全部由政府负担，专门人才的就业也由政府的统一分配计划“统包统配”，专门人才的需求者和供给者，也即就业单位和就业者均无选择的自由。按照市场经济的要求，就业单位对就业者有选择的自由，随着企业自主用人和全员劳动合同制的实行，政府机关和事业单位公务员制和聘任制的逐步实行，对吸纳专门人才必将有较大的自由。相应地，专门人才在就业时对就业单位也应有选择的自由。这种双向自由选择的结果，将导致大学毕业生在就业方式上，由政府“统包统配”转变为自由择业。

三

市场经济体制目标的确立，市场经济对专门人才的需求，必然会冲击原有的、同计划经济相适应的高等教育体制，必然要求高等教育体制进行变革。这里只就市场经济及其对专门人才的需求而提出的高教体制的种种问题进行初步的讨论。

（一）大学毕业生的就业体制

大学毕业生就业体制的目标应是专门人才这种稀缺人力资源配置的合理与有效。在计划经济体制下，政府“统包统配”，既包就业，又包分配，由于专门人才供求复杂多变，政府对这种信息不可能完全充分掌握，统得过多过死的劳动人事制度和户籍制度使专门人才不能流动，因而这种体制不能实现人才合理有效配置。旧体制下在地区、部门、单位间，人才积压与过剩并存，大学毕业生一次分配定终身，不能人尽其才，效率低下。

市场经济体制下，大学毕业生就业体制应是学生自由择业和自由流动。但由于地区、城乡、部门间经济与社会发展水平极不平衡，由于新旧经济体制并存和改革不同步配套，这种体制可能产生如下问题：第一，国家急需的而又艰苦的地区（包括广大农村）、行业没人去，大中城市、发达地区与行业则人才蜂拥而至，相对过剩或大材小用。第二，由于我国幅员辽阔，交通与通信落后，人才供求双方信息不灵，双方的自由选择只能限制在狭小的空间范围内。第三，在人才供求双方的选择中，诸如走后门、拉关系等非规范的选择行为将相当普遍，从而引起就业与选择的机会不平等等社会问题。这就需要政府的政策导向和宏观调控，如何导向和调控，如何设计大学毕业生就业的目标模式和中期过渡模式，已经提上议事日程。

（二）高校的规模与专业设置

这涉及高等教育的规模与专业结构，体制目标应是高教资源合理与优化配置，专门人才供求总量与结构的相对均衡。

旧体制下，高教发展的总规模与专业结构，包括专业的设立与变更，由中央政府主管部门的统一计划确定，年度招生数量及科类分布，按全国统一计划，切块层层逐级分解，将指标下达到学校。这种由中央政府统得过细、过死、过于僵化的体制，显然不能达到上述目标，更不能灵活地适应市场与社会对专门人才多样与多变的要求，

高等学校是培养专门人才的基本单位，如果它对专门人才的需求和学校的培养供给条件最为了解，应把学校的规模与专业设置变更权赋予学校。它有助于增强学校活力，使学校能够根据社会与市场对人才的需求做出及时灵活的反馈。但是学校对人才供求信息的掌握也不是充分的，作为非营利单位的学校也难以形成强有力的自我约束机制，人才的培养与供给相对于市场需求在时间上是滞后的，在周期上是非同步的。由此，又可能出现新的问题：第一，在学校既没有自我约束机制和市场约束，又没有政府外部控制的条件下，可能会出现各个学校争上热门专业，从而一方面导致市场需求过旺的专业重复过多过剩，国家与社会所必需的专业（如基础理论研究等）受到削弱以致萎缩。第二，学校招生数量的盲目扩张，在学校内部资源不足时引起教育质量下降，在经济滑坡或停滞时，将导致人才过剩，加剧失业。第三，高等教育的发展需要比普通教育更为严格的人力、物力、财力条件，教育质量的提高和内部资源使用效益的提高，要求学校的规模与专业相对稳定，如果学校规模与专业变动频繁将引起教育质量下降和效益降低。

相应的对策是，要使学校规模与专业设置及其变更既有灵活性，又有相对稳定性，既能反映市场对人才的需求，又能符合国家与社会长期发展的需要。政府可做的事有：第一，制订高教总量与结构发展规划和年度计划；第二，发布专门人才供求信息与预测；第三，实行中央与地方政府对高教的两级调控，完全面向地方的学校和专业由地方政府调控，面向全国的学校与专业由中央调控；第四，以财政对学校的拨款调节学校的规模与专业结构；第五，设立政府与学校间的中介机构，对学校及专业的设立、变更进行咨询和评估。

（三）培养体制

这里只讨论课程设置、教学内容与方法等智育范围内的问题。旧体制下，统一课程，统一教材或教学大纲，统一学时制，在教学内容与方法上，重理论轻实践，重知识传授轻能力培养，用统一的标准和模式，不必要的形式主义的制度和方法训练约束学生，可以说是用一个模子去塑造千差万别的学生。这对旧体制来说或许是合理的，因为在旧体制下，企业和事业单位不过是政府机关的附属品，拨一拨动一动的算盘珠，劳动者不过是忠实执行计划和指令的驯服工具。其实，这种培养体制及培养的人才早已不能适应现代科技革命和现代经济与社会发展的需求。

现代市场经济对专门人才的要求，至少在基本理论、基本知识与技能方面受过良好的训练，具有较强的适应能力、实践能力，富有开拓进取精神和创造力。这样才能适应市场经济条件下，职业与岗位不断转换和流动的需要，才能适应市场竞争的需要。为此，在培养体制上需要考虑：第一，增大基础课的比重和选修课的门类；第二，课程设置与教材的选择权应放给学校和系，同时，应给学生在课程选择方面更大的自由度，可实行彻底的学分制；第三，加强学生实践能力的训练和考核，鼓励和培养学生的创造思维和创造能力。总之，培养需立足于学生未来的就业和社会发展，要给学校、教师、学生更大的权力和自由度，学校之间应有较大差别和特色。

（四）办学主体的多元化

旧体制下，就普通高校来说，政府是唯一的办学主体，有国家教委直属院校、国务院部委所属院校、地方所属院校，都由政府举办，这同单一的生产资料公有制、高度集中统一的计划经济体制相一致。

社会主义市场经济体制要求生产资料所有制结构以公有制为主体的多元化，改革以来已经形成以公有制为主体，包括个体、私营、三资企业多种所有制并存和发展的格局。而且随着高等教育较大较快的发展，单靠政府办学已经不能适应。应实行以政府办学为主的办学主体的多元化，允许企业和企业集团办学，允许私人和民间办学，允许中外合资办学。总之，可以由各种社会力量办学，条件是必须遵守教育法规，执行政府的教育政策，接受政府的指导和调控。相对应的是，应尽快制定高等教育法规，建立高等学校的资评组织，依法对申办者进行资评，按法定程序审批。

需要讨论的问题，一是高等学校的设立和撤并权属于谁；二是在办学主体多元化情况下，政府如何管理高等教育和学校。

办学的审批权过于集中，不利于调动各方办学的积极性而过于僵化，如果办学审批权过于分散，可能导致高校不顾条件和需要盲目发展和升级。即使用法律约束，也需要在立法中明确规定办学的审批权。

办学主体多元化以后，政府如何管理。旧体制下，在中央统一领导、统一规划下采取谁办学谁管理的体制。国家教委办的高校，国家教委直接管理；国务院部委办的高校由主管部委管理；地方办的高校由省政府管理。这种体制带来的重要后果之一，是高等教育结构趋同，学校和专业平均规模过小，规模效益低。各部门尤其各地方在局部利益驱动下，力求各类高校样样都有，高等教育自成体系，结构趋同、规模过小，资源浪费。

从高等教育的决策与管理权的划分上，首要的问题是给学校以充分的办学自主权。在此基础上，要明确划分中央与地方政府的权力，应将管理权力更多地赋予地方政府。依法规范政府与学校、中央与地方在高等教育上的权力与职责。

（五）投资的多元化

旧体制下，高等教育所需资金全部由财政拨款，这既不合理，也难以继续下去。改革以来，高教投资多元化的格局已初步形成，除财政拨款外，还有学校校产和服务收入、学生交纳的学费，主要有以委托培养、有偿分配形式从企业获得的收入，利用外资包括国内外个人和团体的捐赠等。投资多元化后需要讨论的问题有以下几个。

第一，政府投资为主和政府拨款方式。

各级政府办的学校应以政府投资为主，因政府具有举办高等教育的职能和义务，不能因为高教投资多元化而减少政府对高教的投资，相反，还应逐步增加政府的投入。对于客观上创收能力较弱的学校和专业，如师范院校和基础类专业、社会必须保护的专业，政府应给予更多的投入。政府拨款方式应有利于高教资源的优化配置，有利于形成学校的自我约束机制。

第二，学校校产与有偿服务收入。

学校通过举办校办产业和提供有偿服务获得收入，其背景主要是政府对学校投入不足，经费短缺、教师收入过低，学校难以维持和发展。它可以加强学校与社会、与市场的联系，从而推动学校改革，也可以改善办学条件，稳定教师队伍，可以增加社会财富。但必须明确，学校的基本功能是培养人才，而不是以利润最大化为目标的企业，创收是为了改善办学条件，更好地培养人才。为此，学校在校产与服务的项目选择和人力、物力、资源配置以及管理上应采取相应的对策。

第三，征收学费。

高等教育是非义务教育中最昂贵的教育，同时也是一种可以使受教育者获得较多经济与非经济预期收益的教育，对接受高等教育的人征收学费顺理成章，也是各国高等教育的常规。唯有改革以前的我国高教例外，大学生不但免交学费，而且政府还免费提供食宿医疗等，相反，基础教育还要向学生征收学杂费。20 世纪 80 年代后期，作为改革的起步，向除师范等类学校的学生以外的大学生象征性地征收学费。90 年代以来，公立大学中又出现了公费生与自费生、计划内学生和计划外学生，对学费实行了双重标准，无论何种学生，学费标准呈上升趋势。这对扩大高教投资来源以补充高教经费不足、缓解高教供求矛盾起了一定的作用，但由此也产生了一些问题。

首先，能否以学费作为调节高教供求的杠杆。有一种主张认为在市场经济下，应有教育与高教市场，学费作为教育与高等教育的价格，以此调节高教的供求，甚至认为高等教育的成果——毕业生应商品化。笔者认为学费只能作为调节供求的补充手段，因为教育与高等教育是一种公益事业，发展高等教育是政府的职能与义务，市场经济并不等于一切活动都要市场化，上述主张的结果是高等教育的商业化，是不可取的。笔者的观点可见《中国教育报》1993 年 1 月 8 日和《光明日报》1993 年 1 月 21 日的文章。

其次，学费的标准及其控制。我国是一个发展中国家，宪法规定了公民受教育的权利。收费标准要以大多数居民在经济上可以承受为限，收费过高将会引起欲受教育者因付不起学费不能入学而造成新的受教育机会的不平等。在收费适度的情况下，要采取助学贷款、奖学金、学生勤工俭学等措施，避免上述问题的出现。在纯粹的市场经济下，政府对收费标准可不加控制，完全由市场调节，过高的收费将减少对高教的需求，从而使收费降低。为避免市场调节过程中出现的问题，较好的选择是政府规定收费的最高界限，在上限以下可由学校浮动。而且学费只能是高教生均成本的一个或大或小的部分，而不能将全部成本由受教育者承担。

最后，当学费成为高教投资的重要组成部分后，学生有权通过一定的方式参与学校管理。学校管理，尤其财务管理应相应改革，体现高教投资者的权利。

第四，委托培养与有偿分配。

这是改革以来，企业在纳税之外负担普通高教经费的主要形式，也是高教投资来源之一。这是在大学毕业生由政府统一分配体制下，在专门人才供不应求的条件下，部分行业与企业为获得专门人才被迫采取的措施。从理论上说这是没有根据的，企业作为主要纳税人已经负担了教育经费，这样做造成这些企业对教育经费的双重负担，对不同企业是不平等的。实行市场经济的发达国家也无此种做法。

为吸引企业在纳税之外给高教投资，较好的选择是鼓励企业对高等学校捐赠，政府对捐赠者在税收上给予优惠，在精神上给予鼓励，这也有利于改善企业形象，是企业公关的内容之一。

（六）高等学校内部管理体制

这里主要讨论人、财、物的管理和学校后勤服务的管理。前述问题基本上属于高等学校的外部管理问题，包括学生的进入、培养与就业等。高等学校的人、财、物与后勤服务管理基本上属于内部管理。限于篇幅，只讨论市场经济体制下内部管理体制的原则。

第一，内部管理为外部管理服务。学校的一切活动和管理，最终都是为经济、社会发展培养合格的专门人才。因此，内部管理改革要立足于学校基本功能的实现。

第二，内部管理要引进市场机制，力图实现内部人力、物力、财力资源的最优配置，以提高资源利用效率，以最小的教育资源投入获得最大最好的教育产出。

第三，学校是社会的一部分，在管理体制上同社会其他部分既有共性，又有个性；既不能使学校内部管理体制游离于社会之外，又不能简单地将经济与社会的管理体制照搬到学校中来。

第四，后勤服务社会化，后勤管理企业化。在商品经济与社会分工不发达的条件下，形成了学校办社会，而不是社会办学校的局面。高等学校内第一、二、三产业样样都有，包揽了应由社会承担的大部分服务。“除火葬场以外学校什么都有”，学校是社会的缩影，由此造成学校“不务正业”，不堪重负。从资源配置来说，学校举办教育以外的产业，已意味着教育资源的转移。改革的目标是社会办学校，大部分后勤服务社会化。这一目标的实现非学校所能及，有赖于社会商品经济和第三产业的充分发展、市场经济体制的确立。

学校中有一部分为教学、科研服务，为师生员工生活服务的部门和单位，凡是需要而又有条件的，应逐步实行企业化管理，以减轻学校负担，提高效率和效益。

本文只是从一个十分有限的角度，甚至是片面地讨论了市场经济与高教体制改革问题，实际上，高教体制改革是一个复杂的系统工程，涉及一系列领域。同时，高教体制改革也是一个长期的过程，在这个过程中，它将受到我国旧体制的制约，受到我国经济与教育发展水平的制约，出现种种困难和矛盾是正常的。限于笔者的专业知识和水平，只能片面地、浅薄地提出一些问题，以期引起讨论。

劳动力市场与高等教育体制改革*

1992年中国经济体制改革的目标模式确定为社会主义市场经济，现正处于从计划经济向市场经济转轨过程中。与此相应，中国的人力资源配置方式也将从计划行政配置转向劳动力市场配置。作为高层次劳动力培养的高等教育必须在招生数量、层次、专业结构以及毕业生就业等管理体制上进行相应的改革。本文就此作一简要的探讨。

一、两种人力资源配置方式的比较与选择

（一）两种人力配置方式的特征

现代社会有两种基本的人力资源配置方式，即与计划经济和市场经济分别相适应的计划行政方式和劳动力市场方式。两种人力资源配置方式的主要区别或特征在于：（1）配置者不同。计划经济下，政府是人力资源的基本配置者，是集中决策下的集中配置。在市场经济下，所有人力资源的需求者与供给者是配置主体，是分散决策下的分散配置。（2）配置方式不同。计划经济下，由政府制订统一的配置计划，通过行政指令将人力资源分配到各地区部门、行业和用人单位中。市场经济下，通过劳动力市场的供求与价格（工资）波动配置人力资源。（3）配置利益不同。前者是全面就业和宏观均衡体

* 本文原载于《上海高教研究》1997年第1期。

现的社会利益，后者是人力资源供求主体自身利益的最大化。

（二）市场配置优于计划配置

作为一切经济与社会活动基本投入要素的人力资源，同其他稀缺资源配置一样，以配置合理与效率最优为目标。两种人力配置方式达到这一目标都需要相应的条件，问题在于现实生活中这些条件能否满足。就计划行政配置而言，第一，政府必须掌握充分的人力资源供求信息，可谓“完全充分信息假定”。第二，政府与人力资源各供求主体利益完全一致，以及由此决定的价值观也完全一致，可谓“利益完全一致假定”。前者是政府配置决策正确的前提，后者是政府配置决策实现的条件。两个条件或假定在现实中并不具备。人力资源供求信息的复杂多变，使政府不可能充分掌握，由于人们利益上的矛盾与价值观的非一致性，使政府配置决策目标难以实现。

人力资源市场配置相对于计划行政配置而言，更有利于人力资源配置最优。这正是我们选择市场经济、选择劳动力市场配置人力资源提出改革目标模式的理论根据。

二、劳动力市场的运行与劳动力供求

（一）市场配置人力资源的基本过程

劳动力市场有两个独立的主体：一切用人单位为需求主体，包括“公共部门”与“私人部门”；凡有劳动能力又愿意就业的人为供给主体。需要强调的是，教育机构仅仅是人力的培养者或输送者，并非人力资源的供给者。假定供求双方都是理性的经济人，需求方就厂商而言，在利润最大化目标下，以劳动的边际收益等于边际成本为用人最低原则，供给方以个人收入与福利的最大化为就业目标。双方在劳动力市场上（有形与无形的）双向自由选择，供与求相互间展开自由平等竞争，最终以劳动合同形式完成配置过程。劳动合同规定双方的权益，约束双方的行为。作为劳动力的价格——工资，由劳动力供求决定，并在供求均衡点上形成均衡工资。工资的水平与变动反过来调节劳动力的供求，并引起劳动力在地区、行业、职业间的自由流动。职业介绍所、学校、大众媒介充当双方搭配的桥梁。政府制定劳动法规，依法对劳动力市场实施监管，并运用宏观经济政策及人力政策，对人力供求总量、结构、分布进行宏观调控，以弥补劳动力市场在配置人力上的缺陷。

（二）市场配置人力资源的特征

与计划行政配置相比，市场配置有如下特征：（1）自由与平等。劳动力市场上供求双方有完全的自主权，处于完全平等的地位，政府只是在招聘公务员时成为需求主体，其他情况下只是市场的监管者，而不是配置者。（2）竞争与流动。在用人单位的需求者之间和准备就业的供给者之间，劳动力供求之间展开充分自由的竞争。竞争过程中，在利益差别的驱动下，劳动者自由流动，包括纵向与横向流动、垂直与水平流动，达到人力资源优化配置。（3）统一与开放。“统一”表现在运行机制与规则的统一，不允许人为的市场分割与非市场机制的干预；“开放”表现为劳动者没有干部、工人、农民等身份区别，并可以在产业、区域、行业和单位间自由流动。

（三）影响劳动力供求的因素

影响需求的因素，从宏观来说，取决于经济发展规模与速度、经济结构与产业结构、技术进步与资本劳动要素比。其他条件不变时，经济规模大小、增长速度快慢与劳动力总量需求成正比。经济结构、产业结构变动引起劳动力需求结构变动。技术进步和要素比例的提高，一方面使总量需求相对减少；另一方面导致新的需求的增加。从微观来说，劳动力需求取决于企业边际生产率和生产技术条件，边际生产率为零时，企业“雇佣”人力数量是其需求量上限，企业生产率一定条件下，生产技术条件改善及由此决定的要素比例提高，导致需求量下降和需求结构的改变。

影响供给的因素，从宏观来说，取决于人口数量、增长率、年龄构成、劳动参与率所决定的供给总量，教育发展水平及由此决定的劳动者受教育程度与结构决定着供给结构与素质。从微观来说，劳动者供给量取决于他对工作和闲暇的选择，取决于闲暇的机会成本，亦即劳动工资率，或者说工资率的高低决定供给量的多少。

三、高等教育体制的改革

原有的高等教育管理体制与计划经济，是与人力资源计划行政配置方式相一致的高度集中统一的管理体制，当经济体制转向市场经济，人力配置方式转向市场配置后，高教体系中的招生、专业设置、毕业生分配等体制必须做相应改革。

（一）改革的指导思想——“以销定产”及“以条件办学”

由于高等教育的重要经济功能是为社会培养高层次的劳动力，高等教育的出口就是劳动力市场。因此在招生、专业设置、毕业生分配等管理上，必须以劳动力市场和社会发展对高层次人力需求为出发点。借用商业术语即是“以销定产”，而不能是“以产定销”。

“以销定产”说明高等教育必须根据社会需求确定学生数量和结构。由于培养学生要以一定的教师、教学仪器设备、固定资产、办学经费为条件，因此，就高等学校而言还不能说社会需要什么人就培养什么人，需要多少就培养多少，还必须根据学校现有的办学条件确定学生数量与结构。社会不需要的，学校自然不能培养；社会需要的也不一定能培养；社会有需求，学校又有条件的才能培养。

高等教育培养的人才，在需求与培养供给上具有不同特点。就需求来说，具有多样性、多变性。由于经济周期的作用，对专门人才的需求量周期性地增大或减少。由于科学技术革命及其在经济上的应用，导致产业结构、技术结构、职业结构的改变，将使人才需求结构多变。市场消费结构的变化，科技与经济国际化的发展，也将对人才需求结构和人才知识技能结构发生影响。

人才的培养和供给具有相对稳定性。人才培养的质量和教育资源利用效率，都要求学校、专业，以及教学计划相对稳定。作为高校基本投人要素的教师、教学仪器设备、图书情报资料等具有使用周期长、不易改变的特点。

如果学校的专业和教学计划频繁变动，必将导致教育成本上升，影响教育质量提高；如果学校的专业、教学计划僵化，则不能适应社会需求的变化。

这表明人才需求与人才培养具有非对称性，不仅人才需求的多变、人才培养供给的相对稳定不对称，而且人才需求的多样性与培养供给的多样性不对称。从专业来说，需求与供给并非是一对一的对应关系，同一单位需要多种人才的组合，同一专业人才可在多种部门、行业、单位工作，而且相近专业人才具有替代性。经济周期与人才培养周期又不同步。这都要求高等教育一方面需要面向劳动力市场和社会需求；另一方面，又必须考虑教育的自身特点和条件。

（二）微观搞活与宏观调控

高等教育一方面要面向劳动力市场和社会需求，另一方面又必须依据自身的特点和办学条件。高等教育在学校规模、专业设置、毕业生就业等方面面临着谁来决策，即政府高等教育机构与高等学校教育决策权的划分问题。决策权的划分取决于谁能最充分地掌握教育供求信息，答案是政府与学校都不能掌握完全充分的教育供求信息。从宏观层面来说，政府优于学校；从微观层次来说，学校优于政府。因而，改革的基本思路应是微观层次的决策权赋予学校，宏观层次的决策权赋予政府。换言之，微观搞活，宏观调控。

改革的目标应是高等学校有权根据社会需求、办学条件以及政府核定的办学规模，在国家宏观调控下，确定年度招生数量及学科、专业比例以及非学历教育的招生数量。有权在国家公布的专业目录范围内，根据社会需求和专业设置标准、办学条件，设立和调整学科、专业，制订教学计划、教学大纲，选编教材，组织实施教学活动。考虑到未来劳动力市场与社会需求的复杂多变，应拓宽专业面。教学计划应加强基本理论、基本知识、基本技能的教学和训练，并增设辅修专业。毕业生就业应在国家宏观指导下，自主择业，政府和学校既不包分配，又不包就业。

政府对高等教育负责制定高等学校的设置标准和审批办法，制定学科和专业基本目录、设置标准和质量标准，制定高等教育中长期发展规划和年度指导性招生总量目标，负责对毕业生的就业指导、服务和管理工作。

为避免权力下放而可能出现的高等学校在招生数量和结构上的盲目性，为使高等教育发展与社会经济发展相协调，政府对高教应进行间接调控为主的宏观调控，基本手段是财政拨款。政府作为公立高等学校的举办者必要时可采用行政手段，并以高等教育有关的法规制度规范学校的办学行为。同时政府应建立和健全高等教育的信息、咨询、后勤保障服务体系，为高校的发展和改革服务。

在决策权划分过程中，要处理好微观搞活与宏观调控的关系。经济体制改革的经验是，放权与微观搞活要以宏观有效调控为前提，宏观调控要以微观能做出灵敏反应为条件，两者相互制约，关键在于转变政府职能，把应当由学校决策的事、权力放给学校。

改革高等教育管理体制 提高高等教育投资效益*

一

本文从经济学角度，从提高高等教育投资的外部与内部经济效益出发，探讨中国高等教育管理体制改革问题。

假定高等学校的基本功能是为经济与社会发展培养和输送各种专门人才，它是专门人才的培养者和供给者，经济与社会的基本单位——企业、事业单位和机关团体则是专门人才的吸纳者和需求者。在科学技术迅速发展的当代，专门人才作为经济与社会发展的基本投入要素，是经济与社会发展的重要条件。经济稳定持续增长及其与社会的协调发展，要求专门人才的供给与需求，在总量、结构（包括层次与专业结构）、质量上相对均衡。专门人才的培养与供给，即高等教育的发展，以经济与社会为其提供的人力、物力、财力资源为条件。在资源有限的条件下，要求专门人才的培养与供给，以较少的资源投入获得较多、较好的专门人才产出。

由此可以设定，高等教育的经济效益包括以下两个方面。

（1）高等教育的社会或外部经济效益。从定性出发，表现为专门人才的供给和需求在总量、结构、质量上的均衡度。只有在专门人才供求相对均衡

---

* 本文原载于《高等师范教育研究》1992 年第 6 期。

的条件下，才能从专门人才投入上促进和推动经济与社会稳定、协调、持续发展。如果专门人才供求严重失衡，专门人才过剩或短缺，或结构失衡，将导致人才培养资源浪费或投入要素的人才“瓶颈”，从而影响经济增长和社会发展。从定量来说，高等教育的社会经济效益表现为专门人才就业后引起的国民收入或国民生产总值的增量，扣除高教成本后的余额或净收益，净收益与高教成本的比率即是高等教育的社会经济收益率。由于现代经济增长是多种因素共同作用的结果，单纯计量高等教育或专门人才投入的社会经济效益十分困难，且难以精确化。

（2）高等教育的内部效益或经济效率。从定性出发，表现为以较少的资源投入获得较多较好的专门人才产出。假定专门人才质量相同，则表现为高等教育单位投入的产出，或单位产出的投入，单位投入的产出多，或单位产出的投入少，则表明内部效益高；反之则低。从定量来说，最终表现为高等教育的生均成本。由于生均教育成本呈上升趋势，因此，高等教育内部效益表现为生均成本的相对变动，只有同期、同级、同类的高教生均成本才具有可比性。

二

高等教育管理体制是影响和制约高教经济效益的重要因素，它决定着高等教育的投入产出运行机制和方式。作为社会体制构成部分的教育体制，首先受制于经济体制，从总体上说，有什么样的经济体制，就有什么样的教育体制。同时作为教育管理的制度和方法，又必须反映教育的特征和规律。高等教育是三级教育中与社会经济关系最密切的部分，为此，需要探讨专门人才供求的特点，以便为建构合理的高教体制提供依据。

专门人才的需求有以下特点：

（1）多样性。经济与社会由不同的部门、行业、企事业单位和机关团体组成，由于其劳动或工作性质的不同，技术和有机构成（投入中的资本与劳动比）不同，对受过高等教育的专门人才需求具有多样性。从人才受教育层次或程度来说，依次有专科生、本科生、研究生；从人才的职业种类来说，有科学、技术人员、工程技术人员、经济和社会管理人员、教师、艺术家、医务工作者，等等。这种专门人才需求的多样性，不仅表现在宏观上，而且表现在经济与社会基本单位的微观层次上，同一人才的需求单位，需要多层次多种类的人才及其合理的配置。

（2）多变性。经济与社会发展对专门人才的需求量和结构，无论在宏观上，或是在微观上都是多变的。首先，因为经济增长具有周期性，尽管不同社会制度的国家都把经济稳定增长作为政策目标，由于不同的社会经济原因，经济增长都不是直线式上升。当经济高涨或繁荣时，对专门人才的需求量增大；当经济衰退或滑坡时，对专门人才的需求量减少。其次，科学技术的迅速变革，以及由此导致的产业结构、技术结构、职业结构的变化，必将对专门人才的需求结构产生影响。最后，市场消费结构的变化，科学技术与经济国际化的发展，也必将对专门人才的需求结构和人才的知识技能结构产生影响。

（3）连续性。人的寿命和劳动期间都是有限的，经济与社会的发展周而复始连续不断，决定了人才需求具有连续性和合理的人才年龄结构。

专门人才的培养与供给具有不同于需求的特点：

（1）人才培养周期长。专门人才从一个前后衔接连续的过程来看，依次需接受初等、中等和高等教育，时间长达十数年；高等教育也要数年；大学毕业生就业到适应岗位需要，由于理论与实践的矛盾，也需要时间。

（2）人才培养的稳定性。专门人才的质量要求培养周期即学制要相对稳定；教育投资的内部效益，要求学校、专业、课程的设立相对稳定。作为高等教育投入要素的教师和教学仪器设备、图书情报资料等具有使用周期长、不易改变的特点，如果学校性质、专业和课程设置变动频繁，必将导致教育成本的上升，并影响教育质量的提高；如果学校、专业、课程设置过于僵化则不能适应社会需求，影响高等教育社会经济效益的提高。

上述专门人才供求特点表明二者具有不对称性，不仅人才需求的多变与人才供给的相对稳定不对称，而且人才需求的多样性与人才培养和供给的多样性不对称。从专业来说，人才需求与供给并非简单的一对一的关系，同一单位需要多种专业人才的组合，同一专业的人才可以在多种部门、行业、单位工作。按照市场法则，供给要适应需求，为此，要求高等教育管理体制对专门人才的需求有较强的适应性。

三

包括高教体制在内的教育体制，其基本构成要素包括：

（1）决策体系。即教育决策权的分配，由谁做出哪些教育决策。这是教育体制中最重要的构成要素。教育系统的决策者包括政府、学校、教师和学生不同等级的四个层次。不同教育体制下的不同决策体系，决定了教育决策权的不同划分及其相互关系，决策体系有集权型、分权型及集权与分权结合型。无论何种决策体系，为保证决策的正确，都要求决策的民主化与科学化。

（2）信息体系。社会经济和教育系统中的信息是教育决策的依据，信息体系回答信息从何得到和怎么得到。按照信息的流向，可把信息体系分为纵向信息体系和横向信息体系两类。纵向信息体系是指信息在等级组织的上下级之间流动；横向信息体系是指信息在同级之间或非等级组织单位之间流动。无论何种信息系统，作为信息流动都要求迅速、准确。

（3）调节体系。它回答教育决策做出之后，决策如何实现的问题。由于不同决策者具有不同的利益，决策目的和目标也不尽相同，在决策实现过程中，需要调节不同决策者的利益与目标，建立相应的调节体系。按照调节方式划分，教育调节体系有计划调节体系、市场调节体系以及计划与市场结合的调节体系。

（4）组织体系。它是指教育决策实施和实现的组织系统，包括各级教育机构、教育单位的职责划分、相互关系和内部组织构成。

现实中的教育体制则是由一系列的具体体制组成的，如高等教育体制包括：招生体制，毕业生就业体制，拨款体制，以及学校内部的人、财、物管理体制等。

四

中国的高等教育体制形成于20世纪50年代，它以传统的计划经济理论和高度集中统一的经济体制为基础，以苏联的高等教育体制为蓝本，虽几经变革，但基本框架并未改变。这种体制在教育资源严重不足、专门人才极为短缺的条件下，对教育和经济的发展起过积极作用。但在改革开放的大背景下，这种体制的弊端已日益突出，非改不可。这种体制的主要特征和弊端表现在：

（1）从决策体系来看，是集权型。教育的宏观乃至微观的决策权集中在政府，主要是中央政府。学校及专业的设立和变更，招生、学制、课程设置和教材，学生分配及学校内部人、财、物的管理体制等决策权高度集中统一。而地方主要是指在高等学校，教师和学生缺乏应有的决策权，这种集权型决策体系虽然可以保证最高决策者决策目标的实现，但它一方面严重束缚了学校、教师和学生的主动性、积极性和创造性，使高等教育失去活力和对社会经济的适应能力；另一方面，一旦最高决策严重失误，将使高等教育受到灾难。

（2）从信息体系看，是一种垂直的封闭的纵向信息体系。教育信息按照行政隶属关系，在教育机构与学校上下级之间传递。高等教育系统与经济、社会系统之间，同级高教机构和学校之间，信息的横向传递被切断，专门人才的供求这一高教基本信息的传递与反馈只发生在两个系统的最高决策者之间，这种信息体系使高等学校不了解社会要求，也无法做出反馈。同时，由于我国交通与通信落后，纵向信息流动层次多，下级为迎合上级偏好而“报喜不报忧”或为自身利益而“谎报军情”，从而使信息流动慢而且失真，依据这种信息的最高决策也难免失误。

(3) 从调节体系看，采用单一的计划调节实现高等教育资源的合理配置和专门人才供求的均衡，排斥了市场的调节作用，并且按照行政区划、行政层次，采用行政指令去实现最高决策目标，忽视或排斥经济与法律手段的作用。事实证明，采用单一的计划调节如同单一的市场调节一样，都不能实现专门人才供求的平衡和高教资源的合理配置。

(4) 从组织体系看，是条块分割。高等学校，尤其成人高校由中央与地方各部门设立和管理，自成体系，导致高等教育结构趋同，学校与专业平均规模过小。高等学校内部组织机构上的行政化和学校办社会，导致机构庞大，非教学人员过多，生均成本较高。

这种高等教育管理体制，一方面使高等教育的社会经济效益较低，集中表现在专门人才的供给在总量、结构上不能适应经济与社会多样与多变的需求，在一定程度上可以说是"以产定销"。另一方面，也使高等教育的内部效益较低，表现在学校专业布点过于分散，学校与专业平均规模过小，规模效益低，以及人力、物力、财力资源利用率较低。

改革开放以来，中国教育体制的改革相对于经济体制改革已经滞后，在当前经济改革与发展加快的大潮中，高教体制只有加快改革，才能适应经济改革与发展的需要，才能加快高等教育自身的发展和经济效益的提高。

中国高等教育管理体制的目标模式，应是集权与分权相结合的决策体系，纵向与横向信息流动相结合的信息体系，计划与市场相结合的调节体系，以及高效与合理的组织体系。

近期高等教育管理体制改革拟采取如下对策：

(1) 以立法形式，明确划分政府、学校的教育决策权，扩大地方政府，主要是学校的教育决策权。

高等学校实行中央统一领导下分级管理的体制。在中央与地方的权限划分上，扩大地方管理权限职能，有条件地逐步扩大省政府对所属高校招生规模、专业设置与变更等方面的权限，在国家教委与国务院业务部门的关系上，教委负责统筹规划、政策指导、组织协调、监督检查；主管业务部门根据统一政策和宏观规划，制定部门高教发展与改革规划，所属学校的专业设置与变更、招生规模、学生就业等方面的权限归业务部门。

在政府与学校的关系上，以立法形式确定高校的法人地位，明确高等学校的权、责、利。要转变政府职能和管理方式，政府负责高等教育的宏观管理，并运用法律、经济和必要的行政手段以及人才市场的调节作用加以实施，增强学校对经济与社会发展的主动适应性。进一步落实扩大学校在招生、培养、学生就业、经费筹措与使用、人事劳动工资制度、国内外交流等方面的权限，减少乃至取消政府对学校的直接干预。

（2）改革高等学校招生、毕业生分配体制，运用计划与市场两种调节手段，扩大市场调节的范围。

对招生，实行计划招生和计划外招生相结合的制度，在完成国家计划招生的前提下，逐步扩大计划外，尤其地方院校计划外招生的比重。与此相应，高等学校实行学费制和奖学金、贷款制度。

对毕业生分配，近期可实行学生与用人单位“供需见面”、“双向选择”，给学生就业一定的自主权，长远目标可实行计划指导下的学生自由择业。对国家重点需要和急需的专业，采用指令计划分配，国家运用经济手段加以引导，对部分专业学生按国家计划采取定向招生、定向分配，除此以外的专业和毕业生，在国家计划指导下，双向选择，自由择业。与此同时，逐步建立政府、企事业单位考核录用人员的制度。

（3）改革高等学校的财政拨款、经费筹措机制。对不同层次和种类的学校，区别拨款标准和方式，对教学、基础学科和基础研究提供必需的财政支持，对技术开发、应用研究提供部分经费，鼓励学校举办校办产业和社会服务获取收入，实行学费制度。

（4）加强学校与社会及学校之间的联系，鼓励学校与部门、企事业之间，学校之间联合办学联合培养，鼓励学校发展校办产业和科技成果的商品化，以提高资源利用率，增强人才培养与供给对社会的适应性。

（5）改革学校内部的各项管理制度，实现资源的合理配置和提高利用率。

第四篇

市场经济中的教育资源配置

- 市场经济体制下的教育资源配置方式
- 社会主义市场经济条件下的教育资源配置方式
- 教育服务不应产业化
- 关于教育产业化的讨论
- 教育产业化、市场化质疑
- 再评教育产业化、市场化
- 我国公共财政支持民办高等教育研究
- 市场机制应否完全移植到教育中?

市场经济体制下的教育资源配置方式*

当经济体制改革的目标确定为社会主义市场经济之后，教育应如何适应社会主义市场经济进行改革，成为教育界讨论的热点问题之一。讨论中有两种意见大相径庭：一种认为，教育资源应以市场作为基础性配置手段，教育应市场化，学校应企业化；另一种认为，教育的宗旨是育人，教育不是商品，不应也不能市场化。两者的分歧涉及教育改革的方法论，即市场经济作用的范围和教育产品的性质。界定教育产品的性质将有助于上述问题的解决。

这里首先确定什么是公共产品和私人产品，它们各自具有什么特征；然后讨论公共产品和私人产品的资源是如何配置的；最后，讨论教育产品的性质及其资源配置方式应是怎样的。公共产品和劳务是指这些产品与劳务的利益为社会共同享有，而不能为任何一个人单独享有。私人产品与劳务则是指这些产品与劳务的利益只为购买它的消费者个人单独享有，而不产生外在经济利益。前者如国防设施和服务，为全社会成员享有；后者如食品与服装，只为购买它的消费者个人所享有。

两者的主要区别在于消费和利益上是否具有排他性。公共产品和劳务为全社会消费，利益为社会共同享有，不具有排他性，如国防为该国所有成员享有安全利益。私人产品与劳务在消费或利益上具有排他性，如食品，消费者以竞争性价格从市场购得和消费后，排除了他人的消费，而不会产生外在

---

* 本文原载于《方法》1996 年第 3 期。

经济利益。

从数量来说，公共产品的供给量等于每个社会成员消费数量的和．每个社会成员都消费相同的数量。私人产品可以分成数量单位，供个人单独消费，每个人按其需要购买和消费，在供应总量中，每个人的消费量此消彼长，供给量等于各个人消费量的加总，在供给量一定的条件下，不可能增加一个人的消费而不减少其他人的消费，即在消费与利益上具有排他性。公共产品与私人产品的供给与资源配置方式各不相同。公共产品与劳务一般由政府通过政治程序或公共选择来分配，私人物品则通过市场分配。可以说，生产什么、怎样生产、为谁生产的问题，凡通过集体决策决定，就是集体产品，凡通过非集权的市场决定，就是市场产品。当然这是从纯粹意义上而言。为什么私人产品通过市场提供，公共产品要通过政府提供呢？这主要是因为，公共产品与劳务具有外在经济。市场配置资源达到最优，重要条件之一是经济当事人的生产或消费行为，不会对他人的福利产生影响。但是这种假设对公共产品和劳务却是不能成立的。例如，海上的灯塔，船过皆获其益，这是消费上的非排他性。而灯塔建造者想把其光亮占据，向每只过船收取灯光费，或只让付费的人享受照明，也是不现实的，这是利益上的非占有性。公共产品和劳务在市场上是鲜有人愿意提供的，因为它只对他人或社会有益，对提供者无利可图。因而对公共产品，市场不能进行资源有效配置，不能通过市场由生产者与消费者买卖方式提供。消费者的需求不能从市场价格上反映出来，私人产品的资源有效使用，要求价格 = 边际成本 = 边际收益。但公共产品可供所有的人使用，一些人使用不能排除另一些人使用，增加一个使用者的边际成本为零，而且使用者对公共产品的边际收益也无从表现。因此，公共产品只能由政府提供，政府以税收方式迫使使用者付费。公共产品的需求与供给，由政府通过政治程序决定，即政府通过一定的政治程序，决定预算收入（税收）和支出方案，表示使用者的需求和愿意支付的价格，以达到资源配置效率和社会效益。

需要说明的是，政府提供不等于政府生产，公共产品可以由政府生产，也可由私人生产，政府提供是指由政府拨款支付向社会提供，政府通过税收获取费用，而不直接向消费者收取价款，这与产品由谁生产无关。

现实社会生活中，除上述纯公共产品与纯私人产品之外，还有介于两者之间的产品，可称为准公共产品或混合产品，它兼有公共产品与私人产品的特征。一方面，在消费上具有排他性，在供给上可以实行排除，将不付款者排除在外；另一方面，又具有外在利益，可以为社会共同享受，不能在个人间划分，也不能把一些人排除出去。例如，防疫措施，不仅使个人疾病得到治疗，保持健康，社会上其他人也可免除病疫传染的利益。由于准公共产品具有广泛的外在利益，所以需要政府提供，如公立医院、公共卫生等，或由政府资助的医院等。综上所述，对于人们生产生活上的产品和劳务，可按消费上是否有排他性，供给上是否易于实行排除，是否具有外在利益等特征，分为公共物品、私人物品、准公共物品。

在讨论教育产品的性质时，假定教育的基本经济功能是培养劳动者的劳动能力，简言之是育人。分析和界定教育产品的性质应区分义务教育与非义务教育。

义务教育属于公共产品。义务教育是通过立法约束受教育者的家庭和政府的行为。义务教育是一种具有强制性的教育，受教育者家庭有义务让子女接受教育，而要强制就必须免费，即政府应免费提供义务教育；否则，父母可称因付不起学费而拒绝承担子女受教育的义务。因此，义务教育是一种强制性的免费教育。义务教育不能通过市场交换提供，其供求由法律调节，而不能由市场供求和价格（学费）调节。义务教育消费上的非排他性，供给上的不易排除，以及具有广泛的社会效益都是显而易见的。我国对义务教育收取少量杂费，允许私人或民间举办高收费学校，并不能改变义务教育的性质。前者是由于政府财力不足，且收取费用很低。后者是因为居民在义务教育的需求与供给上，我国现阶段还存在明显差别，从需求来说，有一部分家庭对其教育质量和生活条件（寄宿）要求较高，一般学校满足不了；从供给来说，居民收入水平差别在市场经济条件下明显拉大，少数富裕家庭有条件交付较高的学费。高收费学校和学生数量很少，与巨大的义务教育规模相比，不过是沧海一粟，不影响义务教育的大局和性质。这在实施义务教育的发达或发展中国家也都存在。

非义务教育，就我国现阶段而言，包括初中后教育和高等教育、成人教育等。其性质属于准公共产品。第一，在消费上具有排他性。既然是非义务普及教育，就不是同龄人都可受到的教育，在教育机会有限的条件下，一个人受教育就排除另一个人受教育的机会。第二，具有外部或社会效益，一个人受教育，其他人和全社会都可受益。当然其消费上的排他性是有条件的、相对的，由于非义务教育，尤其高等教育成本较高，在一定经济发展水平条件下，社会通过政府还不可能对所有同龄人无偿提供，由此才产生了由收取学费和控制招生人数的“定量配给”而带来的排他性。

非义务教育作为准公共产品主要应由政府提供，提供的方式有：第一，教育机构由政府举办并通过财政拨款提供费用；第二，教育机构由私人或民间举办，政府资助；第三，同时向受教育者收取一定的学费作为成本补偿。

市场机制对非义务教育，尤其职业技术教育和高等教育资源配置的作用，主要不表现在学费上，即不是靠学费这种“教育价格”调节教育的供求，而是主要表现在招生数量、层次和专业结构及调整，乃至教学内容（课程）等，要考虑未来劳动力市场的需求。这是因为这类教育的出口就是劳动力市场，学生毕业后要通过劳动力市场就业。当然劳动力市场需求不是教育机构决策的唯一根据，还要考虑社会发展的需求和教育机构自身的条件。

社会主义市场经济条件下的教育资源配置方式*

一、资源配置方式

在我国经济体制改革以及随之进行的教育体制改革过程中，提出了资源配置方式、运行机制和体制等问题，但对这些范畴并未加以明确的界定，人们的认识也不尽相同。在教育改革中，人们关注的问题，多集中在体制上，如办学体制、投资体制、行政管理体制等。还有集中于某些热点问题，如义务教育阶段的“以钱择校”等。而对教育资源配置方式，关注者不多，且关注者中的观点有较大分歧。笔者认为，资源配置方式是更深层次，带有根本性的问题。社会主义市场经济中教育资源配置方式如不搞清楚，体制变革的讨论和体制变革本身，难以准确，难免摇摆、反复。对于改革中的热点问题的讨论，容易就事论事，“头痛医头”，“脚痛医脚”。因此，有必要对教育资源配置方式展开深入讨论。

资源配置方式回答以什么方式将社会资源分配到国民经济各个组成部分中去，保证经济正常的运行和社会资源得到最有效的配置和使用，以满足人们各种不同的需要。资源是稀缺的，人们的需要是无限的、是多种多样的，国民经济是由相互联系、相互依存的各个组成部分构成的有机整体，要解决资源稀缺性和人们需要的无限性和多样性的矛盾，要求有限的资源按照一定

---

* 本文原载于《教育与经济》1997 年第 3 期。

的客观比例分配到国民经济各个组成部分，并使资源得到最充分、最有效的使用。采用什么方式去分配资源才能达到资源分配的合理与有效，就是资源配置方式要解决的问题。在现代经济条件下，资源配置基本方式以理论抽象来说有计划与市场两种类型，在现实经济生活中，无纯粹的计划方式和市场方式，只有以哪种方式为基本方式的区别。

关于社会主义市场经济中教育资源配置方式，讨论中有两种观点大相径庭：一种认为，教育资源配置应以市场为基础性手段，教育应产业化、市场化；另一种认为，教育的宗旨是育人，教育不是商品，不应也不能市场化。两者的分歧涉及教育改革的方法论，即市场经济作用的范围和教育产品的性质。运用公共经济学理论作为分析工具，有助于这一问题的解决。

二、产品的性质及其资源配置方式

这里首先确定什么是公共产品和私人产品，它们各自具有什么特征，然后讨论公共产品和私人产品的资源是如何配置的，最后，讨论教育产品的性质及其资源配置方式应是怎样的。

公共产品和劳务是指这些产品与劳务的利益为社会共同享有，而不能为任何一个人单独享有，私人产品与劳务则是指这些产品与劳务的利益只为购买它的消费者个人单独享有，而不产生外在经济利益。前者如国防设施和服务，为全社会成员享有；后者如食品与服装，只为购买它的消费者个人所享有。

两者的主要区别在于消费和利益上是否具有排他性。公共产品和劳务为全社会消费，利益为社会共同享有，不具有排他性，如国防为该国所有成员享有安全利益。私人产品与劳务在消费或利益上具有排他性，如食品，消费者以竞争性价格从市场购得和消费后，排除了他人的消费，而不会产生外在经济利益。

从数量来说，公共产品的供给量等于每个社会成员消费数量的和，每个社会成员都消费相同的数量。私人产品可以分成数量单位，供个人单独消费，每个人按其需要购买和消费，在供应总量中，每个人的消费量此消彼长，供给量等于各个消费量的加总，在供给量一定的条件下，不可能增加一个人的消费而不减少其他人的消费，即在消费与利益上具有排他性。

公共产品与私人产品的供给与资源配置方式各不相同。公共产品与劳务一般由政府通过政治程序或公共选择来分配，私人物品则通过市场分配。可以说，一种物品生产什么、怎样生产、为谁生产的问题，凡通过集体决策决定，就是集体产品，凡通过非集权的市场决定，那就是市场产品，当然这是从纯粹意义上而言。

为什么私人产品通过市场提供，公共产品通过政府提供呢？这主要是因为，公共产品与劳务具有外在经济。市场配置资源达到最优，重要条件之一是经济当事人的生产或消费行为，不会对他人的福利产生影响。但是这种假设对公共产品和劳务却是不能成立的。例如，海上的灯塔，船过皆获其益，这是消费上的非排他性。而灯塔建造者想把其光亮占据，向每只过船收取灯光费，或只让付费的人享受照明，也是不现实的，这是利益上的非占有性。公共产品和劳务在市场上是鲜有人愿意提供的，因为它只对他人或社会有益，对提供者无利可图。因而对公共产品，市场不能进行资源有效配置，不能通过市场由生产者与消费者买卖方式提供，消费者的需求不能从市场价格上反映出来，私人产品的资源有效使用，要求价格 = 边际成本 = 边际收益。但公共产品可供所有的人使用，一些人使用不能排除另一些人使用，增加一个使用者的边际成本为零，而且使用者对公共产品的边际收益也无从表现。因此，公共产品只能由政府提供，政府以税收方式迫使使用者付费。公共产品的需求与供给，由政府通过政治程序决定，即政府通过一定的政治程序，决定预算收入（税收）和支出方案，表示使用者的需求和愿意支付的价格，以达到资源配置效率和社会效益。

需要说明的是，政府提供不等于政府生产，公共产品可以由政府生产，也可由私人生产。政府提供是指由政府拨款支付向社会提供，政府通过税收获取费用，而不直接向消费者收取价款，这与产品由谁生产无关。

现实社会生活中，除上述纯公共产品与纯私人产品之外，还有介于两者之间的产品，可称为准公共产品或混合产品，它兼有公共产品与私人产品的特征。一方面，在消费上具有排他性，在供给上可以实行排除，将不付款者排除在外；另一方面，又具有外在利益，可以为社会共同享受，不能在个人间划分，也不能把一些人排除出去。例如，防疫措施，不仅使个人疾病得到治疗，保持健康。社会上其他人也可得到免除病疫传染的利益。由于准公共产品具有广泛的外在利益，所以需要政府提供，如公立医院、公共卫生等，或由政府资助的医院等。综上所述，对于人们生产生活上的产品和劳务，可按消费上是否具有排他性，供给上是否易于实行排除，是否具有外在利益等特征，分为公共产品、私人产品、准公共产品。

三、教育产品的性质及其资源配置方式

在讨论教育产品的性质时，假定教育的基本经济功能是培养劳动者的劳动能力，简言之是育人。分析和界定教育产品的性质应区分义务教育与非义务教育。

义务教育属于公共产品。义务教育是通过立法约束受教育者的家庭和政府的行为。义务教育是一种具有强制性的教育，受教育者家庭有义务让子女接受教育，而要强制就必须免费，即政府应免费提供义务教育；否则，父母可称因付不起学费而拒绝承担子女受教育的义务。因此，义务教育是一种强制性的免费教育。义务教育不能通过市场交换提供，其供求由法律调节，而不能由市场供求和价格（学费）调节。义务教育消费上的非排他性，供给上的不易排除，以及具有广泛的社会效益都是显而易见的。

我国对义务教育收取少量杂费，允许私人或民间举办高收费学校，并不能改变义务教育的性质。前者是由于政府财力不足，且收取费用很低，后者是因为在义务教育的需求与供给上，我国现阶段还存在明显差别。从需求来

说，有一部分家庭对其教育质量和生活条件（寄宿）要求较高，一般学校满足不了；从供给来说，居民收入水平差别在市场经济条件下明显拉大，少数富裕家庭有条件交付较高的学费。高收费学校和学生数量很少，与巨大的义务教育规模相比，不过是沧海一粟，不影响义务教育的大局和性质。这在实施义务教育的发达或发展中国家也都存在。

非义务教育，就我国现阶段而言，包括初中后教育和高等教育、成人教育等，其性质属于准公共产品。第一，在消费上具有排他性，既然是非义务普及教育，就不是同龄人都可受到的教育，在教育机会有限的条件下，一个人受教育就排除另一个人受教育的机会。第二，具有外部或社会效益，一个人受教育，其他人和全社会都可受益。当然其消费上的排他性是有条件的、相对的，由于非义务教育，尤其高等教育成本较高，在一定经济发展水平条件下，政府还不可能对所有同龄人无偿提供，由此才产生了由收取学费和控制招生人数的“定量配给”而带来的排他性。

非义务教育作为准公共产品主要应由政府提供，提供的方式有：第一，教育机构由政府举办并通过财政拨款提供费用；第二，教育机构由私人或民间举办，政府资助；第三，教育机构由私人或民间举办，政府资助，同时向受教育者收取一定的学费作为成本补偿。

市场机制对非义务教育，尤其职业技术教育和高等教育资源配置的作用，主要不表现在学费上，即不是靠这种“教育价格”调节教育的供求，而是主要表现在招生数量、层次和专业结构及调整，乃至教学内容（课程）等，要考虑未来劳动力市场的需求。这是因为这类教育的出口就是劳动力市场，学生毕业后要通过劳动力市场就业。当然劳动力市场需求不是教育机构决策的唯一根据，还要考虑社会发展的需求和教育机构自身的条件。

四、“教育市场化”质疑

1992 年中国经济体制改革的目标确定为社会主义市场经济，此后教育界就教育体制应如何适应社会主义市场经济进行了广泛而热烈的讨论，其中有一种颇有影响的观点，即“教育产业化”、“教育市场化”。这是一个涉及教育体制改革方向的重大理论和实践问题。

1. 关于教育产业化

“教育产业化”的基本含义，是从产业间、部门间实现经济联系的基本方式上提出的。认为教育部门与其他产业部门的经济联系，应通过市场等价交换的方式实现，将教育部门的产品——到达法定劳动年龄阶段的毕业生，作为商品投入劳动力市场销售，一切劳动力的需求部门和单位，以相应的等价付给教育部门和学校，教育部门和学校获得教育投入，使教育部门和学校进入良性循环，彻底摆脱教育经费短缺的困扰。

20 世纪 40 年代，英国经济统计学家克拉克首次将产业结构分为三次产业。第一次产业以农业为主，第二次产业为制造业，第三次产业为一、二次产业以外的经济活动。此后，国际劳工组织和各国政府也都按大体相同的标准对产业结构进行了分类。中国国家统计局于 1985 年 4 月对中国的产业首次进行了划分，第一产业为农业，第二产业为工业和建筑业，第三产业为一、二次产业以外的其他各业，其中又分为四个层次：即流通部门，为生产和生活服务的部门，为提高科学文化水平和居民素质服务的部门，为社会公共需要服务的部门。教育分在第三产业的第三个层次。这种划分属于社会分工的统计划分，不涉及产业间经济联系的方式，它反映了人类社会分工和经济活动发展的历史阶段和顺序。如果从这种意义上将教育部门称为第三产业或产业部门，无疑是正确的。

在社会分工高度发达的现代社会经济中，三次产业之间以及三次产业内部各部门之间存在着密不可分的关系，它们之间相互联系、相互依存、相互制约，统一于现代社会经济总体之中。其中，每个产业、每个部门在社会经济总体中都具有重要的地位和作用，在社会经济发展的不同历史阶段，在经济发展水平的不同国家，各产业、各部门的地位和作用不尽相同。美国著名经济学家西蒙·库兹涅茨曾运用大量历史统计数据，对三次产业结构的变动和发展趋势进行了统计分析。随社会劳动生产率和经济发展水平的不断提高，第一产业比重（产值与就业比重）下降，第二、第三产业，尤其第三产业比重上升。在以科学技术为主要推动力的现代经济中，教育具有十分重要的战略地位和作用，因此，我国在80年代初期将教育列为国民经济发展战略重点之一，政府采取了一系列政策和措施推动教育的发展。目前，我国各级各类学校在校生达2.2亿人，占总人口的1/6，教职工达千万人，占全民所有制单位就业人数的1/10以上，政府的教育支出占财政支出的12%以上，教育已成为现代经济增长的重要因素。因此，我们说，教育是一个巨大的产业部门。我国政府在加快第三产业发展的政策规定中，明确提出要加快教育产业的发展。

问题不在于教育是否属于三次产业的一个部门，也不在于教育在三次产业中具有重要的地位和作用，而在于教育与其他产业和部门间的经济联系，在市场经济下是否应通过市场交换方式实现，或者说，教育的投入是否应通过市场销售它的产出而获得。

在现代社会经济中。各产业间、各部门间，在投入和产出、供给与需求上存在着密切的相互交换劳动的经济联系，甲的投入就是乙的产出，乙的投入就是甲的产出。在市场经济体制下。实现这种经济联系的基本方式有两种：一种方式是通过市场交换，即通过其产出的市场销售获得其维持和扩张所必需的投入，以营利为目的各经济部门就是如此，如工业、农业、商业、建筑业等属于此类部门；另一种是通过国民收入再分配，主要是财政再分配实现，其投入通过政府向纳税人征税和财政预算分配获得，一切由政府提供公共产品和公共服务的非营利部门就是如此，如政府、国防、安全等部门，教育部门总的来说属于此类。产业和部门间的经济联系方式还有上述两种基本方式的其他变种，或以再分配方式为主，兼有部分市场交换方式，或以市场交换方式为主，兼有部分再分配方式。

在市场经济条件下，由于财产和利益的多元化，教育投入必然是多元化格局。中国改革开放以来，教育投入完全依靠政府拨款的局面已不存在，教育投入多元化格局已初步形成。其中，政府拨款是教育投入的主要部分，在教育总投入中比重的大小，不同国家、不同级别和类别的教育不尽相同，政府拨款显然属于财政再分配。非义务教育的学费，属于教育成本的分担和补偿，不属于学校教育供给和受教育者教育需求之间通过市场的交换。企业、社会团体、居民个人在纳税之外对教育的无偿捐赠也非市场交换。学校举办的各种非教育产业，已不属于教育，而属于营利的经济活动和部门，其收入的一部分投入教育，但其产出从性质来说并不是教育产出。

主张教育产业化的观点，是要把教育产业商品化，这是对市场经济中劳动力市场的误解。在劳动力市场中，劳动者是劳动力的所有者和供给者，一切用人单位是劳动力的需求者，劳动力交换发生在劳动力供求主体之间。需要明确的是，学校并非劳动力的供给者，而是劳动力的培养者，教育所培养的劳动能力属于学生——未来的劳动者，而并不属于学校。如果教育产出的商品化是指达到法定劳动年龄的毕业生商品化，是一种历史倒退。在人类社会发展史中，只有奴隶社会把劳动者——奴隶当作商品出卖。因为奴隶，包括奴隶的劳动能力都属于奴隶主所有。

2. 关于教育市场化

主张"教育市场化"的观点认为，在市场经济体制下应建立教育市场，尤其高等教育市场，通过教育市场调节教育供求，实现教育资源优化配置。

以市场作为资源配置基本方式的市场经济，最基本的要求或条件是，必须有独立的市场主体——市场上各种商品和投入要素的供给者和需求者；必须有完全充分的竞争，供给者之间、需求者之间、供给与需求者之间，在市场上展开自由平等的竞争。各种商品和投入要素的价格通过自由竞争由供求形成，市场主体在追逐自身利益最大化的驱动下，在市场信号的诱导下，通过资源在部门、地区、单位间的自由流动和重组，达到资源配置的优化。

教育应否市场化，教育应否完全以市场调节，关键在于教育是否具备市场化的条件。

第一，教育是非生产和非经济部门。教育经济学的研究，从理论分析和实证统计分析上已经揭示了现代教育通过人力素质的提高可以带来社会经济效益，教育是现代经济增长的重要因素。教育可以给受教育者带来经济和非经济的预期收益。在教育过程中同样存在资源的投入和产出的经济活动，教育资源的稀缺也要求提高教育资源的利用效率，以较少的教育投入获得较多、较好的教育产出。据此，我们可以说教育具有生产性，教育投资是具有生产性的投资。但是，教育的生产性，教育带来的社会和个人的经济效益是间接的、潜在的，它是通过教育所培养的劳动力投入生产或经济活动之后发生的，只有当教育培养的劳动力和其他投入要素相结合，才有可能转化为现实的生产力，才有可能带来社会与个人的经济效益，这说明教育从性质来说还不是生产部门或经济部门。

第二，教育属于非营利的公共部门，教育提供的是公共产品或准公共产品而不是私人产品。私人产品指居民户或厂商通过市场提供的产品和劳务，公共产品则是指由政府提供的必然为全体社会成员消费的产品和劳务。教育可以由私人举办和提供（私立学校），但政府一般都有程度不同的资助，也不全是私人产品。这说明发展和管理教育，向公众提供教育产品是政府的义务和职能，受教育是公民的基本权利。

上述分析旨在说明教育属于非经济、非营利的公共部门，它不具备或不完全具备市场化的基本条件，不应将经济领域的市场配置资源方式简单地、原封不动地移植到教育中来，实行教育市场化，完全由市场调节教育。更何况市场经济还有其固有缺陷，市场调节也有失灵和失误。

就义务教育来说，由法律来调节。各国政府都曾在不同时期颁布了年限不等的义务教育法规，政府和家庭共同承担了相应的义务，其费用应由政府通过征税提供。其供求、规模和速度显然由法律调节。由于我国人口多，年龄构成比较轻，义务教育规模巨大，政府财力有限，对受教育者收取少量费用，并以各种形式的群众集资，保证义务教育的实施，但这并不能改变义务教育的性质。由于我国居民对义务教育质量的需求不同，居民收入水平的不同，近年来，在义务教育阶段，部分城市举办了一些高收费的学校，但此类学校和在校生数量十分有限，并不能从根本上影响义务教育的大局和性质。

学生毕业后进入劳动年龄阶段的非义务教育，就我国现阶段而言，包括义务教育后的中等教育、职业技术教育和高等教育，由于学生毕业后即将就业，此类教育应面向劳动力市场和社会的需求。各国对此类教育都普遍地征收学费，我国近年来也一改实行了几十年的免费教育制，开始征收学费。应当肯定的是，市场机制对非义务教育，尤其职业技术教育和高等教育具有一定的调节作用。

但是学费从性质来说不是教育价格，非义务教育也不是商品。价格是在市场竞争中由供求决定的，价格反过来又调节供求。供过于求，价格下降，价格下降，需求增加，供给减少；反之，求过于供，价格上升，价格上升，需求减少，供给增加。教育供求受经济、政治、科技、文化、传统多种因素影响，显然不是由价格决定。价格主要由成本和利润构成，教育是非营利机构，各国非义务教育学费数量不等，但它都是教育成本的一部分，由于我国居民收入水平较低，在一个较长的时期内，学费只能占教育成本的较小部分。

非义务教育尤其高等教育的学费，从性质来说是一种教育成本的补偿或分担，也可以看作是对受教育者预期收益的一种代价。非义务教育，特别是高等教育是一种选择教育，非同龄人都能享受的教育。同时，也是一种成本较高的教育，高等教育是一种昂贵的教育，只有部分或少数同龄人才能享受。在经济发展的一定阶段上，政府无力负担其全部成本，按照平等的原则，作为教育成本分担和补偿，对受教育者征收学费是必要的。

如果把学费当作教育价格，它由教育供求形式，完全由学费调节教育供求，在教育供不应求的条件下，可能产生以下后果：第一，造成教育机会新的不平等。家庭收入低下的学生将因交不起学费而被拒之学校大门之外，教育有成为富人子弟特权的危险，奖学金、助学贷款可以缓解但不能从根本上解决这一问题。第二，导致义务教育的滑坡。非义务教育，尤其高教如果收费超出多数人的承受能力，将改变人们对高一级教育收益的预期，从而使义务教育或下一级教育入学率降低，辍学率提高。第三，部分学校单纯为增加学费收入，不顾自身条件在招生规模和某些专业上盲目扩张，造成教育总量与结构失衡和教育质量的下降，导致文凭的商品化。

“教育产业化”、“教育市场化”观点出现的社会背景之一是教育经费的短缺，人们指望教育产业化和市场化可以解决教育经费的短缺，其实在经济发展水平较低的阶段上，教育产业是产业间竞争中的弱者，教育产业化、市场化的结果很可能与其初衷相反。教育经费短缺是多种原因造成的，既有教育发展目标过高、发展速度过快的原因，也有教育投入不足和教育资源利用效率不高的原因。解决教育经费短缺的出路在于确定适度的教育发展目标和增长率，多渠道增加投入，提高教育资源的利用率。

教育服务不应产业化*

经济的全球化和科学技术的迅猛发展，我国社会主义市场经济体制的深化改革和社会主义现代化建设，要求教育加快发展和进一步改革。其中，教育体制应如何改革，成为人们关注的热点。不少人主张把教育产业化作为我国教育体制深化改革的方向和目标。笔者认为，教育体制必须适应市场经济深化改革，但不应产业化。

党的十一届三中全会以来，我国进行了一系列的经济体制改革，目标是建立社会主义市场经济体制。经济体制的这场深刻变革，要求并推动着我国社会生活各个领域包括教育体制的改革。20 世纪 80 年代中期尤其 90 年代以来，党中央和国务院作出了一系列重大决策，对计划经济体制下形成的教育体制进行了全面改革，推动了我国教育事业空前的大发展。

但是，相对于经济体制改革而言，我国的教育体制改革是滞后的。现行的教育体制不仅适应不了现代化建设的要求，更难以应对国际国内形势对教育的挑战。我国的教育体制、教育内容和教学方法等必须进一步改革。构建一个与我国经济体制和现代化建设相适应的、充满生机与活力的教育体制，才能为实施科教兴国战略奠定坚实的人才和知识基础。正因如此，党中央、国务院于 1999 年 6 月召开了改革开放以来第三次全国教育工作会议，颁发了《中共中央国务院关于深化教育改革全面推进素质教育的决定》。

---

* 本文原载于《求是》2000 年第 1 期。

教育体制必须深化改革是无疑的，问题在于改革和创新的方向和目标是否就是教育产业化。所谓教育产业化，实质就是将市场经济的运行机制和规则完全移植到教育中来，让市场机制调节教育供求和资源配置。简言之，教育产业化就是教育市场化。

我国选择市场经济作为经济体制改革的目标，是因为市场经济相对于计划经济而言能够实现资源优化配置，推动社会经济更快地发展。但是市场经济也是有缺陷的，如它不能有效地提供公共产品，不能解决收入分配的社会公平，不能保持完全充分的自由竞争等。市场经济的缺陷要靠政府校正和弥补。因此，现代的市场经济都是政府与市场共同作用的混合经济，纯粹的市场经济在现实中并不存在，问题在于如何界定市场经济中市场和政府各自作用的范围和领域。尽管两者作用的边界永远是模糊的，在不同国家和不同历史时期不尽相同，但是公共经济学中的公共产品理论，为我们解决这一问题提供了一个有价值的理论框架和分析工具。

由美国经济学家萨缪尔森提出的公共产品理论，依据产品或服务在消费上是否具有竞争性和排他性，将社会产品或服务分为公共产品和私人产品。凡是在消费上具有非竞争性和非排他性的产品或服务就是公共产品；反之，在消费上具有竞争性和排他性的产品或服务，即是私人产品。消费的非竞争性指一个人对该产品或服务的消费不影响他人对该产品或服务的消费，在该产品或服务未达到充分消费时，增加一个人消费的边际成本为零。消费的非排他性指一个人对该产品或服务的消费不能排除他人的消费。不能排除的原因，或者是因该产品或服务在消费上具有整体性，无法在技术上进行分割；或者是虽在技术上易于分割从而可以排除，但因排除成本过高使排除成为不必要。如国防和海上的灯塔就属于公共产品，面包和服装就属于私人产品。公共产品和私人产品是社会产品或服务的两个极端，现实生活中，大多数产品或服务都兼有两种产品或服务的特征，称之为准公共产品或混合产品。

公共产品与经济的外部性有密切关系。外部性指某些产品或服务给生产者或消费者之外的他人带来了正的或负的影响。正的外部性如某居民在居民区建造的花园改善了环境，负的外部性如造纸厂排出的气体和污水造成了环境污染。

在市场经济中，私人产品可以由企业和居民户通过市场有效提供，公共产品和具有正外部性的产品，则不能通过市场有效提供，需要由政府提供。由政府提供的这类产品或服务，一般不由消费者付费，而是通过税收支付。准公共产品则应由市场和政府混合提供。

教育作为社会活动的一部分，应否产业化、市场化，首先需要界定教育服务的性质，即界定教育是属于公共产品还是私人产品。教育服务性质界定了，这一问题至少在理论上可以给出明确的答案。

教育是教育者对受教育者身心施加影响的社会活动，狭义的教育一般指正规的三级学校教育，即初等、中等和高等教育。学校教育提供的不是有形的物质产品，而是教育服务。通过教育服务过程中教育者和受教育者的共同劳动，使受教育者的德、智、体得到全面发展。关于教育产业化、市场化的讨论，其外延应限定在各级教育提供的教育服务上。学校为师生生活和教学科研提供的后勤服务，学校举办的校办产业等，从性质上说均属于非教育产业，不属于本文讨论的范围。

教育属于产业，应把教育作为产业来发展无须讨论。在我国，各级各类学校在校生达两亿人以上，教职员达千万人，每年投入的教育经费以数千亿元计。作为一个巨大的产业部门，教育产业属于第三产业中为提高民族科学文化水平和素质服务的领域，是对国民经济发展具有全局性、先导性影响的基础行业。正因如此，我国政府把教育列为加快发展第三产业的重点。然而，教育是产业，应把教育当作产业发展，并不等于教育要产业化、市场化。

按照公共产品理论，教育属于有巨大正外部效益的准公共产品。

教育服务在消费上具有一定的竞争性。当一所学校未满额时，增加一个学生的边际成本为零，一个学生的消费不影响另一个学生的消费；而当学校已经满额，增加一个学生的边际成本为正数，对教育服务的消费就具有竞争性。

教育服务消费具有不完全的排他性。教育服务在消费上的非整体性，使得其在技术上易于分割，例如，入学考试的筛选和学费的收取，就可以将未被录取者和不付费者排除在教育服务之外。但是这种排除，尤其是付费的排除，其社会成本过高。因为教育消费具有巨大的正外部效益，一个人受了教育，不仅受教育者在未来可以获得经济、非经济的效益，社会也可以获得巨大的经济、非经济效益。如果对教育服务的消费进行大量排除，社会将为此付出沉重的代价。

由于教育服务在消费上具有一定的竞争性和不完全的排他性，因此，从整体上来说，教育属于有巨大正外部效益的准公共产品。教育的不同部分，其产品属性特征不完全相同，如义务教育和非义务教育，中高等教育中的普通教育和职业技术教育，有的更接近于公共产品，有的则更接近于私人产品。义务教育在一定意义上属于公共产品，从理论和制度上说，它是一种强制的免费教育，在消费上不具有完全的竞争性和排他性，是同龄人都可以受到的教育。非义务教育中的高等教育，相对于义务教育来说，则更接近于私人产品，它不仅在消费上具有竞争性，而且也具有一定的排他性，不是同龄人都可以受到的教育。

教育服务的性质界定之后，教育服务应由谁提供，采取什么机制配置资源和提供服务，基本上就可以确定了。既然教育服务属于准公共产品，就应由政府和市场共同提供，公共选择机制和市场机制共同发挥作用。各级教育完全由政府免费提供，政府垄断教育，或者完全由市场提供，教育供求和资源配置完全由市场调节，都不能实现教育资源的优化配置，有效满足居民和社会的教育需求。教育的不同部分，产品属性不完全相同，提供方式和资源配置方式也应有所区别。义务教育基本上应由政府提供，以使适龄人口都能受到基本教育。高等教育则应由政府和市场双边提供，相对于义务教育而言，市场机制对高等教育有较大的调节作用。

现代市场经济中，政府配置资源能够体现公平，但往往效率较低，因此需要引入市场机制。市场配置资源效率较高但不能实现公平，因此需要政府宏观调控。我国在教育体制改革过程中，重点显然是引入市场机制，加大市场机制在教育资源配置中的作用，但是教育不应产业化、市场化。

如果将市场机制完全移植到教育中来，实现教育的产业化、市场化，将会导致以下后果：

第一，引起教育机会的不均等。主张教育产业化的许多人，把教育产业化理解为大幅度提高学费标准，甚至高于教育成本收费，以获取“利润”，并给投资者以回报。据说这样可以解决教育经费短缺，使教育走上良性循环的轨道。其实，这将使教育服务成为像电视机一样的商品，有钱付费者就消费，否则就被拒之门外。在居民收入存在较大差别的条件下，这样做必将引起教育机会的不均等。

第二，可能导致入学率的降低。教育如果产业化，过高的学费势必减少居民的教育需求，上一级学费过高不仅使下一级教育需求减少，而且会逐级向下扩散，导致各级教育入学率的下降。

第三，政府的教育投入将减少。在教育产业化的条件下，教育将完全由市场提供，其成本全部由受教育者负担，政府将大大减少教育投入，这样将减少教育供给，影响教育发展。

第四，最为严重的后果将是教育的异化。我国和大多数国家的教育法都规定了教育的宗旨是育人，学校的社会定位是非营利机构。如果教育产业化、学校企业化，育人将成为手段，利润将成为教育的目的，学校也将成为像工厂、商店、银行一样的营利机构，受损者将是青少年一代和社会。

以上仅仅是从经济学角度讨论教育应否产业化、市场化。教育是一种复杂的社会现象，教育体制不仅要适应经济体制，还受制于政治体制、政府的目标和政策等。同时，教育服务的对象是正在成长中的青少年，教育具有不同于其他产业的发展规律，绝不应将市场机制简单地移植到教育领域中来。

关于教育产业化的讨论*

一、背景和出发点

1999年第三次全国教育工作会议前后，北京主流媒体，北京、上海、广州等地的相关研究机构和学术团体，就教育产业化问题展开了热烈的讨论。这种讨论在改革开放以来已不是第一次。80年代中期和90年代中期，在教育界已经进行过两次讨论，出发点是教育体制如何适应经济体制变革进行相应的改革，讨论中教育产业化、市场化、学校企业化等观点已经提出。这次讨论的参与者已不限于教育界的学者和教育机构的管理者，经济界的学者和有关经济机构的管理者也参与其中，讨论的广度和深度大大超过以往。这场讨论对于正确选择教育体制改革的方向和目标，促进教育健康发展是有益的。

这次讨论的背景和重要出发点之一是拉动经济增长。1997年东南亚金融危机爆发以来，我国宏观经济出现需求不足、供给有余的局面，政府和学者关注的焦点是如何刺激消费和投资、加大出口以拉动经济增长。在各行各业较普遍地呈现"买方市场"的情况下，教育尤其高等教育是为数不多的"卖方市场"之一，人们的视野转向教育，期望通过教育，主要是高等教育大规模扩张，刺激消费与投资，拉动经济增长。

居民与日俱增的巨大教育需求和有限的教育供给的矛盾，各级各类教育

---

* 本文原载于《北京师范大学学报》（社科版）2000年第1期。

经费的严重短缺，长期以来困扰和制约着我国教育尤其是高等教育的发展。90年代以来，政府加大了对教育的投入，初步形成了多元化的教育投入体制，但教育供求的矛盾仍未得到根本的解决。在探讨如何增加教育投入和教育供给问题时，人们把目光从政府转向了市场。

教育大规模扩张，九年义务教育的普及，非义务教育尤其高等教育入学率大幅度攀升，必须大规模增加教育投入，扩大教育供给。许多人认为增加教育的投入与供给就必须进一步改革现行的教育管理体制，方向是教育产业化、市场化，学校企业化，通过大幅度提高学费标准，大力发展高收费的民办学校，从根本上摆脱教育经费短缺、教育供给不足的困境，使教育走上良性循环的轨道。

二、争论的实质

究竟什么是教育产业化，人们的理解不尽相同。最初的讨论多为教育产业化的外延。例如，高等学校办产业（企业）的产业化，高等学校后勤服务的产业化，与教育相关的产业（住宅建设、教学仪器的生产、餐饮、出版等）与教育捆在一起的“大教育”产业化，民办教育的产业化，非义务教育尤其高等教育的产业化，等等。

伴随着讨论的深入，研究逐渐进入教育产业化的内涵，但只有少数人明确界定了教育产业化的内涵。归纳起来，大致有两种意见。

其一，教育产业化，即应将市场经济运行的机制和规则完全移植到教育中来，让市场机制在教育资源配置中发挥基础性作用，政府的作用在于对教育进行宏观调控。与此相应，学校应当企业化，高等学校即是高等教育企业，应以利润最大化为目标，自主经营，自负盈亏。基本依据是：教育是生产或具有生产性，可以给个人和社会带来经济收益；教育应进行经济核算，提高效率；只有如此才能从根本上解决教育经费短缺、供给不足，使教育走上良性循环轨道。

其二，教育是产业但不应产业化，学校不应企业化。虽然教育是产业，应引入产业运行的市场机制，但教育属于“准公共产品”，有公益性，学校是非营利机构，不同于以利润最大化为目标的企业，因此，教育不应产业化，也就是不应市场化。

教育在三次产业划分中属于第三产业，教育在我国是一个巨大的产业。高等学校的校办企业，高等学校的部分后勤服务，已不属于教育产业，均属非教育产业，这不属于教育产业化的讨论范围。需要讨论的是三级教育中的教育教学及其管理活动应否产业化。

教育产业化讨论实质是在建立社会主义市场经济过程中，教育，主要是教育体制应如何改革，改革的方向和目标是否应当市场化。1992 年以来，笔者就教育体制为什么要改革，应怎样改革，教育体制改革的方向和目标不应市场化，为什么不应市场化等问题在报刊上发表了许多论文，在国内外有关的学术会议上也多次发表意见，今年以来的讨论也参与其中，这里仅就上述第二方面的问题再次谈谈自己的看法。

三、讨论的方法论

界定教育应否产业化、市场化，有一个方法论问题。就事论事，或从拉动经济增长，解决教育经费短缺出发，不可能找到科学的答案。教育是一个复杂的社会现象，具有经济、政治、文化、科学等多种功能，需要运用多种学科，从多重视角进行探讨。教育应否产业化、市场化首先是一个经济学问题，这里我们可以运用经济学，主要是公共经济学作为分析工具，给予回答。

现代市场经济是一个市场与政府的混合经济，为此，首先需要界定市场经济中，政府应管什么，市场应管什么，哪些产品和服务应由政府提供，哪些产品和服务应由市场提供。而要对此做出回答，需要运用公共产品讨论，界定哪些产品和服务属于“公共产品”，哪些产品和服务属于“私人产品”，进而界定教育属于“公共产品”还是“私人产品”。这些基本问题明确界定以后，教育应否产业化、市场化，学校应否企业化，就比较容易地给出基本的回答。

由于市场经济更有利于实现资源优化配置，推动社会生产力更快地发展，因而我国选择了社会主义市场经济作为经济体制改革的目标。由于经济是人类一切活动的基础，因此，当我国经济体制从计划经济走向市场经济后，包括教育体制在内的政治、文化、科技等体制必须做出相应的改革。

但是，市场经济的作用范围并不是无限的，包罗万象的，市场经济也是有缺陷的。它不能解决经济的外部性，不能有效地提供公共产品，不能解决收入分配的不公平，不能保持完全充分的竞争，也难以实现宏观经济的稳定持续发展等。市场失灵的领域，正是需要政府发挥作用的地方。仅以市场失灵来说，政府是市场规则的制定者和市场秩序的维护者、经济外部性的校正者、公共产品的提供者、收入和财产的再分配者、宏观经济的调控者。

公共产品理论最早由美国经济学家保罗·A. 萨缪尔森在《经济学与统计学评论》1954 年 11 月号上发表的《公共支出的纯理论》中提出，后被经济学家所接受。公共产品的特征可以归结为消费的非竞争性和非排他性。消费的非竞争性指一个人对该产品的消费不影响他人对该产品的消费，在该产品未达到充分消费时增加一个人的消费，其边际成本为零。消费的非排他性指一个人对该产品的消费不能排除他人对该产品的消费，不能排除的原因，或因该产品在技术上不能分割，或排除成本过高。凡具有消费上非竞争性、非排他性的产品为公共产品；反之，在消费上具有竞争性和排他性的产品即是私人产品。前者如国防，后者如面包。公共产品和私人产品是社会产品和服务的两个极端，现实中大多数产品和服务都是兼有两种产品特征的准公共产品或混合产品，即消费不具有完全的竞争性或不具有完全的排他性的产品。

公共产品与经济外部性或外部效应有密切的关系。外部性指某些产品或服务给生产者或消费者以外的其他人的福利带来了负的或正的影响，实质是成本和效益的外溢，生产者或消费者都未承担成本或未获得补偿，前者如化工厂生产导致的环境污染，后者如居民区修建的花园。一般地说，公共产品都具有正的外部性。

在市场经济中，私人产品可以通过市场由企业和居民提供，而公共产品和具有正的外部性的产品则需要政府提供。根本原因在于，由企业和居民提供公共产品和具有正外部性的产品，成本得不到补偿，由政府提供的公共产品和服务，一般不由消费者付费，而是通过税收支付，税收可以视为政府提供公共产品和服务的成本。作为准公共产品则要由市场和政府混合提供，市场提供通过市场机制，政府提供则通过一定政治程序和公共选择。

要回答教育应否市场化，就应首先界定教育产品的性质，即教育属于公共产品还是私人产品或准公共产品。教育产品性质界定了，这一问题就可以有明确的答案。

四、教育不应产业化

教育是由教育者对受教育者的身心施加影响的社会活动，有广义与狭义之分。狭义教育一般指正规的三级学校教育，即初等、中等、高等教育。学校教育的基本活动是教育者对受教育者进行的教育和教学。从产品和服务分类来说，教育提供的不是物质产品，而是服务，通过教育服务和教育者受教育者双边劳动，使受教育者在德、智、体诸方面得到全面发展，形成人力资本。关于教育产业化、市场化的讨论，其外延这里集中在三级教育提供的教育和教学服务上。

教育服务在消费上具有一定的竞争性，当一所学校的学额未满时，增加一个学生的边际成本为零，一个学生对教育服务的消费不影响另一个学生的消费；当一所学校的学额已满时，增加一个学生的边际成本为正（就像一条拥挤的高速公路），这时，对教育服务的消费就具有竞争性。

关于教育服务的排他性，由于教育服务的非整体性，从技术上说是可以分割的，例如，采取招生指标的分配、考试的筛选和收取学费，就可以将未被录取者和不付费的人排除在教育服务之外。但是这种排除，尤其付费的排除，其成本过高，因为教育具有巨大外部效益，一个人受了教育，不仅受教育者可以获得经济的、非经济的效益，如收入的增加，晋升与流动机会的增多，社会地位的提高等。同时，社会也可以获得巨大的经济与非经济效益，如教育是现代经济增长的重要因素，科学技术发展和知识经济基础，教育的普及与提高是现代社会物质与精神文明发展的重要条件，等等。如果对教育服务进行排除，虽在技术上可行，但成本过高，它将引起教育机会的不公平，大大增加教育的社会成本。

因此，从整体来说，教育是一种具有正外部效应的准公共产品。不同级别与类别的教育，其产品属性特征不尽相同，如义务教育和非义务教育、学历教育和非学历教育、民办教育和公立教育等。有的更接近于公共产品，有的则更接近于私人产品。

教育的服务性质界定之后，教育服务应由谁提供，采取什么机制提供，或通过什么方式配置教育资源，这些问题基本上就可以得到解决。既然教育服务属于准公共产品，就应由政府与市场共同提供，计划与市场机制共同发挥作用。完全由政府提供，政府垄断教育，或完全由市场提供，教育完全由市场调节都不能达到教育资源的优化配置，都是不可取的。由于教育的不同部分，其产品属性不同，提供与资源配置方式也不相同。义务教育在一定意义上是一种公共产品，它用法律规定了受教育者家长和政府的权利和义务，从理论与制度上说，它是一种强制的免费教育，基本上应由政府提供。非义务教育中的高等教育，相对义务教育而言，更靠近私人产品，市场机制则具有较大的作用。

由于教育是具有巨大外部效益的准公共产品，就不应当产业化和市场化，这是运用经济学、公共经济学在理论上做出的基本结论。如果从非经济学角度出发，这一结论将会强化，如受教育是公民的基本权利，不能因为市场化后，部分居民因付不起学费而剥夺他们受教育的权利。再如，教育有其不同于物质生产领域的发展规律，受教育者有身心发展的规律，教育具有多种功能等。简言之，学校不是工厂、商店或银行，不应把经济活动中的市场机制和规则完全移植到教育中来。

五、教育产业化的后果

若要实现教育产业化、市场化，将市场机制完全移植到教育中来，将产生以下不良后果。

第一，引起教育机会的不公平。主张教育产业化、市场化的很多人，把其理解为大幅度提高学费标准，甚至高于教育成本收费，以获取“利润”，并给投资者以回报，使教育良性循环。这样，教育就将成为像电视机一样的商品，付费者就消费，否则就被拒之消费之外。在居民收入存在较大差别的条件下，低收入阶层家庭的子女将会因付不起学费被拒之门外，引起教育的不公平。在当前，我国居民收入水平不高，人均 CDP 不过数千元，居民收入差别已经很大。据世界银行测算，中国居民收入分配的基尼系数已经高达 0.45①，超过国际公认 0.4 的警戒线水平，农村还有 4000 多万贫困人口，城市有数百万失业者，当学费收到一定程度，必将引起教育的不公平。把眼光只盯着发达地区和大城市的高收入者，而不考虑我国居民，尤其是贫困家庭的承受力，大幅度提高学费标准是不可取的，是有悖于教育公平目标的。

第二，可能导致入学率的降低。受教育者的教育收益随教育级别的提高而上升，因此，多数居民家庭对子女教育的需求是逐级攀升，换言之，受初等教育是为了受中等和高等教育。这样，高一级教育学费过高，超出其支付能力，一部分受教育者就可能放弃受低一级教育，从而导致各级教育入学率降低。大学学费过高，入学率将降低，随之而来便是中等和初等教育入学率的降低。

第三，导致教育异化。大多数国家教育法都规定教育的宗旨是育人，教育机构的定位都是非营利组织。如果教育市场化、学校企业化，那么育人将

---

① 《世界银行 1998 ~ 1999 年发展报告》，中国财经出版社 1999 年版。

成为手段，利润将成为教育的目标，学校也将成为以利润最大化为目标的营利组织。虽然我国并没有实行教育市场化，但在市场经济的大潮下，在教育引入市场机制改革的过程中，教育领域中的假冒伪劣，学历文凭与金钱、权力的交易，教育机构的腐败，已经开始出现，这不能不引起人们的忧虑。虽然通过市场竞争和法规以及政府依法的监管，这些问题可以得到缓解，但此过程中的成本和代价过高，受损者将是青少年一代和社会。

第四，政府对教育的投入将减少。如果教育市场化，教育将由市场提供，其成本将全部由受教育者承担，政府一般不再为教育进行投入，或者投入将大大减少，这将影响教育的供给，影响教育的发展。

令人欣慰的是，教育产业化还只是一场学术讨论，政府并未决策教育市场化，有理由相信，政府也不会将教育市场化。

教育产业化、市场化质疑*

1992年中国经济体制改革的目标确定为社会主义市场经济，此后教育界就教育体制应如何适应社会主义市场经济实行改革进行了广泛而热烈的讨论，其中有一种颇有影响的观点，即“教育产业化”、“教育市场化”。这是一个涉及教育体制改革方向的重大理论和实践问题。笔者提出质疑，以期深入讨论。

一、关于教育产业化

主张“教育产业化”的基本含义，是从产业间、部门间实现经济联系的基本方式上提出的。认为教育部门与其他产业部门的经济联系，应通过市场等价交换的方式实现。将教育部门的产品——到达法定劳动年龄阶段的毕业生，作为商品投入劳动力市场销售，一切劳动力的需求部门和单位，以相应的等价付给教育部门和学校，教育部门和学校获得教育投入，使教育部门和学校进入良性循环，彻底摆脱教育经费短缺的困扰。

20世纪40年代，英国经济统计学家克拉克首次将产业结构分为三次产业。第一次产业以农业为主，第二次产业为制造业，第三次产业为一、二次产业以外的经济活动。此后，国际劳工组织和各国政府也都按大体相同的标准对产业结构进行了分类。中国国家统计局于1985年4月对中国的产业首次

* 本文原载于《上海高教研究》1994年第4期。

进行了划分，第一产业为农业，第二产业为工业和建筑业，第三产业为第一、第二产业以外的其他各业，其中，又分为四个层次：流通部门，为生产和生活服务的部门，为提高科学文化水平和居民素质服务的部门，为社会公共需要服务的部门。教育分在第三产业的第三个层次。这种划分属于社会分工的统计划分，不涉及产业间经济联系的方式，它反映了人类社会分工和经济活动发展的历史阶段和顺序。如果从这种意义上将教育部门称为第三产业或产业部门，无疑是正确的。

在社会分工高度发达的现代社会经济中，三次产业之间以及三次产业内部各部门之间存在着密不可分的关系，它们之间相互联系、相互依存、相互制约，统一于现代社会经济总体之中。其中，每个产业，每个部门在社会经济总体中都具有重要的地位和作用，在社会经济发展的不同历史阶段，在经济发展水平的不同国家，各产业、各部门的地位和作用不尽相同。著名美国经济学家西蒙·库兹涅茨曾运用大量历史统计数据，对三次产业结构的变动和发展趋势进行了统计分析。随社会劳动生产率和经济发展水平的不断提高，第一产业比重（产值与就业比重）下降，第二、第三产业，尤其第三产业比重上升，在以科学技术为主要推动力的现代经济中，教育具有十分重要的战略地位和作用，正因如此，我国在80年代初期将教育列为国民经济发展战略重点之一，政府采取了一系列政策和措施推动教育的发展。目前，我国各级各类学校在校生达2.2亿人，占总人口的1/6，教职工达1000万人，占全民所有制单位就业人数的1/10以上，政府的教育支出占财政支出12%以上，教育已成为现代经济增长的重要因素，因此，我们说，教育是一个巨大的产业部门，无疑也是正确的。我国政府在加快第三产业发展的政策规范中，其中包括要加快教育产业的发展。

问题不在于教育是否属于三次产业的一个部门，也不在于教育在三次产业中具有重要的地位和作用，而在于教育与其他产业和部门间的经济联系，在市场经济下是否应通过市场交换方式实现；或者说，教育的投入是否应通过市场销售它的产出而获得。

在现代社会经济中，各产业各部门间，在投入和产出、在供给与需求上存在着密切的相互交换劳动的经济联系，甲的投入就是乙的产出。乙的投入就是甲的产出。在市场经济体制下，实现这种经济联系的基本方式有两种：一种方式是通过市场交换，即通过其产出的市场销售获得其维持和扩张所必需的投入。以营利为目的各经济部门就是如此，如工业、农业、商业、建筑业等属于此类部门。另一种方式是通过国民收入再分配，主要是财政再分配实现，其投入通过政府向纳税人征税和财政预算分配获得，一切由政府提供公共产品和公共服务的非营利部门就是如此，如政府、国防、安全等部门，教育部门总的来说也属于此类。产业和部门间的经济联系方式还有上述两种基本方式的其他变种。或以再分配方式为主，兼有部分市场交换方式，或以市场交换方式为主，兼有部分再分配方式。

在市场经济条件下，由于财产和利益的多元化，教育投入必然呈多元化格局。中国改革开放以来，教育投入完全依靠政府拨款的局面已不存在，教育投入多元化格局已初步形成。其中，政府拨款是教育投入的主要部分，在教育总投入中比重的大小，不同国家、不同级别和类别的教育不尽相同，政府拨款显然属于财政再分配。非义务教育的学费，属于教育成本的分担和补偿，不属于学校教育供给和受教育者受教育之间通过市场的交换。企业、社会团体、居民个人在纳税之外对教育的无偿捐赠也非市场交换。学校举办的各种非教育产业，已不属于教育，而属于营利的经济活动和部门，其收入的一部分投入教育，但其产出从性质来说并不是教育产出。

主张教育产业化的观点，是要把教育产出商品化，这是对市场经济中劳动力市场的误解。在劳动力市场中，劳动者是劳动力的所有者和供给者，一切用人单位是劳动力的需求者，劳动力交换发生在劳动力供求主体之间。需要明确的是，学校并非劳动力的供给者，而是劳动力的培养者，教育所培养的劳动能力属于学生——未来的劳动者，而并不属于学校。如果教育产出的商品化是指达到法定劳动年龄的毕业生商品化，是一种历史倒退。在人类社会发展史中，只有奴隶社会把劳动者——奴隶当作商品出卖。因为奴隶，包括奴隶的劳动力都属于奴隶主所有。

二、关于教育市场化

主张“教育市场化”的观点认为，在市场经济体制下应建立教育市场，尤其高等教育市场，通过教育市场调节教育供求，实现教育资源优化配置。

以市场作为资源配置基本方式的市场经济，最基本的要求或条件是，必须有独立的市场主体——市场上各种商品和投入要素的供给者和需求者。必须有完全充分的竞争，供给者之间、需求者之间、供给者与需求者之间，在市场上展开自由平等的竞争。各种商品和投入要素的价格通过自由竞争由供求形成，市场主体在追逐自身利益最大化的驱动下，在市场信号的诱导下，通过资源在部门、地区、单位间的自由流动和重组，达到资源配置的优化。

教育能否市场化，教育能否完全以市场调节，关键在于教育是否具备市场化的条件。

首先，教育是非生产和非经济部门，教育经济学的研究，从理论分析和实证统计分析上已经揭示了现代教育通过人力素质的提高可以带来社会经济效益，教育是现代经济增长的重要因素。教育可以给受教育者带来经济和非经济的预期收益。在教育过程中同样存在资源的投入和产出的经济活动，教育资源的稀缺也要求提高教育资源的利用效率、以较少的教育投入获得较多较好的教育产出。据此，我们可以说教育具有生产性，教育投资是具有生产性的投资。但是，教育的生产性，教育带来的社会和个人的经济效益是间接的、潜在的，它是通过教育所培养的劳动力投入生产或经济活动之后发生的，只有当教育培养的劳动力与其他投入要素相结合，才有可能转化为现实的生产力，才有可能带来社会与个人的经济效益，这说明教育从性质来说还不是生产部门或经济部门。

其次，教育属于非营利的公共部门，教育提供的是公共产品，公共经济学把产品和劳务分为私人产品和公共产品，私人产品指居民户或厂商通过市场提供的产品和劳务，公共产品则是指由政府提供的必然为全体社会成员消费的产品和劳务。二者的区别在于：（1）公共产品的提供和收费（征税），表明政府参与社会成员之间收入的再分配；（2）公共产品的享用不具有排他性，供社会全体成员享用；（3）公共产品按政府规定的税收向居民征收费用，私人产品由厂商通过市场价格直接向享用者收费；（4）私人产品谁享用谁交费，公共产品则不享用者也要交费（纳税的普遍性），某些享用者可不交或少交费（税收的免减）；（5）公共产品的决策较之私人产品复杂。属于公共产品的包括国防、安全、行政、司法、教育、卫生等。就教育而言，可以由私人举办和提供（私立学校），但政府一般都有程度不同的资助，也不全是私人产品。这说明，发展和管理教育，向公众提供教育产品是政府的义务和职能，受教育是公民的基本权利。

上述分析旨在说明教育属于非经济、非营利的公共部门，它不具备或不完全具备市场化的基本条件。不能将经济领域的市场配置资源方式简单地、原封不动地移植到教育中来，实行教育市场化，完全由市场调节教育，更何况市场经济还有其固有缺陷，市场调节也有失灵和失误。

就义务教育来说，由法律来调节。各国政府都曾在不同时期颁布了年限不等的义务教育法规，义务教育是一种强制性的免费教育，政府和义务教育年龄段的家庭共同承担了相应的义务，要强制就必须对受教育者免费，其费用应由政府提供。其供求、规模和速度显然由法律调节。由于我国人口多、年龄构成轻，义务教育规模巨大，政府财力有限，曾对受教育者收取少量费用，并以各种形式的群众集资，保证义务教育的实施，但这并不能改变义务教育的性质。由于我国居民对义务教育质量的需求不同，居民收入水平的不同，近年来在义务教育阶段，部分大城市举办了一些高收费的民办学校，但此类学校和在校生数十分有限，并不能从根本上影响义务教育的大局和性质。

学生毕业后进入劳动年龄阶段的非义务教育，就我国现阶段而言，包括初中后的中等教育、职业技术教育及高等教育。由于学生毕业后将就业，这类教育应面向劳动力市场和社会的需求，各国对此类教育也都普遍地征收学费，我国近年来也一改实行了几十年的免费教育，开始征收学费。应当肯定，市场机制对非义务教育，尤其是职业技术教育和高等教育具有一定的调节作用。

但是学费从性质上来说不是教育价格，非义务教育也不是商品。商品价格是在市场竞争中由供求决定的，价格反过来又调节供求。供过于求，价格下降，价格下降需求增加，供给减少；反之，求过于供，价格上升，价格上升需求减少，供给增加。教育供求由经济、政治、科技、文化、传统多种因素影响，显然不能由价格决定。商品价格主要由成本和利润构成，教育是非营利机构，各国非义务教育学费数量不等，但它都是教育成本的一部分。由于我国居民收入水平较低，在一个较长的时期内，学费只能占教育成本的较小部分。

非义务教育尤其高等教育的学费，从性质来说是一种教育成本的补偿或分担，也可以看作是对受教育者预期收益的一种代价。非义务教育，特别是高等教育是一种选择性教育，非同龄人都能享受的教育。同时，也是一种成本较高的教育，高等教育是一种昂贵的教育，只有部分或少数同龄人才能享受。在经济发展的一定阶段上，政府无力负担其全部成本，按照平等的原则，作为教育成本分担和补偿，对受教育者征收学费是必要的。

如果把学费当作教育价格，它由教育供求形成，完全由学费调节教育供求，在教育供不应求的条件下，可能产生以下后果：第一，造成教育机会新的不平等。家庭收入低下的学生将因交不起学费而被拒之学校大门外，教育有成为富人子弟特权的危险，奖贷学金可以缓解但不能从根本上解决这一问题。第二，导致义务教育的滑坡。非义务教育，尤其高等教育如果收费超出多数人的承受能力，将改变人们对高一级教育收益的预期，从而使义务教育或下一级教育入学率降低，辍学率提高。第三，部分学校单纯为增加学费收入，不顾自身条件在招生规模和某些专业上盲目扩张，造成教育总量与结构失衡和教育质量的下降，导致文凭的商品化。

“教育产业化”、“教育市场化”观点出现的社会背景之一是教育经费的短缺，人们指望教育产业化和市场化可以解决教育经费的短缺，其实在经济发展水平较低的阶段，教育产业是产业间竞争中的弱者，教育产业化、市场化的结果很可能与其初衷相反。笔者认为，教育经费短缺是多种原因造成的，既有教育发展目标过高、发展速度过快的原因，也有教育投入不足，还有有限的教育投入等多种因素造成教育资源利用效率不高。解决教育经费短缺的出路在于降低教育发展目标和增长率，多渠道增加投入，提高教育资源利用率。

中国目前正处在计划经济体制向市场经济体制转轨过程中，经济领域的这场变革要求也必然会引起政治体制、科技体制、社会文化体制的深刻变革，教育体制也必须适应社会主义市场经济进行相应的改革，这是因为经济和经济体制是一切社会生活和体制的基础。关于教育体制改革，1985 年和 1993 年中央和国务院的两个重要文件，即《中共中央关于教育体制改革的决定》和《中国教育改革和发展纲要》已做了原则性的规定，在实践中各级各类教育和学校已进行了大量的有益的探索，学术界也展开了广泛的讨论。

要深入讨论教育体制改革，笔者认为，有两点是不可少的。第一，要对社会主义市场经济有一个比较明确和准确的认识。什么是市场经济，市场经济是如何运行的，市场经济的基本框架和机制是什么都必须首先弄清楚。计划经济经历了几十年，我们对此已比较熟悉；市场经济在西方有了数百年历史，但对我们来说还是陌生的。现在我们要实行市场经济，要按照社会主义市场经济的要求，进行相应的教育体制改革，先对市场经济的基础有个了解是必要的。第二，要对教育的性质、特征和基本规律，以及在各级各类教育中的表现有一个比较深入的认识。历来学术界对此观点不一，研究也有待深化，通过研究和讨论，在一些基本问题上有一个大致相同的认识，即教育体制改革是必要的。在处理市场经济与教育体制的关系上，西方发达国家走过了漫长的历程，积累了经验，有了相对稳定的规范，对其进行研究和总结对我国教育体制改革也有借鉴意义。这样做，至少可以少走弯路。经过不断的研究和实践，可以逐步建立起适应社会主义经济要求的、具有中国特色的社会主义教育体制。

再评教育产业化、市场化*

一、问题的提出

近来教育应否产业化、市场化再次成为社会关注的热点。对此问题有两种相反的观点：一种观点认为，教育应当产业化、市场化，我国教育发展之所以相对缓慢，是因为在适应市场经济改革中，教育改革进展缓慢，甚至认为教育是市场经济改革中的最后一个堡垒；相反的观点则认为，教育不应当产业化、市场化，教育发展与改革中诸如以钱择校、学校高收费、乱收费等问题必须坚决遏制。在我国计划经济走向市场经济改革进程中，对这种讨论已不是第一次，20 世纪 80 年代中期、90 年代初期和末期已有三次。这次讨论与政府职能应如何定位、政府与市场作用边界应如何界定等问题有关，讨论范围涉及教育、卫生医疗、事业单位改革等公共服务领域。

教育应否产业化、市场化事关重大，它关系着在市场经济中、教育服务中政府与市场作用边界的划定和政府职能定位，关系着我国教育改革的基本走向和轨道，关系着教育发展的进程和成败，关系着人民群众根本利益与和谐社会的构建。

---

* 本文原载于《光明日报》2006 年 4 月 26 日。

二、讨论的对象

教育是一种复杂的社会现象和社会活动，它包括正规的学校教育，各种在职培训和技能培训，乃至家庭教育、社会教育等。在正规学校教育中，学校尤其是高等学校的功能日益多元化，除教育教学的培养人才外，还包括科学技术研发、校办企业、各种社会服务等。由于人们讨论的对象和范围不同，产生了各种歧义，缺乏共同的语言。讨论中对立双方虽未明确界定讨论对象，但大多数人讨论的对象实际是正规的学校教育。笔者将讨论的对象界定为正规学校教育，而且仅指正规学校教育中的教育教学活动。

究竟什么是教育产业化，讨论双方都未给出明确界定，也难以给出明确界定。就讨论的内容来说，双方所指实际上是市场化。因此作者将两者等同看待，即教育产业化就是教育市场化。作者将教育市场化在理论上定义为，将市场经济运行机制和规则完全移植到教育中，教育资源完全由市场供求和价格机制配置和调节。通俗地说，教育服务是商品，教育服务的需求和供给通过市场交易实现。从需求方来说，就是谁要获得教育服务，谁出钱谁买单。以下的讨论均以正规学校教育服务应否市场化为对象展开。

三、讨论的视野

教育应否市场化，放大来说，是市场经济中，如何界定政府与市场作用的边界。就教育来说，是如何认识和处理政府和市场的关系。在市场经济中，资源应由谁配置和如何配置大体有三种模式：政府行政配置、市场价格配置和政府与市场共同配置。当今世界市场经济国家中，既无纯粹的市场经济，也无纯粹的计划经济。因为市场存在失灵，政府也存在失灵，所以市场经济国家大都是两者的结合，即市场与政府的混合经济。尽管不同国家不同时期因条件不同，两者作用的边界和结合方式各不相同，因条件的变化，两者作用的边界是一个永恒的话题，但是我们仍然可以作出基本判断。判断的标准应是资源配置的公平与效率，判断的工具或方法是多样的，基本的工具与方法是公共经济学关于公共产品的理论。这一理论是成熟的、被公认的。

公共经济学中公共产品的理论，依据产品或服务的消费是否具有竞争性和排他性，将社会产品和服务分为公共产品、私人产品、准公共产品（混合产品）。公共产品的特征可以归结为消费的非竞争性和非排他性。消费的非竞争性指一个人对该产品的消费不影响他人对该产品的消费，在该产品未达到充分消费时增加一个人的消费其边际成本为零。消费的非排他性指一个人对该产品的消费不能排除他人对该产品的消费，不能排除的原因，或因该产品在技术上不能分割，或排除成本过高。凡具有消费上非竞争性、非排他性的产品为公共物品。产品与服务的消费同时具有竞争性和排他性的属于私人产品，既具有竞争性和排他性但又不充分的产品与服务属于准公共产品。现实生活中大多数产品和服务都属于准公共产品或服务。

公共产品或服务应由政府提供，私人产品或服务应由消费者通过市场提供，准公共产品则应由政府和市场共同提供。私人产品应由私人提供是因为消费该产品的私人成本和私人收益对等。公共产品应由政府提供是因为该产品的消费，私人收益小于私人成本，收益外溢到他人或社会。在市场经济条件下，私人（企业或消费者）从事经济活动的目标是私人收益最大化，尽管公共产品或服务是全社会的共同需求，由于成本私人负担，收益却外溢到他人，是鲜有人愿意提供的，结果导致供给严重不足。政府作为社会的代表理应提供，政府通过征税提供公共产品或服务。准公共产品或服务则应由政府与市场双边提供。所谓提供仅指出资或“买单”，非指产品服务的生产和管理，即私人产品不一定由私人生产，公共产品也不一定由政府生产，提供、生产、管理是三个不同的概念，不应混同。

以此理论为分析工具界定教育服务的性质和应由谁提供，就可回答教育服务应否产业化、市场化。

四、教育服务的性质

正规学校教育服务应界定为具有正外部效益的准公共服务。在一定条件下，教育服务具有竞争性，增加一个单位对教育服务的消费，会影响其他人消费的数量和质量，其边际成本为正。同时，教育服务消费又具有一定的排他性，如我国高等教育通过招生指标分配、考试筛选、收费，可将部分同龄人排除在高等教育服务之外，排除在技术上没有障碍。但过度排除将导致排除社会成本过高。这是因为教育服务的消费，一方面，使消费者即受教育者在经济上受益，如就业、流动机会增多、预期收入增加、职位晋升等；另一方面，他人或全社会也可从中受益。教育对一个国家的物质与精神文明建设具有重大作用，即教育收益有正的外部性。

正规学校教育中的义务教育从性质来说，属于更接近公共服务的准公共服务。由于义务教育是一种以法律为准的具有强制、免费、普及特征的教育，强制以免费为前提。从这个意义上说，义务教育的竞争性和排他性丧失了，可视为公共服务。

既然教育服务属于准公共服务，理应由政府和市场共同提供，既不应由政府完全提供，也不应完全由市场提供。换言之，政府财政应该为教育服务买单，受教育者即学生和家庭也应付费。义务教育在法律规范后，则全部应由政府提供，财政买单，学生免费。

五、教育服务不应市场化

教育服务产业化从技术上说并不困难，将教育服务视同商品或私人产品，如同食品、服装消费一样，谁上学谁买单，谁买单谁消费，无钱买单就不能上学，就不能获得教育服务。即教育服务能够市场化。问题在于教育服务应不应该市场化，这属于价值判断和制度、政策取向问题。

第一，提供教育服务是政府与财政的基本职能。如前述，教育服务属于准公共服务，应由政府与市场共同提供，即由财政和受教育者共同买单，义务教育在特定条件下，是一种公共服务，应由政府提供，财政买单，受教育者无须付费买单。因此，提供教育服务是政府基本职能之一，也是公共财政基本职能之一，教育服务不应市场化。

第二，从政治上说，受教育是公民的基本权利之一。我国和其他国家在宪法和教育相关法律中明确规定了公民的受教育权，而且规定不能因公民家庭经济背景不同，剥夺其受教育权利。由于世界各国居民收入都存在差别，我国居民收入分配在区域间、城乡间、群体间存在较大差异。居民收入分配的基尼系数已超过国际公认的警戒线，如果教育市场化了，将导致低收入群体受教育权被剥夺，有失教育的社会公平，违背政府维护社会公平与稳定的职能。

第三，从教育的社会经济功能与作用来说，教育对一国的经济增长和经济发展有重要作用。如果教育市场化了，在居民收入分配不平衡条件下，将导致教育入学率的降低、辍学率的上升，将阻碍教育的发展和人力资源的增加和提升，不利于我国物质文明、精神文明、民主与法制的建设。

第四，从教育的本质来说，教育自诞生之日起，就是在代际之间传承人类已经积累起来的文明，作为执行教育宗旨使命的学校，其组织性质是非营利组织，其目标是培养人，而根本不同于营利组织及其追求利润最大化的目标。如果教育市场化了，教育和教育机构的本质将会异化，成为追逐利润的手段或工具。

主张教育应当市场化的重要论据，一是市场经济的要求；二是教育市场化是国际尤其是西方发达国家的发展趋势。在市场经济制度下，市场是资源配置的基本方式，在我国从计划经济向市场经济转型过程中，包括教育、科研、医疗卫生、文化、体育等服务业的管理体制必须相应改革，建立起与社会主义市场经济体制相适应的教育管理体制。但如前述，市场并不是万能的，市场作用的范围也不是无所不包的。教育作为准公共产品或公共产品，完全靠市场提供和调节，将导致教育有效供给不足。正是由于这种市场缺陷，教育成为政府提供公共产品或公共服务的重要组成部分。教育体制应适应市场经济进行相应改革，但不等于教育应市场化。

所谓教育市场化是国际趋势，这是一种误解，媒体的报道是一种误导，实际是将某些人的观点和某个国家的实践奉为神灵和教条，当作评价中国教育改革成效的评价标准。对于教育服务应如何改革，国内外学者众说不一，各国的制度安排也不尽相同。对其既不应简单地一概否定也不应一概肯定，应鉴别和区分，选择正确的适合于中国的理论和制度安排。

关于教育服务应如何适应市场经济体制进行改革，笔者多次撰文探讨，这里作一简单概括：第一，既然正规学校教育服务属于准公共服务，教育经费来源和负担应多元化，既不应由财政全部负担，更不应由学生和家庭全部负担，义务教育则应全部由财政负担，同时可以吸纳部分社会资源。第二，办学主体应多元化，这不属于教育服务应由谁提供和谁“买单”的问题，而属于教育服务谁“生产”的问题。在我国被称为办学体制，正规学校教育可以由政府举办，也可以由非政府的民间机构举办，甚至是私人举办。第三，在教育管理上，应区分宏观与微观管理，政府应负责对教育的宏观管理，包括制定规则和政策，学校在遵守国家相应规则和政策下进行教育的微观管理。第四，基础教育尤其是义务教育资源应在区域间、城乡间、学校间和群体间均衡配置，政府的高等教育资源在非均衡配置中应采用招投标制度，引入竞争机制，并公开透明。第四，学校人力与物力资源的获得和管理应引入市场竞争机制。教师可实行公开招聘的聘任制，基本工资外的奖金和津贴采取以绩效为评价标准的分配制度，建筑和设备采购均采取向厂商招标的政府采购制度，以降低成本、提高效率、减少腐败。

我国公共财政支持民办高等教育研究*

改革开放以来，伴随着经济体制和教育体制改革、社会经济快速发展和居民收入水平的不断提高，在政府倡导和政策支持下，包括民办高等教育在内的我国各级各类的民办教育①获得了长足的发展，已经成为我国教育发展的重要组成部分。但是在民办教育发展过程中也面临着严峻的挑战和发展的"瓶颈"（中国民办教育研究院，2010 年），如民办学校法人性质不明确，民办学校权益难以保障；民办学校产权界定不明确，办学存在隐患；财政对民办教育支持缺乏制度保障；民办学校治理结构不规范，内部管理混乱。为此，《国家中长期教育改革和发展规划纲要（2010～2020 年）》（以下简称《教育规划纲要》）提出要大力支持民办教育。依法管理民办教育的相关政策，其中，"健全公共财政对民办教育的扶持政策"是支持发展民办教育的重要保障。本文拟就公共财政为什么应支持民办高等教育，以及应如何在制度安排上支持民办高等教育发展展开讨论②。

一、公共财政支持民办高等教育的依据

（一）民办高等教育服务的性质决定了公共财政应支持民办高等教育

讨论公共财政是否应该支持民办高等教育，首先应明确界定在市场经济

---

* 本文原载于《北京师范大学学报》（社科版）2011 年第 5 期，与方芳合作。

① 根据 2003 年《中华人民和国民办教育促进法》的规定，民办教育是指国家机关以外的社会组织和个人利用非国家财政性经费举办的各级各类学校。

② 本文所述的财政支持仅限于实施学历教育的民办本专科普通高校，不包括公立大学所举办的独立学院，也不包括民办高等教育非学历教育的各类培训机构。

中哪些产品和服务应由市场提供，哪些产品和服务应由政府提供，哪些产品和服务应由政府和市场共同提供，进而确定教育服务、民办教育服务的性质和应由谁提供。

由美国经济学家萨缪尔森和马斯格雷夫等创立的公共产品理论，为在市场经济中界定政府和市场作用的边界提供了理论依据。公共产品理论以产品或服务在消费上是否具有竞争性和排他性、是否具有外部性为标准，将全部产品或服务分为公共产品、私人产品和准公共产品。在理性经济人的假定下，依产品或服务的成本与收益是否对称，界定公共产品应由政府提供，成本应由财政负担；私人产品应由市场提供，成本应由消费者私人负担；准公共产品应由政府和市场共同提供，成本由财政和消费者共担。

关于公立正规三级教育服务，其服务性质在我国学术界存在分歧。王善迈（1996）认为，义务教育在法律规范（强制和免费）条件下属于公共产品，非义务教育属于准公共产品。袁连生（2003）从教育服务的间接消费出发，认为教育服务属于准公共产品。厉以宁（1999）从教育服务主体和教育经费负担者出发，认为凡政府提供的教育服务属于公共产品，由私人提供的教育服务属于私人产品。胡鞍钢（2003）认为教育服务为私人产品。

笔者认为，包括高等教育在内的非义务教育是属于有正的外部性的准公共产品。一方面，此种教育服务在消费上有竞争性，在供给有限的条件下，一个人消费了这种教育服务，就会影响他人对这种教育服务的消费，或者说，增加一个人对此种教育服务的消费，其边际成本不为零而为正；另一方面，此种教育服务也具有排他性，从技术上这种教育服务可以分割，从而可以通过招生数量、考试筛选和收取学费将一部分人排除在此种消费之外。同时，教育服务具有正的外部性，如过度排除则社会成本太高，因一个人接受了教育，除了本人可以受益之外，其家庭及代际间均可受益，整个社会也受益。高等教育是一国科技进步、社会经济发展的推动力，是一国精神文明和物质文明建设的重要条件保障。

既然高等教育服务属于有正的外部性的准公共产品，理应由政府和市场共同提供，成本应由财政和受教育者共担。由此，政府有责任和义务提供高等教育服务，财政应予以支持，负担其部分成本。

关于民办高等教育的性质学术界研究相对稀缺，笔者认为，民办高等教育服务与公办高等教育服务在性质上基本相同，属于有正的外部性的准公共产品或服务。区别在于其私人产品属性较强，因为此种教育服务具有较强的排他性，通过较高的学费可以将不付费者排除在这一教育服务之外。因此，民办高等教育与公办高等教育一样，应由市场和政府共同提供，教育服务的成本应由财政和受教育者共同负担。然而，与公立高等教育有所不同的是，民办高等教育在资源配置中市场的作用更大，因而受教育者在教育服务成本负担中所承担的比重应更大。

（二）民办高等教育已经成为我国高等教育的重要组成部分

公共财政是否应支持民办高等教育还取决于民办高等教育在高等教育中的地位和作用。我国民办高等教育经历了从无到有、从小到大的发展历程，现阶段已成为我国高等教育的重要组成部分。表 1 给出了我国民办高等教育 1997 ~2009 年中的绝对量和相对量。到 2009 年，民办普通高等教育学校数占全部普通高等学校总量的 14.58%；在校生占全部普通高校学生总量的 9.55%。

表 1　　1997 ~2009 年全国民办高等教育基本情况

		1997 年	2001 年	2005 年	2009 年
学校数（所）	总计	20	89	252	336
	占全国普通高校的比例	1.96%	7.27%	14.06%	14.58%
毕业生数（人）	总计	2625	9863	147503	483416
	占全国普通高校的比例	0.32%	0.95%	4.81%	9.10%
招生数（人）	总计	6878	77796	436101	710246
	占全国普通高校的比例	0.69%	2.90%	8.64%	11.11%
在校生数（人）	总计	16054	140359	1051663	2047688
	占全国普通高校的比例	0.51%	1.95%	6.73%	9.55%
专任教师数（人）	总计	988	12172	62303	105790
	占全国普通高校的比例	0.24%	2.29%	6.45%	8.17%

注：本表只包括民办普通本专科和高等职业院校，不包括独立学院和其他高等教育培训机构。

资料来源：1997 年和 2001 年的数据来源于《2002 年中国民办教育绿皮书》，2005 年和 2009 年的数据来源于 2005 年和 2009 年的《中国教育统计年鉴》。

我国民办高等教育的发展基于两种背景：

其一，限于政府财力有限，公办高等教育服务供给严重不足，与居民对高等教育的需求形成巨大反差，“千军万马过独木桥”成为高等教育供求矛盾的鲜明写照。民办高等教育的发展，为满足居民对高等教育需求，使我国高等教育从精英教育阶段步入大众化阶段，成为高等教育大国做出了重要贡献，并为我国社会主义建设各条战线输送了数以百万计的人才，对促进我国社会经济发展发挥了重要作用。

其二，我国正在进行经济体制和教育管理体制改革。在经济体制改革过程中，生产资料所有制从单一的公有制逐步转变为以公有制为主体的多种所有制并存的格局。与此相适应，包括教育、文化、科技等非经济的服务领域，也由单一的政府举办的公立机构转变为政府举办的公立机构和非政府机构举办的民办机构并存的局面。

伴随着经济体制改革，教育管理体制开始了相应的改革，旨在建立与社会主义市场经济相适应的符合教育服务性质和教育发展规律的教育管理体制。各级政府、各级各类公立学校逐步探索教育管理体制改革，而作为与公立教育性质不同的民办教育，成为探索教育体制改革的重要力量和阵地。

因此，民办高等教育无论从我国的高等教育发展，还是从高等教育体制改革来说，已不是可有可无，也不是高等教育的补充，而成为我国高等教育发展和改革的重要组成部分。政府和财政不仅有必要支持民办高等教育，而且支持民办高等教育发展应成为政府的责任和义务。

（三）财政支持是民办高等教育持续健康发展的重要条件

教育经费的充足投入是民办高等教育发展的重要条件。关于民办学校经费来源的渠道，国内学者有着大致相同的观点。魏曼华（1998）提出，我国民办学校的经费来源包括三部分：学费收入、社会捐赠、投资、集资、政府补贴等。杨明和余德龙（2005）提出我国民办高等学校的主要经费来源主要包括学费、捐赠、企业投资、社会团体和个人投入、国家的扶持和投入，以及从资本市场获得的资金。从这些学者的研究可以看出，我国民办高校经费的来源有四个主体：政府、受教育者个人、学校自身和社会群体。其对应的资金形式依次则表现为：政府对民办高校的预算内拨款、教育费附加，学费收入，校办产业及服务等收入，社会捐赠及其他（如金融部门的融资等）。

目前，我国民办高等教育经费投入来源结构不尽合理，学费收入比重过大，而政府财政投入和社会捐赠的比重过低。表2给出了2007～2009年我国民办高等教育经费来源结构的情况说明。

表2　2007～2009年我国民办高等教育经费来源结构　单位：%

年份	总收入（万元）	预算内拨款	教育费附加	学费收入	社会捐赠	其他
2007	3410943	2.41	0.11	79.76	0.36	17.35
2008	4360425	3.79	0.09	83.12	0.22	12.78
2009	5107655	3.72	0.16	83.33	0.33	12.46

资料来源：2007～2009年教育部相关统计资料。

从表2可知民办高校的经费来源中，2007～2009年学费所占比重的平均值超过了80%，而财政拨款的平均值不足4%，社会捐赠则仅占0.3%左右。可见，民办高等教育的运行和发展绝大部分依靠学费收入，这一情形可能会导致两种结果：一是生源下降，在校生减少。民办高校生源中，有一部分来自中低收入阶层，收费过高可能会使他们放弃入学，导致部分学校关闭，最终使得民办高等教育规模萎缩。二是高等教育是成本递增的行业。伴随成本递增，学费不断上升，必将加重受教育者及其家庭的负担，从而有悖于教育公平。这两种结果终将影响民办高等教育的可持续健康发展。

国外私立高等教育发展的经验也表明，政府财政支持是其经费的重要来源，是其持续发展的条件之一。美国是一个典型的以私有制为基础的市场经济国家，其私立高等教育相对发达，且资金筹措已形成规范的制度。纵观历年美国私立高等教育的经费来源，政府拨款占有相当大的比重，远高于我国。根据美国教育部2008年的统计数据可知，非营利私立高校占12.26%，营利性私立高校占5.69%①。2007年，可颁发学位的不同类型高校的经费来源结

① 资料来源：美国教育部网站，http：//nces.ed.gov/programs/digest。

构如表3所示。

表2　　2007年美国可颁发学位的各类型高校经费来源结构　　单位：%

高校类型	学费收入	合计	各级政府拨款		地方	销售收入	教育活动	投资回报	私人捐赠	其他
			联邦	州						
公立	16.67	46.62	13.24	26.85	6.58	16.00		5.80	2.08	12.97
私立非营利	26.03	12.26	11.07	0.89	0.30	13.67	2.25	30.65	11.07	4.06
私立营利	88.21	5.69	5.19	0.50		2.23	1.76	0.35	0.03	1.73

同样，日本也是私立高等教育发达的国家，据日本文部科学省统计，截至2008年，日本私立高校占全部高校78.5%，在校生占全部高校在校生的73.2%。2001年在日本私立高校经费来源结构中，学费占58.9%；财政支持占10.9%，政府对于私立高校的资助比例远高于我国。

其他私立高等教育较发达的国家，其政府财政投入都占其总收入相当的比重，均高于我国。同时，各国政府在财政投入支持私立高校发展方面均有相关的法律规定来保障。依据我国民办高等教育发展与经费投入结构现状与问题，借鉴国外财政支持私人高等教育的经验，为促进我国民办高等教育的可持续健康发展，政府应给予财政支持并加大对民办高校的投入力度。

二、民办高校的分类是财政支持民办高教的重要条件

民办高等教育是属于有正的外部性的公共产品，公共财政应予以支持。但由于不同类型民办高校的教育服务性质并不相同，所以财政支持的范围和力度也应有所区别。同时，民办高校的分类也是政府对民办高校管理和民办高校内部管理面临的重要问题。《教育规划纲要》提出了政府应对民办高校实行分类管理的明确规定，因此，有必要针对民办高校如何进行分类、如何实施分类进行探讨。

（一）分类标准

笔者认为，应将民办高校区分为营利组织和非营利组织两类（王善迈，

2011)。区分的标准有三①：第一，办学节余或营利是归于学校还是归于举办者。这里的办学节余或营利是指在扣除办学成本，预留发展基金及其他必需的费用后所剩余的资金。第二，举办者的初始投入和追加投入所形成的学校固定资产是属于学校还是属于举办者。民办高等学校的投入包括举办者的投入、学费、政府各种形式的投入和社会捐赠投入等，其形成的固定资产应分类列入学校固定资产账户。此标准仅限于举办者投入所形成的固定资产。第三，学校办学终止时，在财产清算清偿债务后的剩余资产是归于社会公益还是归于举办者。

从制度规范来说，举办者对民办高等学校的投入应区分为投资和捐资（捐赠）两类。作为投资不是无偿的，目的是获取经济回报；作为捐资或捐赠则是无偿的，目的并非获取经济回报，而具有公益性。在此规范的基础上，民办高等学校的分类标准是办学节余和学校资产剩余的归属，或者说应是分辨举办者是否具有剩余利润和剩余资产的索取权。举办者具有剩余利润和剩余资产索取权的学校属于营利性民办高等学校，反之，则属于非营利性民办高等学校。

（二）两类学校的服务性质

作为营利组织的教育服务机构，提供的服务基本上属于私人产品，从性质上来说，与作为营利组织的工商企业没有本质区别，其终极目的是盈利或利润的最大化，而提供教育服务是手段；资源配置的基本机制是市场供求和价格，服务的成本最终由消费者即受教育者负担，这类服务的供给与需求本质上是市场交换关系。作为营利组织的教育服务机构，实行照章纳税、自主经营、自负盈亏的经营管理制度。营利性的民办高校所获收益由投资者和举办者自由支配，可以用于学校教育支出，也可以归于投资者和举办者所有，不存在所谓“合理回报”和使用去向等问题。由于其提供的教育服务具有正的外部性，成本和收益不完全对称，公共财政应给予一定的支持，这种财政

① 王善迈：《民办教育分类管理探讨》，载《教育研究》2011 年第 3 期。

支持只是其服务成本的一种补充。

作为非营利组织的民办学校，从制度规范来说，应同公立学校一样，其功能是传承文明和知识技能以培养学生，收取学费和盈利是手段。由于这类学校属于非公共服务机构，经费来源和服务成本的主要负担者是其服务的消费者，即受教育者及其家庭。学校收入大于支出的部分（即盈利部分），应用于学校教育支出，而不应归于举办者所有。由于其性质为非营利机构。公共财政应给予比营利学校更大的直接支持。

（三）分类的实施

那么，民办高校的分类应如何实施呢？我国《民办教育促进法》和相关法规并未对民办高校分类有明确的规定，民办高校分类和分类管理属于民办教育发展过程中有待探讨的重要问题之一。依据我国经济体制、教育体制改革成功的经验，应采取渐进方式，以降低改革的社会成本，提高改革的效益。因此，有关民办高校的分类问题，可先行试点，取得经验后逐步推广，并在此基础上修改和完善相关的法规和政策。

1. 分类的原则

民办高校的分类应遵从自愿和政府审核监管两大原则。对于已经举办的和将要举办的民办高校，应根据举办者和投入者的个人意愿，在两类学校中加以选择并进行注册。我国已经举办的民办学校，从举办者和投入者的角度可将其分为两类（王善迈，2000）①：一类是以营利为目的，在我国公办高等教育供不应求的背景下，民办高校拥有发展的空间。举办者可根据自身条件和理性判断，在不同的产业和行业中进行选择，在经营管理有方的条件下具有获利空间。另一类是不以营利为目的，或者说是作为公办高等教育的补充以发展高等教育的一种教育组织形式。

2. 影响分类选择的因素

影响选择的重要因素之一是经济上可否获得回报，其实两类学校都可获

① 王善迈：《2000 年中国教育发展报告——教育体制的变革与创新》，北京师范大学出版社 2000 年版。

得经济回报。具有营利性质的学校，其经济回报的形式是办学节余和投资形成的固定资产的剩余归于投资者和举办者所有；具有非营利性质的学校，按照国家对公益事业捐赠的优惠政策，其投入可在缴纳企业所得税和个人所得税前按一定比例扣除，享受税收优惠。此外，教育系统还有“冠名权”这一形式的激励机制。对于办学的企业来说，这种捐赠具有公关行为的特征，有助于扩大市场；从学校发展来说，此类学校可享受教育类的税收优惠待遇。

3. 注册和监管、评估

民办学校的注册和监管，政府应从以下三个方面展开工作：第一，审核注册单位是否具备办学入门条件。不具备办学条件者不予注册，已经举办的学校不完全具备办学条件者，应限定期限达到规定的办学条件。第二，进行财务监管，其主要内容应是办学节余的使用去向和学校资产所有权的归属，财务监管应每个会计年度进行，并由独立的会计事务所审计。第三，教育法规政策的监管，两类学校尽管性质不同，但都必须遵守国家教育的相关法规，执行国家的教育政策。根据后两项监管的结果，对民办高校实现分类归属，并进行调整变更。

对教育质量的评估应由独立的教育评估机构进行。将市场竞争引入到民办学校的质量监管中来，不仅可以在民办学校之间，还可以在公办和民办学校之间展开良性竞争，从而提高其教育质量、那些质量低劣的民办学校将在竞争中被淘汰出局。

三、对民办高等教育的财政支持政策

（一）现行财政支持政策及存在的不足

对民办教育、民办高等教育的财政支持，中央和部分省市出台的相关法规政策已有原则性的规定。就中央或全国而言，最重要的当属《中华人民共和国民办教育促进法》及其实施条例和《教育规划纲要》。

《教育规划纲要》规定：健全公共财政对民办教育的财政资助政策。政府委托民办学校承担有关教育和培训任务，拨付相应教育经费。县级以上人民政府可以根据本行政区具体情况设立专项资金，用于资助民办教育。国家对发展民办教育做出突出贡献的组织、学校和个人给予奖励和表彰。

上述法规和政策表明，我国财政在支持和发展民办教育方面已迈出了重要一步。但是这些政策规定仍然存在着一些不足：第一，上述规定的内容过于原则化且缺乏可操作性和强制性，使得实际执行中缺乏有力的依据，对于不作为也没有惩罚规定；第二，对民办高校的资助力度和层级政府间的责任分工等都没有明确的规定。易导致在执行过程中各级政府之间的职责不明、权限不清；第三，政策中规定了政府提供一定的土地使用权转让优惠、事业收入等税费减免方面的间接支持，而直接提供的财政资助则相对较少；第四，对营利性和非营利性民办学校缺乏明确的分类财政支持规定。

（二）完善政府财政支持民办高校政策

完善对民办教育，尤其民办高等教育的财政支持制度和政策，首先应明确规定财政支持的主体。财政支持的主体取决于高等教育的管理制度和财政制度。我国现行的公立高等教育管理制度是中央和地方政府两级管理，财政制度是中央和地方两级财政支持。简言之，“谁举办和管理谁负担”。事实上，公立高校是中央、省、地市三级办学，中央和省两级管理，中央、省、地市三级财政负担。民办高等学校举办者为非政府机构的社会组织和个人，在地方政府教育部门注册，在管理上实行省、地市两级管理。因此，民办高校财政支持主体应是省和地市两级财政。对民办高校财政支持的经费来源应是省、市财政收入，包括本级财政收入和上级一般性转移支付收入。由于我国区域间经济、财政、教育发展的严重不均衡，中央财政应对民办高等教育不发达的地区给予一定的支持，并且省、市地方和中央财政应将支持民办高等教育发展的资金列入同级财政教育预算。就财政支持方式而言，可采取直接支持和间接支持两类。

1. 直接支持

直接支持是指财政对民办学校的直接拨款，主要包括以下内容：

（1）基本支出补助。《教育规划纲要》规定“政府委托民办学校承担教育服务任务的应拨付教育经费”。民办高等教育事实上承担了高等教育服务，因此，政府应给予必要的财政拨款，用于民办高校的正常运行，其中主要是公用经费，可视为基本支出补助。在省、市级财政预算教育支出类的高等教育支出中，可按一定的比例分配给民办高等教育，其补助上限可参照该地区民办高校生均公用经费低于公办高校生均公用经费的差额来确定。

（2）专项支出补助。包括民办高等教育在内的我国高等教育发展已从数量扩张进入到质量提升和结构调整的新时期。提高高等教育质量的关键在于学科建设提升，结构调整包括层次结构和专业结构。鉴于此，根据国家高等教育发展政策和民办高等学校的需要和条件，应给予民办高校一定的财力支持。在我国现行财政预算管理中，该项支出属于专项教育支出。因此，在省、市财政预算高等教育支出中，可安排一定金额或比例作为专项经费给予民办高等学校，用于发展重点学科、建设重点实验室以及教师社保等。

（3）奖励性补助。在制定民办学校评估标准的基础上，政府可以委托专业性的社会中介组织对民办学校进行评估，对提供优质教育服务和特色教育服务的学校，或对民办高等教育有突出贡献的个人，给予一次性奖励支持。

（4）科研支持。此种经费支持应视为竞争性资助，可采取招投标和政府委托的方式鼓励民办高校的科学技术研究，对符合条件的民办高校中标者和被委托者给予一定的财政支持。通过科研合同的形式，这部分经费不仅可以在民办高校之间，还可以在民办高校与公立高校之间展开公平竞争，科研能力强的学校得到的机会和相应的科研经费会更多。

（5）学生资助。高校学生资助应该不区分公立或民办的学校性质，凡是有资金需求的学生或家庭均应得到政府的资金援助。因此，对在民办高等学校就学的家庭经济困难学生给予一定的补助，资助方式类同于公立高等学校。支持了学生，从某种意义上来说，也是支持了学校，使得学生增加了入读民办学校的机会，也可让民办学校从更多的受教育者手中获得学费收入。

2. 间接支持

间接支持指政策扶持与税收减免在内的资助，通过土地、税收优惠等方式对民办高校实施间接的经费支持。这部分资助能够减少学校支出，从而等于间接增加了对学校的投入，主要包括：

（1）学校教育用地优惠。民办高校用地应纳入学校所在地的土地利用规划中。在民办高校的用地优惠方面，对于非营利学校应视同公办学校，可采取无偿划拨或有偿转让制度；对营利学校，在转让土地使用权时给予低于商业用地市场价格的优惠。

（2）闲置国有固定资产（建筑物和大型设备）转让优惠。用于学校教学的，对非营利学校可无偿转让或低于市场价转让。

（3）税收优惠。对于学校各项税收包括营业税、增值税、所得税、房产税、城镇土地使用税、印花税、耕地占用税、契税等，我国应缩小公立高校与民办高校税收优惠政策上的差距。对于非营利学校，可按 2004 年《财政部、税务总局关于教育税收政策的通知》的规定给予税收减免优惠，视同公办学校；对于营利学校，财政部、国家税务总局尚未做出具体规定。笔者认为，对营利性学校各项税收优惠，应低于非营利性学校，而且税收优惠的项目应和非营利学校有所区别。

（4）社会捐赠。国外私立大学筹资中社会捐赠所占比例非常高，一方面与这些国家的经济发展水平和私立大学的地位有很大关系；另一方面也与这些国家对社会捐赠制定的所得税、财产税优惠制度有关。因此，我国对民办高校的社会捐赠，应遵从《中华人民共和国公益事业社会捐赠法》的规定来执行，在未来开征财产类税（包括财产税、财产赠与税、遗产税等）后，政府应制定出更多的税收激励机制鼓励社会对学校捐赠，以增加学校教育投入。

综上所述，在资助的方式上，政府对民办高校的发展可从直接支持和间接支持两方面来实施资助；在资助的主体上，由于民办高等教育主要由省、市地方政府管理，财政支持也应主要由地方财政负担，中央财政给予必要支持，且不同的地方可根据本地区的实际需要和财政能力做出不同的具体规定。

市场机制应否完全移植到教育中?*

■市场在资源配置中发挥决定性作用，并不是说所有领域的资源配置完全由市场发挥作用。越接近公共产品的领域，财政支持的力度就越大；越接近私人产品的领域，财政支持的力度就相对小一些。

■公共教育资源在公立三级学历教育中的分配是政府行为，而在资源的使用过程应当引入市场的竞争机制；民办教育中的营利机构，资源配置靠市场。

■教育体制必须进行适应市场经济体制的改革，但不应市场化，教育市场化将导致严重的后果。

■从整体来说，教育是一种具有正外部效应的准公共产品。不同级别与类别的教育，其产品属性不尽相同。

《中共中央关于全面深化改革若干重大问题的决定》以下简称《决定》提出了全面深化改革的总目标是完善和发展中国特色社会主义制度，推进国家治理体系和治理能力现代化。《决定》明确指出，紧紧围绕使市场在资源配置中起决定性作用深化经济体制改革，坚持和完善基本经济制度，加快完善现代市场体系、宏观调控体系、开放型经济体系，加快转变经济发展方式，加快建设创新型国家，推动经济更有效率、更加公平、更可持续发展。

市场在资源配置中起决定性作用将对教育产生什么样的影响？经济活动中的市场机制和规则应否完全移植到教育中来？不同层次的教育领域如何发挥市场

---

* 本文原载于《中国教育报》2014 年 3 月 13 日。

的作用？2014 年 3 月 12 日，《中国教育报》记者专访了北京师范大学教授王善迈。

一、教育产品由政府与市场共同提供

记者：为适应让市场在资源配置中起决定性作用的新形势，教育应进行哪些方面的制度设计？

王善迈：十八届三中全会提出的让市场在资源配置中起决定性作用，是在经济体制改革中讲的，教育是一种准公共产品，应该由政府与市场共同提供，没有任何国家有在公共教育资源配置上完全让市场发挥作用的规定。

市场在资源配置中发挥决定性作用，并不是说所有领域的资源配置完全由市场发挥作用。越接近公共产品的领域，财政支持的力度就越大；越接近私人产品的领域，财政支持的力度就相对小一些。

市场经济的作用范围并不是无限的、包罗万象的，市场经济也是有缺陷的。它不能解决经济的外部性问题，不能有效地提供公共产品，不能解决收入分配的不公平，不能保持完全充分的竞争，也难以实现宏观经济的稳定持续发展等。市场失灵的领域，正是需要政府发挥作用的地方。仅以市场失灵来说，政府是市场规则的制定者、市场秩序的维护者、经济外部性的校正者、公共产品的提供者、收入和财产的再分配者、宏观经济的调控者。

公共教育资源在公立三级学历教育中的分配是政府行为，而在资源的使用过程应当引入市场的竞争机制，比如教师聘用实行公开的招聘制度，校舍和设备的采购实行招投标制度（即政府采购）；再比如教师的收入构成、标准工资由政府制定，工资以外的其他收入，包括学校发放的津贴、社会服务的薪酬等就是市场行为。民办教育中的营利机构，包括学校和培训机构，它的资源配置就是靠市场。

二、教育体制必须进行适应市场经济体制的改革，但不应市场化

记者：您讲到教育是一种准公共产品的概念，是否可以由此推论，正确

认识教育服务的性质是制定科学、合理的教育政策的一个条件呢?

王善迈：教育是一个复杂的社会现象，具有经济、政治、文化、科学等多种功能，需要运用多种学科，从多重视角进行探讨。

从公共经济学的角度来看，现代市场经济是一个市场与政府共同作用的混合经济，政府应该管那些属于"公共产品"的产品和服务，比如国防、外交、司法、公共卫生、环境保护等；市场应管属于"私人产品"的产品和服务。私人产品可以通过市场由企业和居民提供，而公共产品和具有正的外部性的产品则需要政府提供。根本原因在于，由企业和居民提供公共产品和具有正外部性的产品，成本得不到补偿，由政府提供的公共产品和服务，一般不由消费者付费，而是通过税收支付，税收可以视为政府提供公共产品和服务的成本。准公共产品则要由市场和政府混合提供，市场提供通过市场机制，政府提供则通过一定的政治程序和公共选择。

公共产品理论最早由美国经济学家保罗·萨缪尔森在《经济学与统计学评论》1954 年 11 月号上发表的"公共支出的纯理论"中提出，后被经济学家所接受。公共产品的特征可以归结为消费的非竞争性和非排他性。消费的非竞争性指一个人对该产品的消费不影响他人对该产品的消费，在该产品未达到充分消费时增加一个人的消费，其边际成本为零。消费的非排他性指一个人对该产品的消费不能排除他人对该产品的消费，不能排除的原因，或因该产品在技术上不能分割，或排除成本过高。凡具有消费上非竞争性、非排他性的产品为公共产品；反之，在消费上具有竞争性和排他性的产品即是私人产品。公共产品和私人产品是社会产品和服务的两个极端，现实中大多数产品和服务都是兼有两种产品特征的准公共产品或混合产品，即消费不具有完全的竞争性或不具有完全的排他性的产品。

在市场经济中，教育是一个具有巨大正的外部效益的准公共产品，教育体制必须进行适应市场经济体制的改革，但不应市场化，教育市场化将导致严重的后果。例如，导致各级教育入学率的降低、辍学率的上升，导致教育不公平，最终导致教育的异化、教育的宗旨不再是育人而是营利。而利用非公共资源办教育又以营利为目的的民办学校和培训机构，可以视同企业，市场在这些教育资源配置中起决定性作用。

三、教育的服务性质界定后，其提供机制便得以解决

记者：教育的这种经济学特性是否决定了教育投入多元性要求？或者说是否决定了教育投入的个人、政府、社会分担成本要求？

王善迈：20世纪90年代以来，政府加大了对教育的投入，初步形成了多元化的教育投入体制，但国民与日俱增的巨大教育需求和有限的教育供给之间的矛盾，以及各级各类教育经费的短缺，仍未得到根本解决。但是，在探讨如何增加教育投入和教育供给问题时，不能简单地认为增加教育的投入与供给就必须实行教育市场化，不能简单地认为让市场起决定性作用就能使教育走上良性循环的轨道。

公共产品与经济外部性或外部效应有密切的关系。外部性指某些产品或服务给生产者或消费者以外的其他人的福利带来了负的或正的影响，实质是成本和效益的外溢，生产者或消费者都未承担成本或未获得补偿。前者如化工厂生产导致的环境污染，后者如居民区修建的花园。

教育属于公共产品，它提供的不是物质产品，而是服务，教育的服务性质界定之后，教育服务应由谁提供，采取什么机制提供，或通过什么方式配置教育资源就基本上可以得到解决。教育通过教育服务和教育者、受教育者的双边劳动，使受教育者在德、智、体诸方面得到全面发展。当然，教育服务在消费上具有一定的竞争性，比如当一所学校的学额还不满时，增加一个学生的边际成本为零，一个学生对教育服务的消费不影响另一个学生消费，但当一所学校的学额已满时，增加一个学生的边际成本为正（就像一条拥挤的高速公路），这时，对教育服务的消费就具有竞争性。

关于教育服务的排他性，由于教育服务的非整体性，从技术上说是可以分割的。例如，高等教育中采取招生指标的分配、考试的筛选和收取学费，

就可以将未被录取者和不付费的人排除在教育服务之外。但是这种排除，尤其对不付费者的排除，其社会成本过高，因为教育具有巨大外部效益，一个人受了教育，不仅受教育者可以获得经济的、非经济的效益，如收入的增加、晋升与流动机会的增多、社会地位的提高，等等。同时，社会也可以获得巨大的经济与非经济效益，教育是现代经济增长的重要因素、科学技术发展和知识经济的基础，教育的普及与提高是现代社会物质与精神文明发展的重要条件。如果教育服务进行排除，虽在技术上可行，但社会成本过高，它将引起教育机会的不公平，大大增加教育的社会成本。

因此，从整体来说，教育是一种具有正外部效应的准公共产品。不同级别与类别的教育，其产品属性不尽相同，如义务教育和非义务教育，学历教育和非学历教育，民办教育和公立教育等。有的更接近于公共产品，有的则更接近于私人产品。

正是由于教育具有正的外部性，如接受了教育的人具有良好素质，有利于社会文明进步，有利于技术创新等，同时教育可以给教育者带来经济和非经济的收益，因此作为非义务教育应当收费，但收费不能完全按照成本收取，只收取部分成本，其余成本由政府通过公共财政补贴。

1985 年以来，关于教育市场化曾经有过三次讨论。讨论的实质是在建立社会主义市场经济过程中，教育，主要是教育体制应如何改革，改革的方向是否应当市场化。所谓教育市场化就是将市场经济运行的机制和规则完全移植到教育中来，通俗地说，就是花钱买教育服务，教育资源配置完全由市场供求和价格来决定。

受教育是公民的基本权利，教育公平是社会公平的基础，提供教育服务是政府的基本职能。不能因为市场化后，部分居民付不起学费而被剥夺受教育的权利。而且，教育有其不同于物质生产领域的发展规律，受教育者有身心发展的规律，教育具有多种功能等，学校不是工厂、商店或银行，不应把经济活动中的市场机制和规则完全移植到教育中来。

四、不同级别与类别的教育，资源配置方式不同

记者：从经济学角度看，不同层次的教育是否具有不同的产品属性？这是否意味着对不同层次的教育需要确定不同的服务提供主体以及制度设计？

王善迈：既然教育服务属于准公共产品，就应由政府与市场共同提供，计划与市场机制共同发挥作用。完全由政府提供，政府垄断教育，或完全由市场提供，教育完全由市场调节，都不能达到教育资源的优化配置，都是不可取的。

不同级别与类别的教育，其产品属性不同，提供与配置资源的方式也不相同。

义务教育在一定意义上是一种公共产品，它用法律规定了受教育者家长和政府的权利和义务，是一种强制的免费教育，基本上应由政府提供。非义务教育中的高等教育，相对义务教育而言，更靠近私人产品，市场机制则具有较大的作用。

将市场机制完全移植到教育中来，将引起教育机会的不公平、导致入学率降低、辍学率提高和教育异化。如果教育成为像电视机一样的商品，付费者可以消费，不付费者不可消费，在居民收入存在较大差距的条件下，低收入阶层家庭的子女将会因付不起学费被拒之门外，从而导致各级教育入学率降低。如果利润成为教育的目标，学校也将成为以利润最大化为目标的营利组织，教育成本将全部由受教育者承担，必将影响教育的供给，影响教育的发展。

如何把全社会最优秀的人才吸引来当教师？教师不是公务员，政府不能强制要求教师流动，但是可以通过足够力度的激励制度吸引教师流动，比如双薪、职位晋升。当然，吸引人才流动的根本还是整个社会环境的改变，这就不单是教育系统的问题了。

第五篇
教育发展中资源配置的均衡与公平

- 我国教育发展不平衡的实证分析
- 中国基础教育发展的不平衡和资源配置
- 教育公平的分析框架和评价指标
- 义务教育县域内校际均衡发展评价指标体系
- 基础教育“重点校”政策分析
- “重点校”政策影响了教育的公平
- 逐步取消基础教育“重点校”政策
- 必须遏制“以权择校”和“以钱择校”

我国教育发展不平衡的实证分析*

改革开放以来，我国在经济发展上采取了非均衡发展的战略，使原本就不均衡的区域经济差异进一步扩大，成为我国经济进一步发展的障碍，因此，缩小区域经济发展的差距是“九五”期间经济发展的战略重点之一。教育的发展在很大程度上是受经济发展制约的，所以教育发展不平衡的问题在这十几年中也进一步加剧，尤其是20世纪80年代后期教育投资与教育管理权限下放给地方之后，这一问题更为突出。反过来，现代经济发展越来越依赖于科学技术的进步和劳动力素质的提高，而这两者都离不开教育的发展。教育发展是经济发展的必要条件之一，要缩小区域经济发展的差距就必须缩小区域教育发展的差距。本文在讨论不平衡经济的类别的基础上，对教育发展不平衡进行实证分析，目的在于明确教育发展不平衡之所在，为教育决策提供依据。

一、研究方法与数据来源

本文采用聚类分析和判别分析的方法，对我国30个省、自治区、直辖市1988～1994年的数据进行统计分析，划分经济发展和教育发展的区类，然后依据分类结果对教育发展不平衡与经济发展不平衡对教育发展的影响进行分

---

* 本文原载于《教育研究》1998年第6期，与杜育红、刘远新合作。

析，为制定政策提供信息。所用教育经费数据来自 1988 ~ 1995 年《中国地方教育经费发展报告》，各级各类学校在校生数、学龄儿童入学率、小学毕业生升学率、初中毕业生升学率来自 1988 ~ 1995 年《中国教育统计年鉴》，各地区经济发展水平数据来自《改革开放十七年的中国地区经济》。各年各项经济发展指标、教育经费指标等按当年价格，未折算为某年的不变价格。

二、区域经济发展水平的聚类分析

（一）衡量区域经济发展水平的指标和方法

衡量区域经济发展水平的指标基本上可以分为两类：一类是采用单一的总量指标，如世界银行和一些国际组织都用人均国民生产总值 GNP 或国内生产总值 GDP 对各国或地区排序；另一类研究不仅考虑总量指标，而且还考虑社会经济发展各方面的特征，如经济结构、经济效率、投资水平、技术水平、人口特征、生活质量等指标，然后通过主成分分析、层次分析、聚类分析或特尔菲法等方法将这些指标合成为一个反映区域社会经济整体水平的综合指标来衡量区域经济发展水平。本文拟采用第二类研究方法，选择经济规模、经济结构和居民生活水平等指标来描述区域经济发展水平。具体指标包括：地区国内生产总值、第一、第二、第三产业增加值占地区国内生产总值的比重、总就业人数占总人口的比重（倒数为人口负担系数）、第一、第二产业就业人数占总就业人数的比重、人均国内生产总值、非农业人口占总人口的比重、城镇居民家庭平均每人年生活费收入、农村居民家庭年人均纯收入。

（二）区域经济发展水平的聚类分析

大多数经济区划研究的共同特点是既考虑了三大经济带的不平衡问题，又考虑了地理位置和区位经济发展问题。由于本文不是从区域角度研究经济发展，所以没有考虑地理位置，仅按经济发展水平来划分经济区域。

按上述指标，运用聚类分析方法将 30 个省、自治区、直辖市分为四类。

具体做法是首先选取4个省市——天津、山东、山西、贵州作为初始凝聚点，然后进行聚类分析。这种聚类方法避免了极端的个体，大部分地区的类别都比较稳定，对于其中有轻微变动的以多数年份的类别为准。聚类分析结果如下：

第一类为经济最发达地区，包括北京、天津、上海3个直辖市；

第二类为经济较发达省区，包括辽宁、江苏、浙江、山东、广东5个沿海省份；

第三类为不发达省区，包括河北、山西、黑龙江、吉林、安徽、福建、河南、湖北、湖南、四川、新疆，共11个省（区）；

第四类为最不发达省区，包括内蒙古、江西、贵州、云南、西藏、广西、海南、陕西、甘肃、青海、宁夏，共11个省（区）。

三、教育发展不平衡及其表现

关于教育发展不平衡有过一些研究，但这些研究一般有如下几个缺点：在划分区域时，只考虑了人均GDP，没有考虑社会经济结构这个重要因素对教育投资的影响；忽略了教育规模对教育投资的需求；对地理位置考虑较多，而对经济发展水平考虑较少。本文在分析上述因素基础上，从教育投入和教育产出两个方面讨论教育发展不平衡问题。

（一）教育投入不平衡与经济发展不平衡的一致性

划分教育投入水平时，选择以下指标：人均教育经费、全部教育经费占各地区GDP的比例、预算内教育经费占全部教育经费的比例、预算内教育经费占财政支出的比例、用于教育的税费占全部教育经费的比例、企业办学经费占全部教育经费的比例、勤工俭学和社会服务经费占全部教育经费的比例、社会捐（集）资占全部教育经费的比例、学杂费占全部教育经费的比例、高等教育生均教育事业费、普通中学生均教育事业费、小学生均教育事业费、教育事业费在高等、中等和初等教育上的分配比例等。这些指标反映了教育经费的来源及其结构、教育经费的内部分配和每个在校生可得到的教育经费。

对于教育投入水平的区域划分，采用判别分析的方法。判别分析是用以判别个体所属群体的一种统计方法。先将经济区域聚类的结果给予地区教育投资水平，然后选择适当形式的判别函数，按选定的判别准则，判断各地区最大可能的归属类。本文对1988～1994年逐年判别，在这7年中江西、陕西、新疆的推断类别与给定的类别不同，江西、陕西的经济区域属第四类，推断类别为第三类；新疆的经济区域属第三类，推断类别为第四类。这三个省区的教育投资水平类别与经济区域类别不同的原因可能是历史文化因素造成的。江西、陕西在历史上一直是我国文化较发达地区，而新疆的文化基础相对较差。因此教育投资水平基本是由经济发展水平决定的。

具体来讲，教育发展不平衡首先表现在教育投资总量的不平衡。一般衡量一个地区教育投资水平的指标用全部教育经费占国内生产总值的比例和教育经费占政府财政支出的比例，但由于各国财政制度差异较大，所以多采用前一指标。从国际比较研究发现，一国一定时期内的教育投资水平，以该国的经济发展水平为基础。教育经费占国内生产总值比例随人均国内生产总值的增长而增长。但我国1988～1994年的统计数字表明，各省份的情况却呈相反的趋势，即不发达省区的教育投资水平较高，而发达地区反而较低，形成区域经济发展水平与教育投资水平的矛盾（见表1）。

表1　四类地区教育投资平均占国内生产总值的比重　单位：%

年份 类别	1988	1989	1990	1991	1992	1993	1994
1	2.61	2.87	2.72	2.43	2.32	2.27	2.52
2	2.33	2.57	2.68	2.60	2.45	2.34	2.55
3	3.06	3.35	3.52	3.42	3.31	3.25	3.16
4	3.89	4.32	4.18	3.94	3.84	3.69	3.85

造成这种趋势的主要原因有两种：（1）经济建设是我国各项建设事业的中心。在当前我国经济发展水平还不高的情况下，投资向经济领域倾斜，用于教育的投资偏少。这说明尽管教育发展对经济发展的促进作用越来越受到

重视，但在进行决策时，各地区并未把教育事业的发展放在优先的战略地位，忽视教育的思想依然存在。（2）经济较发达地区一般人口负担较轻，即使教育经费占国民生产总值比例低于经济较落后地区，按人口平均的教育经费和生均经费也比落后地区高得多。同时由于教育投资存量较多，经济较发达地区改善教学仪器和设备、提高师资水平的任务不如落后地区繁重和紧迫，故进一步提高教育投资水平的积极性不高。无论从国内平均水平还是国际水平比较来看，我国经济发达地区有必要进一步增加教育经费投入，以培养更多的建设人才，适应未来发展的要求，并适当给予落后地区援助。经济较落后地区受地区收入水平的影响，教育经费的增长还是不如经济较发达地区快，所以国家需要规范教育财政转移支付制度，扶持贫困地区。

其次，教育投入不平衡表现在人均教育经费的不平衡。人均教育经费反映了扣除人口因素影响以后的教育投资水平。人均教育经费与人均国内生产总值有很强的正相关关系。本文分别对1988年和1994年人均教育经费和人均国内生产总值做简单相关分析，得到皮尔逊相关系数（也称为积差相关系数，是测量两列数据线性相关程度最常用的一个指标），分别为0.9019和0.9157，但是各地区人均教育经费的差异比人均GDP的差异要小一些（见表2）。

表2　　四类地区人均教育经费　　单位：元

年份 类别	1988	1989	1990	1991	1992	1993	1994
1	102.99	121.75	124.24	129.98	150.04	188.25	276.88
2	42.93	53.44	59.42	66.92	78.73	102.76	148.33
3	37.09	45.10	52.21	56.86	65.59	82.9	102.9
4	38.59	48.97	52.57	55.13	63.97	83.46	104.3
全国极差率	5.42	4.65	4.39	4.8	4.71	5.37	6.77

从横截面看，三个直辖市的人均教育经费明显高于其他地区。尽管它们的教育经费占国内生产总值的比例最低，但较高的人均教育经费表明其教育投入是相对较多的，这在一定程度上削弱了它们进一步提高教育投入的积极

性。而第三、第四类地区人均教育经费差异不大，第四类地区还稍高于第三类地区。出现这种情况的原因可能有两个：一是四类地区教育规模较小，居住分散，教育成本较高；二是国家对少数民族的专项补助较多。

从时序上看有两个特点：（1）从全国极差率上看，人均教育经费的差异呈现出扩大趋势；（2）由于受1989年开始的经济紧缩的影响，这期间教育经费支出增长缓慢，人均教育经费增长也较慢，1992年以后人均教育经费有较快增长，但这其中也包括通货膨胀的影响。另外，各年中人均教育经费一直较低的省份有贵州、四川、河南、湖南、江西等省，其中四川、河南是我国人口大省，贵州、江西、湖南则属于“老少边穷”地区。

教育投入不平衡的原因从整体上讲是由于经济发展不平衡造成的，但经济究竟如何影响教育投入，还要具体分析教育投资的来源结构。我国用于教育的投资可以分为预算内和预算外教育经费两大类，其中，预算外教育经费又可分为教育税费、社会捐（集）资、学杂费等项。

预算内教育经费占财政支出的比例，反映了地方政府对教育的重视程度和努力程度。由于我国各地区财政体制和统计口径基本相同，因此它们是可比的。各地区预算内教育经费占财政支出的比重见表3。

表3　四类地区预算内教育经费平均占财政支出的比重　单位：%

类别＼年份	1988	1989	1990	1991	1992	1993	1994
1	16.20	17.34	16.51	15.75	17.49	18.16	17.42
2	17.78	17.79	17.66	17.17	18.20	17.36	20.78
3	18.15	17.93	18.01	17.31	19.23	17.78	21.15
4	17.40	17.31	17.11	16.11	17.21	16.25	18.99

从表3可以看出，四类地区预算内教育支出占财政支出的比例没有显著的差异，这说明各地政府的努力程度大致相同，预算内生均教育经费的差异主要是由各地的财政能力的差异造成的，即主要是由各地经济发展水平决定的。而且预算内教育经费占财政支出的比例已接近1/5，增加预算内教育经费

的可能性和幅度不会太大。

表4、表5、表6 显示，三项预算外教育经费，即用于教育的税费、捐（集）资、学杂费，由于制度不够规范，前两项从时间序列来看没有明显的变动趋势。学杂费呈显著的上升趋势，尤其1993 年之后，由于政府原因有较大的增加。从长远看，随着学费制度的逐步完善，学杂费在全部教育经费中所占比例肯定将继续上升，学杂费将是近期内教育经费的主要增长源。

表4　四类地区用于教育的税费平均占教育经费总额的比重　单位：%

类别＼年份	1988	1989	1990	1991	1992	1993	1994
1	9.22	7.57	8.59	10.1	8.5	8.37	7.56
2	12.12	14.13	14.52	14.62	13.98	13.26	12.27
3	9.13	10.51	11.21	11.83	11.33	11.54	10.07
4	2.74	2.38	3.61	5.03	6.09	5.63	6.49

表5　四类地区社会捐（集）资平均占教育经费总额的比重　单位：%

类别＼年份	1988	1989	1990	1991	1992	1993	1994
1	4.21	4.72	1.71	1.99	2.53	3.23	2.37
2	9.64	9.53	8.77	10.59	9.77	9.88	8.23
3	6.3	8.95	9.76	10.14	9.3	7.17	6.78
4	7.78	6.79	5.05	4.8	5.17	3.54	4.3

表6　四类地区学杂费平均占教育经费总额的比重　单位：%

类别＼年份	1988	1989	1990	1991	1992	1993	1994
1	1.36	2.60	0.4	0.76	1.76	1.73	8.04
2	4.87	6.22	5.92	5.78	6.48	9.10	10.34
3	3.96	4.79	4.57	4.92	5.81	10.04	10.73
4	3.35	6.43	4.21	4.50	4.63	6.80	7.93

从四类地区的比较来看，一个共同的趋势是第二、第三类地区三项预算外教育经费占总教育经费的比重较高，而第一、第四类地区较低。形成这种

状况的原因是不发达地区受地区经济发展水平的限制，个人和家庭的教育成本负担能力有限，多渠道筹措教育经费有较大困难。直辖市地区教育投资来源多元化趋势缓慢，可能是由于教育发展水平较高，教育体制改革的动机不足。第二类的5个省是我国经济发展水平较高、市场经济体制比较深入的地区，因此它们教育体制改革力度大，进展快。其中，广东省社会捐（集）资、学杂费占全部教育经费的比重是5个省中最高的。1994年广东省的社会捐（集）资总额为25.76亿元，占全国社会捐（集）资的26.8%，这可能与广东省是著名的侨乡有关，但其用于教育的税费比重却偏低。第三类中等发达地区尽管经济发展水平不是很高，但在多渠道筹措教育经费上是非常积极的。

从总体趋势来看，预算外教育经费占全部教育经费的比重逐步提高，尤其是学杂费占全部教育经费的比重有较大的提高。社会捐（集）资办学主要是在农村地区推行，在1992年中央提出减轻农民负担以后，社会捐（集）资占全部教育经费的比重有所下降。从教育各个投资渠道情况看，区域性特征较为明显，第二、第三类地区多渠道投资体制较为成功；而第一类地区这方面做得还很不够，还没有用好用足国家所给的政策；第四类地区则由于经济发展水平较低，很难通过自身进一步提高教育经费。可见，不论是预算内还是预算外教育经费都取决于经济发展水平，贫困地区教育投入的增加有赖于中央财政的支持。

（二）教育发展不平衡的表现

教育发展最终表现在教育产出水平上。教育产出水平这里界定为各级各类教育的在校生数、各级教育入学率和教育质量。由于目前还没有公认和适当的量化指标来衡量教育质量，所以无法选择反映这方面的指标。由于统计上的原因也使各省区的高等教育入学率、中等教育入学率暂时空缺，只能以其他指标代替或者舍去。本文最后选择了如下指标：每万人中的在校生数、高等教育在校生占在校生总数的比例、中等教育在校生占在校生总数的比例、初中毕业生升学率、小学毕业生升学率、学龄儿童入学率，作为评价教育产出水平的指标。

同样使用判别分析对教育产出水平进行分类。由于各地区教育产出水平相对于教育投资水平的差异要小些，判别函数没有能够通过显著性检验。产生这一结果的原因有两方面：一是由于经济发展水平对教育产出的影响不像对教育投资水平影响那样直接；二是由于没有反映质量的指标。因为有些地区为追求教育的高产出而降低办学条件，牺牲教育质量，这种情况在农村地区相当普遍。

由于统计资料欠缺，无法计算高等教育和中等教育的净入学率，本文仅选择学龄儿童入学率、小学毕业生升学率、初中毕业生升学率来粗略反映教育产出水平（见表7）。

表7　四类地区平均学龄儿童入学率（a）、小学毕业生升学率（b）、初中毕业生升学率（c）

类别 \ 年份		1988	1989	1990	1991	1992	1993	1994
1	a	99.67	99.52	99.72	99.67	99.58	99.19	99.54
	b	97	98.17	98.70	98.30	98.47	98.13	98.33
	c	70.07	76.4	78.27	80.53	84.20	86.37	85.13
2	a	98.87	98.86	99.30	99.04	99.17	99.24	99.32
	b	76.85	81.46	84.57	86.56	87.86	88.44	92.33
	c	32.58	35.32	37.84	39.31	40.83	43.33	47.94
3	a	97.84	98.80	98.49	97.86	98.25	98.38	98.62
	b	71.81	72.47	74.53	78.53	79.22	81.42	85.82
	c	35.58	38.09	37.50	40.01	40.11	39.82	41.13
4	a	90.65	90.43	90.03	90.19	91.22	92.55	93.70
	b	70.62	73.42	74.13	75.76	76.62	77.90	81.23
	c	41.47	40.86	40.86	42.27	42.42	39.44	39.36

普及义务教育是一个发展中国家提高国民素质的最基本要求。由于我国人口众多，经济尚不发达，普及义务教育的任务还十分艰巨，这主要表现在普及初中教育上。对于学龄儿童入学率，我国大部分省区都已超过95%，到1994年只有西藏和青海较低，西藏为66.6%，青海为89.4%。从横截面看，

三项指标与各类地区经济发展水平是正相关关系。从时序上看，各地区义务教育普及程度均有较大提高，到1994年大部分省区的学龄儿童入学率达到98%以上，但除了第一类地区小学毕业生升学率与学龄儿童入学率相差很小外，其他地区这两者的差距较大。越不发达地区这种差距越大，但提高很快，差距在缩小。对于初中毕业生升学率，除了三大直辖市较高（平均85.13%）外，其他地区大部分省份都不到50%，到1994年最低的三省为安徽（28.20%）、贵州（18.40%）、西藏（29.90%）。但是第二、第三类地区初中毕业生升学率提高较快，而第四类地区却呈下降趋势。这说明由于《义务教育法》和《中国教育改革和发展纲要》对普及义务教育有明确的规定，所以各省区对普及义务教育十分重视，而对非义务教育的重视程度则视经济实力而定。

总之，我国区域教育发展不平衡与经济发展的不平衡是基本一致的，各地区教育发展水平的差异表现在中、高等教育的规模上。出现这种现象的原因在于教育投入水平不同和产业结构不同造成的教育需求的差别。除产业结构不同造成的教育需求差别外，各地区公民所享有的国家应该提供的最低教育公平仍然没有实现，需要中央加大财政转移支付的力度。

中国基础教育发展的不平衡和资源配置*

一、基础教育发展的不平衡

(1) 中国从1986年开始实施九年义务教育，目标为2000年在85%的人口地区普及九年义务教育。到1997年已有65%的人口地区普及了九年义务教育，小学入学率达到98.9%，初中毛入学率达到87%，高中毛入学率达到40.6%(教育部长陈至立，1998年)。

(2) 中国是一个幅员辽阔、区域间发展极不平衡的大国，这种区域间发展的不平衡也表现在基础教育发展的数量与质量上，这里仅讨论数量。

如果把中国31个省、市、自治区按经济发展水平分为东、中、西部，九年义务教育发展水平则依次为东部最高、中部次之、西部最差。小学入学率最高的为东部的天津，达100%；最低为西藏，为81.25%。小学升学率最高为东部的上海，达100%；最低为西部的西藏和贵州，分别为65.28%和75.13%。尽管20年来包括西藏在内的西部省份经济和教育发展速度很快，甚至超过中部和东部，但由于原有基础差，发展水平仍相对较低。

表1、表2给出了1998年小学和初中的入学率、升学率、辍学率在不同省之间的分布统计。

---

* 本文原载于《中小学管理》2003年第3期。

表 1　　1998 年小学入学率和小学毕业生升学率在省（市）间的分布

小学入学率		小学毕业生升学率	
全国平均：98.93%		全国平均：94.3%	
其中：24 个省（市）	98%～100%	其中：14 个省（市）	95%以上
4 个省（市）	95%～97%	14 个省（市）	90%～94%
2 个省（市）	90%～94%	6 个省（市）	90%以下
1 个省（市）	90%以下		

资料来源：教育部发展规划司：《中国教育事业发展统计简况》，1999 年。

表 2　　1998 年小学和初中辍学率

小学		初中	
全国平均：0.93%		全国平均：3.32%	
其中：23 个省（市）	1%以下	其中：4 个省（市）	1%及 1%以下
6 个省（市）	2%及 2%以下	11 个省（市）	1%～2%
2 个省（市）	2%以上	8 个省（市）	2%～3%
		4 个省（市）	3%～4%
		4 个省（市）	4%以上

资料来源：教育部发展规划司：《中国教育事业发展统计简况》，1999 年。

二、经济发展、财政收入与教育财政

1. 基础教育经费来源多元化的格局

自 20 世纪 80 年代以来，我国基础教育经费来源逐步形成了以政府公共教育支出为主的多元化的格局（见表 3）；形成的基本原因之一是“穷国办大教育”。据联合国教科文组织 1991 年统计，中国公共教育支出约占世界公共教育支出的 1.04%，负担的三级正规教育学生占世界的 17.9%。据教育部统计，1998 年全国小学在校生 1.39 亿，初中在校生 0.53 亿，高中在校生（不含职业技术教育）0.093 亿。普通中小学教职工达 1106.69 万人，其中专任教师 951.65 万人。如此巨大的教育规模，只靠政府的公共教育支出是远远不够的。

表 3　　1996 年全国中小学教育经费支出的来源结构　　单位：%

	财政拨款	用于教育税费	企业办学经费	学校收入中用于教育的支出	学杂费	社会捐(集)资	其他
高中	45.98	10.35	6.46	3.84	12.96	9.94	10.47
初中	49.44	15.08	5.81	3.19	8.15	12.36	5.97
其中：农村	50.89	17.06		2.80	8.92	16.82	3.51
小学	51.92	14.75	4.78	3.11	9.47	8.43	7.54
其中：农村	53.50	16.73		2.74	1.69	9.47	15.87

资料来源：教育部财务司：《中国教育经费发展报告》，1997 年。

2. 中国区域间经济发展不平衡

中国自 1978 年改革开放以来，东、中、西部经济发展水平的差距呈扩大的趋势，以绝对差异来看，可见表 4、表 5。

表 4　　1978～1994 年东、中、西部人均 GDP

年份	东部（元）	中部（元）	西部（元）	中部为东部的百分比	西部为东部的百分比
1978	466	302	257	67.0	55.2
1985	1022	707	573	69.2	56.1
1990	1992	1279	1090	64.2	54.7
1994	5352	2878	2320	53.8	43.3

资料来源：上海财经大学公共政策研究中心：《中国财政发展报告》，1999 年。

表 5　　1997 年各省（直辖市）农民人均收入和城镇居民人均可支配收入　　单位：元

农民年人均收入		城镇居民年人均可支配收入	
全国平均：2090		全国平均：5160	
其中：6 个省（市）	3000 以上	其中：13 个省（市）	5000 以上
9 个省（市）	2000～3000	13 个省（市）	4000～5000
9 个省（市）	1500～2000	5 个省（市）	3000～4000
6 个省（市）	1500 以下		

资料来源：国家统计局：《中国统计提要》，1998 年。

我国区域间经济发展不平衡，不仅表现在东、中、西部三大地带和 31 个省、市、自治区之间，而且还表现在同一省内部不同的县市、乡镇之间。更小空间之间的经济发展不平衡对基础教育发展具有更直接、更大的影响。

3. 基础教育的教育财政

中国自1994年开始，在国家预算管理体制上，中央政府和省政府对财政收入实行“分税制”，中央和地方政府的财政收支自求平衡。80年代中期以来，中国的教育行政管理、高等教育实行中央和地方两级政府管理，基础教育则全部由地方政府管理，教育经费也由地方政府负担和筹措。到90年代中期，中国人口70%分布在农村，基础教育的学生也大部分在农村，64.63%的初中在校生和80.89%的小学住校生都在农村。因此，基础教育由地方管理，经费由地方筹措，主要是由县、乡两级政府管理和筹措。

由于省内县级间经济、财政、居民收入水平的不同，直接影响了不同县之间生均教育经费的差异（见表6、表7）。

表6　　1996年不同类型县农村人均纯收入与人均财政、人均教育支出　　单位：元

小学		初中		高中	
全国平均：549.96		全国平均：1037.94		全国平均：2231.23	
其中：		其中：		其中：	
5个省（市）	900以上	13个省（市）	1000以上	13个省（市）	2000以上
3个省（市）	700~900	11个省（市）	800~1000	14个省（市）	1000~2000
6个省（市）	600~700	6个省（市）	800以下	3个省（市）	1000以下
3个省（市）	500~600				
13个省（市）	500以上				

资料来源：教育部财务司：《中国教育经费发展报告》，1997年。

注：教育费包括教育事业费和教育基本建设支出。

表7　　1996年各地政府举办普通中小学生均教育经费支出　　单位：元

	有效样本县数	人均纯收入	财政自给程度（%）	人均财政支出	人均教育费支出
有效样本县数	1684	1787	84.3（1677）	224	115.2
“普九县”	523	2256	91.7（522）	264	139.4
“未普九县”	1161	1556	79.2（1155）	203	102.3
少数民族聚集县	446	1275	67.4（446）	273	104.9
国贫县	478	1081	57.4（474）	193	85.8
沿海开放县	128	2986	98.1（128）	301	175.5

注：（1）全国共有2142个县，样本县占78.6%。

（2）中国农村绝对贫困线，1995年为人均纯收入530元。

（3）1996年全国农村人均年纯收入1926元。

资料来源：教育部财务司：《中国教育经费发展报告》，1997年。

三、应该采取的政策

（1）任何一个大国在经济与教育发展中，区域间都会呈现从非均衡到相对均衡的过程。政府的政策目标不是扩大而是逐步缩小区域间发展的差距，逐步缩小区域间教育发展的差距，根本出路在于采取强有力的政策，逐步缩小区域间经济发展的不平衡。我国政府在1996～2000年的第九个五年计划的长远规划中，已明确提出了逐步缩小东、中、西部发展差距的任务和政策，并正在实施中。

（2）提高义务教育财政转移支付的强度，适度降低贫困地区配套资金比例。上级政府对下级政府的财政转移支付，是缓解区域间经济与教育发展不平衡的重要手段。中国中央政府对地方政府的教育财政转移支付主要采取专项补助（有条件拨款）方式，其中强度最大的是1997～2000年的《国家贫困地区义务教育工程》，中央拨款39亿元，地方配套以不低于2:1的标准，其投入约100亿元，用于国家级贫困县的义务教育。主要用来建造校舍、购置教学仪器设备、图书资料及课桌凳等，以改善办学物质条件。今后，还应继续进行义务教育工程，同时在经费配套上，减少贫困地区的配套比例。

（3）调整政府公共教育支出在三级教育间的分配结构，1996年政府公共教育支出中，普通高等教育占18.98%，基础教育占62.36%，其中，义务教育占54.04%。在普通高等教育经费来源中，约有75%来自政府拨款；而在基础教育的全部经费中，约有60%来自政府拨款。义务教育属于“公共产品”，应主要由政府提供，高等教育属于“准公共产品”，应由政府和市场双方提供，而且义务教育是全部教育的基础，属于国民素质教育。因此，今后应逐步调整政府公共教育支出的分配结构，提高义务教育经费中政府所占比重，降低高等教育经费中政府所占比重。这也有助于缓解区域间基础教育发展的不平衡。

（4）调整基础教育行政管理与经费筹措体制。应根据不同区域的经济发展水平和教育管理水平的不同，采取不同的教育行政管理和经费筹措体制，尽可能避免简单划一的“一刀切”，对于发达地区，可由县、乡两级管理和筹措经费；对于贫困地区，则应由县级政府管理和筹措经费。

教育公平的分析框架和评价指标*

党的十一届三中全会以来，我国从“以阶级斗争为纲”转移到“以经济建设为中心”的轨道上来，开创了改革开放的新时代。1992 年党的十四大明确指出我国经济体制改革的目标是建立社会主义市场经济。在改革开放的推动下，我国经济快速发展，人民生活水平大幅提高。在经济快速发展的进程中，我国面临的一个重要问题是，如何在继续保持经济持续增长的条件下，更加注重城乡间、区域间、经济与社会间、人与自然间、国内发展和对外开放间统筹安排和协调发展，以及把社会公正和正义置于更加突出的位置。为此，党的十六届六中全会提出科学发展观，做出了构建社会主义和谐社会的决定。党的十七大明确提出教育是民族振兴的基石，教育公平是构建和谐社会的重要基础。教育公平获得社会各界的高度关注，成为教育发展和改革中的重大问题。

2000 年以来，国内学者对教育公平的研究大致可以分为以下几类：一是依据官方统计数据对我国教育，尤其义务教育在区域间、城乡间发展均衡状况及成因进行了研究（杜育红，2000；翟博，2006，2007）。二是根据官方统计和抽样调查，对我国教育公平面临的问题进行了研究（陈中原，2004；杨东平，2006）。三是对社会公平和教育公平的概念及评价指标进行了探讨（杨东平，2006）。这些研究推进了学界对教育公平的理解，但对于何谓教育公平，

---

* 本文原载于《北京师范大学学报》（社科版）2008 年第 3 期。

如何分析教育公平，以及如何评价和度量教育公平等问题，还缺乏明确系统的界定，且观点不一。本文在已有研究基础上，试图对教育公平作出明确界定，给出教育公平的基本分析框架，设计出适合我国国情的评价指标体系。

一、分析框架

作为社会公平和社会和谐的重要组成部分，必须将教育公平置于整个社会环境背景下进行分析，包括社会经济制度、政治制度和社会经济发展水平。而不能就教育论教育，尤其在分析教育公平的影响因素时必须将其置于社会经济、政治环境背景下进行分析。分析中国教育公平必须从中国国情出发，而最基本的国情是中国仍处于社会主义初级阶段。我们必须从中国基本国情出发，确立教育公平观和教育公平的评价指标，以此为依据，对中国教育公平的现状作出客观评价，确立实现教育公平的目标、战略和对策。

从教育公平发展和实现的历程来说，它是历史性和阶段性的统一。教育公平是人类社会的理想和追求的目标，它的实现需要一个漫长的历史过程，需要一定社会经济、政治条件，在特定的社会历史条件下，呈现阶段性特征，人们只能依据社会历史发展的进程所能提供的条件，实现有限的教育公平目标。

从教育公平的理想和目标来说，它是绝对的；从现实和目标实现程度来说，它又是相对的。这种相对性由教育公平实现的客观条件和受教育者个体能力差异及主观判断不同而决定。教育公平以一定的社会经济、政治条件为基础，社会经济、政治发展在任何国家和历史时期都是非均衡的，区别仅在于非均衡的程度不同。经济政治发展的非均衡决定了教育公平是相对的，同时，受教育者的天赋和能力是有差别的，教育公平作为一种价值观，不同人群对教育公平状态会有不同的判断，由此也导致了教育公平的相对性。教育公平的相对性，意味着教育公平承认差别。

任何国家在空间上都是由不同区域构成的，包括地理区域、经济区域、行政区域、城乡区域、居民生活在不同区域内，三级正规教育服务主要是通过不同区域内教育服务机构即学校提供的。受教育者由于先天和后天的原因，存在着不同的教育群体，呈现出性别间、民族间、贫困与非贫困人群间、残疾与正常人群间的差别。因此，我们在分析和判断教育公平时，应关注包括区域间、城乡间、校际间、群体间的教育公平状况，特别是应关注弱势群体间的教育公平。

从教育阶段来说，正规三级教育依次为初等、中等、高等教育，在中、高等教育中又分为普通教育和职业教育；从法律规范来说又分为义务教育和非义务教育。在分析和判断教育公平时，就包括各级各类正规教育、义务教育和非义务教育。

由于市场可以有效地提供私人产品和私人服务，但不能有效地提供公共产品和公共服务；市场可以提高资源效率，但不能实现社会公平，而正规三级教育是具有正的外部性的准公共产品或服务，因此教育服务属于公共服务，教育服务是政府提供的公共服务的重要组成部分，推进教育公平的主要责任在政府。教育公平应成为教育政策的基本取向。教育公平的推进和实现，社会经济和教育持续稳定协调发展是基础，应以发展促公平。教育政策是导向，包括教育管理制度、教育人事与收入分配制度和教育财政制度等制度安排是保障。

二、教育公平的界定

教育公平是一种抽象的价值观，要对特定国家特定历史时期教育公平的状况作出判断和确定教育公平实现的目标，需要建立度量教育公平的评价指标和方法。教育包括正规三级学校教育、成人教育、家庭教育、社会教育等诸多领域，在此，我们把教育公平的研究对象限定在正规三级学校教育。

教育公平作为一种价值观，古今中外众说纷纭，在此，我们将教育公平界定为：在宏观上指适龄儿童、青少年享有同等的受教育权利和机会，享有同等的公共教育资源服务，并向社会弱势群体倾斜；在微观上指教育者（包括校长和教师）应同等地对待每个受教育者（学生），而不应有任何歧视。

宏观层次上的教育公平，依照教育公平的重要程度和实现过程，依次可分为起点公平、过程公平和结果公平。我们将起点公平界定为受教育者权利和受教育机会公平，将过程公平界定为公共教育资源配置公平，将结果公平界定为教育质量公平。起点公平是教育公平的前提，过程公平是教育公平的条件和保证，结果公平是教育公平的目标。

三、教育公平的评价指标

依据我们对教育公平的界定和教育公平具有的阶段性、相对性特征，从我国所处社会主义初级阶段的基本国情出发，并考虑数据的可得性，我们初步设计了正规三级教育教育公平的具体评价指标。

（一）受教育权和入学机会公平

三级正规教育的入学率，包括小学、初中、高中和大学阶段。这是一组关于教育起点公平的指标，也是度量教育公平的首要指标，因为没有起点公平也就没有过程和结果的公平。这一组指标在国家间具有普遍性，中国作为一个发展中的、处于社会主义初级阶段的大国，受教育权和受教育机会公平，应作为首要指标。

具体而言，小学使用净入学率指标，初中和高中阶段教育、高等教育使用毛入学率指标。小学净入学率计算公式为：小学净入学率 = 小学在校学龄人口数/小学学龄人口数 × 100%，初、高中和高等教育毛入学率计算公式为：毛入学率 = 初、高中和高等教育在校学生总数/初、高中和高等教育学龄人口数 × 100%。

在我国现阶段，各级教育入学机会由现行的入学制度规定。因此，在评价入学机会公平时，还应有入学规则的公平。我国小学和初中为义务教育，2006 年修订的《义务教育法》规定，所有适龄儿童、少年，不分性别、民族、种族、家庭财产状况、宗教信仰等，依法享有平等义务教育权利。同时，规定适龄儿童、少年免试、免费，按其户籍所在地学校就近入学。高中和普通公立高等学校，目前采取按地区和全国统一招生，统一考试的入学制度，通过考试对意愿入学学生的学习能力进行测试和筛选安排入学。入学机会的公平表现为入学规则的公平，即入学机会不因学习能力和个人意愿以外的其他条件而存在差别，这即是入学规则公平。违反此规则，附加其他入学条件，或采取其他入学方式入学（如靠权力和金钱获得入学机会），应视为教育不公平。

（二）公共教育资源配置公平

（1）评价公共教育资源配置公平的具体指标包括：基础教育（小学、初中、高中阶段）生均预算内教育事业费和公用经费；生均校舍建筑面积、危房比；生均教学仪器设备值和生均图书册数；生师比、专任教师学历结构和职称结构等。

这是一组关于教育过程公平的评价指标。公共教育资源公平的分配，或者说受教育者享有同等的公共教育资源，是实现教育过程公平和受教育者得到同等教育服务的物质保障。选择公共教育资源作为度量指标，是因为在市场经济条件下，教育资源是多元的，既有政府提供的公共教育资源，也有非政府机构或个人提供的社会资源，而政府提供的公共教育资源是最基本的，且具有公共性。

公共教育资源配置公平度量的范围，这里仅限于基础教育，而未包括高等教育。这是因为初、中等教育作为基础教育，是国民教育的基础；高等教育是选择教育。任何国家任一时期的高等教育在区域间、校际间均是非均衡的，教育资源相对于基础教育而言从强度和趋势来说更加多元化。

教育资源包括人力与物力资源。人力资源主要是指教师，物力资源主要包括校舍、教学仪器设备、图书等。人力与物力资源的货币表现为财力资源即教育经费。从某一时点来说，人力与物力资源是教育经费支出的结果，是教育资源的存量，教育经费则是教育资源的增量，增量部分除用于管理和运行外，最终表现为存量。

(2) 教师资源的配置以生师比、专任教师学历结构和职称结构等指标体现。生师比反映了一个教师要为多少学生服务，表现为教师有多少精力来服务自己所教的学生；专任教师学历结构和职称结构体现了教师的专业水平和整体水平；教师的数量和质量不仅反映人力资源配置情况，而且直接关系着教育质量。

(3) 办学条件。从广义上讲，办学条件是指学校在用地和建筑设施、教学和办公设备。教师和工作人员的配备及资质，以及学校教育辅助中心设置等几方面的综合配置状况。但是，一般来说，学校的办学条件仅指学校的硬件条件。我们拟用生均校舍建筑面积、危房比、生均教学仪器设备值和生均图书册数来反映学校的基本办学条件。生均校舍建筑面积反映学校对提供学生学习场所的整体能力，具体指学校用于教学、行政办公用房的面积的生均值，即每个学生平均可使用的房屋面积；由于中国部分农村地区仍存在中小学危房，严重威胁着师生安全，因此使用危房比这一指标来反映基本的校舍安全状况；生均教学仪器设备值反映教学设备对满足学生学习需要的情况。

(4) 教育经费选择的指标为教育事业费和公用经费。教育事业费是教育经费的主要部分，它的大小决定了教育投入的多少，是学校开展正常教育教学活动的基本保障。按支出用途区分，事业费可分为人员经费和公用经费。教育作为劳动密集型行业，人员经费在基础教育中的比重最大。从 2001 年起，我国中小学教师工资的管理已基本上收归县或区，且按规定需设立工资专户，教师工资得到了保障。虽然各地经济和发展水平不同，但财政保障的人员经费相差并不悬殊，弹性较小。教育经费中的公用经费比重较小，弹性较大，无统一生均公用经费标准，实际中多以财力为依据。保障教育正常运转的公用经费水平亟须关注。

基础教育经费中的基本建设经费，在我国基础教育阶段，正常情况下均为某年度一次性拨付，最终形成学校的固定资产，即建筑物和部分设备。由于基础教育阶段的基建经费并不固定，也不连续，因此，指标中不含基建经费。

由于基础教育阶段的学校规模大小不等，在判断教育资源配置水平时，使用生均指标而不是总量指标，能更好地判断每个受教育者享有的公共教育资源是否均衡和公平。

（三）教育质量公平

这是一组关于教育结果公平的评价指标。教育结果应是受教育者知识、技能与能力的增进，社会主流价值观的形成，乃至健康和体质水平的提高。非义务教育还包括就业率等，这是最终结果的教育公平。由于人们关于教育结果、教育质量的价值观不同，教育质量难以量化。作为替代指标，我们选择了基础教育阶段小学和初中的巩固率、完成率、升学率和高中阶段的升学率作为度量教育质量公平的指标。这些指标用于度量教育质量公平还不尽科学合理，但在目前是可操作和可行的。

完成率是指某个教育阶段学制期结束时的毕业生数与对应学制期初始年该教育阶段招生数之比：某教育阶段完成率 = 该教育阶段毕业生数/几年前该教育阶段入学人数 ×100%。此外，升学率和巩固率也能在一定程度上反映教育的质量和效率。升学率的计算公式为：某级教育阶段升学率 = 上一级教育阶段招生数/该级教育阶段毕业生数 ×1000%。

我国小学和初中学制有“五四”制，也有“六三”制，因办学条件的限制，相当一部分小学只提供五年教育（初中是三年制而形成“五三”学制）。为了反映从小学一年级到五年级（这是多种学制都共有的部分）的巩固情况而提出巩固率指标（也称小学学生五年保留率或巩固率）。该指标用公式表示如下：小学学生巩固率 = 小学五年级学生数/该年级入小学一年级学生数 ×100%。

（四）群体间教育公平

由于先天的或后天的原因，受教育者分为不同的群体。在市场经济条件下，竞争机制作用的结果形成强势和弱势群体，政府的责任和义务在于保障弱势群体，为他们提供基本的生存和发展的权利、机会。在教育领域中，政府应推进和保障群体间的教育公平。根据我国现阶段社会经济发展水平，我们选择了不同群体间义务教育入学机会公平这一有限指标，包括性别间、民族间、农民工子女与城镇子女间、残疾儿童与正常儿童间、贫困人群与非贫困人群间。

四、计量教育公平的方法

在界定了教育公平和评价指标之后，还需要根据官方统计数据和抽样调查数据采用一定的方法，对特定国家、时期的教育公平状况作出描述判断和分析。在描述中，可采用文字描述、几何图形描述和数学符号描述三种方式。后两种方式是依据统计数据进行的统计描述，常用的统计描述方法是经济学中的洛伦茨曲线和基尼系数。

洛伦茨曲线是意大利统计学家 M. O. 洛伦茨于 1905 年提出的。他将社会总人口分为 10 个等级，每个等级为 10% 的人口，再将 10% 人口的收入除以国民收入，得出每一等级人口收入在国民收入中所占比重，然后，以人口百分比为横轴，以国民收入百分比为纵轴，绘出一个正方形，再将正方形对角线连接起来，最后依据一国人口与收入分配的具体数据绘出一条实际收入分配曲线，即洛伦茨曲线。

为了更好地用指数反映社会收入分配的平均状况，意大利经济学家基尼根据洛伦茨曲线，提出了一个反映收入分配平等程度的指标，被称为基尼系数。他是把洛伦茨曲线图中实际收入分配曲线与绝对平等线之间的面积，同这部分面积加上实际收入分配曲线与绝对不平等曲线之间面积相除，其商为基尼系数。

收入分配基尼系数的区间为 0 ~ 1。取值为“0”表示收入分配绝对平等，取值为“1”表示收入分配绝对不平等。基尼系数愈大，收入分配愈不平等；基尼系数愈小，收入分配愈平等。国际上公认的收入分配警戒线为 0.4。

当前，基尼系数已成为一种广义的分析工具，不仅被用于收入分配，而且也被用于财产、收入、人口、种族、犯罪和教育等社会领域。国际上对教育公平程度的计量多采用教育基尼系数，并开始进行跨国分析。因此，我们可以选择教育基尼系数作为度量教育公平程度的工具，并用洛伦茨曲线进行直观的图形说明。

教育公平作为社会公平、正义的组成部分，是一个涉及教育学、社会学、经济学、政治学等多个学科的复杂的社会问题。本文主要从经济学角度对教育公平及其分析框架和评价指标进行了初步探讨，目的在于为了解我国教育公平的现状、面临的问题及如何推进教育公平，提供判断和分析的工具。这些评价指标的设计是否合适，则需要在具体的实证研究过程中加以检验。

参考文献

[1] 杜育红:《教育发展不平衡研究》，北京师范大学出版社 2000 年版。

[2] 转型期中国重大教育政策案例研究课题组:《缩小差距——中国教育政策的重大命题》，人民教育出版社 2005 年版。

[3] 翟博:《中国基础教育均衡发展实证分析》，载《教育研究》2007 年第 7 期。

[4] 翟博:《教育均衡发展: 理论、指标和测量方法》，载《教育研究》2006 年第 3 期。

[5] 陈中原:《中国教育平等初探》，广东教育出版社 2004 年版。

[6] 杨东平:《中国教育公平的理想与现实》，北京大学出版社 2006 年版。

[7] 转型期中国重大教育政策案例研究课题组:《缩小差距——中国教育政策的重大命题》，人民教育出版社 2005 年版。

[8] 中国发展基金会:《中国人类发展报告 2005——追求公平的人类发展》，中田对外翻译出版公司 2005 年版。

义务教育县域内校际均衡发展评价指标体系*

一、建立义务教育校际均衡发展评价指标体系的原因分析

（一）义务教育校际均衡是短期内可以实现的

城乡和区域差距产生的根本原因是城乡二元结构和区域间的非均衡发展。消除义务教育城乡和区域差距是一项长期任务，短期内难以实现，但缩小同一行政区（县）内的校际差距在一定时期内是可以实现的，它和学校所处地区的经济发展水平并不直接相关，县域内资源分配的公平性，是城乡均衡发展和区域均衡发展的基础，它直接影响区域教育的和谐发展以及学生个体成长上的公平机会。

县域内的校际均衡处于同一事权和财权负担单位，因此在人、财、物校际分配的公平以及对薄弱校的倾斜，相对容易得以实现。尤其是农村学校教育质量的提高，有助于城乡差异的缩小，因此探讨县域内校际均衡就有很强的现实意义。

（二）校际资源分配是否均衡与居民自身利益密切相关，涉及校际的机会和规则的公平

校际非均衡发展涉及国家二元体制下遗留的“重点校”和“非重点校”

---

* 本文原载于《教育研究》2013 年第 2 期，与董俊燕、赵佳音合作。

问题，以及由此而引发的择校问题，还涉及城乡差异问题、县域内的人、财、物配备问题。

重点学校制度之所以今天还能延续，是因为它能给重点学校和政府官员带来很大利益，很大程度上是学校和政府官员寻租、设租的结果。① 我国义务教育“重点校”政策是社会经济非均衡发展战略在教育中的体现，导致了教育公平的缺失，使得义务教育群体间入学机会不公平，尤其接受优质教育不公平。②

在衡量校际资源分配不均方面，Burke 用基尼系数对纽约州和伊利诺伊州的研究表明，学区内资源分配的差别大于学区之间的差别。③ Baker 通过考虑学区特征的成本函数对田纳西州和俄亥俄州城市及周边都市学区间的校际差异的研究发现，达到同样的学业成就，城区中心的学校所获资源明显不足。④ 由于教育质量的不同而引发的择校是世界范围内基础教育阶段普遍存在的一种现象。Hsieh 等人对智利的研究表明，择校会加大社会分化和对立，不利于社会的融合。⑤ 对家长选择私立学校的影响因素的研究发现，在父母对非宗教私立学校的选择中，社会经济地位是决定其选择的关键因素。⑥

（三）目前已有的义务教育均衡研究微观上集中于县域层面，对于关系居民义务教育资源分配的校际均衡关注较少

我国义务教育财政资源分布严重不均等，主要体现在地区之间、城乡之间和居民之间的不均等。⑦ 而目前关于义务教育均衡的研究也大多集中在地区

① 袁连生：《我国教育财政问题的政治经济学解释》，2007 年中国教育经济学年会，2007 年。

② 王善迈：《基础教育“重点校”政策分析》，载《教育研究》2008 年第 3 期。

③ Burke, M. Sarah, An Analysis of Resource Inequality at the State, District, and School Levels [J] . Journal of Education Finance, 1999 (4).

④ Bruce D. Baker. Within – District Resource Allocation and the Maginal Costs of Providing Equal Educational Opportunity: Evidence from Texas and Ohio [J] . Education Policy Analysis Archives, 2009 (3).

⑤ Chang – Tai Hsieh, Miguel Urquiola. When Schools Compete, How Do They Compete? An Assessment of Chile's Nation Wide School Voucher Program [Z] . NBER Working Paper, 2003.

⑥ 李海生：《美国家长择校能力研究进展及启示》，载《外国中小学教育》2005 年第 3 期。

⑦ 王善迈等：《我国公共教育财政体制改革的进展、问题及对策》，载《北京师范大学学报》（社会科学版）2003 年第 6 期。

间和城乡间，对于关系居民义务教育资源分配的校际均衡关注较少。

在“普九”之后，义务教育均衡问题已成为目前我国义务教育的核心问题，很多学者从不同方面对此问题展开了研究，比较全面的有翟博的《教育均衡论》，他所使用的评价指标都着眼于国家层面的均衡评价，但是对于校际均衡方面的表述比较少。[①] 也有研究以构建县域义务教育均衡发展评估体系为重点，分别做了县域内和县域间义务教育均衡发展水平研究，其中县域内的就包含了城乡差异和校际差异。[②] 也有学者指出，即使在同一城市或同一财政负担区内，重点学校与非重点学校在办学条件方面也存在着巨大的差距。[③]

（四）校际均衡评价指标体系的建立是监控并评价县级政府对促进教育均衡发展努力程度的有效工具

教育部在《关于进一步推进义务教育均衡发展的意见》中提到，要以县级行政区域内率先实现均衡为工作重点，大力推进区域内学校与学校之间义务教育均衡发展。1998 年教育部就曾发文要求各地加大对薄弱校的投入，提高薄弱校的教育质量。因此，校际均衡评价指标体系作为县域校际均衡程度的度量，一方面，能很好地监控并评价县级政府对义务教育均衡发展努力程度，以逐步建立校际均衡测评的奖惩机制，通过问责机制促使县级政府关注义务教育校际均衡发展；另一方面，可使县级政府找出差异，逐步缩小县域校际层面的差异，从制度和实际的教育质量上缓解择校的压力，使教育公平在微观层面得以实现。

二、校际均衡指标体系的制定原则

评价指标体系制定的目标是通过评价和监测同一行政区内义务教育校际

① 翟博：《教育均衡论》，人民教育出版社 2008 年版。

② 袁振国、田慧生：《义务教育均衡发展报告 2010》，科学教育出版社 2010 年版。

③ 袁连生：《我国义务教育财政不公平探讨》，载《教育与经济》2001 年第 4 期。

差别及其变化发展，以推进义务教育服务均等化，推进义务教育均衡发展。为此，应遵循以下原则。

（一）资源配置均等原则

县城内的义务教育资源应在每个受教育的学生之间均等分配，反映在教育财政经费支出上，就是要求拨付给每个学生的教育经费在数量上是相等的。资源分配均等原则是教育财政分配义务教育资源的基本原则，也是衡量与评价教育财政公平与否的重要指标之一。

（二）财政中立原则

不论教育财政收入水平有何差异，不同学校的学生所享受到的人均教育资源在数量上应是相等的，反映在政策的执行上，就是要求各区县教育行政部门使各学校的生均教育经费支出维持在同一水平上。

（三）弱势补偿的原则

应对薄弱学校进行额外的补偿，因为薄弱学校的学生提高学业成绩需要更高的成本。对美国纽约的研究发现，那些英语能力有限的学生或者是贫困家庭的孩子达到既定的学业成绩的成本是普通学生的两倍，而对薄弱学校的财政倾斜，通过人、财、物的补充和教学质量的加强，缩小重点校和薄弱校两者在教育资源分配上的差异，以实现教育公平。[①] 另外，Baker 对教育充足性的研究中，根据投入—产出方程以及资源成本模型的实证研究都表明，贫穷人口比较集中的区域的学校成本更大，这是由于为了达到同样的产出水平，薄弱学校需要向教师支付更高的工资，投入更多的时间等资源。[②]

（四）数据的可得性原则

数据可从常规资料上获得，所选的指标应属于学校日常统计内容，不需

---

① Duncombe, et al. Developments in School Finance: 2001 - 2002, Fiscal Proceedings from the Annual State Data Conferences of July 2001 and July 2002 [R]. Washington D. C: National Center for Education Statistics, 2003. 127 - 154.

② Bruce D. Baker. The Emerging Shape of Educational Adequacy: From Theoretical Assumptions to Empirical Evidence [J]. Journal of Education Finance, 2005 (3).

要额外付出时间和人力去采集数据。

三、校际均衡评价指标体系

校际均衡评价指标体系分三类。第一类为入学机会或入学规则均衡指标。《义务教育法》规定，入学规则为免试就近入学，非免试就近入学视为入学机会不均等。择校的形式包括权力择校、货币择校、社会关系择校、考试择校等，而这些择校生中，家庭社会经济地位以及自身能力好的学生涌进了重点校，使得教育资源的配置更加不平等，所以以择校生占全部在校生比例为指标，不仅衡量入学机会是否均等，更是校际综合指标是否均衡的体现。

第二类为教育投入中资源配置均衡指标，包括教育经费、教师、校舍、设备图书等人、财、物资源配置。其中，经费是资源的增量，其余为资源存量。义务教育的经费主要来源于预算内财政经费，通过事业费和公用经费可以更好地比较校际差异指数。人力资源投入中包括教师的学历结构、职称结构、年龄和教龄等代表教师本身的教学质量和学校教师结构的指标，还包括学校班额、师生比差异等衡量学校规模的指标，最后包括教师的收入水平、福利结构及接受培训的水平，度量学校对教师管理和教师本身质量提高的重视程度。物力资源投入则是使用《教育统计年鉴》以及办学标准中相关的生均设备、生均图书和危房比例的指标，衡量各校间的硬件差异。

第三类为教育质量或教育结果，即义务教育的产出，这里选择最代表义务教育水平的巩固率和中考分数代替，前者是因为义务教育阶段，尤其是小学阶段，由于没有衡量学生质量的统一测量标准，只好用相关的替代指标。如果有，可用义务教育的学习成绩指标，诸如各个学校中位数学生的平均分数，以此来度量一个学校的教育质量，好处在于可避免某些过高值或过低值使得总平均分数比实际偏高或偏低的情况出现，更好地度量一个学校的教育质量（见表1）。

表1　　　　　　　　校际均衡评价指标体系

子领域	一级指标	二级指标
入学规则均衡指标（小学、初中）	择校生占一个学校全体学生的比例差异	
教育资源配置均衡指标	教育经费投入差异（小学、初中）	生均预算内教育经费差异
		生均教育事业费差异
		生均教育公用经费差异
	人力资源投入差异（小学、初中）	生师比差异
		专职教师的学历结构差异
		专职教师的职称结构差异
		专职教师的年龄结构差异
		专职教师的教龄结构差异
		学校平均班额差异
		师生比差异
		师均培训经费
		校长的学历结构差异
		教师的月平均工资差异
		教师的其他津贴福利占每月收入的比例差异
	物力资源投入（小学、初中）	寄宿生生均宿舍面积差异
		生均设备值差异
		生均图书册数差异
		危房所占比例差异
学校教育产出均衡指标（小学、初中）	小学六年巩固率差异	
	初中三年巩固率差异	
	中考中位数学生平均成绩的差异	

四、校际均衡评价指标体系测量方法

（一）测量方法

极差是一组数据的最大值和最小值之差，反映了这组数据的最大差距；极值倍率是通过最大样本和最小样本的比值来衡量样本间差异程度的大小，但它们的缺点是易受极值的影响，不能反映样本差异的结构性特征。以二级指标生均教育经费的极差为例，可以通过比较同一个县域内每所学校的生均教育经费得出最大值与最小值，通过下面的公式（1）得到一个县域生均教育经费的极差，但是最大值与最小值反映的只是生均教育经费最多的与生均教育经费最少的学校的情况，县域内其他学校的情况无法反映，分别表示为：

$$r_{(极差)} = y_{max} - y_{min} \tag{1}$$

方差是各变量值与其均值离差平方的平均数，标准差是方差的根。一般来说，标准差与变量的计算单位相同。因此可以比较全面地反映校际绝对差异的指标、计算公式为：

$$S = \sqrt{\frac{\sum_{j}^{n}(y_j - y)^2}{N}} \tag{2}$$

其中，y_j 和 $\bar{y}$ 分别表示 j 学校某项指标与各学校某项指标的平均值，N 是学校个数。同样以二级指标生均教育经费为例，取一个县域内每个学校的生均教育经费，然后代入公式（2）得到该县的生均教育经费标准差，该标准差反映的是该县生均教育经费偏离该县生均教育经费均值的情况，如果其他县域与该县域生均教育经费均值不同，则两个县的标准差无法比较。

变异系数也被称为离散系数。为一组数据的标准差与其均值之比，是测度离散程度的相对指标。变异系数越大。说明数据的离散程度越大；变异系数越小，说明数据的离散程度也越小。对校际均衡来说，变异系数越小，说明校际均衡程度越高，其计算公式为：

$$V = \frac{\sqrt{\frac{\sum_{j}^{n}(y_j - y)^2}{N}}}{y} \tag{3}$$

y_j 和 $\bar{y}$ 分别表示 j 学校某项指标与各学校某项指标的平均值，N 是学校个数。

还是以二级指标生均教育经费为例，通过对该县生均经费标准差除以生均教育经费均值可以得到该县的生均教育经费变异系数，不同县之间的生均教育经费变异系数可以相互比较。

Mcloone 指数可以用来分析薄弱学校与中等学校之间的差距变化，是中位数以下样本均值与样本中位数的比值。Mcloone 指数越小，则薄弱学校与中等学校之间的差距越大，越不均衡，其计算公式为：

$$Mcloone = \frac{\sum_{j}^{n} x_i}{nM_d} \tag{4}$$

x_i 表示中位数以下样本的数值，n 表示中位数以下样本的个数，M_d 表示样本的中位数的数值。

以二级指标生均教育经费为例，找到该县生均教育经费的中位数，然后求中位数以下学校生均教育经费的均值，最后除以中位数就可以得到该县生均教育经费的 Mcloone 指数。

（二）校际均衡的指标体系测算

借鉴联合国开发计划署从 1995 年起对人类发展指数的计算方法来计算义务教育均衡指数，其具体计算步骤如下。

第一，将二级指标指数化，并调整指数方向。各项指标指数化是将指标转换为 0 ~1 之间的指数形式。因为，我们用各个指标的变异系数来计算，变异系数本身已经为 0 ~1 之间的指数，不需要做以上转换。我们根据指数数值的高低与教育均衡程度的关系做出相关调整。如果指数数值与教育均衡水平呈正相关，则不需要进行调整，如果指数数值与教育均衡水平呈负相关，则需要用 1 减去该指数数值。假设最后得到的指数值为 p_i。

第二，构建校际均衡指数。可以通过下面的公式将调整后的各个二级指数（如生均教育经费差异指数）代入公式（5）得到一级指数（如教育经费投入指数），使用同样的公式将一级指数代入得到子领域指数（教育资源配置均衡指数），再次将子领域指数代入公式（5）得到教育均衡发展指数。以计算教育经费投入指数为例。因为变异系数指标数值在 0 ~1 之间，所以不需要指数化，但是变异系数越大，教育均衡程度越低，所以需要分别用 1 减去生均教育经费变异系数、生均教育事业费变异系数、生均教育公用经费变异系数得到调整后的指数。

形成教育经费投入指数，将调整后的指数代入公式（5），可以得到教育经费投入指数。

$$INDEX_t = \frac{1}{n}(P_1^3 + P_2^3 + \cdots P_3^3)^{\frac{1}{3}} \quad (5)$$

义务教育均衡发展指数可以反映县域义务教育均衡发展的水平，以此分析校际义务教育均衡发展的差距，更好地推动义务教育的均衡发展。本研究可以用各个指标的变异系数来计算教育均衡发展指数，还可以使用 Mcloone 指数来计算教育均衡发展指数，但是使用 Mcloone 指数计算出来的教育均衡发展指数更加关注的是薄弱学校与中等学校的均衡程度，在一定程度上可以验证通过变异系数计算出来的教育均衡发展指数。

基础教育“重点校”政策分析*

一、“重点校”政策下的校际差别和择校现象

我国基础教育“重点校”政策由来已久，“重点校”政策是特定历史时期的产物。20 世纪 50 年代我国开始大规模经济建设，急需培养大批各种人才，但教育落后，人才短缺，教育资源匮乏。为了快出人才、早出人才、出好人才，政府采取了集中稀缺的教育资源办好重点学校的教育发展政策。随着我国经济的快速发展，教育资源投入的大量增加，教育规模不断扩大，基础教育的非均衡发展和教育公平问题日益引起公众、媒体、学术界和政府的关注。教育部曾多次强调义务教育阶段不许办“重点校”与“重点班”，如 1993 年国家教委《关于减轻义务教育阶段学生过重课业负担，全面提高教育质量的规定》指出：“义务教育阶段不应分重点学校（班）与非重点学校(班)”；1997 年国家教委《关于义务教育阶段办学行为的若干原则意见》再次规定：“义务教育阶段不设重点校、重点班、快慢班。”但事实上，基础教育“重点校”仍然普遍存在，全国各省（市、自治区）乃至县都先后形成了一批重点小学、重点中学。

“重点校”政策的初衷旨在快出人才、出好人才。在教育资源稀缺条件下，将公共教育资源集中向重点学校倾斜，通过教育资源重点投入，有利于

* 本文原载于《教育研究》2008 年第 3 期。

推动重点学校办学条件的改善和教育质量的提高，并形成拥有优质教育资源的“重点校”、“名牌校”和“示范校”。

从宏观来说，“重点校”政策是社会经济非均衡发展战略在教育中的体现。我国是一个经济发展水平低，区域之间、城乡之间、部门行业之间严重不均衡的大国。在资源稀缺而又“百废待举，百业待兴”的条件下，采取非均衡发展战略是一种必然选择，它的政策基本导向是效率优先。这种发展战略对于推动我国社会经济和教育发展发挥了重要作用。就教育发展来说，主要表现在我国各地区培育了一批教育资源丰厚、教育质量较高的中小学，使得一部分适龄儿童和青少年受到了较高质量的教育，为上一级学校输送了一批“精英”。但“重点校”政策在推动部分学校教育质量提高的同时，人为地扩大了城乡间、学校间在资源配置和教育质量上的差距，不可避免地带来了许多弊端，导致了教育公平的缺失。

教育资源投入的数量和质量是影响教育质量的重要条件，教育资源包括学校的校长、教师和学生等人力资源，校舍、教学设备、图书等物力资源，财力资源则是人力物力资源的货币表现。由于政府实施“重点校”政策，稀缺的教育资源向“重点校”倾斜，从而导致了同一行政区域内基础教育学校间教育资源配置和教育质量的巨大反差。随着时间推移和循环，产生校际差别的“马太效应”。由于“重点校”可以获得优质的生源，优质的校长和教师等人力资源，可以获得较充足的教育经费和较多较好的校舍、教学设备、图书等物力资源，使教育资源越来越多越好，教育质量也随之不断提高，而一般学校和较差学校在教育资源、教育质量方面与“重点校”相形见绌，差别日渐扩大。基础教育的“名牌”学校、城乡和校际差别在新中国成立之前和成立之初已经存在，这是历史形成的。“重点校”政策作为一种政府行为，人为地扩大了基础教育学校在城乡间和同一个行政区内校际之间教育资源配置和教育质量的差别。

教育可以给学生和家庭带来经济和非经济的预期收益，教育的预期收益与受教育者所受教育质量直接相关，家长和学生有权选择教育质量高的学校。

在西方发达国家，中小学择校的对象大多是教育质量高的私立学校，法律上允许私立学校收取高额学费。美国部分州和地区实施的“教育券”和“特许学校”，旨在鼓励公立中小学间竞争，以提高管理效率和教育质量，公立学校经费仍由政府拨款，学校无权额外收费。在我国，由于民办学校起步晚，其教育质量大多低于公立学校，尤其重点公立学校，家长和学生择校的对象大多为公立的重点中小学。

目前，我国普遍存在“以权择校”、“以社会资本择校”和“以钱择校”的现象，尽管还没有统计数字，难以判断其程度，但每年秋季中小学入学前，“重点校”和教育部门门庭若市，足以证明这一现象的普遍性和严重程度。

教育公平是人们对教育的一种价值判断，教育公平首先是受教育权和受教育机会的公平。就基础教育中的义务教育而言，教育公平首先是入学机会的公平。我国义务教育法规定所有适龄儿童和青少年都享有接受九年义务教育的权利，义务教育采取按学生户籍所在地就近入学制度。自 1986 年义务教育法颁布至 2005 年，小学入学率达 99%，初中毛入学率达 95%，义务教育阶段基本上实现了入学机会的公平。由于义务教育在区域间（包括东中西部间、省区间、省区内各县间）和城乡间还存在较大差别，使适龄儿童和青少年在接受和完成九年义务教育和享受均衡化教育服务上还存在较大差别，在教育公平上还有待进一步推进。由于长期以来实行的“重点校”政策，使同一行政区实施义务教育的公立学校，在教育资源投入、办学基本条件和教育质量上存在较大差别。学生家长有权选择教育条件和教育质量较好的学校，但在公众间拥有的公共权利和财富存在较大差别的条件下，“以权择校”和“以钱择校”应运而生，从而导致入学机会尤其接受优质教育机会在群体间的不公平。①

基础教育阶段的高中教育在我国现阶段属于非义务教育。政府采取统一考试的入学制度，通过考试对意愿入学学生的学习能力进行测试和筛选安排

① 王善迈：《重点校政策影响了教育公平》，载《中国教育报》2007 年 3 月 8 日。

入学。入学机会的公平表现为入学规则的公平，即入学机会不因学习能力和个人意愿以外的其他条件而存在差别。高中阶段教育在区域间、城乡间发展的不均衡，使区域间、城乡间入学机会不公平。高中阶段的“重点校”、“示范校”政策，加剧了同一行政区校际教育条件和教育质量的严重不均衡，由此引发的“择校”问题，破坏了入学规则的公平，导致了群体间入学机会的不公平。

基础教育中的“重点校”政策，扩大和加剧了公立学校校际资源投入、教育条件、教育质量的不均衡，引发了“以权择校”、“以钱择校”，使得基础教育群体间入学机会不公平，尤其接受优质教育不公平，不利于社会的和谐发展。

二、应逐步取消“重点校”政策

教育公平是实现社会公平、构建和谐社会的重要基础，推进教育公平的主要责任在政府。教育服务是政府提供公共服务的重要组成部分，公平地为承担基础教育尤其是义务教育的学校分配公共教育资源，使受教育者享有均等化的教育服务是政府的基本职能。“重点校”政策与政府公平地分配公共教育资源，提供均等化教育服务的基本职能是相违背的。

经过几十年的发展，我国经济社会发展水平快速提高，政府财政收入快速增长，教育资源投入大幅攀升，义务教育已基本普及，高中阶段教育已纳入普及范畴，高等教育进入大众化阶段，教育已从精英时代迈入大众化时代，人民群众对教育公平的诉求日趋高涨。在经济社会发展的新时期和教育发展的新阶段，大力推进教育公平不仅是历史发展的要求，而且也具有现实的可能性。但任何政策调整和制度变革都是要付出成本和社会代价的。“重点校”政策由来已久，基础教育学校间的教育条件和教育质量有较大差距，学校间和群体间教育利益格局已经形成，短期内难以改变。为降低政策调整和制度变迁成本，保持学校稳定运行和教育稳定发展，宜采取渐进方式进行改革和体制创新。应从制度入手，在教育管理制度、教育人事制度、教育财政制度等方面推进，以缩小基础教育校际差别，逐步取消事实上的“重点校”，同时应对“以权择校”和“以钱择校”，立法加以规范和禁止。

1. 教育管理制度

第一，以省为单位，由省级政府教育部门制定基础教育办学基本标准，对未达标学校从资源配置上使其逐步达标。第二，对公立转制学校进行清理，大部分学校应回归公办，少数符合条件的学校转变为民办学校，杜绝转制学校从政府和学生两头获取收入。第三，对于各种形式的公立中小学，采取属地化管理。由学校所在地县级教育部门管理，其中师范院校的附属中小学，应回归为教改实验和师范生实习学校，不应成为高校教职工子弟的福利学校。有条件的地区和学校，义务教育阶段可实施九年一贯制。在同一行政区内，重点高中可将招生指标均衡地分配给下一级教育的各个学校。

2. 教育人事制度

第一，对农村、山区、边远地区等人口密度小、办学分散的学校，在教师编制上应适度倾斜，并对教师收入和福利给予适度补贴。第二，实施激励“重点校”教师、校长到薄弱学校定期任教任职的流动制度。由于我国教师和校长非公务员，政府部门应通过增加收入、岗位晋升、生活补贴等给予激励。降低教师、校长流动的个人成本，加大流动收益，以缩小学校间人力资源配置上的差别。第三，对薄弱学校教师、校长定期培训，提高薄弱学校的管理水平和教育水平。

3. 教育财政制度

由于我国区域间经济发展不平衡及其导致的基础教育区域间的严重不均衡短期内难以消除，同时，与公众教育利益直接相关、也是公众最为关注的是同一行政区内基础教育的校际差别，因此，基础教育均衡发展的重点应是缩小同一行政区内的校际差别。在同一行政区内，对实施基础教育的公立学校按照办学标准和标准成本实行均等化拨款，向未达标准的学校倾斜，以消除校际教育资源投入上的增量差别；公立高中的学费应由省级政府制定统一标准，对已有重点学校和公立转制学校学费外的择校收费，实行“收支两条线”管理，大幅降低返回“重点校”、转制校的比重，提高统筹和用于支持薄弱学校的比重。通过资源投入增量的调整，逐步消除教育资源配置存量的重大差别。

择校是公众的权利，当前公众择校的对象主要是基础教育阶段办学条件好教育质量高的学校。从改革的目标来说，应“择校找民校”。在基础教育阶段，政府的职责是为适龄儿童和青少年提供最基本的均等化教育服务，并随着经济社会和教育事业的发展，普遍提高办学条件和教育质量。超出基本教育服务更高质量的教育需求应由民办学校供给，其前提条件是基础教育的一部分民办学校在办学条件和教育质量上超出公办学校的水平。政府应支持民办学校的发展和质量的提高，其重要手段之一是应一视同仁地对承担义务教育的民办学校与公立学校进行拨款，对承担非义务教育的民办高中学校也应给予适度拨款。我国民办学校起步较晚，提高教育质量需要一个过程。当基础教育阶段公立学校之间重大差别基本消除达到均衡发展时，“重点校”政策，公立学校“以权择校”、“以钱择校”将退出历史舞台，公众将享受到较为公平的教育服务。

“重点校”政策影响了教育的公平*

一、“重点校”政策是特定历史时期的产物

我国基础教育“重点校”政策由来已久。1952 年 6 月教育部发布了《关于有重点地办好一些中学和师范学校的意见》，1962 年 12 月教育部发出了《关于有重点地办好一批全日制中小学校的通知》，“重点校”政策初步形成。1978 年 1 月，经国务院批准，教育部颁发了《关于办好一批重点中小学试行方案》。1980 年 10 月，经国务院批准，教育部颁发了《关于分期分批办好重点中学的决定》。1983 年，教育部在《关于进一步提高普通中学教育质量的几点意见》中，重申了办好重点中学的必要性。20 世纪 90 年代中期，国家教育委员会做出在全国建立 1000 所示范高中的决定，可视为“重点校”政策的延续。至此，基础教育阶段“重点校”政策最终形成，全国各省市自治区乃至县都先后形成了一大批重点小学、重点中学。重点中小学分布集中于县及县以上的大中城市。

“重点校”政策的初衷可以概括为“快出人才”、“出好人才”，是在教育资源稀缺的情况下，将公共教育资源集中向重点学校倾斜，推动重点学校办学条件的极大改善和教育质量的提高，形成一批拥有优质教育资源的“重点校”、“名牌校”、“示范校”。因此，在有关建立重点中小学的政策文件中，

* 本文原载于《中国教育报》2007 年 3 月 8 日。

都对重点学校的人员配置、教育经费投入、办学条件、教育教学管理等做出了十分明确的“倾斜”性规定。

“重点校”政策是特定历史时期的产物，有其特殊的社会历史背景。20世纪50年代，我国开始大规模进行经济建设，急需大批人才，然而，当时的社会现实是教育资源匮乏，人才短缺。为了快出人才、早出人才、出好人才，政府采取了集中稀缺教育资源办好重点学校的教育发展政策。从宏观来说，这是社会经济非均衡发展战略在教育中的体现，是在当时资源稀缺而又“百废待举，百业待兴”的条件下的一种必然选择，对推动社会经济和教育发展都发挥了重要作用。就教育来说，主要表现在培育了一批教育资源丰厚、教育质量较高的中小学，使得一部分适龄儿童和青少年受到了较高质量的教育，为上一级重点学校输送了一批“精英”。但是，“重点校”政策在推动部分学校教育质量提高的同时，也不可避免地扩大了城乡间、校际间在资源配置和教育质量上的差距，导致了教育公平的缺失。

二、教育公平首先是受教育权利的公平

就基础教育中的义务教育而言，教育公平首先是入学机会的公平。《中华人民共和国义务教育法》规定所有适龄儿童和少年都享有接受九年义务教育的权利，义务教育采取就近入学的政策。自1986年义务教育法颁布至2005年，小学入学率达99%，初中毛入学率达95%，我国义务教育阶段基本上实现了入学机会的公平。但是，由于长期以来实行的“重点校”政策，使同一行政区实施义务教育的公立学校，在教育资源投入、教育基本条件和教育质量上存在较大差别。因此，在居民间拥有公共权利和收入、财富存在较大差别的条件下，“以钱择校”应运而生，从而导致入学机会尤其接受优质教育机会在群体间的不公平。

基础教育阶段的高中教育现阶段在我国属于非义务教育。政府采取统一考试的入学制度，通过考试对意愿入学学生的学习能力进行测试和筛选安排

入学。入学机会的公平表现为入学规则的公平，即入学机会不因学习能力和个人意愿以外的其他条件而存在差别。高中阶段教育在区域间、城乡间发展的不均衡，使区域间、城乡间入学机会不公平。高中阶段的“重点校”、“示范校”政策，加剧了同一行政区校际间教育条件和教育质量的严重不均衡，由此引发的“择校”问题破坏了入学规则的公平，导致了群体间入学机会的不公平。教育行政部门为控制“以钱择校”，出台了“三限制”政策（限分数、限人数、限钱数）。

“重点校”政策引发的“择校”问题，将会导致严重的社会后果。教育本来有促进社会阶层流动的功能，它通过提升受教育者的教育水平，改善和提升社会低层的社会与经济地位。有钱的社会阶层靠金钱依次进入质量较高的小学、中学和大学，享受优质教育服务，一般阶层大多只能进入一般的学校，享受一般甚至质量较低的教育服务，难以改善和提升其社会经济地位。这种社会分化分层的格局在代际之间传递下去，将使社会分层固化，不利于社会的和谐发展。

总之，基础教育中的“重点校”政策，扩大和加剧了公立学校校际之间资源投入、教育条件、教育质量的不均衡，与政府公平地分配公共教育资源提供均等化教育服务的基本职能相违背，是基础教育群体间入学机会不公平，尤其接受优质教育不公平的制度原因。

三、实现教育公平的发展路径

经过几十年的发展，我国社会经济发展水平快速提高，教育资源投入大幅攀升，义务教育已基本普及，高中阶段教育已纳入普及范畴，高等教育已进入大众化阶段。教育已从精英时代迈入大众化时代。在全社会正在积极构建和谐社会的新历史时期和教育发展新阶段，大力推进教育公平不仅是教育发展的需要，也是社会发展的必然要求。

“重点校”政策由来已久，基础教育中学校间教育条件和教育质量的较大反差、学校间和群体间教育利益格局已经形成，短期内难以改变，为降低政策调整和制度变迁成本，保持学校稳定运行和教育稳定发展，宜采取渐进方式进行改革和体制创新。

为缩小基础教育学校间的差别，可采取以下措施：第一，对同一行政区内实施基础教育的学校实行均等化拨款，同时对薄弱学校倾斜，以消除学校间教育资源投入上的增量差别。第二，以省为单位制定基础教育阶段办学基本标准，并对未达办学基本标准的学校填平补齐。第三，对已有重点学校和公立转制学校的择校费实行“收支两条线”管理，大幅降低返回重点校、转制校的比例，提高统筹和用于支持薄弱校的比例。第四，对重点校招生指标，在同一行政区内的下一级学校之间合理分配，以缩小学校间生源质量差别。第五，推行重点校教师到薄弱学校定期任教的教师流动制度，在收入、晋升、生活补贴方而给予激励，以缩小学校间教师配置上的差别。第六，对薄弱学校的校长、教师定期培训，以提高薄弱学校的管理水平和教育水平。

择校是居民的权利，居民有权选择学校，当前居民择校的对象主要是基础教育阶段办学条件好、教育质量高的学校。从改革的目标来说，应“择校找民校”。在基础教育阶段，政府的职责是为适龄儿童和青少年提供最基本的均等化教育服务，随社会经济和教育事业的发展，普遍提高办学条件和教育质量。超出基本教育服务更高质量的教育需求应由民办学校供给，其前提条件是基础教育的一部分民办学校在办学条件和教育质量上超出公办学校的水平。政府应支持民办学校的发展和质量的提高，重要手段之一是，对承担义务教育的民办学校应与公立学校一视同仁，对承担非义务教育的高中学校也应给予适度拨款。我国民办学校起步较晚，提高教育质量需要一个过程，这也是“重点校”政策转变，取消“以钱择公校”采取渐进策略的一个依据。

当基础教育阶段公立学校之间重大差别基本消除达到均衡发展的时候，“以钱择校”将退出历史舞台，居民将享受到较为公平的教育服务。

逐步取消基础教育“重点校”政策*

一、“重点校”政策的由来

我国基础教育“重点校”政策由来已久。1952 年 6 月教育部发布了《关于有重点地办好一些中学和师范学校的意见》。1962 年 12 月教育部发出了《关于有重点地办好一批全日制中小学校的通知》，“重点校”政策初步形成。在这一政策的推动下，至 1963 年 9 月，全国共确立重点小学 3017 所，占公立小学 2%；重点中学 487 所，占公立中学 3. 1%。

改革开放初期，邓小平同志提出“办教育要两条腿走路，既要注意普及，又注意提高。要办好重点小学、重点中学、重点大学。经过严格考试，把最优秀的人才集中在重点中学和大学”。1978 年 1 月经国务院批准，教育部颁发了《关于办好一批重点中小学试行方案》。1980 年 10 月，经国务院批准，教育部颁发了《关于分期分批办好重点中学的决定》。1983 年，教育部在《关于进一步提高普通中学教育质量的几点意见》中，重申了办好重点中学的必要性。20 世纪 90 年代中期，国家教育委员会做出在全国建立 1000 所示范高中的决定，可视为“重点校”政策的延续。至此，基础教育阶段“重点校”政策最终形成，全国各省市自治区乃至县都先后形成了一大批重点小学、重点中学。重点中小学集中于县及县以上的大中城市。

---

* 本文收录于《缩小差距——中国教育政策的重大命题》，人民教育出版社 2005 年版。

“重点校”政策的初衷可以概括为“快出人才”、“出好人才”。为达此目的，在教育资源稀缺条件下，将公共教育资源集中向重点学校倾斜。前述有关建立重点中小学的政策文件中，对重点学校的领导和教师队伍的配置、教育经费投入、办学条件、教育教学管理都做出了十分明确的“倾斜性”规定。通过教育资源重点投入，推动了重点学校办学条件的大大改善和教育质量的提高，形成了一批批拥有优质教育资源的学校，被称为“重点校”、“名牌校”、“示范校”。

“重点校”政策是特定历史时期的产物，产生和形成有其特殊的社会历史背景，20 世纪 50 年代我国开始大规模经济建设，亟须培养大批各种人才，与此同时，教育落后，人才短缺，教育资源匮乏。为了快出人才、早出人才、出好人才，政府采取了集中稀缺的教育资源办好重点学校的教育发展政策。这种政策从宏观来说，是社会经济非均衡发展战略在教育中的体现。中国是一个经济发展水平低，在区域间、城乡间、部门行业间严重不均衡的大国。在资源稀缺而又“百废待举、百业待兴”的条件下，采取非均衡发展战略是一种必然选择。它的政策基本导向是效率优先。这种发展战略对于推动我国社会经济和教育发展发挥了重要作用。就教育发展来说，主要表现在我国各地区培育了一批教育资源丰厚、教育质量较高的中小学，使得一部分适龄儿童和青少年受到了较高质量的教育，为上一级重点学校输送了一批“精英”。事物一分为二，“重点校”政策在推动部分教育质量提高的同时，也不可避免地带来了许多弊端，人为地造成和扩大了城乡间、校级间在资源配置和教育质量上的差距，导致了教育公平的缺失。

二、“重点校”政策和教育公平

教育公平是人们对教育发展的一种价值判断，何谓教育公平众说纷纭。教育公平首先是受教育权和受教育机会的公平，可以说是人们的共识。

就基础教育中的义务教育而言，教育公平首先是入学机会的公平。我国

《义务教育法》规定所有适龄儿童和少年都享有九年义务教育的权利，义务教育采取就近入学的政策。自1986年《义务教育法》颁布至2005年，小学入学率达99%，初中毛入学率达95%，我国义务教育阶段基本上实现了入学机会的公平。由于义务教育在区域间（包括在东中西部间、省区之间、省区内县之间）和城乡间还存在较大差异，使适龄儿童和少年在接受和完成九年义务教育和享受均衡化教育服务上还存在较大差别，在教育公平上还有待进一步推进。由于长期以来实行的“重点校”政策，使同一行政区实施义务教育的公立学校在教育资源投入、教育基本条件和教育质量上存在较大差别，学生家长有权选择教育条件和教育质量较好的学校，在居民间拥有公共权力和收入、财富存在巨大差别的条件下，“以权择校”、“以钱择校”应运而生，从而导致入学机会尤其接受优质教育机会在群体间的不公平。

基础教育阶段的高中教育现阶段在我国属于非义务教育。政府采取统一考试的入学制度，通过考试对意愿入学学生的学习能力进行测试和筛选安排入学。入学机会的公平表现为入学规则的公平，即入学机会不因学习能力和个人意愿以外的其他条件而存在差别。高中阶段教育在区域间、城乡间发展的不均衡，使区域间、城乡间入学机会不公平。高中阶段的“重点校”、“示范校”政策，加剧了同一行政区校际间教育条件和教育质量的严重不均衡，由此引发的“以权择校”、“以钱择校”破坏了入学规则的公平，导致了群体间入学机会的不公平；教育行政部门为控制“以钱择校”，出台了不得已而为之的“三限制”政策（限分数、限人数、限钱数），使入学规则不公平合法化。

总之，基础教育中的“重点校”政策，扩大和加剧了公立学校校际间资源投入、教育条件、教育质量的不均衡，引发了“以权择校”、“以钱择校”，它是基础教育群体间入学机会不公平，尤其接受优质教育不公平的制度原因。

三、“重点校”政策和“以权择校”、“以钱择校”

教育公平是实现社会公平、构建和谐社会的重要基础；推进教育公平的主要责任在政府。胡锦涛总书记在2006年月8月29日中共中央政治局第三十四次集体学习时强调指出:“保证人民享有接受教育机会，是党和政府义不容辞的职责，也是促进社会公平正义，构建社会主义和谐社会的客观要求。”教育服务是政府提供公共服务的重要组成部分，公平地为承担基础教育尤其义务教育的学校分配公共教育资源，使受教育者享有均等化的教育服务是政府和财政的基本职能。“重点校”政策与政府公平地分配公共教育资源提供均等化教育服务的基本职能是相违背的。

“重点校”政策引发“以权择校”、“以钱择校”的教育不公平，将会导致严重的社会后果。教育本来有促进社会阶层流动的功能，它通过提升受教育者的教育水平，改善和提升社会低层的社会与经济地位。有权有钱的社会阶层靠权力和金钱进入质量较高的小学、中学和大学，享受优质教育服务，进入和保持社会上层，而无权无钱的阶层大多只能进入一般的学校，享受一般甚至质量较低的教育服务，难以改善和提升其社会经济地位。这种社会分化分层的格局在代际之间传递下去，将使社会分层固化，从而不利于社会的和谐与稳定。

“以权择校”有多种形式，一种是握有公共权力的人利用其公共权力使其子女获得进入重点学校的门票，还有一种是某些政府机构和单位，以和“重点校”各种形式的“共建”方式，利用公共资源为其子女获取进入重点校的门票。“以权择校”以公共权力和入学机会交换，属于腐败。“以钱择校”大多是收入较高的社会阶层，以货币与入学机会交换，是公共教育市场化的表现。“以权择校”应明令禁止，“以钱择校”这种教育市场化与三级正规教育服务作为准公共服务的性质相违背，与教育体制改革的方向背道而驰，应逐步取消。

四、淡化和逐步取消“重点校”政策

经过几十年的发展，我国社会经济发展水平已大幅提高，政府财政收入快速增长，教育资源投入大幅攀升，义务教育已基本普及，高中阶段教育已纳入普及范畴，高等教育已进入大众化阶段教育已从精英时代迈入大众化时代。中央已提出构建和谐社会的目标，人民群众对教育公平的诉求日趋高涨，在新的社会经济发展的历史时期和教育发展的新阶段，大力推进教育公平不仅是历史发展趋势的要求，而且也是有可能的。

“重点校”政策由来已久，基础教育中学校间教育条件和教育质量巨大反差、学校间和群体间教育利益格局已经铸成，短期内难以改变，为降低政策调整和制度变迁成本，保持学校稳定运行和教育稳定发展，宜采取渐进方式进行改革和体制创新。

为缩小基础教育学校间的差别，可采取以下措施：第一，对同一行政区内实施基础教育的学校实行均等化拨款，同时对薄弱学校倾斜，以消除学校间教育资源投入上的增量差别。第二，以省为单位制定基础教育阶段办学基本标准，并对未达办学基本标准的学校填平补齐。第三，对已有重点学校和公立转制学校的择校费实行“收支两条线”管理，大幅降低返回重点校、转制校的比例、提高统筹和用于支持薄弱校的比例。第四，对重点校招生指标在同一行政区内的下一级学校间合理分配，以缩小学校间生源质量差别。第五，推行重点校教师到薄弱校定期任教的教师流动制度，在收入、晋升、生活补贴方面给予激励，以缩小学校间教师配置上的差别。第六，对薄弱学校的校长、教师定期培训，以提高薄弱学校的管理水平和教育水平。

择校是居民的权利，居民有权选择学校，当前居民择校的对象主要是基础教育阶段办学条件好教育质量高的学校。从改革的目标来说，应“择校找民校”。在基础教育阶段，政府的职责是为适龄儿童和青少年提供最基本的均等化教育服务，随社会经济和教育事业的发展，普遍提高办学条件和教育质量。超出基本教育服务更高质量的教育需求应由民办学校供给，其前提条件是基础教育的一部分民办学校在办学条件和教育质量上超出公办学校的水平。政府应支持民办学校的发展和质量的提高，重要手段之一是，对承担义务教育的民办学校应与公立学校一视同仁，给予同等的拨款，对承担非义务教育的高中学校也应给予适度拨款。我国民办学校起步较晚，提高教育质量需要一个过程，这也是“重点校”政策转变，取消“以钱择公校”采取渐进策略的一个依据。

当基础教育阶段公立学校间重大差别基本消除达到均衡发展的时候，“重点校”政策、公立学校“以钱择校”将退出历史舞台，居民将享受到较为公平的教育服务。

必须遏制“以权择校”和“以钱择校”*

我国现行的基础教育公立学校的入学制度义务教育为“就近入学”，即地方政府教育部门按学生户籍所在地划片就近入学，普通高中为“考试入学”，即以市、县、区为单位。由当地教育部门组织统一考试，确定不同学校的录取分数线，按考生志愿和成绩安排到不同的学校入学，这一入学制度体现了入学机会的相对公平。为解决高中日趋严重的择校而引发的乱收费问题，2000 年以来，中央和地方政府相关部门出台了“限分数、限人数、限钱数”的“三限制”政策，由省级政府规定重点高中降低录取分数线、择校生比例和择校生收费标准（2000 年、2003 年、2006 年），从而使普通高中择校收费合法化。

在现实中，基础教育阶段违反上述制度规定的各种形式的择校现象在各地区普遍存在，且愈演愈烈，其中“以权择校”和“以钱择校”最为严重，而且多是暗箱操作，相关信息不公开、不透明，真实信息难以获取，也难以监管。

就笔者所见所闻，“以权择校”有多种形式：

其一，各级党政机构公职人员，尤其级别较高的公职人员，以各种直接或间接的方式，利用公共权力通过政府教育部门或其管理的学校，安排其子女或亲朋好友的子女，进入重点校或优质学校就学。

---

* 本文为向国家教育咨询委员会提交的报告。

其二，各级党政机构与重点学校或优质学校以“共建”形式为该机构子女获取入学机会。作为“共建”一方的党政机构，以其掌握的公共资源注入学校；作为“共建”的另一方，学校则以一定学额安排该机构公职人员子女入学。

其三，中央和地方国有大型企业与“重点”或优质学校“共建”或“捐赠”形式为该企业职工子女获取入学机会。企业以其掌握的国有资源注入学校，学校则以一定学额安排该企业职工子女入学。

“以权择校”本质上是腐败。党政机构握有的权力是公共权力，是人民和社会赋予的，党政机构握有的资源和国有企业拥有的资源均是公共资源。公共权力和公共资源只能服务于社会公共需要，而不应满足握有公共权力和公共资源的少数人的需要，否则就是一种权力腐败。

“以钱择校”媒体多有披露，政府也采取了相关措施，但效果不佳。各种形式的“以钱择校”其实质是教育市场化，是以货币与入学机会交换，或以货币购买分数与入学机会交换。

“以权择校”和“以钱择校”的后果，首先是严重影响教育公平，有权有钱的阶层可以为子女获取优质学校的入学机会，享受优质教育服务，而大多数无权无钱的阶层，则不能获取优质学校的入学机会，享受不到优质教育服务。第二，加剧了已经存在的行政区内同级学校间教育资源的配置和教育质量不均衡，形成“马太效应”。第三，不利于社会分层流动。教育本来可以促进社会分层流动，由于有权有钱的阶层通过权力和金钱获取优质教育的机会，导致社会分化和分层固化，从而影响社会稳定与和谐。第四，违背了党政宗旨，有损于执政党和政府的形象和公信度。

基础教育阶段择校的重要原因。首先，我国长期以来实行“重点校”政策，包括“示范校”政策，人、财、物等公共资源向“重点校”倾斜，从而导致同一行政区内同级学校间教育资源配置和教育质量严重不均衡，优质教育资源稀缺。尽管中央和地方政府采取了一系列政策措施，以缩小校际差别扩大优质教育资源，但长期形成的校际差别难以短期消除。其次，已有的入学制度包括义务教育的“就近入学”和普通高中的“考试入学”不健全，执行和监管不力，对违反入学制度的单位和个人没有相应的惩罚制度。

择校应当说是居民的权利，居民选择优质学校为其子女享受优质教育服务无可非议。问题在于“以权择校”和“以钱择校”。美国实施义务教育年限是13年，从学前教育最后一年至高中教育，公立学校入学方式基本上是按学区就近入学。20世纪80年代以来，联邦政府和地方州政府开始鼓励择校，其主要方式是“教育券”和“特许学校”，目的是引入市场机制，鼓励学校间竞争，以提高公立学校的质量和办学效率。但无论是“教育券”或“特许学校”，其教育经费全部来自政府拨款，从制度规范来说公立学校不允许收费择校，也不允许权力择校。

为遏制“以权择校”、“以钱择校”，从政府来说，首先，应加大力度缩小同一行政区内基础教育特别是义务教育的校际教育资源配置和教育质量差别，实现基本公共服务均等化的目标。省区间、县市间、城乡间基础教育均衡问题是一个长期问题，有赖于区域间、城乡间经济社会发展均衡发展。其次，完善基础教育尤其义务教育的入学制度，明令禁止“以权择校”、“以钱择校”，逐步取消普通高中入学的“三限制”政策，对违反入学制度的单位和个人应依法惩罚。再次，对实施基础教育的学校，其入学和财务状况必须公示公开透明，禁止黑箱操作，这是学生家长、媒体、政府监管的前提。最后，支持民办学校提高质量和效率，最终实现“择校找民校”。

第六篇

教育资源投入的长效机制

- 教育投资在国民经济中合理比例的客观标志
- 优先发展亟须投入保障
- 以制度规范保障财政教育投入
- “新常态”下教育经费增长的长效机制

教育投资在国民经济中合理比例的客观标志*

教育投资是教育事业发展的物质基础。在当代科学技术迅速发展的条件下，教育在国民经济发展中的战略地位日益显著。大力发展教育事业需要增加教育投资，但教育投资在国民经济中保持什么样的比例才算合理？判断教育投资在国民经济中合理比例的客观标志是什么？在理论上和实践上都有待于进一步研究和探索。本文试图对此提出一些粗浅看法。

一、决定教育投资的客观因素

教育投资是投入到教育领域中、用于培养不同熟练程度的后备劳动力和专门人才，以及提高现有劳动力智力的人力和物力的货币表现。从投资对象来说由两部分构成：一是传统的学校教育投资，即各级各类学校教育的投资，用于培养后备劳动力和专门人才；二是学校教育以外的一切成人教育或继续教育的投资，用以提高现有劳动力和专门人才的智力水平。前者是教育投资的主要部分，后者是教育投资的次要部分，但后者的绝对量及其在教育总投资中的比重有不断增长的趋势。这是当代科技迅速发展，知识和技能更新的周期缩短，从而需要对劳动者的知识和技能不断进行再教育和再训练所决定的。从投资来源说，则包括国家财政、国有和集体企事业单位、家庭和个人

* 本文原载于《北京师范大学学报》（社科版）1984年第6期。

用于教育的一切支出。其中，国家财政用于教育的支出是主要部分。本文考察的对象，只限于国家财政用于学校教育的投资，包括教育事业费和教育基本建设投资。

教育投资的多少，教育投资在国民经济中应占有多大比重，不是由人们的主观愿望决定的，最终是由社会经济发展水平决定的。社会经济发展水平既决定着教育投资的需要量，也决定着教育投资的可能量。

决定教育投资需要量的主要因素是人口状况、科学技术和经济的发展。

由于教育劳动的对象和成果是人不是物，教育投资是用于培养和提高劳动力的投资，因而教育投资的需要量首先取决于人口。人口的数量和增长速度影响着受教育者的数量和增长速度。在各级各类学校受教育者人均教育费用不变的条件下，现有人口和增长速度，从而受教育者的数量和增长速度，同所需教育投资量和增长速度成正比。人口的年龄构成和文化程度构成，决定着适龄学校教育人口和劳动年龄人口构成，从而也影响着教育投资的需要量。一般来说，人口年龄构成轻，青少年在人口中比重大，则适龄教育人口多。人口文化程度构成低，尤其是劳动年龄人口文化程度构成低，则劳动年龄人口中，文化普及和提高的任务较重。为此，教育投资尤其普及初等和中等教育的投资需要量也较多。人口的分布和密度影响着教育单位（学校）的规模，影响着受教育者人均教育费用。一般地说，人口分布较平衡，人口密度较大、教育单位规模适度，受教育者人均教育费用较少；反之则较多。

就我国来说，人口对教育和教育投资的影响有以下特点：第一，人口基数大，在较长时间内人口自然增长率较高，决定了受教育者数量大，所需教育投资量多。第二，人口年龄构成轻、文化程度构成低，决定了我国适龄教育人口数量大，在学校教育金字塔结构中，金字塔的基础部分，即初等和中等教育规模十分庞大，所需教育投资量尤其普通教育投资量相当大。据1982年我国第三次人口普查10%抽样资料显示，1982年，0～14岁的人口占总人口33.6%。在总人口中，大学毕业、肄业、在校生共占0.6%，高中文化人口占6.6%，初中文化人口占17.8%，小学文化人口占35.4%，12周岁以上的文盲半文盲占总人口的23%。同年各级学校在校生总数达18790.2万人，其中，小学生占学生总数74.4%，中学生占25%，大学生只占0.6%。第三，人口分布在城乡和地区之间极不平衡，这使我国农村和西北、西南等地区受影响者人均教育费用较多。我国要在1990年普及小学教育，虽然所剩任务不多，但都十分艰巨。因为普及任务集中在“老（老解放区）、少（少数民族地区）、山（山区）、边（边疆地区）、穷（贫困地区）”地区，所需的教育投资量相对来说是较多的。

科学技术是决定教育投资需要量的另一个重要因素。教育是科学技术发展的重要基础，科学技术的生产（科学技术的研究）和再生产（科学技术成果的掌握）有赖于教育的发展，有赖于教育的普及和提高。科学技术发展对教育投资需要量的影响主要表现在：第一，科学技术的发展水平影响着教育的程度结构（各级学校的结构），从而影响着教育投资的需要量。一般来说，科学技术发展水平越高，对从事科学技术生产的劳动者（科学家、工程技术人员等）的智力水平要求越高，数量也越多，对从事科学技术再生产的劳动者（教师和学生，这里撇开教师的科学研究）的智力水平要求也越高。这就使教育程度结构中，高等和中等专业教育的比重提高，教育投资量增多。第二，科学技术发展水平影响着教学内容、教学方法和教学物质技术条件。在科学技术迅速发展的今天，新的学科不断出现，原有学科知识不断更新，学科间的互相渗透不断加深，教学物质技术条件，尤其教学手段不断更新和现代化。为此，所需教育投资量也在不断增长。

我国人口文化程度构成低，学校教育中高等教育比重很小，科学技术水平十分落后，从事科学技术研究的劳动者数量少，质量不高。1982年全民所有制单位自然科学技术人员，在全国人口中平均每万人口只有62人，在职工中平均每万人只有725.8人。这一数字不仅大大低于发达国家，而且低于不少发展中国家。迅速提高我国的科学技术水平，实现科学技术的现代化，需要大批的高质量的科学技术人才，需要大力发展高等教育，提高全民族的文化教育水平。因此，需要不断增加教育投资。

社会经济发展的规模、水平和速度是决定教育投资需要量的综合因素。在技术水平一定的条件下，社会经济发展规模、速度决定着劳动力的数量和增长速度，即使受教育者人均教育费用不变，教育投资也将随教育要培养的劳动力的数量增多而增长。随着科学技术在生产和经济中的广泛应用，社会经济的技术水平在不断提高，对劳动者的文化水平、技术水平要求也不断提高，劳动者中科学技术人员和管理人员的比重不断提高，从而教育程度结构中越高一级教育的比重也越大，专业技术教育在全部教育中所占比重也越大，教育投资量随教育程度的提高而增多。在社会经济发展过程中，新的科学技术革命导致经济结构、产业结构、技术结构的改变和更新，社会分工和专业化协作日益发展，科技和管理日益重要和社会化，这必然使教育的专业结构改变，使教育专业结构日益复杂，在专业教育规模不变的条件下，教育投资随教育专业结构复杂程度的提高而增长。

我国社会经济发展规模大、增长速度总的来说是比较快的，但经济发展水平不高。实现国民经济的现代化，要求大力提高全体劳动者的素质，要求提高科技和管理人员在全体劳动者中的比重。这就要求加快教育事业的发展，一方面，要尽快普及初等教育，大力发展中等职业技术教育和中等专业教育；另一方面，要大力发展高等教育，以适应“实现四个现代化”的要求。从今后一个时期看，教育投资需要量不仅数量大，而且存在着不断增长的趋势。

在考察教育投资需要量时，我们暂时撇开了教育投资的合理分配和使用经济效果（或使用效率）的因素。教育投资使用的经济效果表现为在相同教育质量条件下，各级各类学校受教育者人均教育费用。如果教育规模不变，受教育者数量不变，受教育者人均教育费用的相对降低，意味着教育投资使用经济效果的提高，教育投资的节约。如果其他条件相同，对教育投资的需要量将会减少。

一国一定时期内教育投资的多少，不仅取决于需要，在更大程度上取决于可能。决定教育投资可能量的最基本的因素，是物质资料生产的发展水平。恩格斯指出：“劳动产品超出维持劳动的费用而形成的剩余，以及社会生产基金和后备基金从这种剩余中的形成和积累，过去和现在都是一切社会的、政治的和智力的继续发展的基础。”① 教育投资最终来源于国民收入，物质资料生产的发展水平决定着国民收入量，尤其人均国民收入量。物质资料生产发展水平越高，国民收入总量、人均国民收入量越大，可能用于教育投资的数量越多；反之则越少。财政收支是国民收入及分配的一部分，本书考察的教育投资只是财政支出中的教育投资。因此，教育投资的可能量直接取决于财政可能用于教育的资金。

教育在物质资料生产和国民经济发展中具有越来越大的作用，教育投资过少，在国民收入和财政支出中的比重过小，会因教育培养劳动力和专门人才数量不足，质量不高，限制物质资料生产和国民经济的发展。教育毕竟是非物质生产部门，教育投资过多，在国民收入和财政支出中的比重过大，超越了国力的可能，同样也会制约物质资料生产和国民经济的发展。为实现国民经济现代化，需要大力发展教育事业，增加教育投资，提高教育投资在国民收入和财政支出中的比重。而我国物质资料生产发展水平较低，人均国民收入很少，财政资金有限，能够投入到教育中的资金不可能很多。教育投资的需要量和可能量的矛盾，在实现“四个现代化”过程中将长期存在。我们只能从我国的实际情况出发，根据我国经济和社会发展的战略目标和增长率所决定的受教育者的数量、质量、结构和我国人力物力财力的可能，兼顾需要和可能，确定教育投资在国民经济中的合理比例，并在经济和社会发展过程中不断调整。

二、反映教育投资在国民经济中比例的指标

为了确定教育投资在国民经济中的合理比例，需要选择能够正确反映教育投资在国民经济中比例的指标。这些指标应具有整体性或全局性，应能在

---

① 《马克思恩格斯选集》第3卷，人民出版社1972年版，第233页。

整体上、全局上反映教育投资同国民经济的关系。指标应在空间上和时间上具有可比性，既可以在国家间进行国际比较，也可以在一国的不同时期进行比较，以便在确定教育投资的合理比例时借鉴外国的经验和总结自己历史的经验；指标应简明，具有实用性。

反映教育投资在国民经济中比例的指标有：

（1）教育投资在社会总产值中的比重；教育事业费在社会总产值中的比重；

（2）教育投资在国民收入中所占的比重；教育事业费占国民收入的比重；

（3）财政支出的教育投资在全部财政支出中的比重；财政支出的教育事业费占全部财政支出的比重；

（4）教育基本建设投资在全部基本建设投资中的比重。

以上均是静态指标，它反映一定时期教育投资同国民经济的关系。为反映教育投资同国民经济发展中的相互关系，还需要有动态指标，即两者增长速度的对比关系，如国民收入、财政收入每增长百分之几，教育投资应增长百分之几。

联合国教科文组织的统计年鉴中，把各国的教育支出分为经常支出和资本支出，这大体上相当于我国的教育事业费和教育基本建设投资。该组织把各国的教育支出总额同该国的国民生产总值和政府总支出（相当于我国的财政支出）相比，把教育经常支出同国民生产总值和政府经常支出相比，得出教育支出占国民生产总值、政府支出的比重，以反映教育、教育投资在国民经济中的地位。为进行国际比较，可将我国的社会总产值或国民收入换算为国民生产总值。当然，由于各国的这些指标计算口径不尽相同，比较只能是大体上的。要进行国际比较，应选择处于同一经济发展水平的国家或历史时期，反映经济发展水平的应是人均国民收入或人均国民生产总值。

上述各项指标在反映教育投资在国民经济中的比例中，具有不同的地位和作用。其中，基本指标是教育投资在国民收入中的比重，以及教育投资与国民收入增长的关系。

第一，教育投资最终来源于国民收入。国民收入总量和增长速度，尤其人均国民收入量和增长速度，是反映一国一定时期国民经济发展水平和速度的基本指标，也是决定教育投资量的比例的基本指标。

第二，社会总产值也是国民经济发展的综合指标，它在反映国民经济发展速度上具有重要意义。因此，在教育投资同国民经济关系的动态考察中有一定的意义。但由于社会总产值中有一部分是消耗掉的生产资料价值的转移，不能用于教育投资。因此，在反映教育投资同国民经济关系上受到一定限制。

第三，财政收支也是国民经济发展的重要指标，财政支出中的教育投资是教育总投资中的主要部分，本文考察的教育投资只限于这一部分。因此，教育投资在财政支出中的比重，可以作为反映教育投资在国民经济中比例的重要指标。但因为财政资金是国民收入分配再分配中的一部分，是派生收入，而且财政收支及其在国民收入中的比重，受财政体制及其变动的影响，在不同国家、不同时期难以比较。因此，教育投资在财政支出中的比重不能确切反映教育资投在国民经济中的比例。使用这一指标时，教育投资应限于财政支出中的教育支出，在不同国家、不同时期比较时，应排除财政体制及其变动的影响。

第四，教育事业费是教育投资的主要部分，大体上可以反映教育发展规模，教育事业费在社会总产值、国民收入和财政支出中的比重，可以反映教育投资在国民经济中的比例。

第五，基本建设投资是用于固定资产扩大再生产的投资，它为技术进步条件下扩大再生产提供劳动手段，为提高人民物质文化生活水平提供物质条件，是国民经济和社会发展的重要指标。教育基本建设投资，是基本建设总投资中非生产性基建投资的一部分，它为教育事业的发展提供物质技术条件。在技术不断进步、经济不断发展的条件下，如果基本建设投资分配比例不变，教育基本建设投资和全部基本建设投资至少应同步增长。否则，教育事业的发展，教育物质技术条件的改善，就会因此受到限制，适应不了技术进步、经济发展对教育的要求。因此，这一指标，从一个方面反映了教育投资同国民经济发展的关系。

三、教育投资在国民经济中合理比例的客观标志

由于科学技术、经济和社会，以及教育本身处在发展变化中，不可能有一个一成不变的、绝对合理的教育投资比例。那么，怎样检验教育投资在国民经济中的比例合理与否呢？或者说，教育投资在国民经济中合理比例的客观标志是什么呢？

第一，从近期看，教育投资和教育事业的发展是否相适应。

教育事业是国民经济和社会发展的重要组成部分，教育投资是教育事业发展的物质基础。因此，教育投资同教育事业的规模和速度是否相适应，可以用来检验教育投资在国民经济中的比例合理与否。

使用这一检验标志的前提条件是教育事业的发展规模和速度必须是适度的。它必须以一定时期内经济和社会发展对不同熟练程度的后备劳动力和各级各类专门人才的需要和经济发展为教育事业发展可能提供的人力、物力、财力为依据。只有在此前提下，教育投资同教育事业发展的需要是否相适应才能成为检验教育投资比例合理与否的标志。

这一标志具体表现在一定时期内，全部受教育者的人均教育费用和各级各类教育受教育者人均教育费用的变动上。合理的教育投资比例至少使受教育者人均教育费用不低于前一个时期已达到的水平。如果低于前一个时期，可能出现两种情况：一是维持教育事业发展计划确定的规模和速度，使受教育者人均教育费用下降，从而使教育质量下降；二是为保证教育质量，保持受教育者人均教育费用不变，就必须调整教育事业发展计划，缩小教育事业规模，放慢教育事业发展速度。这两种情况最终都会因教育培养的劳动力和专门人才质量不高或数量不足，影响经济和社会的发展。这就表明教育投资在国民经济中的比例是不适当的。

受教育者人均教育费用存在着上升的趋势，这是科学技术不断进步和经

济不断发展所决定的。科学技术的不断进步，要求教育的物质技术条件不断改善，教育者的劳动报酬和生活工作条件随经济的发展也要逐步提高。即使物价不变，受教育者人均教育费用也在逐步上升。因此，合理的教育投资比例，应保证受教育者人均教育费用高于前一个时期。

在受教育者人均教育费用逐步提高的条件下，如果教育投资超出了教育事业发展的需要而过多，将使教育投资不能得到有效的使用，降低其使用效果，并因挤占其他投资而影响经济和社会的发展，这同样表明教育投资在国民经济中的比例是不适当的。

第二，从远期看，教育所培养的劳动力和专门人才同经济和社会发展是否相适应。

教育投资是用于培养劳动力和专门人才的投资，教育投资在国民经济中比例合理与否，最终表现在教育所培养的不同熟练程度的劳动力和各级各类专门人才在数量上、质量上、结构上同经济和社会发展的要求是否相适应。教育投资合理比例的最低界限，是教育投资能够满足经济和社会发展对劳动力和专门人才的最低需要量，如果教育投资比例在此界限以下，经济和社会发展将因合格的劳动力和专门人才不足而受到限制。只要经济发展为教育能够提供更多的资金，教育投资比例应在此界限以上。如果教育培养的劳动力和专业人才超过了经济和社会发展的需要和可能而过剩，同样表明教育投资比例是不合理的。

由于教育过程里劳动力和专门人才的培养周期较长，因而教育投资比例合理与否在当年或近期内表现不出来，而只能在一个较长的时期内表现出来。或者说，当前教育培养的劳动力和专门人才同经济和社会发展的要求是否适应，是前一个时期教育投资比例合理与否的结果。

采用这一标志检验教育投资比例合理与否，应以各种熟练程度不同的劳动力和各级各类专门人才的科学预测和规划目标为依据。我国过去没有或没有较完整的这种规划，在评价过去和当前教育投资比例时，借鉴外国的经验有一定的参考价值。

具体办法是，可选择同我国科技和经济发展水平相近的国家或历史时期，以人口和就业人口的文化程度构成、专门人才在人口和就业人口中的比重为主要内容进行比较。人口和就业人口的文化程度构成、专门人才的比重，是由科学技术和经济发展水平决定的。社会生产和教育发展史表明，在手工生产时代，文盲或具有较低文化的劳动者就可以适应生产的要求；在机器大工业时期，要求劳动者具备初等文化水平；到了电气化、自动化时代，劳动者必须具备中等文化水平；在科学技术迅速发展的当代，则要求劳动者具有高中或更高的文化水平。中等以上的科技人员和管理人员等人才也是如此。在机器大工业初期，他们只是作为“总体工人的一个器官”刚刚从直接生产者中分化出来；而后在物质生产部门劳动者中的比重逐步上升；随着科学技术和生产的迅速发展，在全社会和就业人口中，专门人才的比重大大提高。

第三，国民经济比例、尤其是积累与消费的比例是否协调。

一国教育投资比例实质上是国民经济综合平衡的问题。教育是国民经济的组成部分，教育投资是国民经济总投资中的一部分；两者是国民经济中局部与整体的关系。整体比例决定局部比例，局部比例反过来也影响整体比例。因此，教育投资比例合理与否，在整个国民经济比例是否协调上可以得到综合表现。一般地说，整个国民经济比例协调，教育投资比例较合理；反之，教育投资比例也不会合理。

国民经济比例中，对教育投资比例影响最大、最直接的是国民收入分配中积累与消费的比例。教育事业费是消费基金的一部分，教育基本建设投资是积累基金的一部分。因此，在国民收入总量一定的条件下，积累基金与消费基金的比例，积累基金内部生产性与非生产性积累的比例，在很大程度上决定着教育投资量和比例。积累与消费比例协调与否，是我们判断教育投资在国民经济中比例合理与否的重要标志之一。

我国的历史经验表明，一般情况下，积累率过高，生产性积累比重过大，教育投资会绝对地或相对地减少；而积累率过低，近期教育投资会绝对地或相对地增加，但因积累率过于低，延缓经济的发展，最终又会使教育投资相对减少，这两种情况都会影响教育与经济的发展。

综上所述，教育投资能否适应教育事业发展的需要，教育培养的劳动力和专门人才是否适应经济和社会发展的要求，国民经济比例，主要是积累与消费的比例是否协调，从不同角度反映了教育投资比例合理与否，可以作为检验教育投资在国民经济中比例合理与否的客观标志。如能找出更正确、更明确的检验标志，则是本文预期的目的。

优先发展亟须投入保障

——关于财政性教育经费占 GDP 4% 目标的若干思考*

国内外理论研究和社会实践已经证明，教育是国家发展和民族振兴的基石。在当今经济日益全球化、科技不断进步、国际竞争日趋加剧的背景下，人才和人力资源越来越成为推动社会经济发展的首要战略资源，教育是人才培养和人力资源开发的主要途径。要实现教育优先发展，就必须进一步加强教育投入保障。

改革开放以来，尤其进入 21 世纪以来，国家采取了一系列政策和措施，大幅度增加了财政性教育投入，推动了各级各类教育的快速发展。但是，投入不足、投入水平较低仍然是制约我国教育又好又快发展的“瓶颈”。我国义务教育虽已基本普及，但中西部地区和农村经费保障水平不高；对非义务教育的财政投入保障薄弱；义务教育资源配置在区域间、城乡间、校际间、群体间严重不均衡；各级学校的负债问题严重。要解决这些问题，亟须增加财政性教育投入，建立完善的教育投入保障机制。其中一个重要任务是，必须尽快实现财政性教育经费占 GDP 40% 的目标。

一、关于 4% 目标的合理性问题

1993 年的《中国教育改革和发展纲要》提出了财政性教育经费占 GDP

---

* 本文原载于《中国教育报》2009 年 1 月 13 日。本文写作中参考和吸收了许多学者的研究成果，并与袁连生教授进行过讨论，在此一并致谢。

4%（以下简称4%）的目标，2006年国务院发布的《国民经济和社会发展第十一个五年规划纲要》再次重申了这一目标。由于该目标未能如期实现，社会上近来出现了质疑这一目标合理性的声音。笔者认为，4%的目标不仅是具有行政法规效力的，而且也是合理的、可行的。

从国际范围看，一国政府教育投入水平以该国的经济发展水平为基础，国际上一般用公共教育支出（或政府教育支出）占国民生产总值（GNP）或国内生产总值（GDP）的比重度量和评价政府教育支出水平。严格地说，测算和确定公共教育支出水平最直接的方法是经费供求法，但由于这一方法需要准确测算教育经费需求和供给能力，操作难度大。因此，国际上通常采用公共教育经费占GDP比重的国际比较方法。

国内许多学者多年的研究表明，4%的目标是合理的。20世纪80年代中期，由厉以宁、陈良焜、王善迈、孟明义组成的课题组，以计量回归模型探讨了同等经济发展水平（以人均GNP或GDP代表经济发展水平）条件下公共教育支出的国际平均水平，该项研究以38个人口千万以上的市场经济国家1961～1979年公共教育支出和GDP统计数据（换算成1980年美元汇率）为依据，提出了测算不同经济发展水平公共教育支出的国际平均水平的方法，根据此法测算当人均GDP达1000美元时，公共教育支出的国际平均水平为4.24%。陈良焜等1992年又采用40个国家1980～1985年的数据再次证明，人均GDP达1000美元时，公共教育支出平均水平为3.85%。此后，不同学者运用同样方法，采用人口千万以上的数十个国家1985年以后不同时期的数据，给出了同等经济水平下公共教育支出的国际平均水平。如岳昌君、丁小浩2003年的研究认为，人均GDP 1000美元（1996年美元）时这一水平为3.87%；岳昌君2008年的研究认为，人均GDP 1000美元（2000年美元）时这一水平为4.13%；刘泽云、袁连生2007年的研究认为人均GDP 1000美元（2001年美元）这一水平为3.89%。上述这些研究，克服了用国际公共教育支出水平的算术平均数方法的弊端，排除了不同国家不同经济发展水平对公共教育支出的影响。虽然不同研究的样本国数量、数据跨越时间、美元汇率等不尽相同，但其基本结论是相近的。

二、关于4%目标未能实现的原因

我国财政性教育经费占GDP比例，2000年为2.61%、2005年为2.79%、2007年达3.32%，4%的目标未能如期实现，其原因是多方面的。

有的观点认为，我国财政性教育经费占财政支出比例已不低，甚至已达到发达国家水平，但我国财政收入占GDP比例远低于发达国家，也低于发展中国家的平均水平，这是导致我国公共教育支出水平较低的原因。

笔者认为，简单地把我国公共教育支出水平低归因于我国财政收入水平低并不科学。因为我国财政收入统计口径与国际通行口径并不相同。我国财政收入只统计预算内收入，长时期以来不包括地方财政出让土地收入，社保收入在我国基本上是以费而非税形式统计，其收支游离于财政预算外独立运行。如果将预算外各种收入纳入财政收入，则财政收入水平大大高于目前达到的水平。据新华网公布的统计数据，2006年全国土地出让金达7000亿元，社保五项基金收入达7900多亿元。根据财政部相关统计计算如将预算外、制度外收入全部计算在内，我国政府收入占GDP将达39%，远高于2006年统计中财政收入占GDP的18.5%。

因此，以我国现行财政统计口径为依据，认为我国财政收入水平低是导致公共教育支出水平低的理由是不充分的。

岳昌君的研究发现①，在计量模型中加入财政收入占GDP比重和公共教育支出占财政支出比重两个解释变量后，按国际平均水平，我国2000年和2007年政府教育支出占GDP比例也应分别达到3.78%和4.26%，而不是2.58%和3.32%。这也说明我国公共教育支出水平偏低主要不是财政收入水平低造成的。

① 岳昌君：《我国公共教育经费的供给与需求预测》，载《北京大学教育评论》2008年第6期。

三、如何提高公共教育支出水平和实现4%的目标

公共教育支出水平是财政收入占GDP的比例和财政支出中用于教育支出的比例共同作用的结果。我国要提高公共教育支出水平，加快实现4%的目标，应从以下几个方面入手。

第一，大幅提高财政收入水平。对此，一方面，要改革财政预算管理制度，逐步将目前未纳入预算收入的其他各项政府预算外收入，尤其是地方政府土地出让收入纳入财政预算收入，同时将各级政府各项支出逐步统一纳入财政预算支出。另一方面，伴随经济发展，强化政府税收和非税收入征管以增加财政收入。

第二，进一步转变政府职能，调整财政支出结构，提高各级政府财政支出中用于教育支出的比例。1998年，国务院曾决定为加快实现4%的目标，中央本级财政用于教育的支出连续3年每年增加1个百分点，此后，又要求地方财政用于教育支出每年增加1～2个百分点。这一措施实施了5年，并取得了明显效果。我国2007年财政性教育经费已占GDP的3.32%，今后3年每年增加0.3%个百分点，4%的目标即可实现。

提高各级财政支出中用于教育支出的比例还是有空间的。随着社会主义市场经济的不断完善，政府职能“越位”、“缺位”、“不到位”的状况将得到进一步转变。随着公共财政体系的逐步确立，财政支出结构也应调整和优化，加大对包括教育在内的公共服务支出的力度，提高教育支出在财政支出中的比重。

目前，有一种观点认为，可通过调整财政性教育经费口径来提高公共教育支出占财政支出的比重，如将军事院校和党校经费、政府教育管理部门的行政支出乃至把政府对各级各类学校无偿划拨的土地也计入财政性教育经费中。对这种意见笔者不能赞同。第一，它将导致财政支出重复计算，因为中国军事院校经费已计入国防费中，党校经费和教育部门的行政管理经费已列

入财政支出中的行政管理费。第二，党校和军事院校不属于国民教育系列，将其列入公共教育支出与国际通行的统计口径大相径庭。事实上，目前我国的财政性教育经费的口径已较有关国际组织统计的公共教育支出口径更宽。我国财政性教育经费包括：财政预算内教育经费（相当于国外的公共教育支出）；政府征收的用于教育的税费（主要是教育费附加）；企业用于所办中小学的支出；校办产业、社会服务收入中用于教育的支出等。其中只有政府征收的用于教育的税费可列入财政性教育经费，其余各项均不应计入其中。目前的统计口径已经放大了公共教育投入，在进行公共教育支出水平国际比较时已不具可比性。

第三，完善财政预算管理制度和教育财政制度。完善政府财政收支管理和公共教育收支管理，制度是保证和关键，应以制度规范和约束政府收支行为。如前所述，应将所有政府收支纳入集中统一的预算管理中，建立规范的统一的政府收支管理制度和统计制度，改变政府收支政出多门、多头管理以及大量政府收支游离于预算外管理的状况。在教育财政制度中，应将所有公共教育收支纳入统一的教育部门预算管理中。在教育和教育财政管理中，应建立明确的各级政府事权与财权统一的分级管理和财政负担制度，在各级政府教育事权、财权难以对称的条件下，建立规范的政府间的教育财政转移支付制度，尤其应加大省级财政对教育投入的责任和力度。应严格按照《预算法》的规定，强化各级人民代表大会对财政预算和教育财政预算的决策权和监督权。强化对政府财政和教育财政的有效监督，关键是包括公共教育收支在内的财政预算收支应公开化、透明化，各级财政收支乃至各级各类学校财务收支必须向社会公开。公开化、透明化是人大、政府、媒体、公众进行监督的前提。

第四，按照科学发展观的要求，应建立和完善对各级政府和官员的政绩考核制度。改变长期以来实际以经济增长为主要考核指标的状况，应将教育发展、教育投入等公共服务纳入考核内容，这是落实科学发展观、保证优先发展教育、增加教育投入的重要保障。

以制度规范保障财政教育投入*

一、财政性教育经费占 GDP 4% 的目标有望实现

财政性教育经费占 GDP 4% 的目标在 1993 年第一个教育改革发展规划纲要中首次提出，目标实现年为 2000 年，但至 2010 年仍未实现，2010 年财政性教育经费占 GDP 比例为 3.66%，距目标差 0.34 个百分点。2010 年第二个教育改革发展规划纲要提出 2012 年实现这一目标。为此，2011 年 6 月，国务院发布《关于进一步加大财政教育投入的意见》，采取的主要对策有以下几个方面。

（一）提高财政教育支出占公共财政支出的比例

按照国务院有关部委规定，财政性教育经费由四部分组成，其中，各级政府财政支出中用于教育的支出，无论从绝对量还是相对量来说都是主要部分。同时，4% 是事后全国统计结果，难以将 4% 分解到中央和各个地方，而且中央也从未要求各个省都实现 4% 的目标。只要把中央与各地财政支出中用于教育支出所占比例分别加以科学的确定（包括年初预算收入和决算超收收入），并且在原有基础上提高教育支出所占比重，就可为实现 4% 的目标奠定可靠的基础。

据说，2011 年财政部已将中央和各省级财政教育支出占财政支出的比例

---

* 本文原载于《教育与经济》2012 年第 3 期。

作了规定，各省又对所辖市县应达比例作了相应规定，以保障4%目标的实现。

（二）扩大教育费附加征收范围

教育费附加是财政性教育经费构成中仅次于公共财政支出中教育支出的部分。我国原规定教育费附加只限于内资企业和个人，地方教育费附加只限于部分地方。国务院已作出新的规定，自2010年12月起统一内外资企业和个人城市维护费和教育费附加，其中，教育费附加统一按增值税、消费税、营业税实际缴纳额的3%征收，国务院还规定全面开征地方教育费附加，地方教育费附加统一按上述三税实际缴纳额的2%征收，只要严格按照中央规定执行，也可以增加财政性教育经费。

（三）拓展政府收入中用于教育的支出

按现行的财政体制，我国政府收入由四部分构成，包括公共财政收入、政府基金收入、国有资本经营预算收入、社会保险基金收入。根据财政部的公开统计，2010年四项收入占当年国内生产总值的比重分别为20.7%、9.2%、0.1%和3.7%。政府基金收入中国有土地使用权出让收入占国内生产总值的7.3%，是政府基金收入中的主要部分，近年来土地使用权转让收入占地方财政收入四成以上，地方财政被称为土地财政。将全部政府收入纳入公共财政的改革尚需时日，为增加政府教育投入，在现行体制下将非公共财政收入的政府收入的一定比例用于教育投入，也可增加政府教育投入。国务院已作出规定，从2011年起，政府基金收入中的土地出让收入，扣除征地拆迁和拆迁补偿、土地开发支出后余额的10%计提教育基金用于教育。虽然现行的财政性教育经费统计范围中不包括此部分，而且从长远来说，由于政府可征用土地有限，土地转让收入不可持续，地方财政过分依赖土地转让收入会带来诸多的不良社会后果。但从短期看，此举具有一定的可行性，将土地转让收入一部分用于政府教育投入，纳入财政性教育经费统计也有一定的合理性。

上述措施正在执行中，可根据官方相关统计和相关政策目标进行测算，以判断2012年能否达到4%的目标。

我国2011年GDP为47.2万亿元，公共财政收入为10.37万亿元，支出为10.89万亿元，财政性教育经费尚未公布，财政性教育经费中的公共财政教育支出为1.42万亿元，占GDP比例为3.3%。2012年GDP增长率为7.5%，居民消费价格涨幅控制在4%左右。物价指数按4%计算，2012年按可比价格计算，GDP应为50.693万亿元，按当年价格计算即名义GDP应为52.3436万亿元。按财政预算2012年全国财政收入比上年增幅目标为9.5%，达11.36万亿元，支出12.43万亿元；全国政府基金收入为3.48万亿元，支出为3.56万亿元；全国国有资本经营收入1.26万亿元，支出1.27万亿元。2012年公共财政预算和政府基金预算安排的用于教育支出以及其他财政性教育经费支出共2.19万亿元（当年价格），占名义GDP将达4.2%，占实际GDP将达4.3%，均在4%以上，4%的目标预期可以实现甚至超过。

二、要否继续确定财政性教育经费占GDP比例

2012年4%目标实现后，是否需要确定新的比例。在第二个教育改革发展规划纲要研制过程中有两种意见：一种认为有必要，并提出更高的比例；一种认为没有必要，可用制度规范保障。两种意见的目的都是为保障政府教育投入，分歧在于保障的路径或方式不同。前者是通过数量目标来保障政府教育投入，后者是以制度规范保障政府教育投入。

4%目标的确定是我国在特殊历史背景下制定的。20世纪80年代初我国处于改革开放初期，政府和财政职能以及相应的财政和教育体制基本上是和计划经济体制相适应。在这种体制下，财政支出结构上形成了“一工交，二财贸，剩下的给文教”的格局，教育经费严重短缺，严重制约了教育发展，一度成为“两会”讨论的主题。同时，政府不同部门对我国教育经费投入是否短缺存在分歧。为此，政府决策者提出要研究政府教育支出多少才算合理，并将“我国教育经费在国民收入中的合理比例”列入“六五”时期国家哲学

社会科学重点研究项目。该项目课题组于 1985 年完成并通过国家鉴定，该项目应用计量经济学方法，通过国际比较给出了同等经济发展水平下政府教育支出在国民收入中的合理比例及计量方法。1993 年第一个教育改革发展规划纲要依据这一研究做了调整，提出了 2000 年财政性教育经费占 GDP 4% 的决策目标。

运用计量经济学方法，通过国际比较给出的结论最大的价值在于为一国决策提供一个参照系，其局限也在于它仅仅是一个参照系，不能简单地把国际比较参照系变成一国的决策。因为同等经济发展水平下，不同国家的国情和教情不同，而且国际比较大多是依据历史统计数据，通过回归分析给出的。历史只能说明过去，不能代表未来，未来无论是经济、财政、教育都处在不断变化中，具有不确定性。就 4% 决策目标来说，它是事后统计结果，不具有操作性。在我国财政教育投入大幅增加和公共财政体制逐渐形成的背景下，不宜继续采用财政性教育经费占 GDP 的一定比例这一数量指标保障政府教育投入。

采用此种方式还会在部门间引发攀比效应。政府不同部门作为部门利益代表，其行为特征是争夺稀缺的公共资源使部门利益最大化，它是计划经济和市场经济共生的现象。部门间争夺公共资源的基本手段和程序，首先是论证该部门在国家经济社会发展中的重要地位、贡献和公共资源投入不足，在此基础上通过各种方式进行游说，对决策施加影响。在现代经济和社会发展过程中，各部门已经形成一个密不可分的有机整体，从理论上说公共资源需要在部门间合理有效配置，以求经济社会协调发展。从实践来说，是部门间、部门与决策者间讨价还价的博弈过程。从公共资源配置最终决策来说是一个均衡需求和供给、区别轻重缓急的选择过程，决策不可能尽善尽美，决策科学与否最终靠事后检验和校正。攀比会加大资源配置决策成本，各部门如果都要在总产出中确定一个比例，等于一次性决定公共资源的分配，经济社会发展作为一个动态过程，一次性分配不科学，也不可能最优。

三、如何以制度规范保障财政教育投入

从长远来看，要保障教育优先发展战略的实施和增加政府对教育投入需要建立健全教育财政制度，以制度保障政府教育投入，避免因政府换届、政府领导人的更替等导致政府教育投入的随意性。同时要严格按照国家规定，规范财政性教育经费的统计范围和统计口径，制止在财政性教育经费统计中弄虚作假，做数字游戏，形式上增加教育经费而非实质性增加教育经费的行为。

制度是约束人们包括政府、企业、居民个人行为的规范，制度一旦确定，所有利益各方的行为主体都必须遵守，具有相对稳定性和强制性。它可以降低决策成本，提高决策效率，就政府来说，它不会因政府换届和决策者更替发生改变。

如何从财政制度上保障政府教育投入，涉及公共财政职能、公共财政预算管理体系和教育财政体制等相关制度安排。

（一）公共财政的职能定位关系到公共财政的支出范围和结构，也就关系着财政教育支出在财政支出中的比例

从计划经济转向市场经济过程中，政府和财政职能相应转变，我国1998年提出建立公共财政体制，政府和财政职能“越位、缺位、不到位”的状况已有较大改变，“GDP锦标赛”逐步降温，“民生”建设正在加强。政府和财政职能仍须进一步转变，财政支出范围需进一步明确界定，支出结构需进一步调整，经济建设支出比重应逐步降低，包括教育在内的公共服务支出比重应逐步提高。

（二）国家财政预算体制改革还需进一步推进，以做大财政预算蛋糕

我国长期以来将财政收支分为预算内和预算外，2010年6月财政部发文规定自2011年1月1日起，将中央和地方各部门各单位全部预算外收入纳入

预算管理，预算外收入全部上缴国库，支出通过公共财政预算或政府基金预算安排。据财政部初步统计，2011 年中央约 60 亿元、地方约 2500 亿元原预算外资金纳入预算管理。但是实际生活中，中央尤其地方仍有大量资金游离于预算外。朱镕基总理任期中曾说过，预算内外资金基本持平。据 2012 年 3 月 8 日财政部新闻发言人所说，中央和地方预算外资金全面纳入预算内管理也只有 2560 亿元，说明还有相当数量预算外资金未纳入预算收支管理，改革和执行还有待加强。

（三）制定各级各类教育生均经费标准和财政拨款标准，将其全部纳入中央和地方预算

生均教育经费标准是保障各级各类教育发展和教育质量的基本指标。义务教育为免费教育，全部由财政负担；非义务教育则由财政和受教育者共担，财政负担比例即是财政拨款基本标准。只要科学地制定各级各类教育的生均经费标准和拨款标准，并将其纳入财政预算，就可以保障财政教育投入。教育是一个成本递增的部门，教育需要不断发展和质量提升，因此，上述标准应是动态的，逐步递增的。制定此项标准既要考虑教育发展对经费的需求，也要考虑到财政和居民供给的可能。

（四）明确界定各级财政教育支出责任

由于教育管理和教育财政责任是由各级政府分担的，把生均经费和生均拨款纳入财政预算，需要从教育财政制度上明确界定各级政府财政支出责任。按我国现行的制度安排，高等教育由中央和省两级管理、两级财政负担（部分地区地级市也承担了部分管理和财政责任），基础教育管理和财政责任则以县为主。财政责任以财政能力为基础，我国现行的财政制度安排，中央和省级财政集中了较大份额的财力，县级占有较小份额，导致县主要是贫困县无力承担基础教育的责任。对此，主要是通过中央财政对贫困地区的一般性和教育专项转移支付弥补其教育支出缺口。对义务教育，2000 年起实行中央和地方分项目按比例负担义务教育财政责任的制度，由于这种比例划分缺乏充分的科学依据，难以达到预期目标和效果。

较规范或理想的制度安排应是各级政府教育等公共服务的管理责任和财政支出责任相匹配，财政学称其为事权与财权对等。由于层级政府间事权与财权划分是依据两种不同的原则设立的，财权与事权完全对等是不现实的，可行的选择，一是调整层级政府间财政收入结构，增强县级财政公共服务的能力；二是调整层级政府间对教育等公共服务的支出责任，加大省和中央的支出责任；三是完善层级政府间的财政转移支付制度。

就基础教育财政转移支付制度而言，可以以县为单位，采取客观的因素法测算教育的标准经费需求和标准财政供给，对标准需求大于标准财政供给的缺口，采取市—省—中央逐级转移支付的制度加以解决。在未来中央、省、县三级行政体制和省直管县试点的制度下，采取省—中央转移支付制度加以解决。这既可减少转移支付中的人为因素，也可加大省对教育等公共服务的财政责任。

（五）教育财政和学校财务公开化

制度确立后须依法加强监管，监管主体包括主管部门、政府、人大、媒体、公众等，监管的依据是相关法律、法规。监管有效的重要制度保障是公共教育财政和学校财务的公开化。财政收入来自纳税人，学校财务收入主要来自财政拨款、学生缴费和社会捐赠，作为财政收入和学校财务收入的供给方，他们有权监督教育财政和学校财务，政府财政、教育部门和学校有义务提供真实的财政和财务信息。为此，政府主管部门和学校应定期公开财政和财务信息，包括收入来源数量和结构，支出数量和结构，并规定收支细化科目。

（六）规范政府教育投入计算范围和口径

当前我国教育经费统计不规范，一些地方政府为体现政绩和达到财政教育支出政策目标，将各种名目的教育经费或其他经费列入财政性教育经费，做数字游戏。应严格按照国务院有关部委规定的财政性教育经费统计范围和计算口径进行统计。

在财政性教育经费统计范围中，有两项内容有必要论证和规范。一是财政教育支出中是否应包括政府教育部门的教育行政管理支出，是否应包括党校、军校的教育支出，是否应包括教师、校长以外的各种教育培训的支出。二是财政性教育经费是否应包括土地使用权转让收入中用于教育的支出。如果认为有必要，需论证其合理性并需重新制定财政性教育经费统计范围和口径。政府教育行政管理经费和党校经费，原属于国家行政管理支出，军校经费原属于国防支出，如果认为应纳入教育经费，应在行政管理和国防费中扣除，否则就会重复计算。

“新常态”下教育经费增长的长效机制

——对制定“十三五”教育规划的几点意见*

“十三五”教育规划不宜再规定财政性教育经费占生产总值比例。因为4%的规定是在特殊历史背景下，参考了一项研究结论给出的，它不可操作，是事后的统计结果。可操作的是财政性教育经费占比最大的各级财政用于教育的支出。

我国经济增长步入“新常态”，国内生产总值和财政收入由两位数的高速增长进入中低速增长，财政收入增速下降与财政支出刚性增长进一步加剧了财政收支矛盾，财政用于教育支出两位数的高速增长难以为继。

党的十八大以来，中央提出深化财税体制改革，包括预算制度、税收制度、中央与地方事权与支出责任相匹配制度的改革。2014年6月，中央政治局通过了《深化财税体制改革总体方案》：同年8月，全国人大通过了《预算法》：9月，国务院出台《关于深化预算管理制度的决定》。教育财政制度面临新的改革。

一、教育支出不挂钩，坚持“三个增长”

《中共中央关于全面深化改革若干重大问题的决定》在关于财税体制改革

* 本文原载于《中国教育报》2015年6月17日。

部分提出，“清理规范重点支出同财政收支增幅或生产总值挂钩事项，一般不采取挂钩方式”。《国务院关于深化预算管理制度改革的决定》关于优化支出结构中重申了中央的决定。全国人大通过的《预算法》未有“挂钩”问题的规定。

中央和国务院的决定并未明确规定“一般”和“非一般”、“挂钩”与“不挂钩”的界限，不同地方、不同政府部门乃至学界有不同的解读，为此需要明确加以界定。

教育支出无疑是重点支出，且已是公共服务中的最大支出。教育支出是“双挂钩”，既同财政收支增幅挂钩，又同国内生产总值挂钩。挂钩的方式可以分为硬性挂钩和弹性挂钩。硬性挂钩源于1993年《中国教育改革和发展纲要》，该纲要规定财政性教育经费2000年达到国内生产总值的4%，这一规定有明确的数量目标和时限要求。弹性挂钩源于1995年的《教育法》，该法规定“提高两个比例”和“三个增长”（各级人民政府教育财政拨款的增长应当高于财政经常性收入的增长，并使按在校学生人数平均的教育费用逐步增长，保证教师工资和学生人均公用经费逐步增长），此规定并无数量和时限要求。

“十三五”教育规划不宜再规定财政性教育经费占生产总值比例。因为4%的规定是在特殊历史背景下，参考了一项研究结论给出的，它不可操作，是事后的统计结果。可操作的是财政性教育经费占比最大的各级财政用于教育的支出。

2012年，财政性教育经费达到国内生产总值的4%这一目标的实现，主要是靠财政部将4%目标分解为财政支出中教育支出的占比，并分解到各省2011~2012年财政支出中教育支出占比，这是非常规的、不可持续的。

一国一地区的财政支出结构并非固定不变，决定财政支出结构的因素有：一是政府职能；二是经济发展所处阶段；三是各项支出的成本或定额标准，四是决策面临的问题和选择。这些因素的变化，要求支出结构不断调整和优化。如果规定各项支出同财政收支和生产总值挂钩，将导致财政支出结构固化，而且会产生攀比效应，加剧政府各部门对公共资源的竞争，不利于国民经济各部门的协调发展和公共资源效率的提高。

《预算法》第三十七条规定，“各级一般公共预算支出的编制，应当统筹兼顾，在保证基本公共服务合理需要的前提下，优先安排国家确定的重点支出”。《国务院关于深化预算管理制度的决定》提出，“对重点支出根据推进改革的需要和确需保障的内容统筹安排，优先保障，不再采取先确定支出总额再安排具体项目的办法”。

因此，建议在“十三五”教育规划中不宜再提出财政性教育经费在生产总值中所占比例，也不宜提出逐步提高财政性教育经费占国内生产总值的比例和财政性教育支出在财政支出中的比例。

教育优先发展是国家规定的发展战略，教育支出已是公共服务中占比最大的支出。建议在规划中提出依教育法规定保持“三个增长”。“三个增长”是弹性规定，未明确规定数量和时限，具有可操作性，在政府部门间不会引起争议。

为保证“三个增长”法律规定的实施，可通过建立教育经费增长的长效机制和制度安排实现。

二、“定标准、定责任、入预算”

1. “定标准”

建立和完善各级各类教育办学标准、生均经费标准、生均财政拨款标准。标准包括国家标准和省级标准，标准既要考虑教育发展、教育公平和教育质量提升的要求，也要考虑财政供给可能。标准是动态的、逐步提高的。

这符合国务院关于深化预算管理制度改革的要求，要求规定“进一步完善基本支出定额标准体系，加快推进项目支出定额标准体系建设，充分发挥支出标准在预算编制和管理中的基础支撑作用”。这意味着，预算编制中先定支出标准，再定预算数量。

2. “定责任”

中央提出，要建立中央和地方事权与支出责任相适应的制度，明确提出适度加强中央事权与支出责任。为此，教育事权与支出责任应相应调整。我国现行的教育事权与支出责任的划分，高等教育基本上是中央和省两级管理、两级财政负担，基础教育则以县为主、省级统筹。

由于我国经济和财政发展在区域间严重不均衡，大多数县的财力难以承担基础教育的支出责任，财政缺口大多采取中央和省份专项财政转移支付弥补。中央提出转移支付要加大一般性财政转移支付比重，清理、整合、规范专项转移支付。现行的基础教育专项转移支付名目繁多、交叉重叠。一般性转移支付的目标是均衡地方财力，不宜规定其中教育所占比例，专项转移支付可通过加大中央和省份对基础教育支出的责任来解决。

为此，对基础教育尤其是义务教育的支出责任，可采取“按项目分比例”的办法，分省确定中央和省份的支出责任，避免全国“一刀切”。项目指教育预算中的基本支出，以维持教育运转和发展，包括人员经费、公用经费和基建经费。不同的省份按其经济和财政发展水平，确定中央和省份的分担比例，省级以下的市、县由各省份自定。

3. “入预算”

当标准和支出责任确定后，按中央和地方政府的支出责任分别纳入各级财政预算，经同级人大审核批准后执行，这就有了教育经费稳定增长的法制保障。

按照新的《预算法》第四十六条规定，一般公共预算支出编制科目中，按支出功能分类应细化到项，按支出经济性质分类基本支出应细化到款：第六十七条规定，预算执行中出现“需要调减预算安排的重点支出数额”等四种情况，需报送同级人大常委会审批。这些规定保障了财政教育支出的责任主体、审批执行和预算内容的细化。

三、加快制定民办教育分类标准和实施办法

《国家中长期教育改革和发展规划纲要（2010～2020年）》提出，要积极

探索营利性、非营利性民办学校分类管理，并在浙江试点。应在总结试点经验基础上，加快制定民办学校分类标准和实施办法，加大和完善政府对民办教育的支持政策，包括财税、土地和闲置国有固定资产转让、金融等，并对两类民办学校采取差别化的支持政策，将财政支持列入财政预算，从而鼓励社会力量投资办学和捐资办学，增加教育服务供给。这也符合2015年5月22日《国务院办公厅转发财政部、发展改革委、人民银行关于在公共服务领域推广政府和社会资本合作模式指导意见的通知》的要求。

四、规范财政性教育经费统计，杜绝虚增

20世纪90年代初，有关部委发布了财政性教育经费统计范围。2000年中期以后在执行中为达到财政性教育经费占国内生产总值4%的目标，把本不属于国民教育系列和财政性教育经费统计范围的有关财政支出，列入财政性教育经费且进行统计。如各级政府教育行政部门的行政管理支出、各级党校和行政院校支出、军校支出、共青团妇联教育支出等，而且没有公开化，可视为教育经费虚增。

对此，学术界持异议。应明确界定政府制定的统计范围，并依规监管。如果把本不属于财政性教育经费统计范围的上述相关支出列入统计范围，应在预决算支出科目中相应扣除，以避免支出重复统计。

第七篇
公共教育资源配置的财政制度

- 政府间教育财政转移支付制度
- 建立政府间转移支付制度的理论与制度分析
- 我国教育投资体制的改革
- 我国公共教育财政体制改革的进展、问题及对策
- 重构我国公共财政体制下的义务教育财政体制
- 建立规范的义务教育财政转移支付制度
- 中国高等教育财政的过去、现状及前景概述
- 深化教育财政体制改革

政府间教育财政转移支付制度*

政府间教育财政转移支付制度，是指中央与地方政府间或上下级政府间教育财政转移支付的制度规范，简称层级政府间教育财政转移支付制度。它是层级政府间财政转移支付制度的一部分，它是基于政府间教育事权与财权不对称、财力不均衡而设立的，其目的是均衡公共教育财政和公共教育服务均等化，从而促进教育均衡发展，实现教育公平。

1. 教育财政转移支付的必要性

第一，层级政府间教育财政的纵向不均衡。

包括我国在内的大多数国家，在教育事权划分上均呈现正金字塔型，即中央或上级政府承担的教育事权和责任较少，地方或下级政府承担的教育事权和责任较多。而在财权和财力划分上，则呈现倒金字塔型，即中央或上级政府集中的财权、财力较多，而地方或下级政府的财权可支配的财力较少，从而导致层级政府间教育财权、财力不均衡。解决层级政府间教育财政不均衡的办法，是合理划分层级政府间教育事权与财权支出责任和支付能力，使其事权与财权对称，但在现实中是不可能的。为此，需要通过层级政府间转移支付制度加以解决。

第二，层级政府间横向教育财政不均衡。

由于区域间经济和财政发展水平的不平衡和区域间教育成本差异，导致

* 本文写于2006年11月，未公开发表。

地方政府辖区间教育财政不均衡，从而影响公共教育服务的均衡化。解决的根本办法在于促进区域经济、财政的均衡发展。在人口完全自由流动条件下，人口在区域间自由迁移也可以缓解区域间教育服务的非均衡。但这两种办法实施难度较大，时间漫长，为此，需要通过层级政府间教育财政转移支付制度加以解决。

第三，矫正教育效益区域外溢。

地方政府提供的教育服务普遍具有外溢性，无论是地方性教育服务（基础教育）或全国性教育服务（高等教育）都具有正的外溢性，使其成本与收益不对称，可能导致教育服务供给不足。为此，也需要通过层级政府间教育财政转移支付制度加以矫正，以保障公共教育服务的充足有效供给。

2. 教育财政转移支付制度的目标和原则

其目标可以分为直接目标和最终目标。其直接目标应是教育财政供给的均衡和公共教育服务的均等化，最终目标应当是促进教育公平。

教育财政转移支付制度制定的基本原则应当是客观、规范、公开、兼顾公平与效率。

3. 教育财政转移支付制度的形式

政府间财政转移支付分为一般性转移支付和专项转移支付两种。一般性转移支付也称为无条件转移支付，它是政府间转移支付主体。无条件是指它不要求被转移的地方政府提供资金配套，也不规定转移支付资金的使用用途。它的优势在于，给予地方政府自主权，便于因地制宜使用，同时，也可降低转移支付的成本。它包括均衡补助和收入分享两种形式，前者是为促进地方辖区基本公共服务的均等化，后者是在财政收入中层级政府间按比例分享，从收入上促使财政供给能力均衡。

专项转移支付也称有条件转移支付，条件包括要求下级政府提供资金配套，或是指定转移支付的用途，也可二者兼而有之。此种转移支付大多体现中央或上级政府的政策，带有行政干预色彩，对地方政府决策影响较大，地方政府使用自由度较小。

教育财政转移支付属于财政专项转移支付的一部分，主要体现中央政府特定时期的特定教育政策和教育发展目标，在中国种类繁多，相互交叉重叠，其中主要是用于义务教育的专项转移支付。如两期贫困地区义务教育工程，当前开始实施的农村义务教育教师绩效工资项目等。

4. 我国教育财政转移支付制度的改革

我国现阶段一般性转移支付在转移支付中比重过低种类繁多，主要有税收返还，体制补助等，在均等化地方财政方面起的作用较小，尤其税收返还，发达地区收益大于不发达地区，与平衡地方财力的目标相悖。应加大一般性转移支付比重，以均衡地方财力。

教育专项支付应清理整合和规范、透明，加强监管。规范化可减少和避免人为主观因素的作用，避免“挤出效应”和“寻租”。透明则有利于转移支付的公正和监管。加强监管，可以防止挪用、挤占，提高转移支付资金的效率。

参考文献

[1] 马骏著:《论转移支付》，中国财政经济出版社 1998 年版。

[2] 财政部预算司、IMF 财政局合编:《中国政府间转移支付》，中国物价出版社 1996 年版。

[3] 全国人大常委会预算工作委员会编:《中外专家论财政转移支付》，中国财政经济出版社 2003 年版。

[4] 刘小明:《财政转移支付制度研究》，中国财经出版社 2001 年版。

[5] 杜敏:《政府间财政转移支付支付理论与制度分析》，经济科学出版社 2001 年版。

[6] 王善迈:《建立政府间转移支付制度的理论与制度分析》，载《北京师范大学学报》(社会科学) 1998 年第 3 期。

[7] 财政部教科文司，教育部财务司，上海财大公共政策研究中心课题组:《中国农村义务教育转移支付制度研究》，上海财经大学出版社 2005 年版。

建立政府间转移支付制度的理论与制度分析*

政府间转移支付制度是近几年经济学界讨论较多的问题之一。触发对这一问题讨论的原因，一方面在于改革开放以来，我国地区间经济发展差距的加大；另一方面在于1994年的分税制改革，分税制要求通过转移支付实现政府间财政的纵向与横向平衡。但从目前的讨论看，绝大多数讨论局限于转移支付制度的框架设计上，缺少对转移支付一些基本问题的研究，对制度研究也缺少必要的提炼。本文针对这些问题，力争对转移支付制度做较为全面深入的探讨。

一、转移支付的几个基本理论问题

（一）财政转移支付的概念及分类

转移支付是一种再分配制度，属于财政学中财政支出的范畴。最早提出转移支付概念的是著名经济学家庇古，他在1928年出版的《财政学研究》中，第一次使用这一概念。把国家经费分为真实的或消费的经费与转移经费。真实的经费主要用于邮政、煤气、教育、陆海军等财货及劳务；转移经费主要用于支付本国人民内债利息、抚恤金、养老金、奖金等方面。这部分经费并不消耗任何财货，只是在国民经济中通过国内购买力强制转移调节所得分

* 本文原载于《北京师范大学学报》1998年，与杜育红、张晓红合作。

配关系，对国民经济的作用是间接的。庇古之后，转移支付的概念逐渐为人们所接受，并逐渐完善。凯恩斯主义出现后，随着国家干预的加强，转移支付在政府财政支出中所占的比例越来越大，其作用也日益为社会所承认。

庇古所定义的转移支付形成了转移支付制度的最基本的内涵，但随着转移支付制度的不断完善和发展，转移支付从范围到作用日渐扩大。各国对转移支付的理解也有一定的差别。我国一般把转移支付理解为政府单方面的无偿支出，主要包括债务利息支出、捐赠支出和补助支出。按其对象不同，可以分为向居民和企业的转移支付及中央财政对地方财政的转移支付。近几年讨论的转移支付主要指政府间的财政转移支付。本文讨论的转移支付也主要限定在政府间的财政转移支付。政府间财政转移支付包括上下级政府间和同级政府间的无偿资金转移，其目的在于解决财政纵横向的不平衡问题。纵向不平衡指一级政府面临财政赤字，而其他级次政府却出现盈余的财政状况。横向不平衡指一部分地方政府出现财政结余，而另一些地方政府却面临着财政拮据的状况。纵横向的财政不平衡会加剧地区间发展的差距，影响全国的协调发展。因此，必须建立规范的转移支付制度。

转移支付制度一般可分为一般转移支付和专项转移支付两大类。一般转移支付也叫无指定用途的转移支付，不规定使用方向，也不附加任何条件，其作用主要是平衡地区间的差别。专项转移支付也叫特殊目的的转移支付，一般用于特定项目的补助，资金使用有明确规定，下级政府无权变动。通常这类转移支付还要附加一些条件，使其具有很强的政策性，是中央政府宏观调控的重要手段之一。

转移支付主要有两种模式：纵向的转移支付和纵横交错的转移支付。纵向的转移支付是上下级政府间的转移；纵横交错的转移支付模式既有上下级政府间的转移，又有同级政府间的转移。两种模式转移支付的手段主要有三种：资金转移、税收分享和税收空间转移。资金转移是某级政府将其财政资金的一部分以补助、拨款等方式直接转给另一级政府；税收分享是一级政府将某种税收按一定的标准与另一级政府分享；税收空间转移是一级政府以降低税率的形式，给另一级政府提高税率或开征新税种以更大的空间。

（二）政府间转移支付的理论依据

从理论上讲政府间转移支付的存在主要基于三方面的原因：地方政府的存在、对公平的追求和发展的需要。第一个原因实际是政府间转移支付的前提，后两个原因其实也是政府间转移支付的最终目标。

（1）地方政府存在的原因，经济学上主要有三种解释：第一，偏好误识论。这种理论认为，中央政府由于信息的不完全性，可能错误地认识社会偏好，把自己的偏好强加到全民，造成福利损失。而地方政府更接近居民，往往掌握更多的信息，更容易了解本地居民的偏好。因此，地方政府相对于中央政府能较少地出现决策失误。第二，“以足投票”政府。这种理论认为，人们为达到福利最大化，总是会根据偏好考虑享受公共服务与纳税两方面的因素来选择自己的居住地。这样，相同偏好的人便会聚集到一起，每个人都会成为能使其福利最大的社区中的一员，公共服务也将以最小的成本提供。每个社区的福利都会处于最优状态。第三，利益空间论。马斯格雷夫认为，公共产品受规模经济的限制，其受益范围不是无限的。所以根据成本与受益对应原则，某种公共产品的成本应由受益地区的人负担。这样，就产生了公共财政的地区性问题。按照上述原理形成的行政地域，每一地区人的偏好会大致相同或相近。这时会出现“富人躲避穷人”、“穷人追随富人”的问题。因为即使人们具有相同的偏好，由于收入水平的不同，低收入者会发现，同高收入者同居一地对他们有利，他们只需纳很少的税就能享受同高收入者相同的公共服务。而高收入者则倾向于同自己收入水平相当的人住在一起，以便分担较少的公共服务成本。这种情况的出现会导致人口的无序流动。从这一角度看，必须通过政府间转移支付制度来保证各地居民享受大致相同水平的公共服务。

以上三种理论是以完全竞争的市场机制来考虑地方政府存在的依据，很显然与现实情况还有很大的差距。在实际中，各地的区域边界并不完全是根据这种方式构造的，而往往是历史发展沉积的结果。这样形成的地域边界很难与成本受益原则所确定的地域相一致，产生外部性问题是不可避免的。即产生于某一地区的收益或成本散播于地区之外，由其他地区受益或分担成本。显然，这一问题不可能单纯依靠地方政府来解决，必须由中央政府通过转移支付等形式来协调。

（2）市场机制可以解决社会资源的有效配置问题，但无法解决社会公平问题，公平问题的解决是政府的基本职责之一。公平一般包括两类：一是指机会均等；二是指结果公平。机会均等从绝对意义上讲，就是人们在相同的约束条件下，具有平等竞争的权力。一般认为市场为人们提供了这样的机会，但实际上并非如此，市场给人们提供的仅仅是平等竞争的场所和规则，并没有赋予竞争相同的起始条件。人们由于天赋能力的差异，由于家庭背景的不同，竞争时并不在同一起跑线，所以市场并不能促进绝对的机会均等。对机会均等的追求要由政府通过诸如免费教育、征收高额遗产税等社会机制来实现。

结果公平，即收入分配的公平。对于市场机制来说，即使同等能力的人面临同等的机会，由于个人偏好不同，其选择也各有差异，最终将导致其收入的巨大差异。虽然这种差异就要素禀赋准则来说，是可以接受的。但从“社会正义”的角度来说，则是有违公平的。况且，真正的机会均等很难实现，贫穷并不一定是好吃懒做的结果。所以实现生存权利、消灭贫困、缩小收入分配的不平等是政府的职责。

那么公平的标准是什么呢？如果追求纯粹的绝对公平，往往会降低效率，进而会减少可供分配的财富总量。所以公平标准的确立还必须考虑效率问题。关于这一问题一般有三种观点：一是福利最大化标准，即按效用水平进行分配。如果A、B两人效用水平相同，那么便平均分配；如果A的效用水平高于B，则A应得到更多的收入；如果B的效用水平高于A，则B应得到更多的收入，以使A、B的福利相同。二是最低福利标准。即给低收入者规定一个最低的福利标准，使低收入家庭的最低生活需要能够得到满足。三是最低收入者福利最大化标准。其代表人物罗尔斯认为，只要穷人的命运有所改善，不管富人状况如何，即使贫富差距进一步拉大，也是有益的。这一观点充分考虑了公平与效率的关系，考虑了在追求公平时对效率的影响。布坎南进一步从动态的角度考察了这一问题，他认为，分配要依据四条道德标准：①实际国民收入的最大化；②努力和报酬的均等；③天赋和能力的平等化；④测定的收入平等化。他指出前两个标准相互之间并无剧烈的冲突，但它们与③、④可能发生冲突。传统上人们为维持①、②，只是在③上做一些努力，但60年代中期以来，再分配的政策转向④，随之牺牲①、②的代价逐渐得到重视。也就是说，传统上人们一直比较注重效率，虽然也认识到公平分配的重要性，但只是在促进机会均等方面做了一些努力，并不太涉及收入分配问题。随着贫富差距的扩大，贫富悬殊带来一系列经济、政治问题，“社会正义”要求缩小收入分配的巨大差异，于是收入的均等化成为政府的一个重要的政策目标。

（3）在实际中，除了对人际间收入分配问题的调整外，还存在一个地方政府提供公共服务的问题。对平等的追求要求居住在不同地区情况相同的居民，有权利得到同样的待遇。而各地区由于自然条件、历史条件不同，经济发展水平和发展潜力也存在诸多差异，这种差异必然造成各地财政能力的差异，造成不同地区居民所享受的公共服务水平也必然有差异。这种差异在市场经济条件下会导致劳动、资本等生产要素的无效流动，生产要素的无效流动轻者会浪费大量的资源，重者会对社会的稳定形成巨大的威胁。因为地区间资源的无效流动会使贫困地区发展经济所需的人力与财力愈加缺乏，造成地区间的差距进一步拉大。就经济发展来说，地区间发展的不平衡是一个客观规律。但不平衡发展的目的是为了发展，而不是造成进一步的发展的不平衡。然而，在经济发展过程中这种不平衡又似乎很难避免，因为贫困地区在区际交换与分工中处于相对不利的地位，当经济发展不平衡达到一定程度时，回流效应[①]就会超过扩散效应[②]，使贫困地区在与富裕地区的经济交往中损失

① 回流效应：地区外因素引起的不利于地区经济发展和扩张变化的一种理论，由瑞典经济学家冈纳·缪尔达尔提出。

② 扩散效应：经济发达地区会通过信息、技术、管理等要素的传递机制和对资源、市场的需求等带动和促进周边地区及落后产业的增长和发展。

大于收益，阻碍贫困地区的发展。这样发展的结果势必引起两极分化，引发社会政治问题，影响社会的稳定，阻碍整个经济的发展。所以政府要发挥调节作用，将地区间的贫富差距缩小到各地区居民所能容忍的限度内，促进各地区协调发展。

从政府间的财政关系看，为使各地区居民得到大致相同的公共服务，促进地区经济得以较为平衡的发展，就应缩小各地区财力水平上的差异。也就要求富裕地区相应地把一部分财政资金转移到贫困地区，实行政府间财政转移支付制度，保证各地区的财政能力相对平衡。但无论是各地区的协调发展，还是财政均等，地方政府自身都很难完成。地方利益的驱动使地方政府只侧重于自身的发展，不能站在全国的高度来考虑问题，这就需要中央财政从中调节。所以政府间的转移支付，不仅包括同级政府间为提供相同水平公共服务而进行的财政资金转移，也包括上级政府为控制下级政府行为而进行的资金转移。

转移支付思想在西方有很长的历史。早在 19 世纪后期，德国新历史学派就开始提倡“福利国家论”。19 世纪末 20 世纪初，英国费边学派也开始主张“福利国家论”。受此影响，德国的俾斯麦和英国的格莱斯顿、迪斯累里在 19 世纪末 20 世纪初便着手建立转移支付制度，以提高穷人的生活标准。20 世纪 20 年代，庇古关于福利经济学的系统论述出现后，为“福利国家”提供了新的理论依据。“二战”后，凯恩斯主义的广泛流传，政府干预的加强，使转移支付制度日趋完善。

西方各国一般都实行分级的财政体制，在中央财政与地方财政的关系上，一般分为集权、分权、集权和分权相结合三种类型。不同类型的国家政府间转移支付的特点都不尽相同。实行单一制的国家多侧重于集权，中央财政对地方财政的转移支付规模较大，如英国、法国；联邦制国家一般采用分权，相对于集权国家来说，中央财政转移支付的规模较小，美国、德国、澳大利亚是这一类型的代表；日本在处理中央财政与地方财政的关系中，采取了集权与分权相结合的财政体制，政府间转移支付制度也有一定的特殊性。西方国家和日本在政府间财政转移支付的制度设计，以及转移支付的数量与方法上的经验对建立我国的财政转移支付制度具有一定的借鉴意义。

二、我国现行政府间财政转移支付制度与问题

（一）我国现行政府间财政转移支付制度

我国是一个单一制国家，中央以下设省（自治区、直辖市）、县两级地方政府，财政实行的是分级管理体制。新中国成立后，我国建立了高度集权的政治和经济体制。新中国成立初期，由于经济秩序非常混乱，我国实行了统收统支的财政制度，地方主要收入上交，支出由中央拨付，地方没有自主权。1953~1978年间，我国基本上实行的是统一领导、分级管理的财政体制，收支基本由中央统一管理，收大于支的地方上解，支大于收的地方由中央补助。中央另设专项拨款，由中央集中支配。1980年我国开始实行“分级包干”体制，中央地方划分收支，自求平衡，实质上仍然是富裕省上交，贫困省由国家补助，只是地方的财权相对扩大了。1994年1月1日起，我国开始实行分税制，中央和地方事权和财权的划分，以及财政转移支付才真正被提到议事日程。

我国现行的政府间财政转移支付制度是“分级包干”制中的转移支付和分税制中提出的转移支付的混合体。“分级包干”制中的转移支付包括以下三部分：（1）体制补助或上解。这是一种一般性的财政转移支付。实行分税制后，暂不改变原体制已有的分配格局，原体制中央对地方的补助仍按规定补助。原体制下地方上解仍按不同类型上解：实行递增上解的地区按原规定实行定额上解；实行总额分成地区和分税制试点地区暂按递增上解办法，以1993年实际上解数为基础递增上解。（2）结算补助或上解。1993年地方承担的20%的出口退税以及其他年度结算的上解和补助项目相抵后，确定一个数额，作为一般上解或一般补助处理，以后按此定额结算。（3）专项补助。包括农、林、水、气、文、教、卫等数十种项目。我国的专项补助几乎成了固

定的项目拨款，灵活性小。

新体制的转移支付包括以下两部分。

（1）中央财政对地方财政的均衡拨款。这部分转移支付属于一般性的转移支付，其分配方法是运用公式法。首先，核定各省、自治区、直辖市的标准支出额。计算1994年的地方标准支出时，分人员经费、公用经费、专项经费和其他支出四个方面分别考察。人员经费标准支出和公用经费标准支出基本上是采用回归模型，用因素法计算得出。专项标准支出由于回归效果不理想，便采用分类处理的办法，绝大多数按实际数计算。其他超标准支出根据前3项标准支出计算得出。4项支出加总，得出该地区标准支出额。其次，将标准支出额与1994年实有财力比较，对收不抵支的进行收入能力分析，由于数据不全，所以对收入能力的分析只考察了增值税（归地方分享的部分）和营业税两种收入。第三，扣除由于征收努力不足造成的收入损失，以此作为实际的收入不足额。第四，对扣除收入努力不足部分后仍收不抵支的，进行困难程度分析，考核人员经费和公用经费占地方财力的比重，凡两项经费比重高于80%的，作为转移支付对象，低于80%的，1994年没有考虑。另外，在这一公式的基础上，还对民族地区另加政策性转移支付。其公式为：某省理论上政策性转移支付额 = {（全国人均财力 − 该省区人均财力）× 该省区超标准财政供养人口 ×0.7 + [该省区1979年财力 ×（1 + 15%）$^{该年份-1979}$ − 该省区实有财力] ×0.3）。

由此计算出的贫困省区及民族地区的不足财力，并不是它们最终获得的转移支付额。由于财力有限，中央财政只拿出20亿元作为1994年对贫困地区的均衡拨款。因数额有限，中央财政只能对转移支付对象的财政缺口进行部分的补充。1994年的做法是用20亿与总的转移支付需要额进行比较，按公式计算出调整系数，客观因素转移支付系数为0.025，政策性转移支付系数为0.15。各转移支付对象按调整系数得到实际转移支付额。调整后的补助额与原有缺口相比微不足道，所起作用也很小。

（2）税收返还。为了照顾地方的既得利益，实行分税制后，采取了税收返还制度。具体做法是：核定1993年中央从地方净上划的数额，其中，“消费税+75%的增值税-中央下划收入”全额返还地方，保证地方既得财力，并以此作为以后中央对地方税收返还的基数。1994年后，税收返还额在1993年的基础上逐年递增，递增率按本地区增值税和消费税的增长率的1:0.3的系数确定，即上述本地区增长率每增长1%，中央财政对地方财政的税收返还则增长0.3%。如果1994年后地方上划中央的收入达不到1993年的基数，则中央按实际数返还。

（二）我国现行政府间财政转移支付制度存在的问题

很明显，我国目前实行的财政转移支付制度由于是两个不同体制下的产物，由于照顾了既得利益，使这一转移支付制度存在许多问题。首先，旧体制保留下来的一般性转移支付，既有中央对地方的补助，也有地方对中央的上解，这种资金的双向流动不符合分税制的要求。而且无论是补助或上解，其数额的确定都是双方讨价还价的结果，没有科学的依据，随意性很大。由于不同地区补助和上解数额的确定方法也不尽相同，必然进一步导致收入分配不合理、不公平。其次，专项补助失去其原本作用。专项补助本来是对地方发展某些项目的鼓励、诱导和帮助，不应固定，否则就失去了诱导的作用。而我国的专项补助几乎变成了固定的拨给某些地区的固定补助。旧体制下的这种不规范的转移支付制度很容易造成地方政府行为的扭曲。地方政府往往在确定上解额或补助额上与中央政府讨价还价，一旦确定以后，中央政府对地方政府的约束力就很小了。专项补助也没有起到诱导的作用。旧体制下的转移支付制度对缩小地区间差距难有作为。再次，新体制的均衡拨款所起的作用很小。中央对地方的均衡拨款资金是中央财政从收入增量中拿出来的。由于我国中央财政占全国财政收入的比例不高，其收入增量有限，所以均衡拨款数额很小。1994年的均衡拨款在平衡地区间财力上作用甚微。中央财政虽然对均衡拨款对象的资格进行了严格限制，唯有财政缺口大的特别困难地区才有资格获得均衡拨款，但毕竟均衡拨款资金太少，很难起到平衡地区间财力的作用。最后，新体制下的另一种转移支付制度——税收返还，又是在保证地方既得利益的基础上进行的，税收额多的地区得到的返还额多，其财力充裕，而财政收入少的地区得到的返还额少，财力依旧不足。均衡拨款的资金十分有限，税收返还虽然是新体制的产物，但却维持了旧体制的分配格局。所以，我国现行政府间转移支付制度依旧是旧体制分配格局的延续，起不到平衡地区间财力的作用。

三、建立规范的政府间财政转移支付制度

（一）建立规范的政府间财政转移支付制度

我国目前已经初步具备了建立规范的政府间转移支付制度的条件。社会主义市场经济的体制框架已基本确立，中央和地方的事权和财权也基本做了划分。我国地区间财力很不均衡已成共识，缩小地区间差距的呼声越来越高。地区间利益虽有一定的刚性，但不是不可触动，只要妥善处理，地区间的分配格局是可以在不发生大波动的情况下改变的。

建立规范的政府间转移支付制度，需要处理好以下几个问题。

（1）转移支付的目标问题。兼顾公平与效率是转移支付制度设计的最基本的原则，政府间转移支付制度既要有利于缩小地区间公共服务水平的差距，又要有利于效率的提高，即不仅要体现对贫困地区的适当照顾，又要体现对发达地区的激励。政府间转移支付应保证各地财力基本均等，使各地能够提供大致同等水平的公共服务。但缩小差距并不等于搞平均主义，富裕地区和贫困地区在财力上应略有差距。因为适当的差距能产生激励作用，避免因富裕地区不满和贫困地区安于现状而造成的效率损失。公平与效率是有矛盾的，过分偏重公平，必须会损失效率。同样，过分偏重效率，也会损失公平。这两种情况都不利于经济发展和社会的稳定。当然，公平和效率的矛盾也不是绝对的，如果处理得好，可以互相促进。适当的公平可以保证落后地区的基本公共服务，稳定落后地区，促进落后地区的发展。落后地区的发展反过来会对整个经济的发展起推动作用。但在短期内，公平与效率的矛盾却是绝对

的。一般来说，发达国家政府间转移支付更倾向于公平，而大多数发展中国家则更注重效率。对于我国这样一个人口众多、地区间自然条件和经济发展水平差距较大的发展中国家来说，公平与效率的矛盾更突出。党的十五大报告提出经济体制改革的总方针是效率优先，兼顾公平。但具体到转移支付的目标上，则应具体问题具体分析。我国现行的转移支付制度从一定意义上讲，应该是效率优先，兼顾公平。但它起不到保证各地区具有大致相同的财力的作用，造成地区间矛盾加深，地方保护主义愈演愈烈。因此，新的政府间转移支付制度的目标应以公平为主，兼顾效率，否则转移支付制度无法完成其应有的使命。

（2）政府间转移支付模式的选择。根据国际经验，政府间转移支付制度基本有两种模式：一种是单一的自上而下的纵向转移支付，一种是纵横交错的转移支付。纵向转移支付模式比较简便、易行，完全以上级政府为主导，强制色彩较浓。纵横交错模式操作起来比较复杂，但透明度较高，增加了地方政府间的联系，民主色彩较浓。在纵横交错模式中，横向的转移支付主要用于解决经济落后地区公共开支不足问题，纵向转移支付侧重于实现国家的宏观调控目标。德国的政府间转移支付制度就取得了很好的效果。从两种模式的比较看，纵横交错模式更适合我国。因为纵向转移支付要实现财政纵横向的平衡必须是中央财政收入在全国财政收入中占绝对优势。只有这样才能保证在中央和地方财政实现纵向平衡后，中央财政还有足够的财力来平衡地区间财力的差异。澳大利亚、法国、日本等采取纵向模式的国家，其中央财政收入都占全国财政收入的70%左右，而我国中央财政收入远远达不到这一水准。

分税制改革后，我国中央财政收入占总收入的比例虽有明显上升，但仍不占优势，原因是新实行的分税制和转移支付制度仍倾向于保持地方既得利益。地方既得利益的维护承认了各地的现有差距，而中央财政收入有限性又使其在促进财力横向平衡上难以有所作为。在这种条件下，要缩小地区间公共服务水平的差距，只有两条道路：一是采取横向转移支付模式，从富裕地区的财政收入中拿出一部分来补贴贫困地区。这种方式同中央集中大部分财力再进行均等化转移支付比起来，更容易接受，对效率的损失也较少。德国的横向转移支付、法国的贫困调节基金，在运行中都没有受到多大的阻碍。二是对税收返还采取类似日本的做法，把中央对地方的税收返还按地方的财政缺口分配，以平衡地区间的财力差异。这种做法易引起富裕地区的强烈不满，实施阻力较大。所以我国政府间转移支付应在保留现有的税收返还基础上，增加横向转移支付。中央政府主要解决纵向不平衡问题，纵向转移支付除了可以适当维护地方既得利益外，还能加强宏观调控力度，维持中央财政的权威，使地方政府的行为符合中央的意图。

（3）支付形式。一般来说，横向转移支付应属于一般性转移支付，主要用于平衡各地财力的差异，保证贫困地区能够提供全国平均水平的公共服务，由地方政府自由支配。纵向转移支付包括税收返还和专项拨款。税收返还主要用于解决财政收支的纵向不平衡问题，属于一般性的转移支付，中央政府对用途不加限制。而专项拨款主要体现国家的宏观调控政策，由中央财政对其使用范围及配套资金情况有严格的规定。专项拨款应比较集中，不能“撒胡椒面”，过于分散，也不能成为定额补助。专项拨款的对象、数额根据中央宏观调控的需要由中央财政决定。

（4）转移支付对象及数额的确定。如果按上面设计的模式，税收返还仍然按现行的计算方法。新增的横向转移支付首先要计算出各地区的理论收入和理论支出。理论收入主要包括地方税收、地方企业上缴利润、税收返还额、其他项目收入。理论支出的核定比较复杂，可以参照日本的做法。第一步要列出支出项目，并为每个支出项目核定单位费用，然后根据每个地区每个项目，计算出各地区各项目的支出需求额，再根据各地区的不同情况，分别对第一项目支出需求额乘以调整系数，加总得出每个地区的理论支出。理论收入与理论支出相比较，收大于支的对收不抵支的进行补助。为保证各地区的积极性，必须使贫困地区和富裕地区在进行横向转移支付后仍有一定的差距。可以先规定一个最低支出标准，规定最贫困的地区标准支出，对低于这一标准支出的先全部予以补齐，再按一定比例，对转移支付对象进行补助。对转出地区，则根据收入大于支出的数额，按照固定比例，或超额累进等方法转出。如果转出额与转入额有出入，中央可以采取一定措施进行调整，如不足可以按需要额进行调整，如超出则可以按比例分配，也可以存入固定账户，留作将来不足时使用，还可以转入其他账户，等等。总之，中央财政可以根据情况确定，但一经确定，就不应轻易改变。专项拨款中，能用公式的用公式计算，不能用公式的则由中央财政根据情况决定。

新的政府间转移支付制度建立以后，原体制下仍运行的旧体制就应废除。用以平衡地区间差距的体制补助（或上解）将被横向转移支付所代替，结算补助（或上解）也将随着事权与财权的日益明确而逐渐消失，旧的专项专款将被新的更规范的专项拨款所取代。

（二）建立规范的政府间转移支付制度的制约因素

从目前的情况来看，建立规范的政府间转移支付制度的制约因素主要有以下几个。

（1）中央与地方事权的清晰界定。科学界定中央与地方政府的财权与事权，是建立规范的政府间转移支付制度的前提条件。我国目前对财权的划分比较明确，但对事权并没有清晰的界定。在具体事务上，中央与地方政府之间还存在着事权不清、交叉重叠的现象，常常会在由谁负责的问题上发生纠纷，这就使转移支付项目及数额的确定难以顺利进行。

在市场经济国家中，政府一般不直接干预经济，其经济职能主要是进行宏观调控和管理公共事务。宏观调控一般由中央政府进行，大部分公共事务由地方政府负责。我国政府的经济职能却常常发生扭曲，尤其是地方政府。地方政府的首要职能应是加强本地区基础设施的建设，有效地提供公共服务与社会环境的治理。但在目前的体制下，地方政府在许多本应有所作为的方面没有做出努力，而是把大部分精力放在企业上面，众多公共事务的管理则落到中央政府身上。这样，一方面加大了中央财政的压力；另一方面地方财政支出也超出了提供公共服务的范畴，很难保证转移资金的合理使用。

（2）中央政府财政收入占财政收入比重较低，使用于纵向转移的财政收入过低，使政府提供的公共服务水平太低。

（3）统计数据和统计资料的欠缺。我国地域辽阔，各地区情况千差万别，十分复杂，给统计工作带来了一定的难度。但统计资料不健全，数据不够精确的主要原因还是由于我国的经济发展水平较低，交通、通信工具比较落后，在资料的收集、整理上，很容易出现误差。另外，一些人为因素也影响了数据的精确度。由于体制上的原因，部分基层工作者出于地方政府部门的需要，任意改写统计数据，使统计资料的可信度大打折扣。

（4）统一预算体制。统一的预算体制可以使中央政府准确了解地方政府的收支情况、服务水平及公共支出规模，以此来确定转移支付的对象及数额。而我国政府预算包括预算内和预算外两种收支，难以科学核定政府收支状况及服务范围，降低了转移支付制度的有效性。

（5）地方利益的调整。新的转移支付制度必然会触动地方利益，地方利益刚性会在一定程度上阻碍新的政府间转移支付制度的建立。

由于有以上这些因素的制约，规范的政府间转移支付制度的建立还存在许多困难，这其中最关键的是政府间事权的划分。因为统计数据短期内可以通过一定的技术方法来替代，从长远看也较易解决。预算体制问题归根结底也是由于政府间事权划分不清造成的，只要政府间的事权划分清楚，预算体制问题就会迎刃而解。地方利益的刚性也没有想象的那么严重，只要转移支付的分配公正、客观，也会得到较好的解决。但政府间事权的划分则与政府职能的转变、政治体制改革密切相关，需要较长时期才能真正解决。从这一点来看，新的转移支付制度的建立肯定是一个渐进的过程。

我国教育投资体制的改革*

1978 年党的十一届三中全会以来，伴随着我国经济体制改革，教育投资体制也有了深刻的变革，集中表现在由政府单一投资体制转变为多元化投资体制的形成。本文就这一改革的背景、基本内容和前景作一概述。

一、改革的背景

（一）“穷国办大教育”客观上要求教育投资多元化

十一届三中全会决定，全党工作的重心转向经济建设。因为现代化建设要求大力提高国民文化教育素质，培养大批建设人才，党和政府将教育和科学技术列为国民经济发展的战略重点，定科教兴国为基本国策。由此，20 世纪 80 年代以来，我国教育事业获得了迅速发展。但在教育发展过程中，经费短缺日益成为制约教育发展的“瓶颈”，“穷国办大教育”是教育经费短缺的生动写照。据联合国教科文组织 1991 年统计，中国公共教育支出约占世界的 1.04%，三级正规教育学生数却占世界的 17.9%，人均教育经费只有 10.13 美元，相当于发展中国家平均数的 1/3。一方面，庞大的教育规模要求巨额的教育经费支持；另一方面，财政收入在国内生产总值中的份额逐步下降。依靠单一的政府教育支出，远远适应不了教育的发展，从而在客观上要求开辟

---

* 本文原载于《教育发展研究》1999 年第 6 期。

新的投资渠道，采取多元化的教育投资政策。

随着从计划走向市场的经济体制改革，国民收入分配格局发生了根本变化，城乡居民和企业收入份额不断上升，财政收入份额不断下降。据统计，国家、集体、个人在国内生产总值中所占的比重，1978 年分别为 32.1%、17.9%、50%，1992 年分别为 12.9%、22.4%、64.7%。农村年人均收入和城镇年人均可支配收入，1978 年分别为 133.6 元和 343.4 元，1997 年分别达 2090.1 元和 5160.3 元，收入指数以 1978 年为 100，1997 年前者为 437.44，后者为 311.85。这就为居民和企业分担教育经费，实行多元化教育投资体制提供了可能。

（二）以公有制为主体多种所有制共同发展的基本经济制度的形成，为多元教育投资体制形成提供了制度条件

生产资料所有制和经济体制的深刻变革，形成了政府、企业、居民多元的经济主体和经济决策主体，改变了政府单一经济主体和单一经济决策主体的格局，为投资主体多元化提供了制度保障。市场经济的逐步建立，根本上改变了经济领域资源配置方式，也改变了作为"准公共产品"的教育，尤其非义务教育的资源配置方式，为教育由"政府提供"、"政府生产"的单一格局，转向政府和市场共同提供和生产，提供了制度可能。

人们对教育支出观念的改变，刺激了教育需求，也激发了多元教育供给。随着改革开放的深入，政府、企业、居民越来越深刻地认识到，教育支出不仅是消费，而且是可以获得较高经济收益的投资。发展教育越来越成为经济增长和经济发展的投入要素。企业也逐步视人才和教育为生存和发展之本，城乡居民则把子女教育支出视为可带来较高预期收益的投资。观念的转变，不仅刺激了社会和个人的教育需求，也刺激了对教育投入的增加，促进了多元化教育投资体制的形成。

在这种背景下，党和政府从不自觉到自觉，从局部到整体，从倡导、政策到制度规范，逐步对教育投资体制进行了改革。1985 年中共中央和国务院颁布了《关于教育体制改革的决定》，1986 年全国人大通过了《义务教育法》，1993 年中共中央和国务院制定了《中国教育改革和发展纲要》，1995 年全国人大通过了《教育法》，1998 年 12 月全国人大通过了《高等教育法》，国务院有关部门和地方政府还制定了有关的法规或有关教育投入的条款，使多元教育投入纳入法制规范，形成了以财政拨款为主，城乡教育费附加、学杂费、校产和社会服务收入、社会团体和个人捐赠、教育基金等多元的教育投资体制。

二、改革的基本内容

（一）财政拨款体制的改革

第一，财政对教育拨款实行了中央与地方分担，以地方财政为主的制度。

20 世纪 80 年代初国家预算管理由“统收统支”改为“划分收支，分级包干”的“分灶吃饭”体制。80 年代中期教育行政管理实行基础教育地方管理，高等教育中央与地方两级管理。与此相适应，基础教育经费由地方负担和筹集，中央只给予少量专项补助。高等教育根据学校隶属关系，分别由中央和地方财政负担。

此举体现了教育预算管理中的事权与财权的统一，明确了中央与地方的权利和义务，有助于增加地方对教育的投入。

第二，明确规定了多元教育经费来源中，以财政拨款为主，规定了财政性教育经费和教育财政拨款增长的原则和数量。

《教育法》和《中国教育改革和发展纲要》（以下简称《纲要》）都明确规定，“国家建立以财政拨款为主，其他多种渠道筹措教育经费为辅的体制”，从而在制度上规范了政府对教育投资的义务，以及财政拨款在多元教育投资中的主体地位，有利于防止教育经费来源市场化和教育的商业化。

针对教育经费决策的随意性和教育经费数额的不稳定，一系列教育法规，尤其是《教育法》和《纲要》对教育经费的增长及其相对量做出了规定。

（1）财政性教育经费（包括各级财政对教育的拨款、城乡教育费附加、企业用于举办中小学的经费、校办产业减免税）支出占国民生产总值的比例、各级财政用于教育支出的比例，应随国民经济发展和财政收入增长逐步提高。（2）“三个增长”，即各级政府教育财政拨款的增长高于财政经常性收入的增长，并使按在校生人数平均的教育费用逐步增长，保证教师工资和生均公用经费的逐步增长。（3）财政性教育经费占国民生产总值的比例，20世纪末达到4%，财政用于教育支出的比例，“八五”期间要达到全国平均15%。

这种规定在新中国教育史上还是第一次，它体现了教育与经济发展的关系，约束了中央和地方政府的行为，保证了财政性教育经费和财政用于教育拨款伴随经济发展而稳定增长，在一定程度上缓解了教育经费短缺的压力。

第三，政府教育经费支出在国家预算中单列。

过去，我国政府用于教育的支出，在国家预算科目中级次较低，缺乏透明度，不利于各级人大和公众的监督。同时，在教育经费的预算分配与管理中财权与事权分离，教育经费需求与财政供给相脱节。针对这一问题，1995年通过的《教育法》第五十五条规定：“各级人民政府的教育经费支出，按照事权和财权相统一的原则，在财政预算中单独列项。”

这一规定尚在逐步实施中，就全国而言，只是在年度国家预算和决算报告中将教育支出单独列出，并未改变教育支出的预算等级。教育预算的编制、分配和管理等问题，由于中央高等教育的事权尚未统一，分属教育部和有关部委，因而也未实现中央本级的教育事权与财权的统一。就地方而言，部分省区已不同程度地实现了教育经费在财政预算中单独列项。这一改革涉及政府机构内部权力和利益的再分配，实施还需时日。

第四，对教育财政转移支付实施了项目管理。

这主要体现在义务教育。为缓解基础教育由地方管理，经费由地方政府负担和筹措而引起的教育投入和教育发展的不平衡，20世纪90年代中期中央实施义务教育工程，中央财政拨款39亿，地方按1：2配套，累计达100多亿元，其性质属于教育财政转移支付。义务教育工程拨款的管理和使用，吸收了世界银行对我国教育贷款的管理方法，较为规范，改变了过去教育专项补助的申请与审批制度，减少了人为因素，提高了经费的使用效率。

第五，开始探索对高等学校拨款制度的改革。

政府财政和教育部门对高等学校的事业费拨款，20 世纪 80 年代中期以来实行“综合定额加专项补助”的制度，基本依据是在校生人数和各项开支标准。它体现了学校间在获得政府公共教育支出上的平等，但体现不出经费使用的效率和社会效益上的差别，也体现不出政府的高教政策。为此，《纲要》第二十一条规定：“改革对高等学校的财政拨款机制，充分发挥拨款手段的宏观调控作用，对于不同层次和科类的学校，拨款标准和拨款方法也有所区别。改革按学生人数拨款的办法，逐步实行基金制。”高校拨款制度改革方案尚在研究和拟订之中。

（二）城乡教育经费附加的开征

1986 年国务院决定开征教育费附加，凡缴纳产品税、增值税、营业税的企业必须缴纳教育费附加，附加率为 2%；1994 年税制改革后，三税改为消费税、增值税和营业税，附加率为 3%；农村也开征教育费附加，附加费不超出农民年人均纯收入的 1.5%。《教育法》还规定省级政府可以开征教育费附加。

教育费附加虽不在财政预算中，但具有税收强制与无偿特征，由税务部门征收，专门用于义务教育，因而具有财政性质，属于财政性教育经费。这一制度自 80 年代中期以来已在全国范围内普遍实施，城乡教育费附加已成为教育经费的重要来源。

（三）非义务教育的学费制度

以前，中国三级普通教育普遍实行免费受教育制度，教育经费全部由政府负担，在高等教育和中等职业技术教育阶段，还为学生提供助学金（生活费）和免费医疗、住宿和部分交通费。

受教育可以获得预期经济与非经济的收益，受教育者或其家庭应付出一定代价，缴纳一定学费，作为获得回报的投资。同时，非义务教育、尤其是高等教育目前还是选择性而非普及性教育，只有少数人才能接受，如采取免费政策，等于多数人纳税、少数人受益，有悖于公平。随着居民收入水平的提高，非义务教育的受教育者负担一定的学费也是可能的。这也是缓解教育经费短缺的有力保证。

我国从1989年开始对高等教育象征性地征收学费，并于90年代中期，对非义务教育普遍实行收费制度。

为缓解非义务教育主要是高等教育征收学费而可能出现的教育机会不平等，同时实行了学生资助制度，包括助学金、勤工助学、优秀学生奖学金、部分专业的专业奖学金以及贷学金制度。高等教育中的学生贷款将成为一项主要的学生资助制度。

（四）校办产业和学校有偿服务收入

我国的高等教育和中等职业技术教育中，曾举办过校办工厂或农厂，目的是贯彻教育方针，实行教育与生产劳动相结合。中小学也开展过勤工俭学。

改革开放以来，为解决教育经费的不足，将发展校办产业和有偿社会服务，作为筹措教育经费的一项重要制度确立下来。《纲要》第四十八条规定："继续大力发展校办产业和社会服务，逐步建立支持教育改革和发展的服务体系，各级政府和有关部门，要给予优惠政策。"《教育法》第五十八条规定："国家采取优惠政策，鼓励和扶持学校在不影响正常教育教学的前提下开展勤工俭学和社会服务，兴办校办产业。"为支持校办产业，尤其是高等学校的高科技产业的发展，在贷款和税收方面都给予了优惠。目前，勤工俭学、校办产业、社会服务收入中的一部分用于教育发展，已成为中国特色的、筹措教育经费的重要途径之一。

（五）社会捐资、集资

动员各种社会力量为教育发展捐资，在自愿原则下为教育集资，是教育融资的重要途径之一。它已逐步形成为一种制度。

《纲要》第四十八条规定："鼓励和提倡厂矿企业、事业单位、社会团体和个人根据自愿、量力原则捐资助学、集资办学，不计征税。欢迎港澳台同胞、海外侨胞、外籍团体和友好人士对教育提供资助和捐赠。”《教育法》第五十九条对乡政府集资办学作了规定。第六十条规定：“国家鼓励境内、境外社会组织和个人捐资助学。”

此外，国家还鼓励非政府机构的团体和个人举办学校，发展民办教育，经费自行筹集。《教育法》第二十五条规定：“国家鼓励企事业组织、社会团体、其他社会组织及公民个人依法举办学校及其他教育机构。”《纲要》提出要“改变政府包揽办学的格局，逐步建立以政府办学为主体、社会各界共同办学的体制”；提出“职业技术教育和成人教育主要依靠行业、企业、事业单位办学和社会各方面联合办学”。国务院还颁发了《民办教育管理条例》。

民办学校的教育经费由举办者筹集，除学费以外，主要来自非政府的企事业单位、社会团体和个人的投入，可视为教育投资体制一个组成部分。

我国还在探索通过教育银行、教育储蓄、教育基金等金融手段为教育融资，还利用世界银行教育贷款等外资来发展我国教育。

三、改革的前景

教育投资体制是为解决教育经费的来源和负担主体，教育经费的筹措，有效配置与管理使用的制度规范，是为保证教育事业发展，教育和社会经济协调发展的一项重要制度。它既是教育体制也是财政体制的重要组成部分。它的设立和完善要与经济体制、教育体制、财政体制相适应。它不仅要规范教育经费从何而来，由谁负担，而且还应规范教育经费合理有效地分配、管理与使用。

为了进一步改革和完善教育投资体制，首先需要从经济学角度对教育在市场经济中的性质进行界定。按照产品或服务在消费和利益占有上是否具有竞争性和排他性，可以把市场经济中全部产品和服务分为“公共产品”（和服务）、“私人产品”和“准公共产品”。教育就整体而言属于“准公共产品”，相对而言，义务教育属于“公共产品”或靠近“公共产品”的“准公共产品”；非义务教育则属于靠近“私人产品”的“准公共产品”。“公共产品”应由政府提供，“私人产品”应由市场提供，“准公共产品”则由政府和市场共同提供。

由此，义务教育经费应由政府提供财政负担，非义务教育应由政府财政和受教育者以及其他市场渠道负担，不同级别和类别的非义务教育，政府和市场所负担的比例，应视该种教育“公共产品”或“私人产品”性质的程度而定。这是规范的选择，不同教育的提供和经费负担，还受一国的文化历史传统和经济发展水平、财政收支水平的影响而存在差异。

要继续完善以财政拨款为主的多元的教育阶段体制，使之法制化、规范化的同时，实行有区别的教育投资体制。义务教育投资体制改革的重点应强化地方政府投资，条件成熟时，将教育费附加纳入税制轨道。非义务教育尤其是高等教育，应完善学费和学生资助制度，降低高教经费中财政拨款的比重。对于社会团体和个人的捐赠应在税收上给予减免优惠，形成激励机制。

为提高教育经费的使用效率，应继续改革教育经费的预算编制、分配和管理、监督制度。我国教育经费不仅面临短缺，而且使用效率较低，这是我国教育投资体制改革中被忽视的问题。应制定相应的制度，规范和约束教育经费的筹措、分配与管理使用行为，提高配置效率和使用效率。这包括已经出台的教育经费预算单列、探索中的高校拨款制度等。

可以预见，伴随着我国市场经济的建立、财政体制与教育体制的改革，与之相适应的完善的、高效的教育投资体制也将会逐步形成。

我国公共教育财政体制改革的进展、问题及对策*

一、我国公共教育财政体制改革取得的重大进展

改革开放以来，我国教育财政逐步形成了以政府财政拨款为主、多元化多渠道筹措教育经费的新体制。包括：政府财政拨款实行中央与地方分担、以地方财政为主，规定了财政性教育经费和教育财政拨款增长的原则和数量，开征了城乡教育费附加，非义务教育普遍实行上学缴费的制度，发展校办产业和有偿服务、社会捐资、集资等多种教育投入方式，等等。自20世纪90年代中期以来，我国公共教育财政体制改革取得了一些重大进展。

（一）积极探索建立具有中国特色的义务教育财政体制

改革开放以后，我国义务教育财政实行了“地方负责、分级管理”的体制，义务教育经费主要由地方政府承担。这样的经费负担结构使得贫困地区和农村地区的义务教育经费难以得到保障，1994年分税制改革以后，财政收入重心上移，义务教育经费短缺的问题更为严重。为了加快经济落后地区义务教育的发展，改变义务教育财政负担结构不合理的局面，各级政府对教育财政体制改革进行了积极探索。

第一，确立了以县为主的农村义务教育财政体制。2001年6月颁布了

* 本文原载于《北京师范大学学报》（社科版）2003年第6期，与袁连生、刘泽云合作。

《国务院关于基础教育改革与发展的决定》，实行在国务院领导下，由地方政府负责、分级管理、以县为主的农村义务教育管理体制。规定县级政府对本地义务教育负有主要责任，将农村中小学教师工资的管理上收到县，要求省、地（市）、乡等地方各级人民政府承担相应责任，中央政府给予必要的支持。并特别提出中央和省级人民政府要通过转移支付，加大对贫困地区和少数民族地区义务教育的扶持力度。① 这一政策调整为建立适合我国国情的义务教育财政制度形成了良好的开端。

第二，农村税费改革取消了农村教育费附加和教育集资。在农村税费的改革过程中，取消农村教育费附加和农村教育集资两项政策，对于长期很大程度依赖这两项收入的农村义务教育是一个巨大的冲击，也是农村义务教育财政体制的重大调整。对因税费改革减少的农村教育经费，中央政府要求通过各级政府的财政转移支付和提高办学效益来解决。虽然取消农村教育费附加和教育集资会减少农村教育经费，使原本艰难的农村义务教育更加困难，但从长远看对农村义务教育有积极意义。

第三，加大中央和省级政府对贫困地区义务教育的专项转移支付。从1995年到2000年实施了“国家贫困地区义务教育工程”，中央财政拨款39亿元作为贫困地区义务教育专款，加上地方各级政府配套的资金，整个工程资金投入总量超过100亿元。1995年到1997年资助了中西部地区383个贫困县，1998年到2000年资助了西部469个贫困县。目前，为期5年（2001～2005年）的第二期“国家贫困地区义务教育工程”正在进行当中，而2006～2010年的第三期“国家贫困地区义务教育工程”也已经被列入教育发展规划当中。

（二）建立和完善了各级学校的收费制度

1. 义务教育阶段学费制度

《中华人民共和国义务教育法》规定义务教育阶段免收学费，但《〈中华

① 国务院：《国务院关于基础教育改革与发展的决定》，载《中国教育报》2001年6月15日。

人民共和国义务教育法〉实施细则》中提出义务教育可以收取杂费。国家教委、国家计委、财政部1996年联合制定的《义务教育学校收费管理暂行办法》规定：义务教育阶段学校收取杂费，费额按公用经费中的公务费、业务费的一定比例确定，审批权限在省政府。为了抑制农村中小学收费的过快提高，2001年教育部等三部委提出在农村实行“一费制”，规定全部收费的最高限额为：农村小学每生每学年120元，初中每学年每生230元。[1]

2. 高中阶段学校学费制度

改革开放前，普通高中和职业高中实行学费制度，中等专业学校和技工学校则与高等学校一样不收学费，还对学生发放助学金。20世纪90年代后，普通高中和职业高中学费大幅提高，中等专业学校和技工学校建立了学费制度，且学费水平达到较高水平。1996年国家教委、国家计委、财政部联合制定《普通高级中学收费管理暂行办法》和《中等职业学校收费管理暂行办法》，对高中阶段学校的收费做出了规范。

3. 公立高等学校学费制度

1993年中共中央、国务院颁发《中国教育改革和发展纲要》，正式在政府文件中明确高等学校要实行学费制度。1998年通过的《中华人民共和国高等教育法》规定：“高等教育的学生应当按照国家规定缴纳学费。”在法律上确立了高等学校的学费制度。80年代后期至90年代中期，高等学校存在自费生、委托培养生、公费生三种类型的学生，相应地形成自费生个人交费、委托培养生单位交费、公费生不交学费的复杂局面。1994年开始，高等学校实行学费并轨改革，取消自费生，除少量学校外，其余学生都收取统一的学费。到1998年，全部公立高校完成了学费并轨，高等学校学费制度基本建立。

4. 公立高校住宿收费制度

90年代后期，公立高校还实行了住宿收费制度，并进行了后勤社会化改

---

① 新华社：《教育部国家计委财政部发出通知要求各地坚决治理农村中小学乱收费》，载《中国教育报》2001年3月21日。

革。根据教育部等三部委的规定，高等学校住宿费根据实际成本确定，不得以营利为目的。不过在高校后勤社会化的过程中，由于参与企业追求利润，在收费与管理中也产生了一些问题，如出现收费过高、拒绝学校参与管理等现象。这些问题如果不妥善处理，矛盾激化后将会影响社会政治稳定。

5. 民办学校学费制度

我国政府对民办学校的发展持支持态度，对其收费予以认可。1997 年国务院发布《社会力量办学条例》，规定民办学校可以按照国家有关规定收取费用，收费的项目和标准由民办学校提出，由财政、物价部门根据学校的教育、教学成本和接受资助的实际情况核定。条例重申了对民办学校不得以营利为目的的要求。2002 年 12 月颁布的《民办教育促进法》进一步明确了国家对民办教育实行积极鼓励、大力支持、正确引导、依法管理的方针，要求民办学校收取的费用应当主要用于教育教学活动和改善办学条件。并规定：民办学校对接受学历教育的受教育者收取费用的项目和标准由学校制定，报有关部门批准并公示；对其他受教育者收取费用的项目和标准由学校制定，报有关部门备案并公示。

（三）贫困学生资助制度逐步形成

在建立学费制度的过程中，因贫困学生教育支付能力不足引起的教育机会不均等问题日益突出，为了维护教育公平，各级政府为建立贫困学生资助机制做出了努力。

一方面，以学生贷款为主、“奖、贷、助、补、减”结合的大学生资助制度形成了基本框架。在改革开放前，大学生不仅不交纳学费，大部分学生还享受助学金。80 年代初，开始减少助学金的享受面。80 年代中期，进行助学金制度改革，取消助学金，建立奖学金和贷学金。90 年代中期，随着学费制度的全面建立，奖学金和贷学金因享受面小数额太低，不能满足贫困大学生的学习和生活需要。为了使大学生资助资金有稳定的来源，并使受益者承担必要的经济责任，国家开始实施由银行提供资金的助学贷款制度。1999 年 6 月，国务院办公厅转发中国人民银行、教育部、财政部《关于国家助学贷款的暂行规定》，于1999年9月开始试行国家助学贷款制度，此后又对该制度进行了不断完善。目前，政府、银行、学校共同参与的国家助学贷款已经成为大学生资助的主要渠道。

另一方面，减免学杂费、书费的义务教育资助制度开始出现。贫困地区普及义务教育的一大困难，就是贫困学生无力支付学杂费和书本费。《中华人民共和国义务教育法》及其实施细则规定，对家庭经济困难的学生应当酌情减免杂费，国家设立助学金帮助贫困学生就学。但由于没有制定有效的实施制度，农村教育经费困难，能得到资助的贫困学生极为有限，资助义务教育阶段贫困学生的法律法规长期没有得到认真的实行。在90年代末期，一些地方制定了大面积资助贫困学生的资助制度。云南省从2000年起，对25个边境县市的边境沿线行政村小学及其以下学校的12万1～6年级在校小学生，实行免杂费、教科书费、文具费的“三免费”教育。① 从2001年9月起，广东省省财政出资3亿元，用于免除全省人均年纯收入1500元以下困难家庭子女义务教育阶段的杂费和书本费，全省约有70万学生受益。② 北京市从2001年起对远郊区县的义务教育全部免除杂费。免费义务教育的实施对于消除因家庭经济困难造成的教育机会不均等将会起到巨大的作用。

二、我国公共教育财政体制面临的主要问题

但是，我国的公共教育财政体制还面临着巨大困难和诸多问题，其中最突出的是教育经费短缺和教育机会的分配不均等。

（一）教育经费总量不足，缺口巨大

改革开放以来，我国教育经费总量有了大幅度增加，2002年达到5480亿元。但是相对于教育事业的发展，特别是普及九年义务教育和高等教育的超

① 赵德荣：《云南边境12万小学生免费上学》，载《中国教育报》，2000年3月23日。

② 赖红英：《广东拨3亿资助农村贫困学生》，载《中国教育报》，2001年8月17日。

常规发展，教育经费短缺的状况没有缓解，甚至有所加剧，教育经费总量缺口巨大。

1. 教育经费不足在农村地区义务教育阶段最为突出

第一，农村中小学教师工资不能按时发放。拖欠农村中小学教师工资，是多年来未得到解决的问题。全国除大中城市和部分沿海经济发达省份以外，都不同程度地存在拖欠农村教师工资问题，且拖欠面越来越大、拖欠时间越来越长。仅安徽一个省，2000 年年底累计拖欠教师工资 16.7 亿元。① 第二，农村中小学的基本办学条件得不到保障。由于经费不足，相当多农村地区不具备义务教育的基本办学条件。据国家教育发展研究中心对中西部地区农村学校的抽样调查，样本小学按教学大纲开出所有课程的占 87.2%，初中为 21.8%；小学课桌椅残缺不全的占 37.8%，初中为 45.9%；小学试验教学仪器不全的占 59.5%，初中为 70.3%；小学教室或办公室有危房的占 22.3%，初中为 28.8%；小学购置教具、墨水、纸本、粉笔不足的占 32.5%，初中为 35.0%。第三，农村中小学建校债务负担沉重。在 90 年代末期，为了实现“普九”目标，不少农村地区举债进行学校建设，使农村义务教育除了拖欠教师工资外，还承受着巨大的建校债务。2000 年仅安徽省就达 20 亿元。② 甚至在经济发达的广东省，农村义务教育负债也很普遍，个别县甚至达到 3 亿元，是其财政收入的 2 倍多。③ 第四，中小学乱收费屡禁不止。90 年代公立中小学乱收费问题非常突出，各级政府几乎年年发文件和进行检查，但收效甚微。其主要原因是，政府没有给学校提供必要的办学经费，没有承担足够的教育财政责任。当然，确实也有学校利用资金不足浑水摸鱼、搭车乱收费，这属于政府管理不到位的问题。第五，农村税费改革将使义务教育投入面临更大的短缺。2000 年安徽省实行农村税费改革试点，尽管中央和省级政府加大了财政转移支付，义务教育经费还是下降了 4.46%，小学和初中生均经费都有

①② 翟博：《农村费改税教育咋应付》，载《中国教育报》2001 年 3 月 12 日。

③ 刘宝超：《中小学负债问题探悉》，载《教育与经济》2001 年第 1 期。

不同程度的下降。

2. 高校扩招后办学经费紧张、办学条件亟待改善

高等学校在连续的大扩招后，办学条件紧张的问题也日益突出。教师短缺，教学、科研和学生生活设施严重不足，可能引起教学质量和学生生活质量的下降。

3. 我国教育经费总量短缺的重要原因，是政府的教育投入不足

2000 年我国财政性教育经费占 GNP 的比例约为 2.9%，低于 90 年代中期大多数国家公共教育经费占 GNP 的比例，也未达到 1993 年《中国教育改革和发展纲要》规定的 4% 的水平。1996 年，在九个发展中人口大国中，我国小学净入学率和中等教育毛入学率都是最高水平，但在有可比数据的七个国家中，我国公共教育经费占 GNP 的比例却最低。① 政府投入不足是我国教育经费短缺的主要根源。

（二）教育机会不均等加剧

无论是从入学机会还是从所获得的教育资源来看，90 年代后期我国教育机会不均等问题已十分严重，且存在扩大的趋势。

1. 义务教育财政资源分布严重不均等

首先，地区之间的不均等。义务教育财政责任的低层化，地区之间经济发展和财力差距巨大，加之中央和省级政府义务教育财政转移支付力度不足，使我国地区之间义务教育财政资源不均等达到了惊人的程度。生均预算内教育事业费和生均预算内公用经费是两个衡量公共教育经费投入力度的重要指标。2000 年，上海市普通小学生均预算内教育事业费最高（2756 元），河南省最低（261 元）；普通小学生均预算内公用经费上海市最高（448 元），陕西省最低（不足 9 元）。② 绝对差异分别达到了 10 倍和 49 倍！其他层次学校的生均公共教育经费差距稍小一些，但同样也很大。再看这两个指标的相对差

---

① 联合国教科文组织：《世界教育发展报告 2000》，中国对外翻译出版公司 2001 年版，第 162～165 页。

② 教育部财务司：《中国教育经费统计年鉴 2001》，中国统计出版社 2002 年版，第 384 页。

异：2000年，中国省区间普通小学生均预算内教育事业费和生均预算内公用经费的变异系数分别为0.78和1.52。① 以上是省一级的比较，如果以县或乡级的生均公共教育经费作为比较对象，那么不均等的程度将更加惊人。教育经费和教学条件的巨大差距，使入学率特别是教育质量必然产生巨大差距。据一项义务教育质量研究的结果，西部地区教育质量显著低于东部地区。②

其次，城乡之间的不均等。据估算，1998年全国城镇初中生均预算内教育经费为813元，农村为486元；城镇小学为520元，农村为311元。③ 公共教育资源城乡之间的不均等除了表现在学校教育资源的差距外，还表现在教育经费负担的城乡有别，即农村居民要直接负担教育费附加，并以教育集资的方式负担一部分教育基建经费，而城镇居民则没有直接负担教育费附加和基建经费的责任。公共教育资源分布不均的结果是公民的受教育机会在地区之间、城乡之间呈现出巨大的差异，严重地妨碍了教育机会公平的实现。

最后，居民之间的不均等。在城市居民和农村居民内部也存在因收入和财富差异导致的教育机会的不平等。在城市，由于要交纳学费和负担较高的书费和其他费用，贫困学生的资助制度没有建立，失业者和病残等贫困家庭负担子女的教育支出很困难。随着失业人员的增加，这一问题日益突出。据估计，90年代中期北京市有5.4万名贫困中小学生。④ 在农村因贫困导致失学的现象更为普遍，据教育部教育发展研究中心的调查，贫困地区因为家庭经济困难辍学的占60%左右。⑤ 另外，有关法规中资助贫困学生的规定没有得

---

① 王善迈、袁连生：《2001年中国教育发展报告》，北京师范大学出版社2002年版，第59～61页。

② 谢安邦、谈松华：《全国义务教育学生质量调查与研究》，华东师范大学出版社1997年版，第14～15页。

③ 中国教育与人力资源问题报告课题组：《从人口大国迈向人力资源强国》，高等教育出版社2003年版，第376页。

④ 袁枫：《宏志班外的贫困生怎么办》，载《北京青年报》1996年第5期。

⑤ 张力：《面对贫困——中国贫困地区教育发展的背景·现状·对策》，广西教育出版社1998年版，第155页。

到有效实施，也是贫困学生失学的重要原因。据调查，农村贫困地区学生减免学杂费的只有2.3%左右。① 企业办学体制的延续使得部分工人子女就学困难。因为产业结构的调整和国有企业的改革，一些大型厂矿企业举办的学校失去了稳定的经费来源，无法维持。而政府举办的学校又不接纳企业职工子女入学，使部分职工子女得不到平等的教育机会。

2. 地区之间高等教育机会分布不均等

人们进行高等教育机会不均等的比较时，常用的指标是各地的录取分数或者是高中毕业生录取率，认为分数不相等或录取率不相等就是教育机会不均等。2000年山东省青岛市三位高中毕业生状告教育部，认为教育部做出的招生计划侵犯了他们的平等受教育权，将省际间高等教育机会不均等问题变成了法律问题，引起了社会的广泛关注。② 高校录取分数和录取比例的不同在一定程度上反映了各地高等教育机会的不均等程度，但真正能反映问题的是各地高等教育毛入学率（即当年该地考入高校的学生数与同年该地高中毕业生同龄人口的比率）的差异。如2000年上海的毛入学率为37%，四川（含重庆）毛入学率只有9%，上海青年的高等教育机会是四川青年的4倍。③ 另外，在学额分配上中央各部委所属高校存在着严重向学校所在地倾斜的问题。例如在2001年，中国最著名的北京大学和清华大学分别将其学额的13%和18%分配给了学校所在地北京市，而北京市的高中毕业生学龄人口只占全国的0.9%。④ 北京高中毕业生考取北大、清华的机会是全国平均水平的十几倍。中央直属高校的这种学额分配方式使中央高校集中的地区获得了远远多于没有或中央高校很少地区的学额，是十分不公平的。

---

① 张力：《面对贫困——中国贫困地区教育发展的背景·现状·对策》，广西教育出版社1998年版，第155页。

② 胡印斌：《状告教育部侵犯平等受教育权青岛考生进京递诉状》，载《河北日报》，2001年8月23日。

③ 根据1995年1%人口抽样调查的人口数据和上海、四川、重庆2000年招生计划计算。

④ 根据北京大学和清华大学网上公布的招生计划计算出北京市的学额比例，根据1995年1%人口抽样调查的人口数据计算北京高中毕业生学龄人口占全国的比例。

三、公共教育财政体制改革的理论思考

（一）教育服务属于准公共产品，政府要在教育资源配置中起主导作用

针对我国教育经费总量不足和分布不均的现象，近年来很多人提出要将教育市场化或产业化，主要通过市场的力量来调节教育的供给与需求，实现教育资源的优化配置。我们认为这一观点是不正确的，因为教育的产品性质决定了政府应该在教育资源配置中起到基础性作用。一般认为，义务教育是公共产品，而非义务教育是准公共产品。① 从资源配置方式上看，公共产品应由政府提供，准公共产品应由政府和市场共同提供。因此，义务教育应由政府提供，非义务教育应由政府与市场共同提供。在社会主义市场经济条件下，政府在教育资源的配置中起主导作用，其基本特征之一是教育经费主要由政府提供，教育的定价或消费主要由政府调控，而不是由市场供求决定。在我国现阶段，政府主导作用的体现在义务教育阶段和非义务教育阶段是不同的。在义务教育阶段，政府应依法提供义务教育，并承担所有的义务教育经费，保证全体适龄儿童得到基本的教育。在非义务教育阶段，政府除承担部分日常和基建经费外，还应建立助学贷款机制，使贫困学生不会因为无法筹措学习费用而失学。

（二）中央和省级政府应承担更大的教育财政责任

政府的公共教育职能需要由各级政府分别承担。各级政府间的教育责任和权利的划分，与一国社会历史文化传统、地理环境、经济发展水平、行政体制、财政税收体制等许多方面密切相关。但多数情况下都由地方政府举办公立学校直接提供教育服务或资助私立学校。原因有二：一是教育的地方性公共产品属性较强；二是地方政府更接近教育消费者，能够提供更好的教育

① 王善迈：《市场经济中的教育资源配置》，载《方法》1996 年第 3 期。

服务。但是地方政府的教育生产责任与其资金供应能力之间有可能存在矛盾，因为一般而言，中央政府具有税收的优势，集中了大部分财政收入，而直接承担教育生产责任的地方政府的财政能力较差。为解决这一矛盾，各国都建立了中央政府对地方政府以及高层地方政府对低层地方政府的教育财政转移支付制度，一方面保证基本的教育经费需求，另一方面减少地区之间教育发展的不平衡性。我国地域辽阔、人口众多，区域间自然地理环境迥异、经济发展严重不平衡，除少数发达地区外，县、乡级政府，特别是乡镇政府的管理能力和财政能力较差，必须由中央和省级政府通过转移支付为教育发展提供相应的资金支持。中央和省级政府在教育经费负担中的责任过小，是目前我国政府教育投入不足和公共教育资源分布不均的重要制度根源，必须从制度上改变这一现象。

四、建立适合中国国情的公共教育财政体制

（一）制定、完善和严格执行教育财政法规

我国现行的教育法规和财政法规，对教育财政的一些重大问题没有做出规定，或是规定得很不具体。应修订现行有关教育法规和财政法规中有关教育财政的条款，尽早制定《教育投入法》，完善我国的教育财政法规体系，使教育经费的筹集、负担、分配、使用都有法可依，责任明确，推进教育财政决策的民主化、法制化。

首先，应在《预算法》等财政法规中，明确规定各级政府财政转移支付资金的分配原则是公平优先，并在分配方法和程序中提出具体要求，每年财政资金的分配方案要由同级人民代表大会批准。我国现行财政转移支付制度存在偏向发达地区的倾向，对贫困地区的财政转移支付能力有限。发达地区本来地方财力就大大高于落后地区，又在中央的补助资金中得到更多，地区之间的财力差距只会越来越大。因此，必须建立和完善各级财政资金分配的民主决策机制，在预算法等法律上明确人民代表大会对财政

资金分配的决策权，改革现行的财政转移支付办法，保证财政体制的公平与透明。

其次，应以立法形式明确规定公共教育财政的决策程序。应规定教育经费预算的经费项目、经费标准，教育经费在预算支出中的比例，以及教育经费在地区和学校之间分配等重大事项的决定权在人民代表大会或人大代表领导的拨款委员会，改变现行财政与教育部门权力过大、财政资金分配不透明的状况。要对公立学校学费的制定程序进行规范，学费属于公共服务收费，应该经过价格听证会论证，由物价部门向社会公布实施。

再次，要在财政、教育部门的法规中，明确规定政府的教育财政责任。如明确在公共财政体制中，教育经费支出是政府必须保证的公共支出，保证教育经费的供应主要是财政部门的责任，而不是教育主管部门的责任；规定义务教育经费的筹集和负担是政府的职责，并以县级政府为主；规定保证贫困学生得到必要的资助是政府的职责，等等。

最后，制定和完善法规是保障教育经费的必要条件，但只有法规得到了实际的执行，它们才能起到应有的作用。我国目前的教育经费的紧张状况，很大程度上是有法不依的结果。例如，《义务教育法》明确规定，实施义务教育所需事业费和基本建设投资由国务院和地方各级人民政府负责筹措，予以保证，但在农村却把一部分责任推卸到农民和学生家长身上。另外，《中国教育改革和发展纲要》明确提出，20 世纪末国家财政性教育经费占国民生产总值的比例应达到4%，而实际上 2000 年国家财政性教育经费占国民生产总值的比例不到3%。因此在法规完备以后，必须设计保障法规执行的监督检查机制和责任追究机制，以便及时发现违规行为并依法追究政府有关领导人的行政和法律责任。

（二）建立公平的公立学校资源分配制度

公共教育经费是纳税人贡献的资源，在公立学校之间进行分配时，必须客观公正，采取公平优先、兼顾效率的原则。同一级政府管理的公立学校，原则上每个学生应获得相同的教育资源。

为保证公共教育经费在公立学校之间的公平分配，应该建立从中央到县的四级公共教育经费拨款委员会，委员会的成员主要由人大代表、各类学校的代表和政府各相关部门的代表组成。拨款委员会的主要职责是审核、批准本级公共教育经费的分配方案并将其纳入本级政府财政预算，报本级人民代表大会批准，对公共教育经费分配预算的执行进行严格监督。

建立并严格执行教育财务制度，明确学校和教育部门的财政权限和责任。首先，应明确公立学校是提供公共服务的事业单位，没有自己的收费权，收取任何费用都需要政府甚至人大的授权，更没有将收取的费用作为本单位收入的权力。其次，基础教育阶段的公立学校必须实行收支两条线的财务制度。基础教育阶段的公立学校面广量大，如果不坚持收支两条线，将很难监督它们是否遵守了有关法规和财务制度，甚至不能掌握学校的实际收支状况。最后，在暂时还不能全部杜绝择校的情况下，必须将择校收费收入全部上缴财政，纳入整体教育财政预算，不能将择校收费收入以一定的比例返还给收费学校，不能给学校择校提供经济诱因。

各种重点学校、示范学校的设立和维持要额外消耗大量的公共教育资源，是公立教育不公平的重要起源，其必要性必须经过各级人民代表大会的专门委员会或小组组织听证会进行论证。如果确有必要保持极少量的这类学校，它们的学额分配必须透明公开，面向全体居民，坚持以学业标准选拔学生。对基础教育阶段的重点学校、示范学校，绝对不能让学校自己决定招生数量和录取标准，这不属于学校自主权的范围，而是公共资源的分配范畴。即使是重点大学，学校也不能采取学业标准以外的多重标准来选拔学生。

（三）建立加大中央和省级政府责任的义务教育专项转移支付制度

根据西方发达国家的经验，政府间义务教育转移财政支付制度是解决一国义务教育经费总量不足和地区间不平衡的有效措施，这一制度有三种形式：一是通过一般性转移支付来平衡地方财力，间接地保证地方政府对义务教育的投资力度，如德国；二是中央政府直接承担占义务教育经费最大比例的教师工资，如法国；三是建立义务教育专项转移支付，直接规定下级政府必须将该项资金用于义务教育，如英国和美国。① 鉴于我国幅员辽阔、地区间经济发展水平和政府财力差异巨大、政府管理水平总体来说还比较低的特点，我们认为建立义务教育专项转移支付制度是最优选择。

我国义务教育专项转移支付制度的主要内容是：义务教育经费预算单列，即义务教育经费必须足额列入预算，县级政府建立全面需求预算，地、省、中央财政建立义务教育财政转移支付预算；采用“因素法”确定本县义务教育经费的标准支出需求和标准收入，进而确定需要上级政府转移支付的经营数量；建立县级义务教育收支缺口弥补的责任制度，对县级政府无力负担的义务教育经费需求，上级政府应该足额弥补，并列入各自的预算，地、省、中央要明确分担的责任，其中，省级政府应该对义务教育财政转移支付承担主要责任。

确定义务教育转移支付额度的模型可设计为：

某县义务教育转移支付额 =（该县义务教育标准支出 − 该县义务教育标准收入）× 激励系数

其中：

义务教育标准支出由小学标准支出加上初中标准支出形成。标准支出根据完成义务教育阶段教学所必需的各项支出和对贫困生资助所需要的支出，采用数学公式计算得出，各项经费需求全国应该有一个最低标准。

县本级义务教育标准收入，是一个县的财政在没有上级义务教育财政补助的情况下，在对义务教育做出中等努力程度（如达到全国县级政府平均义务教育财政努力程度）下，可以负担的义务教育经费。它也应根据客观的税收基数，采用数学公式计算得出：

激励系数 = [1 + B（该县义务教育财政努力程度 − 全国县级政府平均义务教育财政努力程度）]

① 刘泽云：《西方发达国家的义务教育财政转移支付制度》，载《比较教育研究》2003年第1期。

它对那些义务教育财政努力程度高的县进行奖励，对义务教育财政努力程度低的县进行惩罚。

凡是义务教育标准支出大于标准收入的部分，只要县政府对义务教育做出了中等努力程度，上级政府必须补足。对县级义务教育转移支付额的分担，在全国范围可按两种方式进行：凡全省人均财政收入高于全国平均水平的省份，主要由省、地两级政府弥补，中央不进行补助或只对特定项目进行少量补助；凡全省人均财政收入低于全国平均水平的省份，中央、省、地三级政府都要承担补助责任，并明确划分三级政府的补助项目及比例。

（四）形成适合我国国情的高等教育财政模式

从世界范围来看，高等教育财政结构主要有三种模式：低收费公立高校为主的欧洲模式、高收费私立高校为主加低收费公立高校的东亚南美模式，以及高收费私立高校与低收费公立高校并重的美国模式。20 世纪 90 年代以来，我国实际上已经形成了高收费公立高校加少量私立高校的高等教育财政模式，这一模式对于近年来我国高等教育的快速发展起了重要的作用，但是学费上涨速度过快，已经使我国公立高等学校的学费超出多数居民的承受能力,[①] 严重地妨碍了高等教育公平的实现，因而必须加以改革。一方面，我国经济发展水平较低，政府财力不足，难以承受欧洲模式所要求的经费需求；另一方面，我国私营经济还比较薄弱，民间财富还不丰厚，无法依靠大量私人资助来维持高等教育的发展，因而美国模式也不现实。相比之下，东亚南美模式是我国高等教育财政模式的可能选择。东亚南美模式的基本特征是，公立高校承担维护高等教育公平和培养社会精英的职责，私立高校承担高等教育数量扩充的大众化职责。既保持了适度的教育公平，选拔社会精英，又在较短的时期内，在政府高等教育投资较少的情况下，实现了高等教育大众化。

我国如果不采用东亚南美模式，而是主要依靠公立高校来实现高等教育

---

① 袁连生：《我国居民高等教育支付能力分析》，载《清华大学教育研究》2001 年第 3 期。

的大众化，那么必须继续提高公立学校的学费水平，从而公立高校保证教育公平的职能将大大降低，同时政府还要承担沉重的财政责任和对毕业生的就业责任，发展速度也会受到影响，结果可能既失去公平又失去速度和效率。至于在公立高校举办“二级学院”，采用“一校两制”的模式，实际上是公立高校收费“双轨制”的变形，它会带来“双轨制”中存在的一些问题，背离公立高校公平优先的宗旨，不是发展的方向。不如稳定现有公立高校的规模，使之成为保障高等教育公平、选拔平民精英的基地，同时大力发展民办高校，使之成为实现高等教育大众化的主要载体。

（五）逐步实施免费的义务教育制度，完善对贫困学生的资助制度

义务教育应是一种强制的免费教育，限于目前我国的财政条件，义务教育学校还收取一些杂费。随着我国经济的发展和财政条件的改善，义务教育应最终免收学杂费，因为只有免费才能使所有学龄人口都能接受基本的九年义务教育。

贫困学生资助制度是教育财政体制的重要内容之一。在基础教育阶段（初等和中等教育阶段），首先应由省级政府部门确定资助标准、资助内容和资助金额，资助内容至少应该包括免除学杂费，有条件的免除书本费，对于非常困难的家庭还应提供学生入学必需的现金支出补助。同时确定资助资金的负担责任。在建立规范的义务教育财政转移支付制度之前，省级政府应规定贫困学生资助的标准、内容和金额，并以专项拨款的方式承担这一部分经费；在建立了义务教育财政转移支付制度之后，应把对贫困学生的资助支出作为标准支出需求因素计算。在高等教育阶段，学生资助制度的核心是完善助学贷款制度。现行的国家助学贷款制度的主要问题是银行没有积极性，原因是小额贷款成本高和没有个人信用制度，造成的贷款风险大。其制度原因是政策性贷款由商业银行实施。在现行制度安排下改革的对策为：以学校为单位进行学生集体贷款可减少借款成本，政府则应公开宣布对学生贷款提供担保和用财政资金对发生的坏账进行偿还，以免除银行对于坏账的忧虑。

重构我国公共财政体制下的义务教育财政体制*

一、我国义务教育财政体制改革取得的重大进展

继20世纪末在全国85%的地区实现“普九”后，我国义务教育在巩固成果的基础上，又得到进一步发展。2004年，义务教育人口覆盖率达93%，初中毛入学率达94%。政府对于义务教育的投入不断加大，2004年义务教育财政预算内拨款2193.90亿元比上年的1880.10亿元增长了16.69%，占财政预算内教育拨款的比例为54.47%，比上年的54.43%增加了0.04个百分点。①

与此同时，义务教育财政体制改革也不断发展。20世纪80年代中期以后，我国义务教育管理实行了“地方负责，分级管理”的体制，义务教育经费主要由县以下政府负担。这样的经费负担结构使得义务教育经费在地区间、城乡间存在很大差异，也使得贫困地区和农村地区的义务教育经费难以得到保障。1994年分税制改革以后，财政收入重心上移，义务教育经费短缺和不平衡的问题更加严重。为了改变义务教育财政负担不合理的状况，促进地区间、城乡间义务教育的均衡发展，保障经济落后地区义务教育的顺利进行，20世纪90年代中期以来各级政府对义务教育财政体制改革进行了积极探索，

* 本文原载于《北京大学教育评论》2005年第4期，与曹夕多合作。

① 本文2004年数据为作者根据相关材料测算得出，其余年份数据均来自于《中国教育经费统计年鉴》。

取得了重大进展，表现为以下三个方面。

（一）确立了以县为主的教育管理体制

2001年6月，国务院召开全国基础教育工作会议，颁布了《国务院关于基础教育改革与发展的决定》以下简称《决定》，决定实行在国务院领导下，由地方政府负责、分级管理、以县为主的教育管理体制。规定县级政府对本地义务教育负主要责任，将农村中小学教师工资的管理上收到县，要求省、地（市）、县等地方各级人民政府承担相应责任，中央政府给予必要的支持。2002年国务院办公厅下发《关于完善农村义务教育管理体制的通知》以下简称《通知》，进一步提出了保障农村义务教育投入的具体措施。

《决定》和《通知》下发后，各地积极采取措施，农村义务教育管理体制改革取得了显著成效。截至2003年4月，全国已有98.3%的县将农村中小学工资管理上收到县，有94.4%的县将农村中小学的人事管理上收到县，农村义务教育管理开始实现从以乡镇为主到以县为主的转变；同时，中央、省、地市政府加大了工资转移支付力度，农村中小学教职工工资不能按时足额发放的状况得到了很大改进。

（二）农村税费改革取消了农村教育费附加和教育集资

2000年3月，中共中央、国务院正式下发《关于进行农村税费改革试点工作的通知》，决定在安徽全省进行农村税费改革试点，同时在河北等8个省的34个县（市）进行试点。至2002年，全面推行税费改革的省份已达到20个。2003年，农村税费改革在全国全面推行。农村税费改革明确取消了农村教育费附加和教育集资。一方面，该项举措减轻了农民负担，开始改变我国居民义务教育负担城乡有别的状况，也促使农村义务教育投入由以农民为主向以政府为主转变，是农村义务教育财政体制的重大调整。

但另一方面，农村税费改革对于长期依赖农村教育费附加和教育集资两项收入的农村义务教育也是一个巨大的冲击。针对因税费改革减少的农村义务教育经费，中央政府要求各级政府通过财政转移支付和提高办学效益来解决。虽然取消农村教育费附加和农村集资会减少农村教育经费，使农村义务教育更加困难，但从长远看对农村义务教育发展有积极意义。

（三）中央政府和省级政府加大了对义务教育尤其是贫困、西部地区义务教育的转移支付力度

近年来，尤其是农村税费改革后，中央和省级政府对于义务教育的转移支付力度不断加大，对于贫困、西部地区更是予以特别关注。从1995年到2000年实施了“国家贫困地区义务教育工程”，中央财政拨款39亿元作为贫困地区义务教育专款，加上地方各级政府配套的资金，整个工程资金投入量超过100亿元。1995～1997年资助了中西部地区383个贫困县，1998～2000年资助了西部469个贫困县。目前，为期五年（2001～2005）的第二期“国家贫困地区义务教育工程”正在进行当中。

二、我国义务教育财政面临的主要问题

虽然我国义务教育事业有了很大发展，政府对义务教育的投入不断增加，义务教育财政体制改革也取得很大进展，但我国的义务教育财政仍面临很多问题，其中最突出的是总量不足、义务教育财政资源分布不均衡和义务教育经费负担不合理的问题。

（一）义务教育经费总量不足

近年来，各级政府不断加大对于义务教育的投入力度，但相对于义务教育实际的需求来讲，义务教育经费的绝对量和相对量都严重不足。

（1）义务教育公共支出占国内生产总值的比重偏低。1993年《中国教育和改革发展纲要》规定财政性教育经费占国民生产总值的比例到20世纪末达到4%。2003年，我国财政性教育支出占GDP的3.28%，比国家预定目标少投入0.72个百分点。在这种教育投资环境下，政府义务教育公共投资水平必然不会很高，2004年义务教育公共支出占国内生产总值的比例仅为1.5%。

（2）义务教育公共支出占义务教育总支出的比重偏低。20世纪90年代中

期以来，义务教育公共支出占义务教育总支出的比重在逐渐提高，但与义务教育发达的国家相比，该比例还很低。2004 年，我国义务教育财政预算内支出占义务教育总支出的 69. 85%；而在世界上大部分国家包括发展中国家此比例在 90 年代一般都达到了 85%~90%。

（3）义务教育公共支出占全国公共教育支出的比重偏低。该比重反映了国家财政资源在三级教育间的分配。2004 年，义务教育财政预算内拨款占财政预算内教育拨款的比例为 54. 47%，其中农村义务教育财政预算内拨款所占比例为 32. 92%。虽然该比例比上年分别提高了 0. 04 和 1. 24 个百分点，但相对于义务教育的重要性和实际需求来讲，依然偏低。从生均教育经费的角度来看，2004 年，预算内初中生均经费与大学生均经费之比为 1∶4. 3，预算内小学生均经费与大学生均经费之比为 1∶4. 8。

由于我国义务教育经费的绝对量和相对量都严重不足，在实际中产生了一系列问题。具体表现在以下几个方面。

（1）农村中小学教师工资不能按时足额发放。拖欠农村中小学工资，是多年来未解决的问题。据测算，2002 年当年全国有 15 个省的 317 个县，新欠农村中小学教职工国家规定标准部分工资总计 22 亿元。截至 2003 年 4 月，全国拖欠农村中小学教职工国家规定标准部分工资累计 144 亿元。

（2）农村中小学的基本办学条件得不到保障。由于经费不足，相当多的农村地区不具备义务教育的基本办学条件。2004 年，我国农村地区危房比例仍然较高，全国小学和初中共有 4542. 3 万平方米的 D 级危房。此外，每年自然新增危房约 1750 万平方米，因自然灾害受损的校舍约 200 万平方米。小学和初中校舍危房率分别为 5. 6% 和 3. 7%。农村初中校舍严重不足，大班额现象十分普遍，一半以上的班级在 56 人以上，个别地方甚至超过了 100 人。

除了危房问题之外，我国中小学仪器设备的达标率较低。2004 年，小学仪器设备达标率为 50. 91%，初中为 70. 57%。而在农村地区，该比例更低。在一些贫困地区，甚至缺乏黑板、粉笔等最基本的教学用具，正常的教学活动无法开展。

(3) 农村中小学建校债务负担沉重。在20世纪90年代末期，为实现“普九”目标，不少地区举债进行学校建设，使农村义务教育除了拖欠教师工资外，还承受着巨大的建校债务负担。至2003年，全国农村中小学“普九”欠债约500亿元，由于债主追索债务而影响中小学正常教学秩序的事件屡有发生。

农村地区的税费改革和“一费制”的实行，使农村义务教育投入面临更大的缺口，加剧了上述问题。

(二) 义务教育财政资源分布不均衡

(1) 省区之间的不均衡。不同省区义务教育阶段的中小学在校舍、教学设备、师资质量方面均存在着巨大的差距，这里我们主要讨论教育经费方面的差异。从生均教育经费来看，2004年上海普通小学生均预算内教育事业费和公用经费分别为6680.22元和1664.65元，而河南省仅为654.41元和42.58元；上海初中生均预算内教育事业费和公用经费分别为6831.40元和1939.96元，而河南省仅为763.92元和73.75元。

不同省区义务教育财政资源分布的不均衡导致了义务教育事业发展水平的巨大差异。在东部某些地区提出实现教育现代化的同时，西部某些地区连义务教育基本的入学还不能保证。据统计，至2004年年底，西部地区还有246个县未实现“普九”，占总数的86.6%；还有11个县，小学净入学率低于70%。

(2) 省内各地的不均衡。义务教育财政资源不仅在省区间分布不均衡，在同一个省内部的不同地区分布也不均衡，且这种不均衡的程度要大于前者。从经济中等发展水平的湖南省生均教育水平可见一斑。湖南省现设13个地级市、1个自治州、72个县、16个县级市和34个市辖区，各地义务教育投入极不平衡。经济发展水平相对较高的长沙市、常德市、衡阳市、岳阳市所属城镇和农村生均义务教育经费水平相对较高，2000年初中生均教育经费分别为1364.03元、1081.46元、1046.84元、1043.72元；而经济发展水平相对较低的益阳市、娄底市、邵阳市该项经费则分别为835.05元、835.05元、835.49

元、815. 02 元，最高与最低水平相差 549 元。小学生均教育经费较高的长沙市、常德市 2000 年该项经费分别为 999. 98 元、835. 23 元；最低的娄底市只有 525. 90 元，与最高的长沙市相比差 474 元，差额接近 1 倍。①

(3) 城乡间的不平衡。我国目前农村小学和初中的教育资源与办学条件与城市相比，无论是在校舍建设、试验设备和图书，还是在师资、课程设置、教学要求等方面，均存在很大差异。城乡差异更集中地体现在义务教育生均教育经费的差别上。根据我国近几年各地生均义务教育经费统计数据，农村生均教育经费均低于该地区平均水平。以 2004 年为例，全国普通小学生均财政预算内教育经费的平均水平为 1159. 33 元，而农村地区平均为 1035. 27 元；全国初中生均财政预算内教育经费的平均水平为 1296. 36 元而农村地区平均为 1101. 32 元。

(4) 学校之间不均衡。在同一类型、同一层次教育中，不同学校之间也存在巨大差异，主要表现在经费投入、师资队伍、校舍及教学设备和生源等方面。学校之间的差异是一个普遍现象，不可能完全消除。但过大的差异也不利于教育公平的实现和薄弱学校自身的发展。层层设置的重点学校制度，加剧了基础教育内部资源配置的失衡，导致在区域内学校之间差距的拉大。同时，由于重点学校绝大多数设在城市、城镇，从而有利于城镇学生的升学，这样更加剧了义务教育在城乡间发展的不平衡。

(三) 义务教育经费负担结构不合理

我国义务教育经费不但总量不足、分布不均衡，而且负担结构也不合理。主要体现为以下三个方面。

(1) 受教育者和政府之间负担不合理。义务教育是国家对适龄儿童和少年实施的一定年限的强制性免费教育。所谓免费，就是教育费用应完全由政府负担。我国《义务教育法》明确规定："国家对接受义务教育的学生免收学费。"但在实际执行中，由于我国的财力有限，仍收取一定的杂费，

① 戴罗仙、任海泉：《公共经济与教育财政研究》，湖南人民出版社 2005 年版。

即受教育者负担一部分费用。2004 年，我国普通小学生均杂费为 113 元，初中生均杂费为 235 元。小学和初中杂费占公用经费支出的比例分别为 38.95%和 42.91%。

（2）城乡居民之间负担不合理。城市居民除了负担子女的学杂费和其他学校代收费外，不再直接负担义务教育经费。农村居民除了负担子女的学杂费和其他学校代收费外，还要以农村教育费附加、教育集资的方式负担大部分义务教育基建费和部分事业费。虽然 2000 年开始的农村税费改革明确规定取消农村教育费附加和教育集资，但彻底地实行还需一个过程。部分地区农民依然以教育费附加、集资摊派等形式负担一部分义务教育经费。据统计，2004 年农村教育事业费附加仍有 35.72 亿元。

（3）各级政府之间负担不合理。目前，在我国“地方负责，分级管理，以县为主”教育管理体制下，义务教育经费主要由地方政府（主要是县级政府）负担，而中央政府只负担很小的比例。这与各级政府的财力水平极不协调。1994 年分税制改革使财政收入重心上移，同时，近年来中央财政收入增长幅度均大于地方财政收入的增长幅度，也就是说中央政府比地方政府更有能力负担义务教育经费。但在实际中，自 20 世纪 90 年代中期以来，义务教育的投入一直以地方为主，尤其以财政力量最薄弱的县（以及县以下）政府投入为主。

三、重构我国义务教育财政体制

（一）中国公共财政体制改革的目标与框架

1. 财政体制改革的目标与公共财政的特征

从 1998 年开始，中国财政体制改革的目标模式已经确定，并在政府和学术界取得共识：建立基于社会主义市场经济体制的公共财政体制。

公共财政的基本特征是以弥补市场失灵、满足社会公共需要为边界界定财政职能，以此为基础构建政府财政收支体系。具体表现在以下两个方面。

（1）以市场机制缺陷为基础确定政府活动范围。在市场经济中，凡是市场能有效作用的领域，政府财政不涉足其中；凡是市场不能有效作用的领域，政府财政必须发挥作用。按这一原则，政府财政职能主要有三项：提供公共服务与公共管理，调节收入分配，稳定经济运行。

（2）政府财政行为的法制化、规范化。市场经济是法制经济，政府要依法行政。财政收支活动是履行政府职能的核心，关系到全体公众的利益，必须以法律为依据，保证决策的民主化和运行的规范化，具体表现为三个方面：以法制为基础、全部政府收支进预算、财税部门总揽政府收支。

2. 公共财政体制建设的主要内容

公共财政体制建设既要规范政府与市场的边界、完善财政收支的法制基础，还要解决一直没有解决好的各级政府之间的财政责任问题。公共财政体制建设的核心内容是财政决策的民主化、地区财力的均衡化和政府支出的公共服务化，具体包括：

（1）全面完善和落实《预算法》，人大代表真正行使财政决策权；

（2）建立体现公共性的财政支出结构；

（3）建立规范的财政转移支付制度；

（4）建立完整统一的公共预算制度。

（二）公共财政体制下的教育财政体制

一国的教育财政体制是其财政体制的重要组成部分。在建设公共财政体制的进程中，教育财政体制的建设是其中的重要内容。建立在公共财政基础上的教育财政体制，是政府主导但又利用市场机制配置教育资源的体制。

考察公共财政体制建设的内容和国际经验，可以归纳出公共教育财政体制的基本特征：教育财政责任和行为的法制化、办学主体和资金来源的多元化、教育财政目标的公平化、教育财政决策的民主化。公共教育财政体制建设的具体内容体现在：

（1）建立和完善公共教育经费保障制度；

（2）实行免费义务教育并进一步推进义务教育均衡发展；

（3）完善多元办学体制；

（4）进一步完善非义务教育成本分担制度；

（5）完善义务和非义务教育阶段学生资助制度；

（6）探索建立扶持继续教育发展的制度；

（7）建立公平、透明的公共教育经费分配制度。

（三）重构我国义务教育财政体制

义务教育关系着一国的人口素质和长远发展，是政府提供公共服务的重要内容之一。义务教育财政体制是义务教育顺利进行的重要制度保证。鉴于我国义务教育财政面临的种种问题，应在公共财政和教育财政改革的框架下重构我国义务教育财政体制。具体内容如下。

1. 实施免费的义务教育制度

义务教育的基本特征为强制和免费。所谓强制，是指适龄儿童和少年的父母或其他监护人要保证其按时入学，按要求完成义务教育。所谓免费，指对接受义务教育的学生免收学费，其费用应全部由政府财政提供。强制以免费为前提，否则低收入家庭子女会因支付不起学费而不能接受和完成义务教育。我国义务教育的目标应为保证每个适龄儿童和少年都能免费接受并完成义务教育，而不受地域、城乡、性别、民族、经济背景、阶层等各种条件的限制。

据联合国教科文组织统计，目前全世界有170多个国家宣布实施义务教育制度。尽管各国的义务教育制度不尽相同，但近几十年总体发展趋势是义务教育年限逐渐延长，免费范围逐渐扩大。不同国家义务教育免费的范围有所不同，有的免收学费和免费提供教科书，有的除了上述免费项目外，还不同程度地提供免费午餐、交通和住宿等补助，有的国家还提供免费的医疗，甚至对贫困家庭发放子女上学的月补贴。一般来说，义务教育免费范围的大小和年限的长短，与一个国家的经济发展水平有很大的关系，但有时也取决于民族传统、政府对教育的重视程度以及政治因素等。

我国1986年颁布《中华人民共和国义务教育法》规定对接受义务教育的

学生免收学费。但是，基于“穷国办大教育”的财政困难，我国义务教育一直在收取实为学费的杂费。随着我国经济发展和财政条件改善，应最终实施免费的义务教育。在具体的实施过程中，可以逐步进行，比如先在农村和中西部贫困地区实行，再向全国推广；先免收杂费，再将免费范围逐渐扩大等。

2. 完善义务教育阶段贫困学生的资助制度

免费还不能保证所有适龄儿童和少年接受义务教育。除了学费之外，其家庭还要支付其他相关的教育费用和因接受教育引起的额外生活费。为此，应在逐步实行免费义务教育的基础上建立义务教育阶段贫困生资助制度。政府可采取提供免费教科书、助学金或生活补助等方式，对家庭经济困难的适龄儿童和少年接受义务教育进行资助，资助费由政府负担。

我国已开始出现各种形式的义务教育资助制度，有代表性的是从2001年起实行的“两免一补”，这是国家对农村义务教育阶段家庭经济困难学生免费提供教科书、免杂费并补助寄宿生生活费的一项政策。从财政部获悉，今年国家财政共需安排“两免一补”资金约62亿元，其中用于国家扶贫开发工作重点县约41亿元。据测算，从2005～2007年三年内全部落实“两免一补”政策，国家财政需要安排资金约227亿元。预计2005年中西部地区享受免费教科书的农村义务教育阶段家庭贫困的中小学生人数将由2004年的2400万名增加到约3000万名。

但我们也应看到，我国义务教育阶段贫困学生的资助制度还处于起步和探索阶段，其内容、形式还需进一步的发展，具体操作过程还需进一步的规范。

3. 制定义务教育最低保障线

为保证政府向所有适龄儿童和少年提供满足一定质量的、基本的、相对均衡的义务教育，国家应制定全国义务教育最低保障线（或基本办学条件）。其内容应包括：义务教育教职工编制标准以及工资标准；义务教育学校基本建设标准（场地、校舍、建筑物、教学仪器设备、图书资料等具体标准）；保持学校正常运转的生均公用经费标准。由于我国长期存在公共教育经费不足的问题，因此以上标准不应制定过高。但省级政府可根据自身的实际情况，制定不低于国家标准的省级最低标准。义务教育最低保降线应根据经济和社会发展情况及时调整。

4. 明确各级政府的财政责任

20 世纪 80 年代后，我国确立了“分级办学，地方为主”的体制，但在有关的法律、法规中，对这一体制下各级政府的教育财政责任没有明确的规定，是许多教育财政问题的制度根源。在实际中，义务教育财政负担责任主要由乡镇政府承担，但 2001 年以后，主要由县政府承担。但从我国财政收入分配格局来看，义务教育财政责任由县级低层政府负担仍然不能保证义务教育的实施。除发达地区外，义务教育的财政责任应转变为以省级负担为主，中央政府承担均衡省际间财政能力的责任。同时，考虑到今后一段时期内，随着城市化进程的加快，将会不可避免地出现农村人口的大规模迁移，在政府间责任的调整中，应明确规定人口流入地城市政府承担流动儿童和少年的教育财政责任。

5. 完善义务教育的财政转移支付制度

2001 年全国基础教育工作会议后，县级政府成为承担义务教育财政责任的主体。但是由于纵向财政失衡和地区经济落后等原因，全国多数县级财政薄弱，难以承担义务教育财政责任。为了从根本上解决县级政府义务教育财政困难和区域间义务教育财政不均衡的问题，必须加大中央和省级政府责任，建立规范的义务教育财政一般转移支付和专项转移支付相结合的转移支付制度。

为保证转移支付资金的公平分配和有效使用，应以全国义务教育最低保障线为依据，以县为单位，按因素法测算义务教育经费的标准需求和标准供给能力，其缺口由上级财政通过逐级（市、省、中央）转移支付填平补齐。市、省、中央要明确各自的分担责任，省级政府应该对义务教育财政转移支付承担主要责任。此外，中央和省级政府财政应设立义务教育专项资金，扶持农村、中西部贫困地区的义务教育。

义务教育转移支付经费必须足额列入财政预算，由人民代表大会审核和批准。县级政府建立全面需求预算，市、省、中央政府建立义务教育财政转移支付预算，这样义务教育经费才有保障。

6. 在同一行政区内，对实施义务教育的学校，以学生数为标准，实行均等化拨款制度

义务教育经费是纳税人贡献的资源，在公立学校之间进行分配时，必须客观公正。同一级政府管理的公立学校，原则上每个学生应获得相同的教育资源。但目前，多数地区政府对义务教育公立学校拨款不是按学生人数，而是区别重点校和非重点校，造成同一级政府管理的公立学校之间差距巨大。

为解决同区内不同学校间财政资源严重不均衡的局面以及义务教育阶段严重的择校问题，应取消重点校、非重点校的划分，对所有的学校一视同仁，以学生数为标准，实行均等化拨款制度。在当前，财政资源分配应向薄弱学校倾斜，以缩小学校间财政资源配置的差别。

对于义务教育阶段的择校问题，从长远来说，应通过发展民办学校、提高民办学校的质量加以解决。从政府来说，只能为适龄儿童和少年提供最基本的义务教育服务，择校由民办学校承担。

7. 建立并完善义务教育经费的监督管理制度

义务教育经费由公民交纳的税款形成，对义务教育经费的投入方向、使用及效果实施严格的监督管理是政府义不容辞的责任。为此关键是要完善义务教育经费的审计制度。

对义务教育经费的分配和使用进行审计，是保障义务教育经费投入充足、分配公平，防止义务教育经费被贪污、挤占、挪用的有效手段。要建立学校内部审计与国家审计、社会审计相结合，以国家审计为主导的审计体系。对学校的审计要经常化、制度化。对教育部门和学校的审计结论要向政府和人大报告，向社会公众公开，将义务教育经费的投入、分配和使用置于公共监督之下，对违法违纪者要追究其经济和行政乃至法律责任。

建立规范的义务教育财政转移支付制度*

普及九年义务教育是我国教育发展的基础工程。经过全社会的艰苦努力，这一伟大事业取得了重大成就，到2000年年底，我国在85%人口地区基本普及了九年义务教育。但由于种种原因，特别是义务教育财政体制的原因，贫困地区普及九年义务教育的工作还存在许多困难，不少已经普及的地区也存在不少财政问题。本文对我国义务教育财政体制的特征和问题进行分析后认为：建立规范的中央和省级政府承担更大财政责任的义务教育财政转移支付制度，是解决在贫困地区表现最为突出的义务教育经费问题的根本保证。

一、我国义务教育财政体制的特征

1986年颁布的《中华人民共和国义务教育法》（以下简称《义务教育法》）和1995年颁布的《中华人民共和国教育法》（以下简称《教育法》）及其相关的实施细则和规定，各地制定的实施这两个法律的条例和规定，奠定了我国多渠道筹资、地方负责的义务教育财政体制框架。这一体制的突出特征是受教育者和政府共同负担经费，政府经费以地方负担为主，居民负担城乡有别。

* 本文原载于《教育研究》2002年第6期，与袁连生合作。

（一）义务教育经费由受教育者和政府共同负担

义务教育的基本特征是强制、免费。在《义务教育法》中，有体现这一特征的规定。该法第十条规定：“国家对接受义务教育的学生免收学费，”但对杂费没有作任何规定。由于学校经费不足，免收学费的规定事实上无法实行。在《义务教育法》颁布后不久，国务院转发了原国家教委等四部委的《关于实施〈义务教育法〉若干问题的意见》，对免收学费的规定做了改动。虽然该文件重申义务教育免收学费，但又提出：“有条件的地方可以免收杂费。条件尚不具备的地方，要向家长做好解释工作，并在当地财政状况许可时，免收杂费；对家庭经济困难的学生，可减免杂费。”这一规定表明，收取杂费是允许的。在法律和有关的政府文件中，没有对学费和杂费进行界定，没有对它们的区别作出过说明，杂费实际上就是学费。为了应付家长对免收学费而收取杂费这一矛盾规定的质疑，因而需要“做好解释工作”。在1992年发布的《义务教育法实施细则》中，取消了免收学费的规定，而在第十七条中，做了“实施义务教育的学校可以收取杂费”的规定。实际上，《义务教育法实施细则》对《义务教育法》不收学费的规定做了修改，认可了《义务教育法》颁布后学校继续收取学费的事实。

各省、市、自治区制定的实施《义务教育法》的条例、办法中，基本体现了《义务教育实施细则》中对学费问题的规定，有的同时规定免收学费和收取杂费；有的不提免收学费，只提收取杂费。只有云南、新疆等少数几个省区做出了对贫困山区、边疆少数民族地区免收杂费的规定，其中新疆还提出对边境县和其他农牧区家庭经济困难的学生免费供应课本。21世纪初期，情况发生了一些积极的变化，云南、广东等地制定了大面积免除贫困学生杂费和书费的制度。

在《义务教育法》颁布后的十几年中，杂费一直是义务教育经费的重要来源。1999年，全国初中教育经费中，杂费占10.8%，其中农村为11.4%；小学教育经费中，杂费占9.9%，其中农村占10.6%。除杂费外，学生家长还要负担课本资料费、文具费、住宿费、伙食费等多项费用。据笔者参与的对甘肃临夏地区5个国家级贫困县的抽样调查，2000年样本学校平均一个小学生交费110元（不含住宿和伙食费），一个初中生交费301元，教育支出占家庭纯收入的21%。对一个勉强维持温饱甚至还没有解决温饱问题的贫困家庭，这是一种沉重负担。

（二）政府义务教育经费以地方负担为主

义务教育经费在各级政府中如何分担，是义务教育财政体制的重要内容。我国政府义务教育经费分担的基本特征是地方负担为主，中央政府只提供少量的补助。

在《义务教育法》中，对各级政府义务教育经费的分担责任没有做出明确规定。该法第十二条是关于义务教育经费筹措的条款，其对政府的主要规定是："实施义务教育所需事业费和基本建设投资，由国务院和地方各级人民政府负责筹措，予以保证。""国家用于义务教育的财政拨款的增长比例，应当高于财政经常性收入的增长比例，并使按在校学生人数平均的教育费用逐步增长。"这里只是规定各级政府的共同责任，没有对每一级政府的责任做出具体的规定。该法第八条规定："义务教育事业，在国务院领导下，实行地方负责，分级管理。"但"地方负责，分级管理"中，地方负的是什么责任，不同级次政府管理权限如何划分，没有具体的说明。教育经费是实施义务教育的首要条件，可以认为在地方负责的要求中，包含了教育经费由地方负责。

在《义务教育法实施细则》中，地方为主负担教育经费的特征就明确了。该细则第二十八条规定："地方各级人民政府设置的实施义务教育学校的事业费和基本建设投资，由地方各级人民政府负责筹措。""中央和地方财政视具体情况，对经济困难地区和少数民族聚居地区实施义务教育给予适当补助。"因为我国中小学大多数是由城市的区和农村地区的县以下政府设置的，按上述规定，区、县及以下政府应当负担大部分义务教育经费，县以上政府只承担补助贫困地区和少数民族地区义务教育经费的责任。

各省、市、自治区实施义务教育的法规中，对地方各级政府的义务教育经费负担责任，也没有具体规定。这些规定中看不出省及以下各级政府到底对义务教育经费各承担什么责任和多大的责任。

2001 年，国务院提出义务教育实行地方负责、以县为主的新体制，但对县以上政府承担多大的财政责任，如何承担责任没有做出具体规定。

在义务教育的实施过程中，政府教育经费大部分是由省以下政府负担的。据国家教育发展研究中心对全国 7 省 26 个县的抽样调查，1998 年样本县义务教育经费总支出中，县以上各级财政的教育补助专款约占 12%，县财政约占 10%. 其余由乡财政和农民个人负担。①

（三）居民义务教育经费负担城乡有别

我国义务教育财政体制的另一特点，是居民的义务教育经费负担城乡有别。城市居民除了负担子女的杂费和其他学校收费外，不再直接负担义务教育经费。农村居民除了负担子女的杂费和其他学校收费，还要以农村教育费附加及教育集资的方式负担大部分义务教育基建费和部分事业费。

农村教育费附加是 1984 年《国务院关于筹措农村学校办学经费的通知》中提出的，《义务教育法》和《教育法》确立为法律规定。农村教育费附加的征收对象是农村居民的收入，由乡政府组织征收，征收比例全国没有统一规定，各省、市、自治区或以下各级政府根据当地义务教育经费状况确定。农村教育费附加与城市教育费附加不同，后者属于流转税，不直接由个人负担，前者是由农民个人直接负担。

城乡义务教育的基建经费来源，在《义务教育法实施细则》中作了明确的区分。该细则第三十条规定："实施义务教育的学校新建、改建、扩建所需资金，在城镇由当地人民政府负责列入基本建设投资计划，或者通过其他渠道筹措；在农村由乡、村负责筹措，县级人民政府对有困难的乡、村可酌情予以补助。"按这一规定，义务教育基建经费在城镇主要由政府负担，在农村则主要由农民个人负担。这一细则出台以后，各地在义务教育经费筹措的法

① 韩民：《中国基础教育体制改革的进程与展望》；王善迈：《2000 年中国教育发展报告——中国教育体制的改革与创新》，北京师范大学出版社 2000 年版，第 35 页。

规中，大都采用了上述规定。对农村集资建校，《教育法》也认可其合法性。《教育法》第五十九条规定："经县级政府批准，乡级政府可以在本行政区域内集资办学，用于实施义务教育的危房改造和修缮、新建校舍。"

二、我国义务教育财政体制的问题

本森（C. S. Benson）认为，评价一个教育财政体制，主要有三个标准：教育经费是否充足、教育资源配置是否有效率、教育资源配置是否公平。按这三个标准衡量，我国义务教育财政体制还存在较为严重的缺陷。

（一）义务教育经费严重短缺

我国义务教育经费短缺突出表现在以下方面。

教师工资不能按时发放。拖欠中小学教师工资，是多年未解决的问题。据国家教育督导团办公室报告，直到20世纪末，全国除大中城市和部分沿海经济发达省份外，都不同程度存在拖欠教师工资的问题，且拖欠面越来越大，拖欠时间越来越长。2000年年底，仅安徽一个省就拖欠工资16.7亿元。①

基本办学条件不能保障。由于经费不足，相当多地区的学校不具备义务教育的基本办学条件。据全国人大执法检查组的报告，在中西部地区，学校危房比例仍然较高，有的达到10%~15%以上。另据国家教育发展研究中心的抽样调查，样本小学按教学大纲开出所有课程的占87.2%，课桌椅残缺不全的占37.8%，实验教学仪器不全的占59.5%，教室或办公室有危房的占22.3%，购买教具、墨水、纸本、粉笔资金不足的占32.5%。样本初中按教学大纲开出所有课程的占20.8%，课桌椅残缺不全的占45.9%，实验教学仪器不全的占70.3%，教室或办公室有危房的占28.8%，购买教具、墨水、纸本、粉笔资金不足的占35.0%。②

① 翟博：《农村费改税　教育咋应对》，载《中国教育报》，2001年3月12日。

② 张力：《面对贫困——中国贫困地区教育发展的背景·现状·对策》，广西教育出版社1998年版，第190~192页。

（二）教育资源配置效率有待提高

教育资源配置效率有两种指标，一是教育的成本—收益比较，即教育的外部经济效益；二是教育的成本—效益比较，即教育的内部效率。教育的外部效益主要用私人收益率或社会收益率衡量。由于学校产出计量的困难，教育内部效率的度量和比较十分困难，只得用辍学率、重读率、考试合格率这样一些替代指标衡量。

我国对各级教育个人收益率和社会收益率的研究还没有出现公认的成果，因而在评价义务教育资源配置时，没有可靠的研究结论支持。但从义务教育是居民个人和国家发展的基础而言，义务教育比其他教育有更高的效益，教育资源应优先配置于义务教育。而现行的义务教育财政体制没有达到这一要求。2000 年全国预算内教育经费中，用于义务教育的只占 52%，用于农村义务教育的只占 30%。一个大学生的财政拨款年均约 9000 元，一个小学生只有约 530 元。在相当一部分地区还没有普及义务教育，已经普及的地区还有待于巩固的情况下，教育重心的过快上移，大力推进高等教育大众化，教育资源配置很难说是有效率的。

学生的辍学重读是教育资源的浪费，由于没有统计，我们得不到近期义务教育合格率和重读率的数据。如用辍学率衡量，义务教育的内部效率还比较低。虽然公布的辍学率不高，但农村地区实际辍学率很高。据估算，从小学四年级到初中毕业，全国 1993 ~ 1999 年 6 年间累计辍学率为 23.36%。[①] 辍学学生很大一部分会成为新的文盲或半文盲，这是教育资源的浪费。造成辍学的原因，最主要的是学生家庭经济困难。国家教育发展研究中心的调查结果显示，因为家庭经济困难辍学的占 60% 左右。[②] 这说明由于经费短缺，加之现行义务教育财政体制缺少资助贫困学生入学的机制，导致了稀缺教育资

---

① 韩清林：《“普九”工作的主要进展和面临的问题》，载《教育发展研究》2000 年第 9 期。

② 张力：《面对贫困——中国贫困地区教育发展的背景 · 现状 · 对策》，广西教育出版社 1998 年版，第 155 页。

源配置效率的降低。

(三) 教育资源配置不公平

教育资源配置的公平包含几方面的内容，主要有学生获得教育经费或教育服务的公平、居民负担教育经费的公平等。教育公平是教育发展的目标之一，也是教育现代化的标志之一。以教育资源配置公平的标准衡量，我国义务教育财政体制十分不合理，亟待改革。

地区之间生均教育经费悬殊，且差距继续扩大。我国地区之间教育发展水平和教学条件差异很大，这种差距本来应该随着经济的发展、政府财力的增强逐步缩小。但我国在经济发展、义务教育全面实施的过程中，地区差距不仅没有缩小，反而在不断扩大。我们对小学和初中生均预算内教育事业费的省级差异做过计算，1992 年小学的极差率（最高为最低的倍数）为 5.8，初中为 4.1，基尼系数小学为 0.2，初中为 0.16；到 2000 年，极差率分别提高到 10.6 和 6.6，基尼系数分别提高到 0.28 和 0.24。小学生均预算内经费的差异达到 10 倍还多。这里仅是省级间的比较，若比较的层级降低至县或乡，差距将更大。

区域内学生教育资源分享差异很大。区域内的城镇与乡村学校之间教育资源差异很大，即使在同一城市内，薄弱学校与重点学校的师资、教学条件也存在巨大差别。现在还有一个非常突出的外来务工人员子女不能在所居住城市受到基本教育的问题。20 世纪 90 年代以来，我国农村劳动力大规模进入城镇务工经商，随之出现人口的迁移。但由于我国城乡分治的户籍制度，进城农民的户口不能合法迁入，其子女不能进入城镇学校系统就学。为迎合进城农民子女的入学要求，在城镇出现了大批办学条件极为简陋、完全靠学费维持的义务教育阶段学校。这些进城农民在城市依法纳税，但其子女却不能获得正常的受教育机会。据估计，2000 年年末仅北京市就有近 9.5 万名流动儿童不能进入正规学校。[①]

---

① 刘天时：《成长在城市边缘》，载《南方周末》2000 年 12 月 21 日。

三、建立规范的义务教育财政转移支付制度

（一）建立义务教育财政转移支付制度的必要性

我国义务教育财政体制的特征和问题，特别是经费短缺和资源配置不公平的问题，与我国义务教育管理体制和财政体制的内在矛盾有极大关系。如前所述，20 世纪 80 年代中期开始，我国义务教育实行地方负责、分级管理，地方政府承担了义务教育的主要责任。地方政府中，责任又层层下推，在农村推到乡级政府。但在财力的分配上，我国与多数国家一样，上级政府（中央、省）集中了大部分收入。1994 年实行分税制财政体制以后，中央和省级政府财力的集中更为明显，形成了各级政府间义务教育的责任和财力分配的不对称。

解决各级政府间义务教育责任与财力不对称的办法，只能实行财政转移支付。财政转移支付是政府间的财政资源转移，主要是上级政府对下级政府的转移。日本和美国也与我国一样，义务教育由基层政府举办。但由于实行了财政转移支付，义务教育经费相当大一部分由上级政府补助或承担，较好地解决了义务教育举办责任与财力分配不对称的问题，义务教育获得了稳定的经费来源。日本义务教育公立学校人员经费的 50%、基建经费的 30% 由中央政府补助，其余大部分由都道府县（相当于我国的省）补助。① 1998 年美国公立中小学教育经费的负担结构为：联邦 6.8%，州（相当于我国的省）48.4%，地方政府 42.3%，私人 2.5%。②

然而，我国中央和省级政府的义务教育财政转移支付金额十分有限，没有解决义务教育举办责任与财力不对称的问题：中央和省级政府掌握了主要财力，但不承担义务教育的财政责任；县、乡政府财力薄弱，却承担举办义

① 中国驻日本大使馆教育处：《日本的义务教育经费国库负担制度》，载《国外教育调研》2002 年第 7 期。

② http：//nccs. cd. gov/pubs 2001/digcst/。

务教育的筹资重任。我国义务教育学龄人口大部分在农村，但农村地区尤其是中西部农村地区，居民收入水平低，财产少，营业税、个人所得税、房产税等地方税源稀少，县、乡政府无法获得稳定的税收收入，难以承受义务教育经费的巨大需求，只能将负担摊派到农民和学生身上。没有解决各级政府间财力与义务教育财政责任的不对称，是我国义务教育经费严重短缺、经费配置不公平的主要制度原因。

虽然2001年我国义务教育财政体制有了很大调整，实行了以县为主的体制，但落后地区县级政府同样财力薄弱，无法承担义务教育的巨大经费需求。这种调整没有解决落后地区义务教育的财政问题，只有建立规范的加大中央和省级政府财政责任的义务教育财政转移支付制度，中央、省级政府对承担义务教育直接责任而财力不足的县级政府转移财政资源，才能在制度上减缓和逐步解决义务教育财政严重不平衡的问题，为落后地区普及义务教育奠定财政基础。

（二）义务教育财政转移支付制度的目标和模式

我国义务教育财政转移支付制度的基本目标，是保证经济落后地区普及九年义务教育的资金供给和促进义务教育的均衡发展。具体表现为：经济落后地区教师工资能足额发放，办学条件达到基本标准，贫困学生能得到必要的资助。随着经济的发展，地区、城乡、学校、居民之间义务教育的巨大差异能逐步缩小。

以县为单位进行义务教育经费供求测算，在此基础上进行财政转移支付，是我国义务教育财政转移支付制度的可行模式。这一模式的重要特征是：

第一，义务教育经费预算单列。义务教育经费预算单列是建立义务教育财政专项转移支付的前提。《教育法》有教育经费单列的规定，只要在教育经费中将义务教育经费独立出来，就可以形成独立的义务教育经费预算。县级以上政府都应建立义务教育经费预算。

第二，建立县级义务教育财政转移支付模型，确定转移支付需求。通过计量经济模型的客观测算，确定县级财政义务教育收支缺口，进而确定义务教育转移支付的规模。

第三，明确地区、省、中央对义务教育经费缺口的弥补责任，使义务教育经费的需要在各级预算中得到落实。

（三）义务教育财政转移支付模型

根据转移支付的目标和模式，可以设计两种义务教育财政转移支付模型：总额比例补助模型和分项补助模型。

1. 总额比例补助模型

这一模型的几个关键子模型为：

（1）义务教育转移支付额模型。某县义务教育转移支付额 =（该县义务教育标准支出 - 该县义务教育标准收入）×激励系数。

（2）义务教育标准支出模型。标准支出是完成义务教育所必需的师资、教学设施的基本支出，根据教师编制、教学设施标准、贫困生数量和补助标准，以及各地的工资、物价、自然条件等客观因素，用统一的计量模型计算得到。

义务教育标准支出由小学标准支出加上初中标准支出形成：

某县义务教育标准支出 = 该县小学标准支出 + 该县初中标准支出

小学标准支出 = 小学人员标准支出 + 小学公用经费标准支出 + 小学贫困生补助标准支出 + 小学基建标准支出

初中标准支出 = 初中人员标准支出 + 初中公用经费标准支出 + 初中贫困生标准补助支出 + 初中基建标准支出

（3）义务教育标准收入模型。某县义务教育标准收入 = 该县义务教育标准收入 + 按国家标准收取的学杂费。

县义务教育标准收入，是一个县的财政在对义务教育的中等努力程度下，可以负担的义务教育经费。其可用统一的计量模型，根据经济指标、税率等因素计算出来。

（4）义务教育财政转移支付资金的分担模型。某县义务教育收支缺口 = 义务教育标准支出 - 义务教育标准收入。

根据缺口和该县义务教育财政努力程度，就可以计算该县应得到的义务教育转移支付额。

对县级义务教育转移支付额的分担，在全国范围按两种方式进行：

全省人均财政收入高于全国平均水平 10% 的省份，由省、地两级政府弥补，中央不进行补助。省、地两级政府应明确各自对县级义务教育转移支付额的分担比例。

其余省份，县级义务教育转移支付额由中央、省、地三级政府弥补，且明确规定各自分担的比例。

2. 分项补助模型

义务教育财政转移支付分项补助模型与总额比例补助模型的区别，是将义务教育支出分为人员经费、公用经费、基建经费、贫困生补助经费四个项目，对每个项目分别进行补助，而不是对总缺口进行补助。

（1）义务教育标准支出和标准收入模型。一县义务教育标准支出和标准收入，可以按上述总额模型的方法，分别计算出来。

（2）义务教育收支缺口模型。将一县的义务教育标准支出减去标准收入，就得到义务教育经费总缺口。

按下面的模型分别估算人员经费、公用经费、基建经费、贫困生补助经费的缺口：

某县某项义务教育经费缺口 = 全国义务教育总经费中某项经费的比例 × 该县义务教育经费总缺口

（3）义务教育转移支付金额分担模型。分项目对县级政府义务教育的财政缺口进行转移支付，可以有几种方式。

以全额缺口为依据的转移支付。对不同项目的缺口可以采用不同的转移支付方式，中央、省、地区各承担确定的份额，但必须填补缺口。

部分考虑缺口的转移支付。为了体现中央政府和省级政府对义务教育的关注，对有些项目如贫困生补助支出不考虑是否存在缺口，实行普遍补助；对其他项目则进行缺口补助。中央、省、地区各承担确定的份额，也必须填补缺口。

中国高等教育财政的过去、现状及前景概述*

一、20 世纪 50 ~ 70 年代的高教财政

（一）背景

（1）在资源配置方式上实行计划经济，经济决策上实行中央政府高度集中统一的集权制。

（2）在财政管理体制上实行中央与地方财政的“统收统支”制度。地方组织的财政收入统一上交中央，地方支出由中央统一拨付。期间几度改革，或扩大地方的财权与财力，或加强中央的财权与财力。总的来说实行的是财权与财力中央集权的制度。

（3）在教育与高等教育管理上，实行中央集中统一管理，高等学校统一招生、学生统一分配、统一学制、教学计划和课程设置、统一主要课程教材。高等学校全部由政府举办，按照苏联的模式，分别由中央政府和地方政府及同级的教育部门和其他职能部门举办与管理。

（二）高教财政制度

（1）高等学校全部经费由财政拨款，学生免交学费，并享受政府提供的人民助学金，1978 年财政拨款占全部高等教育经费 96.4%。

（2）包括高教经费在内的全部教育经费列入国家财政预算，高教经费按

---

* 本文原载于《北京大学高等教育论坛》1995 年第 3 期。

预算统一划拨给教育部；再由教育部会同财政部分配给中央所属院校和各省、市、自治区，各省、市、自治区再分配给所属院校。

（3）教育部门对所属高校的经费分配，按照往年的“定员定额”决算数加上当年专业和在校生数的增加（被称为“基数加发展”）拨付给学校，并一年一定，年终预算结余部分全部上缴财政。

二、20 世纪 80～90 年代高教财政的改革

（一）背景

（1）1979 年开始了对外开放和体制改革。在经济体制上进行从计划经济向市场经济的转变，改革的目标，1984 年定为“在公有制基础上的有计划的商品经济”，1992 年确定为“社会主义市场经济”，即在资源配置方式上，实行在政府宏观调控下的，以市场作为资源配置的基本方式，经济决策将由集权转变为集权与分权结合，相应进行政治、科技、教育、文化体制改革。

（2）在改革开放的推动下，中国经济高速增长，这一时期经济年增长率达 9% 以上，居民人均收入 1993 年比 1978 年增长 277.5%，按世界银行发展报告数字，中国人均收入从 1980 年的 200 美元，增加到 1993 年的 460 美元。

制度性变革及由此引起的经济发展水平的提高，为教育和高等教育的发展提供了新的动力和基础。

（3）在财政管理制度上，1980 年起，在中央与地方的财政收支上，实行“划分收支，分级包干”的制度，按照企事业单位的行政隶属关系划分中央与地方的收入和支出范围，收入分类分成，支出按隶属关系划分。地方财政以收定支，自求平衡，包干使用。这被称为中央与地方的“分灶吃饭”，旨在刺激地方政府增加财政收入，节约财政支出，发展经济的积极性，实为扩大地方的财权财力。

1994 年起，开始实行“分税制”，按中央与地方政府的事权划分各级的财政支出，按事权与财权统一原则划分中央与地方收入，将全部税收分为中央税、地方税、中央与地方共享税，形成中央与地方的收入。旨在规范中央

与地方财政收支，适当提高财政收入占国民生产总值的比重和中央收入占财政收入的比重。

（4）随着改革的深入，分配向企业和居民倾斜，使财政收入占GNP的比重逐步下降，1978年为32.2%，1985年为21.8%，1992年下降到17.2%，这影响了社会资源对教育的分配，也影响了教育经费的分配结构和相对量。

（二）教育与高等教育管理制度的改革

（1）1985年起，根据中共中央《关于教育体制改革的决定》，教育实行“分级办学、分级管理”的新体制。初等和中等教育全部下放给省以下地方管理，经费也由地方财政负担，高等教育实行中央、省、中心城市三级办学与管理，经费也分别由三级财政负担。目前，普通高等学校按隶属关系分为三类，第一类为国家教委直属院校，第二类为国务院其他部委所属院校，第三类学校为省、市所属院校。据1993年统计，三类学校共1064所，一、二、三类分别为35所、325所、704所。此举目的在于扩大地方政府管理教育的权利。在政府与学校关系上，开始扩大高等学校办学的自主权。

（2）1993年起，根据中共中央和国务院《中国教育改革和发展纲要》的政策规定，按照社会主义市场经济的要求，进一步改革高等教育管理体制，重点在解决政府与学校、中央与地方、国家教委与国务院其他部委在教育决策与管理权限上的划分，目标是建立政府宏观管理、学校面向社会自主办学的体制。1995年颁布的《教育法》对此又做了法律上的规定。

（三）高等教育财政制度的改革

（1）政府对高等学校拨款由中央统一拨款改为中央与地方政府分级拨款。20世纪80年代以来，随着财政制度由“统收统支”转向“划分收支、分级包干”，高等教育管理由中央统一管理转向中央与地方分级管理，政府对高校拨款改为中央与地方分级拨款，俗称“谁管谁出钱”，即国家教委、国务院其他部委管理的学校由财政部拨款，省、市管理的学校由省、市地方财政拨款。此举旨在加快地方高等教育发展，更好地为地方经济和社会发展服务，1980～1990年新增的404所高校中，300多所为地方新建，占全部新增高校70%以上，但也加剧了地方之间高等教育发展的不平衡。

在拨款程序上，按高校的管理体制，由同级政府的财政部门拨付给同级教育部门，再由同级财政部门会同教育部门拨付给所属院校。

（2）1986 年起，政府对高等学校的拨款标准，教育事业费按“综合定额加专项补助”确定数额进行拨款。政府对高校拨款分为教育事业费和教育基本建设投资，前者包括人员经费和公用经费，用于学校正常运行，后者用于形成学校的固定资产，相当于联合国教科文组织统计中的教育公共支出和资本支出。政府拨款的管理采取“预算包干，结余留用”，以鼓励学校节约。

“综合定额”以“定员定额”为基础，定员以一定学生数确定教职工编制数，定额以历史数据确定各项支出额度。包括单项和综合定额，单项定额包括教职工经费、学生奖贷学金、行政公务费、教学业务费、设备费等。将上述各项费用额度加总分摊在每个学生身上，形成综合的生均经费，再乘以学生人数即为学校应分配的教育事业费。生均经费因学校类别、专业、层次、所在地区不同而有所区别。

“专项补助”为一次性拨款，作为“综合定额”的补充，包括重点学科、专业、实验室建设费、中远期教师队伍建设费等，由教育主管部门下达。为改变其随意性，1991 年后改为世界银行的项目管理办法。

教育基本建设投资按学校隶属关系，分别列入同级计划委员会的基本建设预算中，然后下达到同级教育部门，再由教育部门分配给所属高等学校。国家教委规定不同类别和级别学校的生均建筑面积，按照未达标准的缺口，根据年度国家和省级基本建设的总规模，向教育部门和学校分配教育基本建设投资额度，由财政部门按额度拨款。

（3）1987 年起，取消高等学校的助学金制度，实行奖学金制度，包括优秀学生奖学金、专业奖学金（如师范、矿业、农业等专业）和定向奖学金（毕业后到艰苦地区就业者）。1989 年开始，对新入学的大学生征收学费，废除了几十年的免费制度，学费标准为 100 ~ 300 元；1993 年开始试行学费制度，标准为每生每年 1000 元，先在 30 多所学校试验，然后扩大。20 世纪 90

年代以来，在大学招生中，分为计划内招生、计划外招生（包括有偿的委托培养和收费生）。计划外招收的学生可降低入学录取分数线，学费标准也大大高于国家确定的收费标准，这是高教财政的一项重要改革。为解决低收入家庭子女入学的困难，开始实行学生贷款制度，其贷款由学生就业后分期偿还。

（4）1985年以来，尤其1993年以来，国家鼓励高等学校举办高科技产业和向社会提供各种有偿服务，以开拓学校经费的新来源，推动高校教学、科学研究改革，为社会经济和科技发展服务。为此，政府给予税收优惠，如免交利润所得税。

（四）高等教育财政结构的变化

以上改革使高教投资结构发生变动，由政府单一拨款变为以政府拨款为主，包括学生学费、学校创收、社会捐赠多元的投资结构。1992年，高等教育投资来源中，政府拨款由1978年的96.4%下降到83.65%，学费占3.3%，学校创收用于教学的经费占13.6%。

1980年以来，教育开始利用世界银行贷款，累计使用世界银行贷款达10亿美元以上，其中部分贷款为高教贷款，还款由中央和省两级财政负担。

三、中国高等教育财政的前景

（一）背景

（1）中国将在20世纪末基本上建立起社会主义市场经济体制，基本上完成向市场经济的转变，对外开放也将在广度和深度上进一步发展，GNP的年增长率以年9%以上的速度增长，经济发展水平将超过预定目标达到新的高度。

（2）以分税制为主要内容的财政体制更加完善，财政收入占GNP的比重，中央财政收入占财政的比重将有明显的提高，财政支出中公共教育支出比重也逐步提高，经济和财政体制改革将有力地推动高等教育的发展。

（3）中国高等教育规模将达到新的水平，如果在校生从1992年到2000年，以年6%的速度增长，2000年高校在校生将达350万~400万人，加上成人高等教育，在校生将达600万~650万人，高等教育的毛入学率将从目前的4.7%提高到7.5%~8%。

（二）高等教育管理体制（与高教财政有关的）

（1）在办学体制上，中央与地方两级办学及管理将以地方为主，现有国务院非教育职能部门的学校，除保留少数行业性强、地方不宜办的带有示范性的学校外，其余将逐步交由地方办，或与地方联办，或与大型企业集团联办。各大学之间将广泛发展多种形式的联合办学，以实现资源共享。同时鼓励民间依法办学，大力推进学校与外国大学之间的国际交流与合作。

（2）进一步扩大地方政府和学校的教育决策权，包括招生、专业调整、机构设置、干部任免、经费使用、职称评定、工资分配、国际交流合作等方面的权利，最终使学校成为面向社会自主办学的法人实体。政府对学校的管理，将转变为运用立法、拨款、规划、信息、政策和必要的行政手段进行宏观管理。

（三）高等教育财政体制

（1）教育经费将以法律和法规加以保证。按照《中国教育改革和发展纲要》的规定，2000年，政府教育支出占财政支出达到15%，占国民生产总值达4%，高教经费占国民生产总值1%左右。按照1995年颁布的《教育法》，教育经费将在国家预算支出中单独列项，即从款级提高到类级，从制度上保证教育经费的落实。

（2）政府对学校拨款，在“综合定额加专项补助”的基础上，将采用公平、效率、高教政策（政府支持、限制、保护的专业）多参数组合的拨款公式，以提高高等教育资源利用效率和促使高等教育结构的合理化。

（3）随着居民收入水平的提高，大学学费将逐步提高标准，并由中央和省级政府规定，使学费达到高等教育总经费的15%~20%。同时，进一步完善勤工助学、奖学金、学生贷款制度，使低收入家庭子女入学机会有切实保障。

（4）高等学校将在政府政策支持下，进一步发挥高校人才和科技优势，在全面完成教学、科研工作的条件下，高科技产业、各种形式的有偿社会服务将更为广泛的开展，其收入用于教学的总量及在高教投资中的比重，将进一步增加，学校创收加上社会捐赠，将占高等教育总经费的15%~20%。

（5）在高等教育总经费中，政府财政拨款绝对量不断增加，其相对量呈逐步下降趋势。由目前的80%以上，降为65%~70%，学费和学校创收、社会捐赠将呈上升趋势，比重将达30%~35%。

附表：

表1　各级普通学校在校生数　单位：万人

年份	总计	大学	中学	小学
1978	21346.8	85.6	6637.2	14624.0
1980	20419.2	114.4	5677.8	14627.0
1985	18633.1	170.3	5092.6	13370.2
1990	17553.1	206.3	5105.4	12241.4
1993	18058.5	253.6	5383.7	12421.2

资料来源：《中国统计摘要》，中国统计出版社1994年版。

表2　普通高等学校学生数（1993年）　单位：万人

	总计	本科	专科
	253.55	141.73	111.81
计划内	192.64	130.82	61.81
计划外	60.91	10.91	50.00
教委所属学校	25.56	21.32	4.24
部委所属学校	85.32	58.14	27.17
地方所属学校	142.66	62.26	80.39

注：计划内即国家任务；计划外包括委托培养、自费生、教师本专科。

资料来源：《中国教育事业统计年鉴（1993）》，人民教育出版社1994年版。

表3　高等教育经费来源结构　单位：%

项目＼年份	1990	1991	1992	1993
一、国家财政预算内教育经费	87.65	86.90	83.65	81.10
1. 教育事业费	64.87	65.30	63.27	61.46
2. 教育基建费	22.78	21.60	20.38	19.64
二、预算外教育经费	12.35	13.10	16.35	18.90
1. 学校创收	10.52	10.69	12.66	9.26
2. 学费	1.83	2.96	3.30	6.65
3. 社会捐赠	0.22	0.73	0.39	0.80
4. 其他	2.73	2.96	3.73	2.18

资料来源：根据有关数字推算。

深化教育财政体制改革*

财政性教育经费占国内生产总值比例不应继续固定挂钩。第一，4%比例的确定有其特殊的历史背景。第二，政府教育支出占国内生产总值的比例，是联合国教科文组织早年提出的用于评价和监测各国政府教育努力程度或政府教育投入水平的指标，而并非政府教育财政决策指标。第三，国内生产总值并不能直接在各项公共支出间进行分配，可分配的是国民收入中的财政收入。

为使公共教育支出持续稳定增长，不应继续采取与财政和生产总值挂钩的方式，而应转向以教育财政制度保障政府教育支出。

《中共中央关于全面深化改革若干重大问题的决定》（以下简称《决定》）提出了全面深化改革的指导思想、目标任务和重大原则，其中深化财政体制改革部分提出，“改进预算管理制度”、“完善税收制度”和“建立事权和支出责任相适应的制度”。作为财政制度重要组成部分的教育财政制度，也应进行相应改革。

一、完善教育财政投入体制

《决定》在关于预算制度改革部分提出：“清理规范重点支出同财政收支

---

* 本文原载于《中国教育报》2014年3月7日。

增幅或生产总值挂钩事项，一般不采取挂钩方式。”我国现行的教育财政支出的相关法规，既同财政挂钩，又同生产总值挂钩。1995 年颁布的《教育法》第五十四条规定，“国家财政性教育经费支出占国民生产总值的比例应当随着国民经济的发展和财政收入的增长逐步提高。具体比例和实施步骤由国务院规定。全国各级财政支出总额中教育经费所占比例应当随着国民经济的发展逐步提高”。第五十五条规定，“各级人民政府教育财政拨款的增长应当高于财政经常性收入的增长，并使按在校学生人数平均的教育费用逐步增长，保证教师工资和学生人均公用经费逐步增长”。1998 年颁布的《高等教育法》第六十条和 2006 年修订的《义务教育法》第四十二条，重申了《教育法》的规定。1993 年《中国教育改革和发展纲要》规定，“逐步提高国家财政性教育经费支出占国民生产总值的比例，本世纪末达到4%”。《国家中长期教育改革和发展规划纲要（2010 ~ 2020 年）》第五十六条规定，“提高国家财政性教育经费支出占国内生产总值比例，2012 年达到 4%”。

教育财政支出（或称公共教育支出，政府教育支出）同财政收支挂钩有两种方式。一种是固定挂钩，即教育财政支出占财政支出的比例固定，或教育财政支出的增长同财政收入增长按一定系数固定。二是弹性挂钩，即教育财政支出增长高于财政收入增长，但不固定提高的数量界限，或教育财政支出占财政支出比例逐步提高，但不固定提高的数量界限。我国现行相关法规的规定基本属于弹性挂钩，只有个别年份，中央政府有关部门规定过中央财政用于教育的支出 3 年内每年增加一个百分点，规定 2011 ~ 2012 年各省教育财政支出应达本省财政支出的百分比。

教育财政支出同财政固定挂钩方式不可取。第一，将导致财政支出结构固化。一国一行政区的财政支出结构主要由政府职能和经济发展阶段所决定，应是不断变化而非一成不变的。我国政府职能正处于进一步转变过程中，经济发展正处于升级换代阶段，且行政区间经济发展阶段和水平存在巨大差异。财政支出结构处于动态调整过程中。将某些重点支出占财政支出固化，既不符合财政支出结构变动一般规律，也不利于财政支出结构的优化。第二，将加剧同级政府不同部门间争夺公共财政资源竞争的攀比效应。政府不同部门作为利益集团，其行为特征之一是获取公共资源和公共权力的最大化，这是计划经济或市场经济国家的共同特征。某一部门和管理的领域支出同财政收支固化，必将引起攀比效应，以各种方式证明其在经济社会发展中的重要性和财政投入不足，以争取公共资源和公共权力最大化。“一年之计在于争”、“跑步钱进”，是这一特征在我国的鲜明写照。

弹性挂钩也会产生与固定挂钩同样的问题，而且不可稳定和持续发展。因为财政收入及其增长最终取决于经济增长，在市场经济和经济全球化的条件下，经济增长具有周期性，而财政支出结构处在变动过程中。要求各项重点支出的增长高于财政收入增长是难以实现的，但作为民生支出重点的教育支出，在一定时期内其增长与财政收支弹性挂钩仍是必要和可行的。法治国家必须依法理财，在我国教育法等相关法规未修改条件下，政府教育支出仍须依法实现“三个增长”和两个比例逐步提高。

财政性教育经费占国内生产总值比例不应继续固定挂钩。第一，4%比例的确定有其特殊的历史背景。改革开放初期，我国政府职能基本上是计划经济体制的产物，尚未发生实质性改变，由此而来的是教育亟待发展而经费严重短缺。为此，国务院在20世纪90年代中期做出了财政性教育经费占国内生产总值4%的规定。经过近20年努力，政府职能和财政支出结构已发生重大变化，4%的目标2012年已经实现。第二，政府教育支出占国内生产总值的比例，是联合国教科文组织早年提出的用于评价和监测各国政府教育努力程度或政府教育投入水平的指标，而并非政府教育财政决策指标。一些国际组织和学者给出同等经济发展水平条件下政府教育支出应占国内生产总值的比例，其价值和局限均在于对一国教育财政决策目标只具有参考价值。根本原因在于，即使同等经济发展水平条件下，国家间国情、财情、教情并不相同。第三，国内生产总值并不能直接在各项公共支出间进行分配，可分配的是国民收入中的财政收入。政府教育支出占国内生产总值的比例是事后统计结果，不具有可操作性。可操作的是政府教育支出占财政支出比例，而此项指标由于不同国家和时期，其财政收入水平和支出结构不具可比性，由此做出的国际比较和给出的比例也具有很大局限性，不应作为一国决策的依据。

科教兴国、教育优先发展已是我国国策，提供公共教育服务是政府和财政的基本职能，教育服务是成本递增的服务，为使公共教育支出持续稳定增长，不应继续采取与财政和生产总值挂钩的方式，而应转向以教育财政制度保障政府教育支出。第一，尽快制定国家和省级各级各类教育的生均拨款标准，标准的制定既要考虑教育需求，也要兼顾财政供给可能，应由教育和财政等各部门共同制定，标准应是动态的，其内容应包括基本支出和项目支出。第二，将此标准按层级政府间各级各类教育事权与支出责任的明确划分，分别纳入各级财政预算，最终由同级人大通过后执行。

二、建立与事权、支出责任、支出能力相应的教育财政制度

《决定》第19条提出，“建立事权和支出责任相适应的制度”，对中央和地方的事权和支出责任做了原则性大致划分，并提出，“适度加强中央事权和支出责任”，“进一步理顺中央和地方收入划分”。

如何认识和处理中央与地方财政关系是一个老问题，我国也历经多次改革。从理论和制度上来说，应在明确界定市场经济中政府和市场作用边界的基础上，按照公共产品和服务的层次性分为全国性、地方性、跨区域（外溢性）公共产品和服务。按照事权、支出责任、支出能力的思路，规范中央和各级地方的事权、支出责任划分。

从我国现行制度规范和执行来说，中央事权和支出责任相对较小，地方尤其是县级事权和支出责任较大，中央财力相对较大，地方尤其是县级财力较小。改革的思路可适当提高中央的事权、支出责任，或提高地方尤其是县级财力。也可以二者结合，双管齐下。就公共服务重要组成部分的教育而言，其现行事权和支出责任的划分存在以下问题：第一，事权与责任划分不明确，如“中央统一领导下各地方分工负责”、“基础教育以县为主”、“加强教育省

级统筹”、“高教管理以省为主”等，如何分工、何谓“为主”和“省级统筹”，均未有边界清晰的规定，结果导致权责交叉过多，同一权责中央与地方层级的政府间存在交叉。第二，事权与支出责任划分重心过低，层层下放，中央直接承担的事权和支出责任过少。中央政府的事权和支出责任主要是中央直属高校。第三，事权与支出责任、支出能力不相匹配，特别是贫困地区和贫困县无力承担其与事权相应的支出责任。实际执行中，基本上是谁办的学校谁管，谁管的学校谁承担支出责任。从财力来说，中央到各级地方，层级越高财力越大，层级越低财力越小。从事权与支出责任来说，层级越低责任越大，层级越高责任越小。形成事权和支出责任呈金字塔形，支出责任呈倒金字塔形。弥补的办法是中央对地方名目多、重复交叉的教育财政专项转移支付。

深化教育财政体制改革，首先，应以法律明确规定各级各类教育中央和各级地方政府的事权与支出责任，将模糊的原则性规定，改为明确的可操作的具体规定。其次，加强中央政府的教育事权和支出责任。在人口城镇化和人口跨区域大规模流动背景下，包括基础教育在内的各级各类教育区域外部性逐步增强。无论从招生和就业来说，地方高校早已成为跨区域的公共服务，中央政府应承担更大的事权与支出责任。最后，通过税制改革，使县级政府拥有更多财力，以支撑其事权和支出责任。

三、清理、整合、规范教育财政专项转移支付

《决定》在改进预算管理制度中提出，“完善一般性转移支付增长机制”，“清理、整合、规范专项转移支付项目”。对于前者提出“中央出台增支政策形成的地方财力缺口，原则上通过一般性转移支付调节”，对于后者提出“逐步取消竞争性领域专项和地方资金配套，严格控制引导类、救济类、应急类专项，对保留专项进行甄别，属地方事务的划入一般性转移支付”。

一般性转移支付是为解决财政纵向、横向不均衡和辖区收益外溢，实现

公共服务均等化，其管理成本低，地方有支配权，便于因地制宜。专项转移支付是为执行上级政府特定政策给予下级地方政府的财政资金，它规定了使用方向，有的还要求地方资金配套。我国改革的趋势是加大中央一般性转移支付的比重，减少专项转移支付比重。

教育类转移支付属于专项转移支付。现存的问题是项目繁多，项目几乎涵盖了各级各类教育及其人、财、物各种投入要素，同级同类教育同一投入要素项目交叉、重叠。如对贫困地区改善义务教育办学条件的项目，高等教育中用于支持学科建设的项目，中央和地方不同部门各种支持人才引进和培养的项目，名目繁多、交叉、重叠。在现行预算体制下，部门预算由基本支出和项目支出构成，基本支出水平难以增加，于是专项支出成了争取财政资金的手段。专项转移支出项目，在制度设计执行和监管上都存在不规范现象，“跑步钱进”，弄虚作假、挪用、消费十分严重。

为此，凡应该且可行的教育专项转移支付要纳入一般性转移支付，对应纳入专项转移支付的项目应进行整合，避免交叉、重叠。教育专项转移支付项目要完善制度规范。

第八篇

教育经济学学科建设

- 关于教育经济学对象与方法的思考
- 创建中国特色的教育经济学学科体系
- 中国教育发展与改革中面临的若干教育经济理论与方法问题
- 教育经济实证研究与规范研究的案例
- 教育经济研究的价值

关于教育经济学对象与方法的思考*

一、思考的价值

教育经济学作为一门新兴的学科，自20世纪60年代产生以来已有数十载。国内外学术界对教育经济学的研究，在广度和深度上有了长足的发展，对政府、学校、企业乃至家庭的教育决策产生了深远的、与日俱增的影响。但人们对这一学科的研究对象和方法、逻辑结构等学科建设方面的问题关注不够，学术文献凤毛麟角，多在教科书中略有涉猎，而且众说纷纭。这是各学科形成与发展过程中的普遍现象，也可视为学科不成熟的重要表现。

学科的对象与方法、学科的逻辑与性质属于学科建设的方法论。其研究的价值在于：

第一，它关系着学科研究边界的界定，一学科和他学科的区别。对于学科分类的标准，在科学哲学发展过程中，有英国学者培根根据人类的理性能力（记忆、想象、判断）对学科分类的主观唯心论。法国学者圣西门否定这种主观分类标准，提出以客观研究对象作为学科分类标准。德国古典哲学家黑格尔认为圣西门提出的客观对象只是事物的表象和机械对象，他以辩证发展观把学科分类，学科间的转化视为绝对精神自我发展的结果，从而陷入了唯心论。恩格斯在总结科学分类历史的基础上，主张以辩证唯物论为指导思

* 本文原载于《北京师范大学学报》（社科版）2006年第1期。

想，提出科学分类的客观性与发展性原则，主张按物质运动形态对学科进行分类。后来有的学者提出以研究方法作为学科分类标准。总的说来，以研究对象作为学科分类标准是学科分类的主流，并由此形成了科学分类的框架，将科学分为自然科学、社会科学、人文科学、哲学及其分支。尽管科学分类仍在发展，但笔者认为，以历史唯物论与辩证唯物论为指导思想，科学分类的标准应是其研究对象，即以科学研究的客观事物作为基本标准，力求做到主客观的统一、历史与逻辑的统一、形式逻辑与辩证逻辑的统一。因而，科学地界定教育经济学的研究对象与方法，可以使其成为区别于其他学科的独立学科的基本依据。

第二，它关系着学科内容与体系的构建。一个学科的基本内容及其逻辑体系的构建，应以科学研究的客观事物的内在联系和运动规律为基础。它是客观事物内在联系和运动规律在人主观认识上的反映。人对客观事物及其运动规律的认识是一个不断深化和完善的历史过程。某一个学科的逻辑体系的构建不可能一蹴而就，但是科学研究对象的界定，必定是人们认识某一客观事物及其运动规律的重要前提。如果人们不明确其研究的客观对象，也就难以发现其特殊的质和运动规律，并在此基础上构建其逻辑体系。

第三，它关系着学科的发展、研究空间的扩展和研究内容的深化。伴随人们对客观事物认识的发展，每一学科研究的广度和深度都在逐步扩展和深化，研究方法、技术手段逐步改进和完善，乃至学科间相互交叉。但每一学科都有其区别于其他学科的独特的研究对象和方法，其研究的客观事物也必有其独特的运动规律。只有科学的界定学科的研究对象和方法，对某一客观事物的研究才有可能不断扩展和深化。

第四，它关系着人才培养和学科持续发展。任何科学发展都经历了从逐步形成到发展、日趋成熟和完善的历史过程。这一历史过程也是科学在代际之间不断继承和创新的过程，它需要多代人持续不断地探究和努力，存在着继承和创新的关系。只有继承才可能创新，只有创新才能发展。作为未来新一代学者，首先要继承前人积累的研究成果，尤其是前人已经确立的该学科的研究对象、方法、逻辑，只有在此基础上才能不断创新。

二、研究对象

关于教育经济学研究的对象，国内外不同学者看法不尽相同。可以作如下归纳。

（1）认为教育经济学是研究教育与经济相互关系的学科。厉以宁认为：“教育经济学是教育学和经济学的交叉学科，它研究教育和经济之间的相互制约关系。[①] 杨葆焜也认为：“教育经济学是一门研究社会主义教育与经济之间的相互关系及其运动规律的科学。”[②]《中国大百科全书》和顾明远主编的《教育大辞典》在教育经济学的词条释文中也作出基本相同的表述。教育与经济相互关系是双向的，既包括教育对经济的作用，也包括经济对教育的作用。这种观点指向的是宏观上教育与教育的外部即经济的相互关系。

（2）认为教育经济学是研究教育的投入与产出、成本与效益的学科。这种意见反映了教育经济学的基本内容，也是将经济学，尤其是投资经济学移植到教育经济学中的表现。同人类的经济活动、社会活动一样，教育需要一定的人、财、物资源投入，教育也可获得一定的产出，表现为受教育者知识、技能、能力的增进，价值观的形成等，这种资源投入与产出也就是教育的成本与效益。

（3）认为教育经济学是研究稀缺的教育资源如何配置。科恩在他所著的《教育经济学》中指出：“教育经济学研究的是在不管是用货币与否的情况下，人和社会是如何选择使用稀缺的生产资源及在社会各种成员和集团中进行（特别是通过正规教育）各种训练、发展知识、技能、智力和品德，等等。”[③] 这种表述是西方经济学研究对象在教育经济学中的移植。西方经济学是研究

① 厉以宁：《教育经济学》，北京出版社 1984 年版，第 2 页。

② 杨葆焜：《教育经济学》，华中师范大学出版社 1984 年版，第 14 页。

③ ［美］E. 科恩：《教育经济学》，王玉昆、陈国良、李超译，华中师范大学出版社 1988 年版，第 2 页。

既定制度下稀缺资源的有效配置，作为经济学的分支学科，教育经济学的研究对象是稀缺教育资源的有效配置。

上述三种观点是从不同的视角对教育经济学研究对象及其内容所作出的概括。应如何确定教育经济学的研究对象呢？笔者认为恩格斯关于科学研究对象的方法论给我们指明了方向。科学研究对象的确定，应根据科学对象所具有的特殊的物质运动形式。“每一门科学都是分析某一个别的运动形式或一系列互相关联和互相转化的运动形式的，因此，科学分类就是这些运动形式本身依据其内部所固有的次序的分类的排列，因而它的重要性也正在这里。”① 恩格斯将物质运动形态分为物质、机械、化学、生物和社会运动五类，与此相应，有力学、物理学、化学、生物学和社会科学五类。

教育经济学的研究对象或客体，是教育中的经济现象或问题。教育是人类社会运动的一部分，它既不同于自然界的物质运动，也有别于人类社会运动的其他形式，其本质的规定性在于传承和传播人类在生产和社会实践中积累起来的生产知识和社会知识，以促进人的发展和社会的发展。教育所采取的形式，在人类社会发展进程中，依次为父传子、师徒制、近代的以班级和学校作为主要组织形式的学校教育，以及与之并存的家庭教育、社会教育、各种职前和在职培训等。

教育作为人类活动的一部分，同人类社会其他运动形式，诸如政治、经济、社会、文化、科学技术、管理乃至儿童和青少年的身心发展有着密不可分的关系。这些与教育相关的人类各种社会活动，都有其独特的运动形式与规律。与此相适应，与教育相关的学科诸如教育政治学、教育经济学、教育社会学、教育技术学、教育管理学、教育心理学等便逐渐形成。

在人类社会各种活动或运动形式中，经济活动是最基本的活动，它是人类一切活动的物质基础。教育作为人类社会活动的一部分，同经济活动密不可分。从教育的外部关系看，经济是教育发展的基础，教育的需求与供给、

① 《马克思恩格斯全集》，第20卷，人民出版社1971年版，第593页。

教育的结构与规模、教育的增长速度，最终是由经济决定的。同时，教育对经济也具有与日俱增的作用。从教育内部来看，教育中也存在着经济活动。教育的进行需要一定的人力、物力、财力等资源投入，也可获得一定的产出：受教育者知识、技能、能力的增进，社会所要求的价值观、品质、道德的形成等。教育中同样存在着稀缺资源的有效配置的问题。但教育中的经济活动，既有经济活动中的一般规律，也有其不同于一般经济活动的特殊的运动规律。既然教育经济学是研究教育中的经济活动及其规律，它所用的基本工具，应是经济学的理论与方法。

由此，我们可以对教育经济学的对象做出如下的规定：“教育经济学主要是运用经济学的理论和方法，研究教育与经济的相互关系及其变化的发展规律，研究教育领域中经济投入和产出规律的科学。”① 前述不同学者对教育经济学的研究对象的表述，都是正确的，都暗含教育经济学是研究教育中的经济现象和问题，区别在于他们强调的着重点不同。第一种观点强调的是教育外部关系中同经济的相互关系；第二种观点强调的是教育内部的经济活动及其规律；第三种观点强调的是教育资源如何在教育内部有效配置。

一门学科的基本内容和逻辑体系是该学科研究的客体运动规律在人们主观认识上的反映。教育经济作为人类活动的一部分，同人类其他的社会活动一样，在历史长河中经历着不同的发展阶段，在不同国家不同时期，由于受到经济的、政治的、文化科学技术的制约或影响，面临着不同的问题，呈现出纷繁的运动形态，再加上人们主观认识的差异和发展，作为一门年轻的学科，教育经济学的内容和体系不尽相同，并在不断发展。但是当我们确立了它的研究对象并对其运动规律有了初步认识之后，仍然有可能对其内容和体系作出粗浅的概括。

20 世纪 90 年代初，作者曾将教育经济学的内容初步归纳为三部分：即教育的投入与产出、成本与效益；教育与经济、社会的协调发展；教育体制与

---

① 王善迈：《教育投入与产出研究》，河北教育出版社 1996 年版，第 29 页。

经济体制。如果将教育经济学视为经济学的分支学科，借用西方经济学的理论框架，可尝试将教育经济学的基本内容作如下的架构：微观或学校教育经济学包括教育的需求与生产、教育成本与效率、教育的"市场"结构、教育的组织与治理结构；宏观教育经济学（或教育与经济、社会的经济学）包括教育与劳动力市场、教育与经济增长、教育与收入分配、教育与社会发展、教育财政与教育财政制度。这种概括极其粗浅，目的在于抛砖引玉。

三、研究方法

科学的研究方法，从最一般意义上说，指的是人们认识世界和改造世界的方法、技术和手段。任何科学理论都是人们运用一定的方法与手段所达到的对客观世界抽象的、系统的认识。当一门科学研究对象或研究问题及研究的特定目的确定以后，研究方法就成为科学研究的首要问题。正确的方法论是人们正确认识客观世界的基本工具，它关系着人们能否正确地认识世界，也关系着各项研究的成效。因此，在科学与学科发展过程中逐步形成了专门探究研究方法的方法学科，包括哲学方法论、科学方法论、学科方法论。

科学的研究方法包括两个层次：一是世界观层次的基本方法；二是各学科的具体方法。作为基本的方法论，应是马克思、恩格斯确立的辩证唯物论和历史唯物论，它是科学的世界观和方法论，也是科学研究的基本方法。各学科的研究方法是辩证唯物论和历史唯物论在学科研究中的具体体现。辩证唯物论和历史唯物论的认识论从物质第一性、意识第二性这一基本观点出发，认为人们的认识来源于客观世界，是客观世界规律在人们头脑中的反映，并以客观实践作为检验其正确与否的唯一标准。人们的认识也是随着客观世界的发展而发展，不可能一次终结。

作为各学科的具体方法，在上述基本方法论基础上，取决于各学科的研究对象。由于各学科研究对象不同，人们必须按照对象的特点，采用能够充分认识对象性质和运动规律的方法。通常人们将科学分为自然科学、社会科学、人文科学几大类。自然科学的对象是自然现象，社会科学的对象是人们的社会现象，人文科学的对象则是人类的精神现象。他们各不相同，都有其自身的特征和运动规律，例如，自然现象相对来说是简单的、可重复的、无目的的，而社会现象和精神现象则是复杂多变的、不可重复的、有明显的目的性。因而其研究方法各不相同，自然科学易于做到“价值中立”，社会科学、人文科学则难以做到。自然科学广泛使用实验仪器设备等物质手段和实验方法，而社会科学、人文科学往往“既不能用显微镜，也不能用化学试剂。两者都必须用抽象力来代替”。① 诚然，这些区别是相对的，随着科学的发展，他们之间也呈现相互交叉。

教育经济学是从经济学分化出来的经济学的分支学科，其研究对象是作为人类社会活动中教育活动的经济现象及其运动规律，基本研究方法是经济学的方法。经济学的方法有西方经济和马克思主义经济学方法。西方经济学的方法经历了一个发展过程，不同学派有不同的方法，不同的经济学分支学科也有各自的具体方法。这里只对现代经济学常用的基本方法作一概述，包括实证分析与规范分析、定量分析与定性分析、静态分析与动态分析、个量分析与总量分析、比较分析等方法。

实证分析和规范分析最初来源于西方科学哲学中孔德主义和库恩的规范主义。经济学中的实证分析回答经济现象“是什么”的问题，研究经济体系实际是怎样运行的。它作出经济行为的有关假定，对行为的后果作出分析和陈述，并以各种方式对结论进行检验。它力求说明“是什么”的问题，而不回答“应该是什么”。规范分析回答经济现象“应该是什么”，研究经济体系应该怎样运行。它以一定的价值判断为出发点，提出行为准则，研究如何才能符合这些准则。二者的区别在于是否进行价值判断，前者主张摆脱价值判断，后者主张价值判断贯穿始终。二者的联系表现在，规范分析要以实证分析为基础，规范分析的演绎前提和结论，必须通过实证分析的实践检验，而

① 马克思：《资本论》，经济科学出版社 1987 年版，第 2 页。

实证分析要以规范分析为前提。经济学的目的不仅在于解释世界，而且还在于改造世界。实证分析的问题，来自于规范分析，而且为规范目标服务，实证分析中推理的“逻辑取向”也是由规范分析规定的。因而在经济学的研究中，通常将两者结合。

定性分析和定量分析是经济研究中的重要方法。马克思主义辩证唯物论认为，任何事物都是质与量的对立统一。质总是有一定量的质，一定的质通过一定的量表现出来。量总是一定质的基础上的量，一定的量总是和一定的质相联系。一定的质决定着一定的量，质规定着量的活动范围，质又以一定量作为必要条件，量变超出数量界限，质就会发生改变。因而在经济学研究中总是把定性分析与定量分析结合起来，定性分析是定量分析的基础，定量分析是定性分析的深化和精确化。定量分析必须借用数学方法，包括数理经济分析、经济统计分析和计量经济分析。数学方法作为一种经济分析方法和表达工具，它是必要和可行的，但它也有其局限性。如果离开质的分析，它将成为一种数字游戏，而且许多经济问题难以用数学模型加以解释。

唯物辩证法认为，任何事物都是运动和静止的统一，既有相对的稳定，又处于运动之中。因此，在经济研究中，应把静态分析和动态分析结合起来。静态分析是对某一时间和空间的经济现象进行分析，观察其水平、规模、结构、特征等。动态分析是对某一历史时期的经济活动进行分析，观察其变化的方向、趋势和速度等。二者互为前提、互相补充，区别在于动态分析加进了时间因素。

经济学中由于具体研究对象不同，分别采用个量分析和总量分析的方法。个量分析以单个经济主体为分析对象，其特点在于舍掉复杂的外在因素，假定其他条件不变的前提下，研究个体经济活动的特征与规律。总量分析以国民经济总体为对象，假定制度不变和个量不变前提下，研究经济总量（或宏观经济）的运行特征及规律。经济活动的个量与总量既有区别又有联系。个量是总量的基础，但总量并非个量简单的相加，个量总是受到总量的影响和制约。二者的争论实质是经济学中个体主义和整体主义之争，至今未有终结。

二者各有优势，又各有局限。在现实研究中，要将二者结合，才能对经济现象及其规律作出科学的解释。

在经济研究中常常用比较方法，包括国家之间、地区之间、经济单一位之间的比较。规律总是存在于大量现象中，只有从大量的现象中才能找出事物的运动规律。因此，比较的方法是必要的、可行的，但是比较不是现象的罗列和介绍，而是要找出其异同、约束条件和共同的规律。同时，比较对象应具有可比性，应采用科学的比较方法。简单化的罗列现象和简单化的比较，其结论没有什么价值。

由于教育中的经济活动同经济领域中的经济活动，既有共性，也有个性，在运用经济学的方法时，应考虑教育活动的特殊性。同时，在教育经济学的研究中，研究的具体对象和问题不同，采用的方法也不尽相同。

四、学科性质

就国内而言，对教育经济学科性质看法不同。从事教育研究的学者大多认为，它属于教育科学的分支学科，国务院学位办在1998年前，曾将教育经济学列入教育科学。从事经济学研究的学者多认为它属于经济学的分支学科。二者都能接受的观点认为它属于教育科学和经济科学的交叉学科。国务院学位办1998年在调整学位分类中，又将教育经济学和教育管理学合并，归人管理学中的公共管理的二级学科。

笔者认为教育经济学属于经济学的分支学科。首先，它是从经济学分化出来的，教育经济学发端于经济学中人力资本理论的形成。20世纪50年代中期以来，美国经济学家舒尔茨、明瑟、贝克尔等人，根据发达国家的经济统计，在探讨经济增长与收入分配之谜的过程中创立了人力资本理论。贝克尔则认为人类一切行为都可以诉诸经济学分析，将新古典经济学的基本工具应用于人力投资分析，提出人力资本理论框架。以人力资本理论为基础形成了教育经济学。其次，教育经济学研究的现象是教育中的经济现象和问题，所用的基本工具，是经济学的理论与方法，因此，教育经济学就其性质来说，应是经济学的分支学科，属于非物质生产领域的经济学。同时，也可以认为教育经济学是教育科学与经济科学的交叉学科。因为，其研究对象和方法互相交叉，它研究教育中的现象和问题，也部分地、少量地运用了教育科学的理论与方法。

明确教育经济学的学科性质，对于该学科的建设有重要意义。从研究者来说，它不仅需要有教育科学的理论与知识，更需要掌握经济学的理论与方法，尤其是其中的微观经济与宏观经济学、公共经济学、劳动经济学、计量经济学、经济统计学、制度经济学等学科。否则，研究难以深化，更难以对教育中的经济运动规律作出科学的探究。

创建中国特色的教育经济学学科体系*

一、关于命题

探讨这一问题，首先要确定这一命题能否成立。为此，需要考虑两个问题：其一，是否存在教育经济学学科体系；其二，是否存在中国特色的教育经济学学科体系。

关于前者，回答是肯定的。作为一个学科必定有其学科体系，否则就不能称其为学科。传统的成熟的学科，包括自然科学、人文社会科学及其分支学科经过长期的发展，已经形成相对完整的学科体系。问题是新兴的交叉学科是否存在独立的完整的学科体系。当前作为处在发展过程中的一些新兴交叉学科尚未形成完整的学科体系，未形成不等于不能成立。学科的分化、交叉和综合是学科发展的重要趋势，旨在探讨某一特定的研究对象或领域的发展时，越来越多地运用多种学科的理论与方法，形成自身的学科体系需要不断探索和积累，最终形成其学科体系。教育经济学旨在研究教育领域中经济活动及其规律，从经济学的视角来说，旨在研究稀缺的教育资源如何公平有效的配置。教育经济学自20世纪60年代在西方产生以来，其研究的广度和深度获得长足的发展，教育经济学的学术著作、学术论文和教材层出不穷，但独立的相对完整的学科体系还未形成，经过研究

* 本文原载于《教育与经济》2012年第1期。

者长期的共同努力终会形成。

关于后者，建设中国特色的教育经济学学科体系这一命题亦是可以成立的。首先，教育经济学属于人文社会科学中的社会科学，人文科学是研究人的精神世界，社会科学则是研究人的社会行为。与自然科学不同，研究人的精神世界和人的社会行为含有价值判断和意识形态，在不同的社会制度和社会背景下会有不同。同时，从哲学角度来说，事物发展规律有一般规律，也有特殊规律。一般规律是从特殊规律中抽象出来的。就教育经济学而言，不同国家不同历史时期，既有共同的问题，也有特殊的问题，既有普遍规律，也有特殊规律。中国是一个处于经济与社会转型中的发展中大国，在教育改革与发展的过程中面临的经济问题，既有发达国家曾经遇到过的问题，也有中国特殊的问题，需要中国学者既要有国际视野，又要立足于中国的国情做出回答。从现实来看，许多发达国家教育经济学的学者，其研究成果也多是从作者所在国的教育现实问题出发，试图探寻教育经济的一般规律，[①] 其成果或结论，尤其是理论与制度安排未必适用于中国。因此，建立中国特色的教育经济学学科体系这一命题是可以成立的。

二、必要性和价值

此命题确定后，接下来要讨论的问题是建立中国特色的教育经济学学科体系的必要性及其价值。

首先是基于学科建设的需要。任何学科都必经历从产生到发展、从不成熟到成熟的历史过程。作为成熟学科，有三个基本标志：一是具有明确的特殊的研究对象和研究边界；二是具有独立的基本范畴和相对严密的逻辑框架；三是作为支撑的独立的基本理论和研究方法。[②] 从国际范围来看，教育经济学

---

① ［美］埃尔查南·科恩，科恩·G. 盖斯克著，范元伟译：《教育经济学》，格致出版社2009年版，第1～2页。

② 王善迈：《加强教育经济学学科建设》，载《教育与经济》2004年第3期。

这些基本标志尚未完全形成。研究对象和学科性质存在分歧，[①] 所用范畴大多是从经济学相关学科移植过来，缺乏相对严密的逻辑体系，已有框架大多是问题的分块罗列，问题之间缺乏内在逻辑关系。已有的理论还不完善，不能完全解释教育中各类经济现象和问题。所用研究方法大多是沿用经济学或教育学的研究方法，尤其是越来越多地采用计量经济学的方法，尚未形成独特研究方法。

从中国来说，教育经济学作为一个学科是舶来品。20 世纪以来，中国的学者杨贤江、古梅、陈友松等人曾对中国教育经济、教育财政问题做过研究。[②] 古梅 1934 年出版《中国教育之经济观》，[③] 陈友松 1936 年在国内出版其在美国哥伦比亚大学的博士论文《中国教育财政之改进》。[④⑤] 作为一个学科，在中国台湾和大陆是20 世纪 70 年代以后从西方和苏联引进的。此后，经历了引进与传播、消化中不断地自主研究，已经进入创建中国特色教育经济学的新时期。作为学科体系的载体是高等学校的教科书或教材，我国已出版的教育经济学教材有三种，一是翻译英美的教材；二是翻译苏联的教材；三是我国部分高校该学科教师编写的教材；自 20 世纪 80 年代以来，已出版教材几十种，其逻辑体系各具特色，基本理论基本框架和学术观点不尽相同。这是任何学科建设过程中必经的过程。从学科建设来说，目前需要加快形成学界共识的具有中国特色的学科体系，以推进学科发展。

其次是基于教育和人才培养的需要。我国是一个教育大国，在教育改革和发展中不断产生大量的教育经济问题，需要从理论、制度和政策上加以回答和解决，为此需要培养大批教育经济专门人才。由于教育经济学对于稀缺

① 钱林晓：《具有交叉学科意义的教育经济学方法论研究》，光明日报出版社 2009 年版，第 8 ~ 15 页。

② 范先佐：《20 世纪中国教育经济学发展的回顾与前瞻》，载《华中师范大学学报（人文社会科学版）》1999 年第 1 期。

③ 古梅：《中国教育之经济学观》，民智出版社 1934 年版。

④ 陈友松：《中国教育财政之改进》，商务印书馆 1936 年版，英文版。

⑤ 方胜辉、何光荣：《陈友松教育文集》，社会科学文献出版社 2009 年版，第 7 ~ 150 页。

教育资源的有效配置和效率的提高，对于教育改革和发展、教育与经济社会协调发展，政府、学校乃至家庭教育决策与管理具有重要作用，①② 相关的决策者管理者也需要掌握教育经济学的基本理论与知识。我国从20世纪80年代以来在高等教育本科、硕士、博士研究生教育中设置大批本科专业和硕士、博士授予单位，以培养教育经济学专门人才。同时对在职人员，包括政府机构；学校相关决策与管理人员进行了大规模的培训，教育经济学是培训重要内容。无论是专门人才培养还是在职人员培训，都需要掌握教育经济学的基本理论和方法，创建具有中国特色的教育经济学学科体系无疑是一项基础性工作。

三、条件与可能

一个学科体系的建立需要一支高水平的学术研究队伍，需要长期研究的积累，需要学术交流与合作。我国已基本具备了这些条件。

经过30多年的队伍建设，我国从事教育经济学教学研究的队伍从无到有，从小到大，已经形成了一支老、中、青相结合，以中青年为主的队伍。在高等学校已建立了国家级的人文社会科学研究基地和国家重点学科，成立了教育经济学研究院所，一大批高等学校获该学科的硕士、博士授予权。已获该学科硕士、博士学位和在读硕士、博士生数以千计，他们具有经济学、教育学、管理学乃至理工科的多学科背景，涌现了一批高水平的有一定国际知名度的研究团队和研究人员，为创建中国特色的教育经济奠定了队伍基础。

在学术研究方面，经过短暂的引进传播，自20世纪80年代以来，学者从中国的国情和教育改革与发展进程中存在的重要问题出发，进行卓有成效的

---

① 盖浙生：《教育经济学》，三民书局1982年版，第10~17页。

② 王善迈：《教育投入与产出》，河北教育出版社1996年版，第1~3页。

理论研究和决策管理咨询应用研究，在国内外发表的学术论文数千篇，出版学术专著和教材数百部。研究范围大大超过了国外教育经济学已有的研究；研究深度大大提升，其中部分研究成果对国家相关立法、各级政府相关决策、对各级各类教育机构的管理，乃至家庭和个人的教育选择产生了重要影响，从而为创建中国特色的教育经济学奠定了良好的学术基础。

开展国际学术交流和合作研究对学科建设和人才培养无疑具有重要作用。改革开放以来，我国在此方面已获得前所未有的进展。就教育经济学而言，在学术研究成果的出版方面，已翻译出版了国外数十部学术专著和教材，在国内学术刊物上发表了一批国外学者的学术论文，我国的学者也在国外著名学术期刊上发表越来越多的学术论文。在学术交流方面，我国学者和研究机构多次参加和主办了双边和多边的国际学术会议，进行了广泛的学术交流。在合作研究方面，我国已和相关国际机构、高等学校建立广泛的合作关系，就教育经济的理论问题和中国问题展开了多层次多方面的研究。在人才交流和人才培养方面，"请进来"与"走出去"同步进行，一批批国外知名学者在国内做学术报告和讲学，一些国内学者也在国外进行学术访问、做学术报告和讲学。在研究队伍中，"海归"在逐渐增多。通过媒体和互联网进行的学术交流和相关信息传播在我国已经非常广泛。日益扩展的学术交流与合作研究对借鉴国外先进的研究成果和研究方法，建立中国的教育经济学学科体系已经并将继续发挥重要的作用。

学术研究的宗旨在于发现问题、认识问题和解决问题。对此，中国有着得天独厚的条件。作为一个处在经济与社会转型期的发展中大国，伴随着经济持续增长和教育快速发展，中国已成为教育大国，形成中国独特的教育发展模式。当前我国经济与教育发展已经进入一个新的历史时期，在教育改革与发展新的进程中面临严峻挑战，存在一系列教育经济问题。这为中国教育经济研究者提供了广阔的空间，需要研究者从理论上做出回答。这必将大大推动中国教育经济学的发展和学科建设。

四、如何创建

关注与合作。目前，我国教育经济学研究者主要精力放在教育改革与发展中诸多理论、制度、政策研究上，尤其是热点问题的研究，而且得到了政府的支持。但对于学科建设，对于创建中国特色教育经济学关注不够。许多高等学校从事本学科的教学研究人员出于教学的需要编著了各具特色的教材，但基本上是各自为政，缺乏合作研究。国家和地方设立的人文社会科学、教育科学研究中，也未曾有该学科建设的项目。相关高校和科研单位，也未就此进行过专门的交流和合作研究。为此，期望同行学者、高等学校、相关研究机构和政府对此给予高度关注和支持。

借鉴与创新。在人文社会科学部分学科的学术研究和学科建设中，有一种令人担忧的倾向。新中国成立后，曾崇尚苏联，沿用苏联的理论与方法研究中国问题。改革开放后，崇尚西方发达国家，借用西方的理论与方法研究和回答中国问题。中国独创的理论与方法严重缺失，更有甚者在研究中简单复制照搬。在学术研究和学科建设过程中，借鉴和吸收国外科学的、先进的成果是必要的，也是过程中的必经阶段。就教育经济学而言，国外的研究成果包括理论与方法，有一部分具有普适价值，有一部分是非普适性的。我们的目标是要建设中国原创的理论与方法，使国外具有普适价值的理论与方法中国化，在此基础上建立中国的教育经济学学科体系。

要创新必须独立思考。这需要处理借鉴与创新的关系，充分掌握和借鉴国外的研究成果是创新的必要前提，而发展和创新是目标。要创新必须独立思考，对他人和前人的研究成果需去伪存真、去粗取精，以发现问题、解决问题。何况教育经济学学科体系还未形成，更有必要自主创新，创建中国教育经济学学科体系。

潜心研究，持之以恒。创建教育经济学学科体系，是一个不断积累、推陈出新的过程，需要研究者潜心研究，持之以恒。当前我国在学术研究中存在着浮躁、急功近利的不良倾向，研究单位和研究者自觉或不自觉地在各种名利诱惑下，大量精力花费在争项目、争资源，急于快出成果，对成果进行种种“包装”和渲染，更有甚者弄虚作假、剽窃他人成果，这种倾向严重侵害学术研究。这种倾向的形成与现行的科学研究、教师和研究人员的评价制度有着密切关系。

在学术评价中，重数量轻质量，在质量评价中将国内外学术刊物分为三六九等，且重西方轻国内，在各种研究项目立项、成果和奖励评价中，各种形式的拉关系、走后门、请客送礼、行政干预，并将这种评价结果与学术机构排名、与研究者的职务晋升和收入分配挂钩，从而导致学术机构与研究人员行为短期化、功利化。

我们应改进学术评价制度，① 学术评价应坚持客观、公正、公开原则，以学术价值或社会效益为基本标准，对基础研究成果的评价，应以学术积累和学术创新为主要尺度；对应用研究成果的评价，应注重社会效益或经济效益。在评价中应避免非学术因素干扰，包括行政干预、与评价对象有利害关系人的影响，从而形成良好的学术氛围，激发研究者潜心持续研究。作为研究者应遵守学术规范，学习和传承老一代科学家勇于探索、追求真理、无私奉献的精神和良好学风。创建中国的教育经济学学科体系是国家和历史赋予我们的使命，我期待并相信经过同行长期艰苦卓绝的努力，这一命题和目标必将完成。

---

① 教育部社会科学委员会学风建设委员会组：《高校人文社会科学学术规范指南》，高等教育出版社 2009 年版，第 41 ~ 44 页。

中国教育发展与改革中面临的若干教育经济理论与方法问题*

《国家中长期教育改革和发展规划纲要（2010～2020年）》设计了未来十年中国教育改革和教育发展的蓝图，其中涉及一系列教育经济、教育财政的理论与方法问题，需要从事教育经济学、教育财政学的研究者做出回答，为规划纲要的实施提供理论和技术支持，推动教育经济学、教育财政学科的建设。

一、教育与经济社会发展关系

这一问题关系着教育改革发展的指导思想和规划目标的确定。这既是教育经济学的基本问题和传统问题，也是一个在新的社会历史发展背景下的新问题。已有的相关理论，对社会分工体系下教育的地位和作用给出了基本的回答，在人类社会发展的不同历史阶段、历史时期以及在不同国情下，教育的地位和作用并不相同。马克思主义历史唯物论从方法论上对教育与经济关系做了精辟的分析和抽象的概括，西方的人力资本理论对教育在经济增长和收入分配中的作用从实证上给予解释。人类社会正在由工业化进入信息化和知识经济时代，我国正处在工业化、城市化、现代化、市场化、国际化的新时期，在这一特殊的历史背景下，如何认识教育与经济社会发展的关系，如

---

* 本文原载于《北京师范大学学报》（社科版）2011年第5期。

何认识教育的地位和作用，需要从理论和实证上做出回答。

社会总产出是各种投入要素共同作用的结果，经济与社会发展也是一系列要素互相交叉共同作用的结果，教育在其中扮演什么角色，它的特殊功能作用是什么。它通过什么途径和机制发生作用，它和其他投入要素的关系是怎样的，需要从理论上给予界定。教育对社会经济发展作用的大小，需要从实证上给出定量回答，实证回答又需要在已有的计量方法基础上进行完善。所有这些又必须置于中国现阶段特殊的社会历史背景下进行探讨。

关于教育发展目标的确定，至少需要从社会经济发展对教育的需求和资源供给的可能两方的综合平衡加以确定。从需求来说，包括数量、结构和质量；从资源供给来说，包括政府和民间。无论是需求或是供给都需要测定，测定需要选择合适的方法，也可采用不同的方法给出多种预测方案和结果，以从中择优。就预测方法来说并不是纯粹的技术问题，不同的方法背后隐含着不同的思想和思路。采用简单的国际比较，给出一个参照系数作为确定我国教育发展目标的依据，充其量只具有参考价值，而不能作为根据。

二、市场经济体制下教育中的政府与市场关系

这是一个既涉及教育发展又涉及教育体制改革的重大问题，也是一个颇具争议、需要探讨的问题。其核心是在市场经济体制下，教育领域尤其是正规三级公立教育中的教育资源如何有效配置，包括教育资源应由谁提供，教育资源由谁分配，教育资源如何分配。

公共经济学以市场失灵作为政府与市场作用的边界，凡是市场能够有效配置资源的领域，资源应由市场配置，凡是市场失灵的领域，资源应由政府配置。对此需要探讨的问题，第一，市场失灵需要政府配置，政府配置资源就能够有效吗？假定政府配置资源也会失灵，那么政府失灵的表现和原因是什么？政府失灵应如何矫正？这需要论证和检验。第二，上述市场与政府作用边界的界定是指经济领域、非经济领域中包括政治、文化、教育、科技、

卫生医疗等，政府与市场作用边界应如何界定。第三，在教育领域，正规的各级各类教育中政府与市场作用的边界应如何界定？

在教育领域中如何认识和处理政府与市场关系在国内外都是一个有争议的问题，而且由来已久。一种意见认为教育应市场化，教育资源应由市场配置，隐含的意思是认为教育属于私人产品。相反的意见认为教育不应市场化，但应引入市场竞争机制，隐含的意思是视教育为准公共产品。2000 年以来，政府相关部门多次明确表态反对教育市场化，但是在实践中教育市场化在一些地方和各级教育中仍不同程度的存在，“以钱择校”就是突出表现，“以钱择校”实质就是在教育服务尤其优质教育服务中的市场交易，以货币与教育机会交换，等同商品交易。还有将公立学校变卖为私立学校的学校转制，以货币购买名牌学校的入学机会等。

在教育改革与发展中需要明确界定非义务教育，包括学前教育、普通高中和中等职业教育，高等教育中的普通教育和职业教育的服务性质，在此基础上，确定其教育成本在财政和受教育者间如何分担，测定其发展目标的实现对教育财政和居民支付能力的需求。同时，在确定教育管理体制改革的目标和各项制度安排时，需要在界定各级各类教育服务性质基础上，设计改革的方向、思路和具体方案，包括办学体制、入学制度、高中教育以上的考试制度、教师管理制度、教育财政制度和学校财务制度等。学者的任务在于对此进行理论探讨和论证，在此基础上设计发展和改革的思路与方案。

三、层级政府间教育职责和财政责任的关系

在明确界定市场经济体制下教育领域政府与市场的作用边界基础上，还需要对层级政府间教育职责和财政责任作出明确具体的规定，只有这样才能使教育体制改革和教育发展的目标与政策法规得以有效执行、监管和问责。在政府内部，层级政府间、同级政府部门间和部门内存在着利益与权力的博弈，以期资源与权力最大化。已有的政策法规对此虽有规定，但大多比较模

糊，责任主体和职责界定不明确不具体，需要重新加以界定，为此，需要探讨的问题有：

第一，层级政府间教育职责和支出责任划分的根据是什么。国内外已有的研究从不同角度给出了不同的划分根据，如公共产品理论根据公共产品受益范围，将公共产品分为全国性、地方性、全国与地方交叉型公共产品，分别由中央、地方、中央地方共同管理和提供。信息优势理论则以某级政府对某种公共产品需求信息掌握的充分程度来划分各级政府管理和应担负的职责。公共管理理论中关于事权与财政能力相匹配原则，则以各级政府事权与财力对称为原则界定各级政府的职责。还有根据不同历史发展阶段和地区间经济发展水平进行动态调整原则等。我国在确定各级政府教育职责时应以什么理论为指导，应以什么为依据需要在理论上探讨和论证。

第二，层级政府间教育职责和支出责任如何具体设定。为此，首先要对政府职责的内容和范围加以明确规定，即在公共教育服务中，政府应该管什么，不应该管什么。然后确定层级政府间各自管理的权限。同时由于各级各类教育性质不同，需要对层级政府间在各级各类教育中的职责作出具体的规定。

第三，关于教育事权与财权统一的讨论。通常的说法要求各级政府教育事权与财权统一，笔者认为这种表述不够准确，事权从管理来说一般指职责，财权从财政来说指收入与支出的权力，事权与财权统一，实际指职责和支出责任与能力，应表述为教育职责和财政支出责任与能力。

教育及政府各项公共管理职责与财政能力不可能统一和对等，因为二者是依据不同的原则和根据设立的，职责划分根据各项公共管理、公共服务的受益范围和信息充分与否确定，财政能力取决于财政收入、支出水平和支出结构，支出结构取决于各项公共管理与服务成本和财政收支水平。由于行政区域间财政收入水平和支出结构处于非均衡状态，使教育及至各项公共服务职责与财政支出能力不可能统一，其解决的途径是层级政府间的财政转移支付制度。

四、教育管理中政府与学校的关系

这是教育管理体制改革中的核心问题之一，这一问题关系着教育管理和学校管理的效率，从而关系着教育发展。我国已有的教育行政法规如《教育法》、《高等教育法》已有原则性的规定。改革的思路被概括为“简政放权”“政事分开”“扩大学校办学自主权”。在实践中，有两种不同的声音，其一是学校权力过小，政府对学校行政干预过多，使学校失去活力；其二是学校和校长权力过大，出现“失控”。

需要从理论上探讨的问题：第一，在教育管理中对政府与学校权责应依据什么理论和原则加以规定，基本问题是政府和学校在教育管理和教育服务中各自的职能是什么。第二，在各级各类教育中政府与学校的职责与权力如何具体划分。

五、教育及劳动力市场关系问题

在西方发达国家和我国先后出现过大学毕业生就业问题，西方许多学者就此研究过，认为大学生失业是“过度教育”的一种表现形式，就此讨论何谓“过度教育”和如何测量“过度教育”。过度教育本质上是高等教育供求如何均衡的问题。

我国学者的研究较多集中在大学生就业难的制度环境上，诸如户籍制度、人事制度、劳动力市场建设以及就业政策等。这是一个教育经济学和劳动经济学共同关注的问题，它是高等教育发展中高等教育资源如何有效配置的问题。

对此，需要探讨的问题，是大学毕业生需求与供给如何均衡，包括数量、结构与质量，其背后就是教育资源如何有效配置。劳动力市场中反映出来的高等教育供给与需求，无论是数量、质量或结构并非是简单的对应关系。因为伴随经济社会发展、科技进步、产业结构和技术结构变化，劳动力市场对大学毕业生的需求变化较快，而高等教育产出质量和资源配置效率要求高等教育规模与结构相对稳定，而且市场需求变化周期与高等教育的培养与供给周期并非同步。尽管我们可以根据对未来的预测来制定高等教育发展规划，包括数量、层次与专业结构和质量，由于未来的不确定性，预测与结果往往难以一致，那么如何处理高教需求与供给关系，就成为一个需要从理论与体制上进行探讨的问题，这既有高等教育外部制度与环境问题，也有高等教育自身改革的问题。

六、教育财政和教育财政制度的评价标准

教育财政是教育改革和教育发展的资源投入保障，教育财政制度是公共教育资源投入的重要制度保障。在我国教育发展与改革中如何设计和评价教育财政制度是《教育规划纲要》实施中必须回答的问题。美国学者本森 1995 年提出教育财政的评价标准：提供教育服务是否充足，教育资源的配置是否有效率，以及教育资源的配置是否公平。此后，国内外学者认同本森提出的充足、效率、公平作为教育财政评价标准，并以此标准对某些国家和我国的教育财政作出了评价。但对于这三个标准的内涵与外延，三者之间的关系及评价指标的设计存在较大争议。

对此，需要探讨的问题有：第一，评价教育财政和教育财政制度是否还应有其他标准；第二，何谓充足、效率与公平，如何评价和测量充足、效率与公平；第三，充足、效率、公平三者的关系是怎样的，不同国家不同教育发展阶段，三者有无重点和次序；第四，在教育财政各项制度安排中如何体现充足、效率与公平。已有的研究大多集中在第二个问题上，而且众说纷纭。

在教育财政充足的讨论中，有不同的思路和观点，一种是以教育产出作为度量充足的标准。这一思路又有两种观点，其一是从宏观角度，以教育培养的后备动力和人才与经济社会发展需求是否相适应为度量标准（王善迈等，1984）；其二是从微观层次上，以教育产出质量即以学生学业成绩为度量标准

(以美国为代表)。另一种是以教育投入量为度量标准，对此也有两种观点，其一是我国以学者研究为基础提出的财政性教育经费占 GDP 的比例和教育经费“三个增长”作为度量我国教育财政充足的标准（1993、1995 年)；其二是以教育投入是否达到各级各类教育办学标准作为度量教育财政充足与否的标准（王善迈，2009)。

上述不同的思路和观点各有千秋，其中涉及的理论问题是教育投入与产出的关系。教育投入是教育产出的条件，影响着教育产出的数量与质量，但二者不是简单的因果关系，产出质量还受到其他因素影响。同时，在教育资源稀缺的条件下，教育对经费的需求、财政供给能力如何均衡的问题，无论是以投入或产出作为度量标准，都存在着在操作层次上所需条件和可行性问题。

关于教育财政效率，本森提出教育资源配置效率是核心问题，它包括宏观上教育资源配置效率和在微观上即学校层面上的教育资源使用效率，已有的研究集中在微观层次上。效率从经济学来说是指投入与产出、成本与效益的比较，测量的方法有教育生产函数和教育增值法等，其中的难点在于产出质量的评价和数量化。从宏观资源配置效率来说，它涉及各级各类教育资源如何有效配置，在区域间、城乡间、群体间如何配置才有效，这些都需要探讨。

关于教育财政公平，需要探讨的问题既有理论问题，也有评价指标选取和测量技术方法问题。前者如什么是教育公平，什么是教育财政公平，众说纷纭，由此产生的评价指标和测量方法也各不相同。公平又是一个相对概念并具有阶段性特征，我们如何从中国现阶段的实际出发进行界定和评价，如何选择测量技术和方法，都需要研究。

七、公共教育财政制度的改革和安排

作为教育改革和改革制度保障的核心问题之一的公共教育财政制度如何

安排是我国在公共财政建设中面临的新问题。对此，学者进行了研究，制度建设正在推进。需要探讨的问题有：公共教育财政的基本职能、特征和作用的边界如何界定？公共教育财政制度的各项具体制度如何改革？如教育预算的编制、执行和监管制度，非义务教育中财政与受教育者的成本分担制度，政府对学校的拨款制度，非义务教育的学费制度，教育财政转移支付制度，弱势群体的资助制度等。

以上是作者参与《教育规划纲要》制定和实施过程中所想到的关于教育经济学要探讨的问题，既不准确又不全面，愿与同行共同思考。

教育经济实证研究与规范研究的案例*

教育经济学作为一门教育与经济的交叉学科，主要运用经济学的理论与方法研究教育中的经济问题。学术研究的使命在于发现、认识、解决问题，决策咨询的价值在于有助于决策的科学与民主。经济学研究方法包括规范与实证分析、定性与定量分析、宏观与微观分析、静态与动态分析、国内与国际比较等。实证研究回答“是什么”，经济怎样运行。对经济行为做出假定，对行为及后果作出分析，以各种方式对结果检验。规范研究回答“应该是什么”，经济应该怎样运行，以一定的价值判断为出发点，提出行为准则，研究经济行为如何符合准则。

二者的区别在于是否进行价值判断。前者价值判断贯彻始终，后者主张价值中立，摆脱价值判断。二者的关系是，规范以实证研究为基础，规范的演绎前提和结论，通过实证检验。实证研究以规范研究为前提，实证中的“逻辑取向”由规范规定，实证为规范目标服务，研究中二者相辅相成。以下以我从事过的两项研究作为案例，探讨实证与规范研究及二者的结合是如何开展的。

一、财政性教育经费占 GDP 4%的前期实证研究

1993 年中国第一个教育改革与发展规划纲要，规定财政性教育经费占

---

* 本文系作者在 2015 年 11 月 17 日由华东师范大学教育学部、北京师范大学教育学部、光明日报、全国教育科学规划办联合主办的“教育实证研究论坛”发言整理加工而成。原载于《清华大学教育研究》2016 年第 1 期。

GDP 的比例 2000 年要达到 4%①。作为此项决策的重要参考依据源于一项学术研究。改革开放初期，教育在国民经济和社会发展中的重要战略地位已成共识，教育经费的严重短缺制约着教育发展。党和政府的决策者提出要研究在一定时期政府为教育支出多少才算合理？政府教育支出（公共教育支出）占 GDP 的比例是多少才算合适？

此项目研究属于实证研究中的预测研究，预测方法有两种②，第一种方法是直接法或供求均衡法。预测需求可简化为教育发展目标中各级各类教育的入学率和学生人数×生均教育经费（或生均财政拨款）。预测供给包括经济与财政收入增长目标和财政支出结构。在此基础上确定供求均衡区间和进行选择。这种方法相对准确，但需相应条件，其中主要条件是掌握供求相关的充分信息，由于我国当时这些信息的缺失，研究中放弃了此种方法。

第二种方法是间接法，即国际比较法。此方法有个前提或假设，即规律存在于大量现象中，经济决定教育。国际有两种比较方法，一是算术平均法，即总体平均和分组平均。总体平均即将全世界所有国家政府教育支出和 GDP 加总和相除，求出政府教育支出占 GDP 百分比的平均数。分组平均即按地区分组或人均收入水平分组，求出不同组别国家政府教育支出占 GDP 的平均数值。此种方法常被某些国际组织采用并定期公布。国内外一些学者也采用此种方法测量和评价一国政府教育投入水平。此种方法的最大优势在于操作成本低，简便易行，其最大缺点在于未考虑同期不同国家的经济发展水平，政府教育支出相对量最终是由一国一时期的经济与财政发展水平所决定。

二是经济计量法，利用回归模型寻求同等经济发展水平（人均 GDP）条件下，公共教育支出占 GDP 的合理比例。课题组采用的是第二种方法③。由

---

① 《中国教育改革和发展纲要》，1993 年，《 国家中长期教育改革和发展规划纲要（2010 ~ 2010 年）》，2010 年。

② 王善迈：《教育投入与产出研究》，河北教育出版社 1993 年版。

③ 厉以宁主编，陈良琨、孟明义、王善迈副主编：《教育经济学研究》，上海人民出版社 1988 年版。

于国民经济核算体系不同，课题分了三组进行研究。第一组是选择人口在千万以上的38个市场经济国家。当时属于同类经济核算体系的国家有44个，课题组选择了38个国家，跨越时间为1961～1979年，共19年。选择的变量或指标主要是一国的GDP和公共教育支出及其增长率。为剔除价格变动的影响，将样本国家的GDP和公共教育支出按1980年价格计算。为进行国际比较，再将各国本币按各年份对美元汇率换算成1980年的美元，然后进行计量。计量模型曾按年设计了线性函数模型、单对数函数模型、双对数函数模型三种，最后选择了单对数模型，计量结果见表1。邓小平同志曾提出2000年达到小康水平，即人均GDP 800～1000美元。按上述计量结果，人均GDP达1000美元时，公共教育支出占比应为4.24%。第二组是前苏联东欧社会主义国家，计量模型和前一组一样，跨越时间20年，即1960～1980年。计量结果是人均GDP 1000美元时，该比例为3.79%。第三组计划做我国1953～1983年的，因没有相关数据，未能进行。

表1　　公共教育支出占GNP比例及增长系数

人均GNP（1980年美元）	300	400	500	600	700	800	900	1000
公共教育支出占GNP比例（%）	3.29	3.52	3.69	3.84	3.96	4.06	4.16	4.24
教育支出对GNP增长系数	1.210	1.196	1.187	1.180	1.174	1.170	1.165	1.163

这项研究属于预测研究，采用的方法是实证研究中的计量分析方法，给出的结果是同等经济发展水平条件下公共教育支出占GDP的平均数。这项研究虽然为政府决策提供了重要参考依据，但也有局限，给出的是同等经济发展水平下公共教育投入的增量，而未考虑不同国家的教育投入存量。

二、"后4%"时代财政投入的长效机制研究

4%的目标经过19年的努力，2012年终于实现，为中国教育改革与发展提供了财政保障。4%目标实现后面临的问题是如何巩固已有的成果，建立政府教育投入持续稳定增长的长效机制。这是一种规范研究中的决策咨询研究。

作为规范研究回答“应该是什么”，它必须以相应的理论和法规为依据进行论证，作为制度改革，还必须对现行制度做出评价，找出问题和对策，论证其可行性。

对此，可有两种模式供选择。其一是继续以未来目标年财政性教育经费或公共教育支出（即政府教育支出）占 GDP 的百分比来保障。其二是改革教育财政制度，通过建立政府教育投入的长效机制予以保障。

第一种模式不可取。这是因为，第一，它不可操作。GDP 是一国一定时期总产出的增加值，它不能直接用于分配，可分配的是国民收入经过初次分配和再分配最终形成的财政收入，企业和居民收入，政府可直接分配给教育的支出是财政收入。无论是财政性教育经费或政府教育支出占 GDP 的比例都是事后统计结果，不具操作性。可操作的是政府财政支出中用于教育支出的绝对量和相对量。由于各级政府财政用于教育的支出即公共教育支出是财政性教育经费的主要部分，且相对稳定，4% 目标的实现主要途径是 2011 年财政部门将 4% 分解为中央和地方财政支出中用于教育支出的比例，并分两年实现。

第二，它将导致财政支出挂钩固化。此种方式是一种将公共教育支出同生产总值有时限和数量要求的固定挂钩模式。其实现的主要途径是将公共教育支出占财政支出结构固化，可以理解为这是将公共教育支出同生产总值和财政支出双挂钩的模式。

这种模式必将导致财政支出结构固化。一国一地区一定时期的财政支出结构主要取决于四个因素，一是政府的职能，包括中央和地方政府的职能，财政是为实现政府职能服务的，政府职能不同，财政支出范围、数量、结构不同；二是一国一地区一定时期经济社会所处的发展阶段，所处发展阶段不同面临的问题不同，从而影响支出结构；三是财政各项支出的成本或定额标准，它影响各项支出数量，从而影响支出结构；四是决策者的偏好或选择。因此，财政支出结构应是动态的、不断优化的，一旦固化，将不利于财政支出结构的优化。

第三，将加剧政府不同部门间争夺财政资源的攀比效应。政府为实现其职能，以一定的财力为保障，财政正是实现政府职能的基础。政府职能实现是通过不同部门间的协作实现的。但政府财力是有限的、稀缺的，政府不同部门为实现其职能存在着财政资源最大化的倾向。一旦一个部门的支出同生产总值和财政固定挂钩，将会加剧已经存在的部门间争夺财政资源的攀比效应。这将不利于财政资源的合理有效配置，不利于政府职能的有效实现。

第四，未来具有不确定性。此种方法需要一定的预测为基础，我们可不断完善预测方法，使预测更加接近未来的实际。但预期毕竟是一种期望，而人类社会行为具有不确定性，由于国内外客观因素和决策主观因素是复杂多变的，致使预测难以符合未来实际。正如谁也未预测 2009 年会发生波及全球的经济危机，也没有预测到我国经济增长进入“新常态”。

第五，从财政预算编制程序来说，应先确定各项支出的定额标准或成本，再确定支出数量和比重。2014 年人大通过的《预算法》和《国务院关于深化预算管理制度的决定》对此已有明确规定①。

可采取的是第二种方式。改革是发展的动力，以改革促发展。通过改革教育财政制度，建立或完善财政教育投入持续稳定增长的长效机制，保障教育优先发展战略的实施②，概括地说即“定标准、定责任、入预算”③。

第一，“定标准”，指建立和完善各级各类教育办学标准，在此基础上确定各级各类教育生均经费标准、生均公用经费标准和生均财政拨款标准。标准包括国家标准和分省标准，目标年标准和分年标准。标准既要考虑教育发展的需求也要考虑财政供给可能。教育作为成本递增行业，标准应是动态的和逐步提高的。定标准作为教育来说是一项基础性工作，是测算和确定公共教育投入需求量的基础，也是编制教育预算的基础。2014 年国务院关于深化

---

① 《中华人民共和国预算法》，2014 年《国务院关于深化预算管理制度的决定》2014 年。

② 王善迈：《“新常态”下教育经费增长的长效机制》，载《中国教育报》2015 年 6 月 17 日。

③ 王善迈：《以制度规范保障教育财政投入》，载《教育与经济》2012 年第 1 期。

预算管理制度改革要求："进一步完善基本支出定额标准体系，加快推进项目支出定额标准体系建设，充分发挥支出标准在预算编制和管理中的基础支撑作用。"这意味着预算编制中先定支出标准再定预算数量。

第二，定责任。定责任回答财政教育支出应由哪一级财政负担，是一个界定教育财政支出责任负担主体的问题，这不单是教育和财政问题，而是国家治理结构问题。在界定市场与政府作用边界的基础上，中央提出要建立中央和地方事权与支出责任相适应的制度，明确提出适度加强中央事权与支出责任①。这涉及层级政府间事权、财权、财力、支出责任和支出结构，较为复杂，短期难以界定。事权与支出责任相适应是理想目标，现实由于财政纵向、横向不均衡，政府事权与支出责任划分根据不同，难以对等。解决途径为中央和各级地方政府间财政转移支付，包括一般和专项转移支付。

现行的教育事权与支出责任待明确界定和调整。我国现行的教育事权与支出责任的划分，高等教育基本上是中央和省两级管理、两级财政负担，基础教育则"以县为主""省级统筹"，但何为"为主"、何为"统筹"，界定不明确、不合理。由于我国经济和财政发展在区域间严重不均衡，大多数县其财力难以承担基础教育的支出责任，财政缺口大多采取中央和省专项财政转移支付弥补。中央提出转移支付要加大一般性财政转移支付比重，清理、整合、规范专项转移支付。现行的基础教育专项转移支付名目繁多、交叉重叠。一般性转移支付的目标是均衡地方财力，推进公共服务均等化，不宜规定其中教育所占比例。对于指定特定用途的专项转移支付可通过加大中央和省对基础教育支出责任加以解决。对基础教育尤其义务教育的支出责任，可采取"按项目分比例"办法，分省确定中央和省的支出责任，避免"一刀切"。项目指教育预算中的基本支出，以维持教育运转和发展，包括人员经费、公用经费和基建经费。不同的省按其经济和财政发展水平及支付能力，确定中央和省的分担比例，省以下市县的支出项目和分担比例由各省因地制宜自定。

① 中共中央关于全面深化改革若干重大问题的决定，2014.

在支出中应加大基本支出比重，降低项目支出比重。

第三，入预算。入预算是公共教育投入的制度保障问题。按照宪法和预算法规定，各级政府及其财政部门负责预决算的编制和执行。人大作为最高权力机关负责审查、批准、监督财政预决算。当标准和支出责任确定后，按中央和地方政府的支出责任分别纳入各级财政预算，经同级人大审核批准后执行，这就有了教育经费持续稳定增长的法制保障。

为了保障教育投入持续稳定增长，1995 年颁布的《教育法》第五十五条规定了教育经费“三个增长”。即“各级人民政府的教育经费支出，按照事权和财权相统一的原则，在财政预算中单独列项。各级人民政府教育财政拨款的增长应当高于财政经常性收入的增长，并使按在校学生人数平均的教育费用逐步增长，保证教师工资和学生人均公用经费逐步增长”①，这项规定应依法执行，因为它体现了教育优先发展的国家发展战略的需要，同时也是可行的，“三个增长”是逐步推进的、属于无数量和时限要求的与财政收支的弹性挂钩。

三、几点体会

问题决定方法。学术研究的使命在于发现问题、认识问题、解决问题，在研究中，问题决定方法，方法影响结论。研究方法为研究问题服务，不同的研究问题使用不同的研究方法，同一问题也可采用不同的方法。研究的问题确定之后，方法的选择成为首要问题。它关系着研究的成败和研究结论的价值。在研究中不应本末倒置，先寻求方法而应决定研究的问题。

包括经济学、教育学及其分支的教育经济学，属于社会科学，社会科学不同于自然科学，存在意识形态和价值判断。社会科学研究应以马克思主义的辩证唯物论和历史唯物论作为根本的方法论。社会科学中的不同学科有不

① 《中华人民共和国教育法》1995 年。

同的研究方法，经济学中的规范与实证研究也各有不同的具体方法，如实证研究有统计学中的统计分析、计量经济学中的计量经济分析、实验经济学中的实验经济方法。

计量分析要素包括假设、构建数学模型、选择样本和变量、数据采集、统计分析、计量和结果，运用数学的计量方法逻辑严谨、可以数量化。计量分析中的假设前提，理论模型的构建，结论的分析，都离不开相关理论及价值判断。计量分析一般是探讨事物之间的关系包括因果关系、相关关系，事物之间关系复杂且多变。同一事物受多种因素影响，影响大小、强弱各不相同。因此，模型的设定十分重要，经验告诉我们，模型越复杂可能越脱离实际。样本选择及其数量乃至问卷设计都会影响结论的价值。数据大致可分为官方统计和研究者独立采集的数据。在遵守知识产权、学术规范和保密规定条件下，可采用什么数据取决于所研究的问题和内容，简单移植会影响研究的结论。

关于研究中的继承、借鉴和创新。继承与借鉴是重要基础，创新是目的，创新必须独立思考。对“舶来品”一概否定或是一概肯定、简单移植照搬不可取。应独立思考、判断期正确与否和是否适用于中国。研究中应从中国实际出发，选择有理论与应用价值的问题进行研究，研究者应积极参与社会调查和实践，避免“空对空”。

教育经济研究的价值*

教育的基本功能是在代际间传承人类已经积累的物质文明和精神文明。通过人的自身发展推动人类社会的发展。作为人类诸多活动中的教育，同人类政治、经济、文化等各种活动密切相关，相互影响，相互促进。其中教育与经济的关系是最基本的关系。揭示教育活动的本质和规律，要以多重视野，运用多种学科进行探究。教育经济学以经济学视野，运用经济学的理论与方法，探讨教育中的经济问题，研究教育中经济活动的规律。

人类从事教育活动同人类从事其他活动一样，都需要一定的资源。相对于人类不断增长的需求而言，资源是稀缺的。经济学的重要使命在于探究稀缺资源如何有效配置，以满足不断增长的复杂多样的需求，教育经济学的使命在于如何有效配置教育资源，从资源配置上保障教育的变革和发展，满足人们对教育的需求，这是教育经济学区别于其他学科独特的不可替代的使命。

作为教育与经济的交叉学科，教育经济研究具有重要的学术价值和应用价值。其学术价值在于通过自身的研究和发展可以丰富和推进教育、经济及其相关学科的发展，包括研究的范式、理论与方法。科学研究的使命在于认识世界和改造世界，包括自然界、人类的精神世界和社会行为世界，逐步形成了自然科学、人文科学和社会科学。伴随认识世界的不断扩展和深化，分支学科和交叉学科层出不穷，学科的分化促进了研究的扩展和深化，学科的

---

* 本文原载于《教育经济评论》2016 年第 1 期。

交叉和综合，促进了全面系统地认识纷繁复杂变化的世界，学科之间是一种相互融合和互相推进的关系。

教育经济学对教育资源配置的研究，包括教育资源配置的主体和客体，教育资源的筹集、分配、管理和使用，教育资源配置中的政府与市场、公平与效率。揭示教育中经济活动的规律，有助于人们全面系统地认识教育的本质。同时，教育资源配置也是经济学的重要研究领域和内容，资源配置既包括经济领域也包括教育、科学、文化等非经济领域。因此，教育经济学研究既可促进教育、经济及相关学科发展，教育、经济及相关学科发展也必将推动教育经济学的发展。

教育经济学研究的应用价值在于为政府、教育机构乃至家庭教育决策提供智力支持。提供公共教育服务、发展教育是政府的职能，教育机构主要是学校，是提供教育服务的载体，家庭及个人则是教育服务的客体。在教育资源稀缺和相关约束条件下面临教育的决策。教育经济学作为应用性质较强的学科，可以为政府、学校、家庭教育决策提供智力支持。我国教育经济学的研究已经为教育经济的宏观和微观决策提供了有力支持，今后应进一步且完全有能力增强对教育经济决策的支持。

学术研究的任务是认识世界，决策的任务则是改造世界。无疑，认识世界是改造世界的基础。学术研究中隐含着改造世界，在发现问题、认识问题中，尤其在问题成因的分析中，已经蕴含着解决问题的思路和路径，决策也是对认识世界的深化。作为学术研究中发现的问题多样，同一问题，由于研究者的视野、价值取向、研究工具不同，其结果和结论存在差异。而决策面临着要解决的问题及其路径的选择，其选择不仅取决于决策的价值取向，还取决于解决问题的种种条件约束，需权衡利弊，区别轻重缓急、过程与目标，决策正是一个择优过程。尽管学术研究和决策研究存在异同，作为学术研究者，由于研究兴趣、爱好、环境与条件的不同，可作出选择，或侧重其一，也可二者有机结合。但无论何种研究，坚持从实际出发，独立思想，勇于创新，对研究成效十分重要。

理论源于实践，服务于实践，最终受实践检验。因此从实际出发是研究的出发点和归宿。作为中国的学者，置身于中国的社会环境中，有义务有条件发现认识和解决中国教育改革发展中不断面临的一系列问题。中国是一个经济改革发展中的大国，也是一个教育改革发展中的大国，正确地认识和解决中国的问题就是对世界的贡献。从实践出发，要求研究者与实践者密切结合，深入实际，认真调查研究，发现问题，认识问题，解决问题。互联网和大数据的发展，为研究者提供了前所未有的研究信息支持，但并不能替代研究者深入实际，认真调查研究。书斋式的严重脱离实际的研究不可取，也不可能达到研究目的。

坚持独立思考，勇于探索和创新是科学发展的必由之路。无独立思考则无创新，无创新则无科学发展。探索真理是一个不断后浪推前浪、推陈出新的过程。继承前人已有的研究成果，借鉴他国他人的经验是研究的起点，探索是研究的过程，创新是结果和目的。在教育经济学和某些社会科学研究中，出于急功近利，简单照搬、移植、复制国外已有的研究或实践，包括研究问题的选择，研究的理论和方法，既不能正确认识和回答中国的问题，也不是理论与实践的创新。

上述是作者的拙见，求教于同仁。欢迎批评指正，推动中国教育经济学的发展。

附录

作者主要著作索引

1. 《农业合作化》，北京人民出版社 1978 年版。

2. 《政治经济学》（社会主义部分），北京师范大学出版社 1986 年版。

3. 《教育经济学研究》（副主编），上海人民出版社 1988 年版。

4. 《教育投资与财务改革》（主编），北京经济学院出版社 1988 年版。

5. 《教育经济学概论》（主编），北京师范大学出版社 1989 年版。

6. 《小康社会——2000 年中国的人口与经济》（编委、主要作者），牛津出版社 1990 年版。

7. 《教育大辞典》（教育经济学部分），上海教育出版社 1992 年版。

8. 《高等教育与社会主义市场经济基本问题研究》（副主编），广东高等教育出版社 1996 年版。

9. 《教育投入与产出研究》，河北教育出版社 1996 年版。

10. 《计划经济向市场经济稳定转轨研究》，北京师范大学出版社 1996 年版。

11. 《社会主义市场经济条件下的基础教育》（主编），武汉大学出版社 1997 年版。

12. 《市场经济中的政府与市场》，北京师范大学出版社 2001 年版。

13. 《教育经费与教师工资》（第二编委），教育科学出版社 2001 年版。

14. 《2000 年中国教育发展报告——教育体制的变革与创新》，北京师范大学出版社 2001 年版。

15. 《教育经济学研究丛书》，北京师范大学出版社 2001 ~ 2003 年版。

16.《2001年中国教育发展报告——90年代后半期的教育财政与教育财政体制》，北京师范大学出版社2002年版。

17.《中国地区教育发展报告》(主编)，北京师范大学出版社2011年版。

18.《教育大百科全书》(教育经济学卷)，上海教育出版社2012年版。

19.《公共财政框架教育财政体制改革研究》，经济科学出版社2012年版。

20.《经济变革与教育发展——教育资源配置研究》，北京师范大学出版社2014年版。

21.《普及高中教育阶段保障条件研究》(主编)，知识产权出版社2015年版。

22.《文化资本与国家治理》(第二作者)，中国社会科学出版社2015年版。

图书在版编目（CIP）数据

社会主义市场经济中的资源配置：王善迈文集／王善迈著.
—北京：经济科学出版社，2017.5
（京师经管文库）
ISBN 978-7-5141-8029-9

Ⅰ.①社… Ⅱ.①王… Ⅲ.①中国经济-社会主义市场经济-资源配置-文集 Ⅳ.①F123.9-53

中国版本图书馆CIP数据核字（2017）第111326号

责任编辑：齐伟娜
责任校对：王苗苗
责任印制：李　鹏

社会主义市场经济中的资源配置
——王善迈文集
王善迈　著
经济科学出版社出版、发行　新华书店经销
社址：北京市海淀区阜成路甲28号　邮编：100142
总编部电话：010-88191217　发行部电话：010-88191540
网址：www.esp.com.cn
电子邮件：esp@esp.com.cn
天猫网店：经济科学出版社旗舰店
网址：http://jjkxcbs.tmall.com
固安华明印业有限公司印装
710×1000　16开　30.25印张　430000字
2017年7月第1版　2017年7月第1次印刷
ISBN 978-7-5141-8029-9　定价：68.00元
（图书出现印装问题，本社负责调换。电话：010-88191502）